U0947019

上海依法治市2014

——实践探索与理论研讨——

上海市依法治市领导小组办公室 编

序 xu

贯彻四中全会决定
深入推进依法治市

党的十八届四中全会通过的《中共中央关于全面推进依法治国若干重大问题的决定》(简称《决定》)对全面推进依法治国进行顶层设计和战略部署,清晰勾画了法治中国建设的宏伟蓝图,是具有里程碑意义的纲领性文献。随着上海改革开放和现代化建设的深入发展,依法治市工作积极贯彻《决定》精神,持续不断地探索和推进。继 2013 年市委发文对依法治市领导小组进行了调整充实之后,2014 年领导小组印发《法治上海三年行动计划(2014—2016)》(简称《三年行动计划》),为今后 3 年实现建设法治完善的社会主义现代化国际大都市奋斗目标,深入推进依法治市提供了工作依据和保障。《三年行动计划》是继"99 纲要"之后的第二个上海关于全面推进依法治市的工作规划,也是上海落实十八届四中全会精神的重要举措之一。

通过多年不懈的探索和实践,上海依法治市逐步形成了市委统一领导,市人大、市政府、市政协和各部门各司其职,社会各界和广大群众广泛参与的工作格局。其中,依法治市 3 个工作平台基础夯实、有序运转、相互促进,工作机制逐步完善。法治创建是依法治市的基础性工作平台,包括法治城区创建、依法行政示范单位创建和基层创建。市依法治市办采用试点先行、项目化推进、条块联动、指标评估等工作方法，为区县和市级条线搭建工作平台，充分动员、整合全市各层面法治建设的资源和力量。依法治理优秀案例评选是依法治市的实践经验推广平台。自 2010 年开展以来，先后评出 50 个优秀案例和 90 个入围案例，涵盖了全市 19 个条线、17 个区县，并延伸至街镇。2014 年案例征评活动中，市依法治市办积极响应市委 1 号调研课题，增设了 10 个案例为“创新社会治理，加强基层建设”特别推荐奖，使工作的参与面、影响力进一步提升。民主法治课题研究是依法治市理论和实践研究工作平台。从为市委提供决策咨询、为基层实践提供指导的职责需要出发，至 2014 年已连续开展了十三届，课题研究的数量、质量、覆盖面逐年提高。2011—2014 年，市依法治市办先后选送了 13 个课题参加外省市交流并斩获奖项。在上述三大工作平台基础之上出版的“依法治市书系”，每年一册，较为完整地记录和展现了上海依法治市工作各个阶段的理论与实践成果，是上海依法治市工作交流、对外展示、扩大影响的重要载体。在全面贯彻落实党的十八届四中全会、推进依法治国的大背景下，该书的意义进一步彰显。

依法治市，是贯彻落实依法治国基本方略在地方的实践。全面推进依法治市，建设法治上海，必须在党的十八届四中全会关于全面推进依法治国的总体部署下，在市委坚强领导和全市各方共同努力下，深入贯彻四中全会精神，实施法治上海《三年行动计划》，加强理论探索，着力法治实践，不断提高各项工作的法治化水平，为保障上海转型发展，实现依法治市工作在全国率先取得新进展，把上海建设成为全国法治环境最好的行政区之一而努力奋斗。

谨为序。

郑善和

2015 年 10 月

目　录 mulu

上篇　实践探索

下篇　理论研讨

上篇
实践探索

一、第五届(2013年度)上海依法治理优秀案例征评活动十大获奖案例

用公开促公正　以透明树公信
深入推进公安执法公开体系建设

上海市公安局法制办公室

近年来,随着经济社会发展和社会主义民主法制建设的推进,社会各界对公安机关执法活动的监督力度越来越大,群众维护自身知情权的意识不断增强,对公安机关执法公开透明的要求越来越高。为此,上海公安机关大力推行执法公开工作,紧密围绕习近平总书记提出的“促进社会公平正义是政法工作的核心价值追求”这一根本目标,通过深化警务公开,充分保障人民群众的知情权、参与权和监督权,促进公安机关和执法民警提升执法质量和执法水平,推进警务活动的规范化、公开化、便捷化。在实践中,上海公安机关建立起“法制驱动、多方参与、齐抓共管”的执法公开工作模式,并形成了决策科学、执行坚决、监督有力、群众认可的警务运行机制,取得了一定的阶段性成效。

一、背景缘由

2012年8月,公安部出台了《公安机关执法公开规定》(公通

字〔2012〕38号,以下简称《规定》),这是我国第一部全面系统规范执法公开工作的行政规章,明确了执法公开的概念、分类、范围、方式和期限等,对于进一步扩大公安执法公开,有效保障群众知情权、参与权、监督权具有十分重要的意义。《规定》下发实施后,我局领导高度重视,为全面贯彻落实公安部的部署要求,决定成立由法制部门牵头,宣传、政务公开、信息公开等部门分工协作的工作机制,自上而下成立工作专班,并多次召开工作部署大会,明确提出:要结合自身实际,进一步深化执法公开工作,始终把握好公开透明、公平正义、权力制约的方向,充分展现上海特色,继续保持上海公安机关执法规范化建设全国排头兵的优势。

二、基本做法

执法公开是指公安机关向社会公众或者特定对象公开刑事及行政执法的依据、流程、进展、结果等相关信息,以及开展网上公开办事的活动。从公开对象的层面,可以分为“向社会公开”、“向特定对象公开”和“网上公开办事”三大类。上海公安机关针对上述三类公开事项,充分利用信息技术手段,丰富公开内容,创新公开方式,拓宽公开渠道,为人民群众提供便捷高效的执法公开服务。

(一)齐抓共管、多措并举,向社会公开执法信息

向社会公开执法信息工作由市局政治部宣传部门、信息公开部门、政务公开部门以及治安、交通、消防等业务主管单位共同负责,通过多种渠道向社会公开执法信息。

一是通过门户网站向社会公开。在上海公安门户网站公开“公安机关的任务和职责权限,人民警察的职责、权利和义务”、“公安机关管辖的刑事、行政、行政复议、国家赔偿案件的受理范围、申请条件和法定程序、时限,以及当事人依法享有的权利、义务和监

督救济渠道”、“公安机关采取的限制交通措施、交通管制信息和现场管制信息”、“驾驶员违法记分查询”、“社会治安状况、火灾和道路交通安全形势、安全防范预警信息”等内容。

二是通过制作统一公示牌告知。在各公安派出所及交警、消防、出入境、人口办、治安对外服务窗口上墙挂置公示牌，向社会公开“行政事业性收费的项目、依据和标准”、“公安机关内设执法机构及其职能，窗口单位的办公地址、工作时间、联系方式和监督举报电话”、“公安机关人民警察纪律要求、职业道德规范”等内容。

三是通过多种渠道向社会公开。全市各级公安机关不断拓展社会告知渠道与范围，通过报刊、电台、互联网、微博等渠道向社会公开“与执法相关的便民服务措施”等内容，提高了全社会对公安执法便民服务的知晓率，进一步方便群众办事。

（二）缜密谋划、规范执行，向特定对象公开执法信息

为进一步促进和提高公安机关执法办案的透明度与公信力，充分保障当事人的合法权益，我局于2012年11月制定下发《上海公安机关向特定对象公开执法信息工作规范（试行）》（以下简称《试行规范》），就各级执法办案部门向特定对象公开案件执法信息的对象、范围、程序、内容等要求制定了具体可操作的规定。

一是确定向特定对象公开情况。主要分为三种情况：向特定对象提供案件办理进程和处理结果查询（来人查询）；依法向特定对象告知采取强制措施、案件办理进展及结果等信息（法定告知）；依法向行政管理相对人告知行政管理检查情况、违反行政管理行为等信息，在相关行业范围公开检查、处罚等管理情况。

二是规范向特定对象公开形式。主要分为三种形式：规定采用口头告知方式公开执法信息的，应当做好相关记录及告知证据的固定工作；规定采用书面送达方式公开执法信息的，应当首先采用直接送达或邮寄送达的方式；规定来人查询执法信息的，应当在公安机关办案部门或者其他适当的场所,向特定对象提供有关执法信息的查阅及告知服务。

三是创设执法公开告知制度。要求本市各级公安机关在接报案件以及行政管理过程中,认真核对、详细登记案件特定对象的信息资料,并且在出具《受案回执》的同时,当场送达《执法公开告知书》,其中载明办案部门可以提供的执法信息内容和具体查询方式,进而全面保障案件当事人的知情权、参与权、监督权。

四是梳理向特定对象法定告知的内容。办理刑事案件,做到立案告知、自诉案件告知、传唤告知、实施及解除强制措施告知、刑事拘留告知、逮捕告知、监视居住告知、鉴定结论告知;办理行政案件,做到移送案件告知、不予调查处理告知、处理结果告知、拘留处罚告知、传唤告知、鉴定意见告知、涉案财物处理告知、行政管理检查告知。

(三)提前布局、全面铺开,实现网上公开办事

根据市局领导对"上海公安"政府网站群工作提出"四个平台"的定位和"大微博"的工作要求,上海公安机关积极开展网站运维,深化管理,拓展功能,努力实现"切实为市民群众提供优质高效的服务,不断改善和提升上海公安形象"工作目标。

一是推进执法依据和管理措施公开。目前,我局已构建公安门户网站、业务部门子网站、"上海公安"手机网站、派出所网上工作站、公安机关官方微博、389 个政府信息查阅点、窗口单位墙挂公示、《政府信息公开手册》、962110 上海公安热线等渠道,向社会主动公开各类执法依据和管理措施。

二是稳步开展网上公开办事事项。我局现已在公安门户网站提供 68 项网上办事事项的预约服务和网上受理、178 项办事事项的表格下载、109 项办事事项的状态查询、65 项办事事项的结果反馈,并且对开通网上办事的项目提供短信提醒和意见反馈功能。

从硬件建设上看，已具备了网上公开办事的服务平台；从软件建设上看，已能够根据各业务部门的需要，在公安门户网站增加或变更行政许可、审批、备案事项的网上办事服务。

三是主动提供提醒及查询便捷服务。针对在窗口办理的行政许可、非行政许可审批、备案类事项，在上海公安门户网站“网上办事大厅”（“窗口申请查询”栏目）可以提供查询编号及办事状态的查询和短信提醒，并对本市公安机关开通的网上办事项目提供意见反馈功能，以便及时处理申请人的意见建议。

三、主要成效

2013 年，上海公安门户网站“网上办事大厅”共受理行政许可和非许可事项 137 596 件，比 2012 年上升 34.4%，“网上办事大厅”的月均访问量达 13 万余人次。全市交警部门年内共发送各类交通安全提示短信 360 万余条，“驾驶员违法记分查询”栏目提供查询服务 761 余万次。

目前，市局在公安门户网站“网上办事大厅”栏目中向社会提供治安、交通、出入境、边防、水上、网安、消防、人口、刑侦、上海港、机场等 11 家业务部门总计 256 个网上服务事项，具体如下：一是开通 68 项行政许可、非行政许可审批、备案类事项的网上预约服务；二是提供 178 项行政许可、非行政许可审批、备案类事项的表格下载，68 项行政许可、非行政许可审批、备案类事项接受网上受理；三是实现 109 项行政许可、非行政许可审批、备案类事项的状态查询，65 项行政许可、非行政许可审批、备案类事项的结果反馈。

四、推广价值

上海公安机关深入推进执法公开工作，将执法行为置于社会和广大人民群众的有效监督之下，充分保护了群众的知情权、参与权和监督权。一方面，最大限度地公开办事制度、办事程序、办事结果等事务，提高了公安执法工作的透明度，从而进一步树立了公安执法的权威性和公信力；另一方面，执法公开促使执法行为全过程自觉接受各方面的监督，有力地保障了执法行为规范化程度，并提高了群众参与社会治安综合管理的参与度，从而进一步提升了公安执法工作的质量和实效。

第一，顺应上海国际化大都市发展特点的必然要求。在当前上海高度开放、国际接轨的大环境下，特别是在自贸区深化改革的背景下，市委、市政府对上海公安工作提出了新的要求。从一定意义上讲，深入推进执法公开机制是上海公安回应改革发展所采取的新举措、新方式，将进一步为上海发展营造良好的法治环境。

第二，打造上海公安现代警务机制升级版的必然要求。执法公开是上海现代警务机制升级版中的一项重要内容，它既是现代警务机制升级版面上整体工作的引领和重要的刚性抓手，同时也是上海公安开展新一轮执法规范化建设的引领和重要抓手。深入推进执法公开工作，将推动上海现代警务机制迈上一个新的台阶。

拓展医患纠纷化解平台成效显著

徐汇区人民法院

为维护正常的公共医疗秩序，构建和谐的医患关系，实现医患纠纷化解与调解工作之间的有效衔接，徐汇区法院结合辖区实际特点，充分依托诉调对接机制平台，以“医疗纠纷诉前委托鉴定”及与徐汇区医疗纠纷人民调解委员会(以下简称“区医调委”)全方位对接为抓手，形成规范化、体系化的医患纠纷化解机制，取得了良好成效。

一、制度背景

徐汇区现有包括 10 家三级甲等医院在内的 44 家医疗机构，医疗资源比较集中。近年来，徐汇区法院所受理的各类医疗纠纷案件数量持续呈每年百件左右的高位运行状态，始终居于全市各基层法院前列。

医患纠纷诉讼过程中，当事人之间矛盾的尖锐化、争议焦点的医学专业性、医患双方之间医学知识的不对等、对个案医疗信息的掌握不对称、当事人之间诉讼力量的不平等等原因，决定了医患纠纷诉讼程序更加复杂、烦琐，且医疗纠纷案件通常需要进行一次或多次鉴定，致使审理周期普遍较长。为了节约时间、劳力和费用，医患纠纷中当事人多数都愿意通过调解解决，实践也表明调解是医患纠纷的一种重要解决机制。因此,建立各种医患纠纷解决机制相互配合、相互衔接的多元化调解机制,是有效解决医患纠纷、降低医患纠纷解决成本的根本对策。

二、工作机制

(一) 医疗鉴定前置,提升医患纠纷案件审判质效

针对区域医疗机构众多、医疗纠纷上升快速的情况,徐汇法院抓住医疗鉴定这一关键环节,以诉调对接中心为平台,借助市、区医学会专家库的社会资源,于 2006 年起在全市率先探索了"医疗鉴定前置"模式。目前具体操作模式为:诉调对接中心成立医疗纠纷调解工作室,由 1 名医疗纠纷案件审判实务经验丰富的指导法官和 2 名具有一定专业背景的人民调解员组成,专门从事医疗纠纷案件的诉前鉴定和调解工作。医疗纠纷案件起诉到法院后先由调解室调解员审查,如确认需要委托医疗鉴定的,在双方当事人达成合意后,对双方提交的证据及病史资料等鉴定所需材料进行质证固定,再由调解工作室委托相关部门进行鉴定。鉴定机构出具结论后,由调解员组织双方当事人调解,调解一致的,制作人民调解协议书或法院民事调解书;调解不成的,立案受理,进入诉讼程序。

原本在诉讼程序中开展的医疗鉴定环节提前到诉前调解中进行后,不仅简化了诉讼程序、减轻了医患双方的诉累,也解决了因鉴定时间过长而造成医疗纠纷案件审理期限拖延的难题。2011 年全年,诉调对接中心医疗纠纷调解工作室共委托市、区医学会进行医疗事故技术鉴定 81 件(次),医学会出具鉴定报告 89 件(含上一年度委托鉴定案件),占同期医疗纠纷案件诉讼收案数量 95 件的 93.68%,其中调撤成功 44 件,占同期医疗纠纷案件诉讼结案数量 95 件的 46.3%。2012 年全年,委托鉴定 118 件(次),出具鉴

定报告 68 份,占同期医疗纠纷案件诉讼收案数量 100 件的 68%,其中:调撤成功 36 件,占同期医疗纠纷案件诉讼结案数量 106 件的 33.9%。2013 年全年,委托鉴定 160 件(次),出具鉴定报告 115 份,占同期医疗纠纷案件诉讼收案数量 140 件的 82%,其中:调撤成功 45 件,占同期医疗纠纷案件诉讼结案数量 195 件的 23.1%。

医疗鉴定程序的前置和诉前调解工作的开展,有效缓解了医患双方当事人的对立情绪,同时通过明确医患双方各自责任,为后续的定纷止争打下了坚实基础。

(二)依托区医调委专业资源,全面实现诉、调顺畅对接

为进一步深化探索医疗纠纷的非诉解决途径,徐汇区法院诉调对接中心与区医调委实现了医疗纠纷的全面"诉调对接、调确衔接"。徐汇区法院主要采取两方面有力措施深入发掘该项机制的功能内涵:一方面,通过与区医调委开展对部分疑难案件进行联席会商、研判等活动,帮助并指导区医调委建立、健全各项医疗纠纷化解制度,指派一名法官对口区医调委指导案件化解工作,一名调解员常驻区医调委直接参与医疗纠纷调解,逐步实现对医疗纠纷人民调解工作规范化的有效指导;另一方面,徐汇区法院重点强化了对医疗纠纷案件诉调对接流程的司法保障,努力确保诉与非诉衔接的渠道畅通。对于区医调委调解成功的案件,及时送至徐汇区法院诉调对接中心指导法官进行审核,确认有效的,出具《司法确认书》(2012 年 1 月 1 日前)和《民事裁定书》(2012 年 1 月 1 日起),赋予其强制执行力;存在瑕疵的,则指导双方当事人变更协议内容或引导当事人通过诉讼途径解决纠纷。

从 2011 年 7 月 26 日市高院颁发《关于民事调解协议司法确认程序的实施细则》起,截至 2013 年 12 月 25 日,徐汇区法院共出具医疗纠纷案件司法确认书 226 份、民事裁定书 200 份(同期徐汇区法院审结的医疗纠纷案件数量为 188 件),为医疗纠纷案件得到及时化解并确保诉与非诉的顺畅衔接提供了直接的司法保障。

三、取得成效

通过“医疗鉴定前置”模式的实施应用和与区医调委的全面诉调对接,徐汇区的医患矛盾在诉前得到了一定的缓解,同时徐汇区法院受理的医疗纠纷案件也得到了有效分流,调撤率大幅提高。对于少数不宜调解或调解不成的案件,徐汇区法院则秉持“调解优先、调判结合”的原则,参照诉前鉴定的结论及已查明的案件事实依法裁判。有了诉前鉴定和调解的基础,医疗纠纷案件的平均审理天数大为缩短,一定程度上提高了民事案件的审判质效。

2010年以来,徐汇区法院审理医疗纠纷案件的情况为:2010年共受理医疗纠纷案件75件,审结114件,其中:判决68件,调解25件,撤诉21件,调撤率为40.4%;2011年共受理82件,审结88件,其中:判决34件,调解31件,撤诉23件,调撤率为61.4%,同比上升了21个百分点;2012年共受理86件,审结90件,其中:判决47件,调解17件,撤诉26件,调撤率为47.8%。可以看到,近几年来徐汇区法院医疗纠纷案件始终保持了较高的调撤率。此外,民一庭的平均审理天数2010年为49.14天,2011年下降为36.58天,缩短了12.56天,2012年为35.96天,2013年为33.28天,保持稳步下降趋势。2013年,共受理103件,审结89件,其中:判决50件,调解25件,撤诉13件,裁定其他1件,调撤率为42.7%。

四、推广价值

第一,源头控制,节约成本。徐汇区法院推行的“医疗鉴定前置”模式,在诉前调解阶段,由承办法官主动联系具备法定资质的医疗鉴定机构，从源头上控制鉴定结果的可信性、有效性与合法性，从而节约了患者的筛选、搜寻成本；同时由医方先行垫付鉴定费用的做法，又避免了因患者无法支付高额鉴定费而使医疗鉴定夭折的现象发生。

第二，调判联动，共享资源。“医疗鉴定前置”模式下，即使医患双方无法在诉前调解阶段达成合意，也不影响医疗鉴定报告在嗣后审判阶段中的使用。因此，医疗鉴定的前置一方面解决了因鉴定时间过长导致案件审理周期拖延的难题，另一方面有效推动了调解与审判的联动，共享鉴定资源。在案件办理过程中，只要医患双方存在调解的意向或可能性，都可以随时启动调解程序；在医患双方对鉴定结果持有异议时，法官还可就有关问题向医调委专家、教授取经，辅助断案。

第三，理性维权，医患共赢。医疗鉴定报告是患者主张权利、医方承担责任的重要证据之一。但在缺少鉴定报告的情况下，患者常常无法掌握治疗行为是否存在过失、自身所受损害程度等专业性较强的问题，因此医患双方对于医方是否应承担责任、赔偿数额的范围界定等存在较大分歧。“医疗鉴定前置”机制构筑了医患双方面对面谈判的平台，患者在对自身损害和医方责任进行初步判断的前提下，理性维权，也更有可能与医方达成共识，最终实现医患共赢。

建立规范性文件数据库
方便人民群众监督

上海市人民政府法制办公室

行政规范性文件，也就是老百姓所说的“红头文件”，在政府部门的日常行政管理中发挥着重要的作用，是除了法律、法规、规章之外，行政机关实施行政管理的重要依据，与公民、法人或者其他组织的权利义务密切相关。为加强对各区(县)政府和市政府部门规范性文件的监督管理，市政府法制办结合多年来文件备案审查工作的实际，开发了全市性规范性文件数据库，创新文件管理手段，使数据库成为本市规范性文件监督工作的又一有效途径。

一、背景缘由

规范性文件的制定，从某种程度上讲，是立法的延续，是准立法行为，文件内容的合法与否，正当与否，文件制定程序的规范与否，直接关系着各级行政机关依法行政的能力和水平，关系着政府部门在人民群众心目中的形象。上海市 2004 年 5 月 1 日起正式建立规范性文件备案审查制度，要求有文件制定权的单位或者部门将制定发布的规范性文件及时报送市或区政府备案审查。市政府法制办承担了本市 17 个区(县)政府和近 60 个市政府部门的规范性文件备案审查工作。10 年来，市政府法制办共收到各单位报送的规范性文件2 000余件，面对数量如此庞大的规范性文件，如何做到既公开透明，便于人民群众查阅，同时又能提高文件的管理效能，控制文件数量，提高文件质量，主动接受社会公众的监督，这成了市政府法制办在文件备案审查工作中需要解决的问题。此外，历年来国家和本市开展了多次规范性文件清理工作，如何将清理工作的成果保留下来，并有效地加以利用，也需要我们探索新的管理模式和抓手。

二、基本做法

为解决文件管理中数据量大、部门分散、不利统一查询等基本问题，市政府法制办根据多年来文件备案审查工作的实际，建立起全市规范性文件数据库，主要做法有：

（一）通过多次的文件清理，摸清本市规范性文件的“家底”

2010年，市政府法制办开展了规章和规范性文件清理工作，此次清理工作为历年来范围最广的一次清理，包括新中国成立以来所有的行政规范性文件。此外，根据法律实施和修订的情况，市政府法制办又陆续开展了行政强制、行政许可等专项清理工作。通过多次文件清理，为数据库的建立提供了有效的数据支撑。

（二）加大文件备案审查力度，督促各部门“有件必备”，防止出现漏报备现象

及时报备是规范性文件备案审查的前提和基础。如果存在“有件不备”的情况，审查和纠错就无从谈起，文件管理就会出现“真空”。因此，纠正部门的漏报行为有效地保证了数据库的完整性。

（三）积极构思，从便民的角度出发，设计数据库功能

数据库建设伊始，我们的指导思想就是能够方便社会公众查询规范性文件，能够通过一个统一的平台，找到市、区（县）政府和市政府部门制定的规范性文件，同时作为一个有效的公开途径，接受社会监督。因此，数据库的要素包括：文件名称、文号、发布日期、施行日期、有效期等内容，并做到文件的全文检索。社会公众可以通过文件名称、发文机关等关键字进行检索，明显提高了查询效率。

（四）服务基层，简化文件报送流程，提高文件报备效率

按照规定，各文件制定部门向市政府法制办报备文件时，应当提交一系列的书面材料。因此，数据库的另一项功能就是简化内部报送程序，降低部门准备文书的工作量，提高报备效率。通过开发数据库后台，制定部门能够及时将报备文件的电子文本上传到数据库中，便于市政府法制办进行审查和管理。

三、主要成效

全市规范性文件数据库已经正式上线试运行，社会公众可以登录“上海政府法制信息网”（www. shanghailaw. gov. cn）进行查询。数据库内容包括两部分：一是经规范性文件清理后，市政府及市政府办公厅历年发布的有效规范性文件；二是从 2004 年 5 月 1 日至今，市政府委办局、各区（县）政府及市政府派出机构向市政府报备并经市政府法制办审查准予备案的规范性文件。目前，数据库中收录市政府及市政府办公厅文件 357 件，市政府委办局、各区（县）政府、市政府派出机构文件 1 902 件，共计 2 259 件。此外，自 2013 年起，各区（县）政府和市政府部门通过数据库后台上报规范性文件电子文本 100 余件，有效提高了文件的报备效率。通过数据库对文件进行管理，在实践中收到了以下成效：一是各机关对规范性文件的重视程度明显提高；二是规范性文件的数量得到有效控制；三是规范性文件的质量明显提高；四是便于社会公众对文件的制发予以监督。

四、推广价值

市政府法制办建立的规范性文件数据库对于本市区（县）政府的规范性文件管理具有很好的借鉴意义。上海的规范性文件数据库建设还引起了兄弟省份的关注，山东、河南省法制办曾专门来人来电调研考察。市政府法制办建议区（县）政府法制办也能够建立起自己的规范性文件数据库，便于对区（县）政府工作部门和镇（乡）政府制定的规范性文件进行统一管理。

找准定位强化自治
依法作为治理房屋群租顽症

松江区依法治区领导小组办公室

随着工业化进程不断加快，城市功能不断完善，松江已成为上海主要的来沪人员导入地之一，由此伴生的群租问题给社会治理带来了很大的压力。近年来，松江区高度重视群租整治工作，各街镇依托“大联动”平台，不断加大整治力度，取得了初步成效。

一、松江区群租现状

根据松江区房管部门2013年4月份统计的数据，全区共有住宅总建筑面积4 689.9万平方米，住宅总套数为32.05万套，其中：出租房屋6.88万套，占住宅总套数的21.47%；出租房屋中存在群租现象的有8 809套，占出租房屋总数的12.8%。群租实际发生数由于排查和上报等主客观因素可能更高。

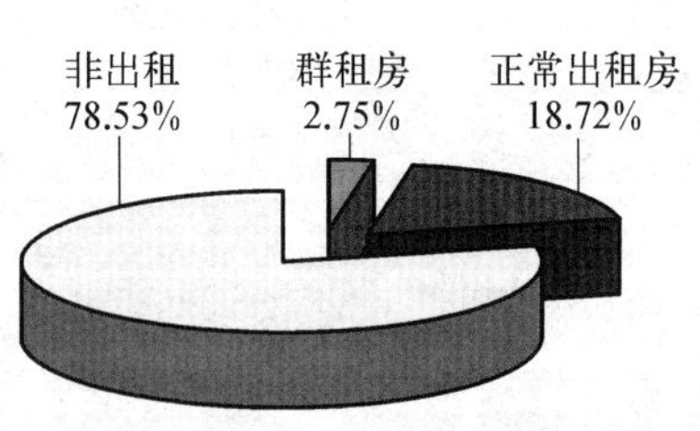

图1　2013年4月松江区出租住宅占比情况

松江区群租现象主要呈现以下特点：

(一) 在地域分布上相对集中

群租基本上集中在中心城区方松、岳阳、中山、永丰四个街道和东北片车墩、九亭、新桥、泗泾镇 8 个地区，其中尤以九亭、车墩、新桥和方松地区问题突出，而浦南片基本无群租情况。

(二) 在区域分布上特征明显

群租多发在三类区域：轨交站点周边，如九亭站及大学城站周边小区；大型商业圈周边，如方松街道开元、紫东商圈周边小区；工业园区周边，如车墩集镇农民安置小区、新桥晨星小区等。

(三) 承租人以低收入群体为主

在工业区周边住宅小区多以劳动密集型企业的低收入产业工人为主；在主要商业区域周边多为餐饮、娱乐服务业从业人员，以个人承租或集体宿舍形式群租居住为主；在轨交站点周边多以在市区工作、收入较低的散户群租为主。

(四) 出租方式多为职业化转租

在群租出租方式上，与承租人直接签订合同的绝大多数为二房东或三房东，房屋业主直接以群租方式出租的较少。二房东已经成为一个相对固定的群体，群租有产业化的趋势。如车墩祥东、祥峰小区，有 1 500 多套房被 70 余名二房东经营群租；方松街道经营群租房最多的一名二房东仅在方松街道就有 50 余套房，在全市有 100 余套群租房，并有自己的管理团队。

(五) 群租整治具有反复性

由于市场需求大量存在，群租出租和承租成本极低，虽然相关职能部门和属地街镇开展了大规模的集中整治，但群租现象仍不同程度死灰复燃，房屋分隔“前脚拆、后脚建”的情况十分突出。

二、主要做法

（一）完善群租整治工作体制机制

松江区全区明确“党委领导、政府负责、以块为主、条块协同”的工作原则，将群租治理列入区政府实事项目，在区、街镇两个层面建立相应的领导组织和工作架构，明确地方和各职能部门的职责任务。尤其在群租现象较为突出的车墩、泗泾、新桥等地区，配强配齐房管派出机构和工作人员。在全面排摸的基础上，制定了全区性群租治理行动计划，确定了整治重点范围，涉及全区 94 个小区的 3 000 户群租户，明确了阶段性目标任务和工作步骤，下决心打好“持久战、阵地战、群众战”。同时，强化群租治理工作的督导考核，如岳阳街道面向辖区内各基层单位出台的“查处群租”管理办法，将“整治群租”纳入考评奖惩机制。举措一出，响应者众。各街镇职能部门也从群租整治情况、宣传力度、治安状况、环境卫生、安全事故等方面加强日常的指导监督。

（二）依托大联动平台推进群租整治

各街镇按照区委、区政府的要求建立镇级大联动指挥分中心和综合执法队伍，进一步加大街镇联动、部门社区协同的监管力度。通过整合执法力量和执法资源，对各辖区群租现象突出的居民区反复开展整治行动，始终保持高压态势。如新桥镇政府率先依托大联动平台对其中拒不整改的 51 户人家进行了联合整治；九亭镇由镇“大联动”办公室牵头，对市民反映意见较大的志诚花园、五洲云景、摩卡小城和英伦风尚等 4 个小区的违规租赁行为进行了一次专项整治行动，共计拆除“房中房”78 间；中山街道由大联动办牵头，2013 年共完成群租整治 677 户，完成整改率 96.44%，其中：自拆和助拆 631 户，强拆 46 户，强拆率 6.55%，无大规模返潮迹象发生,小区卫生环境面貌也得到较大改善,居民群众对整治工作的满意率显著提高。

(三)鼓励社区居民参与自治管理

加强群租源头控制,进一步发挥业主委员会、业主大会的作用,推广《居民公约》,充分调动业主参与治理的积极性。发挥基层组织的作用,督促来沪人员办理居住登记、签订治安消防责任承诺书,加大对住宅装修的监管力度;发挥科技管理作用,在有条件的小区安装小区、楼房、电梯证卡出入系统。方松街道在开展群租整治工作中充分发动社区居民自治,履行自我管理、自我服务、自我教育、自我鉴定的民主权利,辖区 10 个小区分别召开业主大会,将“群租整治”作为社区居民的共同意志写入《业主公约》,并由业主大会授权物业对群租问题进行治理,打通了制约群租整治的法律瓶颈,各职能部门按照职责履行法律指导、托底管理,最大限度延伸了管理触角,又确保在整治行动中有足够的回旋余地。

(四)加大群租治理宣传教育力度

深入开展法律法规宣传,让更多居民知晓《上海市居住房屋租赁管理实施办法》等制度规定,提高对群租的危害性和群租治理重要性的思想认识,动员广大居民自觉抵制群租行为。松江区不断加大政策宣传力度,通过政府门户网站、小区内横幅标语海报和发放宣传品等形式,全方位营造规范租赁、整治群租的社会舆论氛围,并在区房管局门户网站及时发布各街镇的群租整治情况。增强宣传教育效果,对群租现象突出地区和已被认定为群租的业主、二房东,依法采取谈话教育、勒令整改、集中整治等措施,引导业主规范租赁行为。通过一系列的宣传教育,使小区业主对自我管理、规范租赁有了新的认识,增强了居民规范出租的意识。

三、取得成效

一是群租现象在部分地区有所降低。如方松街道经过 8 个月的有序整顿,全街道 770 套违规租赁房完成整治率为 100%,群租现象得到了控制。截至 2013 年 12 月底,中山街道共完成群租整治 677 户,完成整改率 96.44%,其中自拆和助拆 631 户,无大规模返潮迹象发生。

二是居民自我管理机制得以建立和强化,规范了各个地区的房屋租赁秩序,提高了居民自我管理的意识和房东对违规租赁危害性的认识,很多房东在收到整改告知书后,都表示予以支持配合。

三是由于居住人员的减少,小区卫生环境面貌有较大改善,公共资源的消耗特别是电梯使用率和电费支出,物业公司的工作量特别是卫生保洁工作量等有所降低,整个小区的管理成本得到下降。

四是及时有效消除安全隐患,治安面貌也趋于好转。部分整治小区入室盗窃和小区内非道路交通事故同比大幅下降,小区各类扰民的投诉少了,因群租引发的民间纠纷调解少了,小区环境好了,居民的称赞声多了。

编发“涉农”案例指引和审判白皮书 致力服务“三农”工作大局

崇明县人民法院

近年来，随着城市化进程的推进和农业人口的迁移，发生在农村的矛盾纠纷逐年增多，农民群众维权意识的提高与维权能力不足的矛盾日益突出。为促进农业健康发展，推进农村社会管理方式创新，畅通农民维护合法权益的渠道，崇明法院在坚持执法办案第一要务的同时，不断创新司法为民举措，形成了具有崇明特色的司法服务品牌。

一、背景缘由

一直以来，中央高度重视“三农”问题。党的十八大报告明确指出，“解决好农业农村农民问题是全党工作的重中之重”。崇明作为上海的农业大县，具有独特的经济社会文化结构。城市化所带来的社会转型以及原有社会利益格局的不断调整，致使涉农人身损害赔偿纠纷多发难解。一方面，外来人员较多，使得涉农纠纷中往往穿插着城乡矛盾、家族矛盾甚至地域矛盾等，更为复杂；另一方面，崇明地处市郊，是各种信息、观念冲击交汇地带，大量法制新闻性信息流入，在客观上启发了农民的维权意识，更提高了农民的维权期望值。但与此同时，农民对维权的具体路径十分模糊。

因此,在农村中普遍出现"维权需要"、"维权期望"与"维权能力"之间的矛盾,使得"涉农"纠纷的审理尤为困难。为此,崇明县法院结合崇明社会地域特征,认真开展涉农审判工作,在农村人身损害赔偿纠纷案件的审理方面取得了一定的成绩,切实维护了广大农民的合法权益。为进一步增强审判透明度,探索预防和化解纠纷的途径,该院对《侵权责任法》实施以来农村人身损害赔偿纠纷案件的审理情况进行梳理,以白皮书形式发布,公之于众。同时,为给相关案件的审理提供有益参考,指导老百姓更好地维护自身合法权益,组织编写农村人身损害赔偿纠纷类案审理指引。

二、基本做法

(一) 编写《农村人身损害赔偿纠纷审判》白皮书

通过内部座谈、外部交流等方式,全面搜集案例,分析案件特点和审理中发现的问题,进行分析、梳理和归纳,最终形成白皮书,全面反映崇明县人民法院涉农村人身损害赔偿纠纷案件的基本情况。白皮书主要涵盖三方面内容:第一部分主要介绍了农村人身损害赔偿纠纷案件审理的基本情况;第二部分阐述了农村人身损害赔偿纠纷案件审理中发现的主要问题;第三部分提出了预防和化解农村人身损害赔偿纠纷的对策和建议。

(二) 编写《农村人身损害赔偿纠纷审理指引》

通过对审判实践中常见的农村劳务、农村建房、农村用电、农村校园伤害等引发的人身损害赔偿纠纷案件的收集,对其中涉及的程序及实体问题进行概括总结,对案件解决方法、法律适用情况进行梳理,汇编成书。该书选取了农村多发易发的 68 个典型案例,按照"事由"进行分类,遵循"提问—处理—解析"的撰写模式,用简洁明了的语言,着重辨法析理,使有类似纠纷的农民对号入座找到解决问题的方法，为基层群众维权提供指引和参考。该书已由人民法院出版社公开出版发行。

（三）举行书籍发放仪式暨审判白皮书通报会

召开通报会，向上级法院、向全县乡镇及有关部门、新闻媒体公开通报崇明县人民法院涉农村人身损害赔偿纠纷审理情况；举行书籍发放仪式，将《农村人身损害赔偿纠纷审理指引》一书免费发放给全县人大代表、政协委员以及全县所有农村基层组织。

三、主要成效

《农村人身损害赔偿纠纷审理指引》和《农村人身损害赔偿纠纷审判》白皮书为进一步妥善化解农村人身损害赔偿纠纷、维护农村广大老百姓合法权益提供了有益的司法指引，也为崇明现代化生态岛建设提供了有力的司法保障。

（一）践行司法为民，方便群众参与诉讼

《农村人身损害赔偿纠纷审理指引》的出版发行是崇明县人民法院践行司法为民的一项重要举措。书中所涉案例均来源于崇明县人民法院的审判实践，用老百姓的"身边事"辨法析理，详述了农村常见人身损害赔偿纠纷的处理程序及结果，使群众知晓相关纠纷解决的最佳路径，在提示"维权意识"的同时，提高了其"维权能力"，并建立起合理的"维权预期"，方便当事人参与诉讼，解决纠纷。

（二）推进司法公开，明确裁量标准及尺度

人身损害赔偿纠纷不同于其他类型案件的处理，规范来源多元，举证规则复杂，裁量空间较大，可影响裁判结果的因素较多。

《农村人身损害赔偿纠纷审理指引》清晰展现了法官在解决人身损害赔偿纠纷时会基于什么样的目标,沿着何种思路,衡量哪些因素,作出什么判断。这种公开,使社会更加了解类型案件裁量的标准及尺度,在提高当事人对案件处理结果预见性的同时,进一步规范了审判权的运行。

(三)促进适法统一,为类案处理提供参考

人身损害赔偿纠纷案件的审理历来是争议"多发区",无论是法律适用还是过错认定甚至是赔偿标准,不同法官可能会有不同认识,使得农村人身损害赔偿纠纷案件"类案不同判"现象一直存在。《农村人身损害赔偿纠纷审理指引》对涉及的争议,全面梳理相关观点,从规则、理论以及实际效果等方面进行对比分析,确定最为恰当的方案,为相关法律规范使用提供了实践参考,也为同类审判实践提供了可资借鉴的经验,促进了适法统一。

(四)推进法制宣传,提示各方防范风险妥善处理纠纷

人身损害赔偿纠纷的发生多数源于风险意识的不足,《农村人身损害赔偿纠纷审判》白皮书对崇明县人民法院的农村人身损害赔偿纠纷审理情况作了一个全面的介绍,对审理中发现的问题作了全面客观的分析,一方面有助于人民群众更加了解、理解法院工作,另一方面也有利于与相关职能部门构建多维纠纷解决机制。

四、推广价值

崇明法院编写的《农村人身损害赔偿纠纷审理指引》和《农村人身损害赔偿审判》白皮书是崇明法院全体法官审判成果和法律

智慧的展示，也是法院践行司法为民宗旨、巩固和完善司法服务品牌的生动体现，更是学习贯彻党的十八大以及十八届三中全会精神，推进司法公开、打造司法公信的一项重要举措，必将进一步助力法治崇明建设。

依法征收　破解城区旧改难题

黄浦区委党校

在2012年启动的上海市黄浦区露香园地块的征收工作中,黄浦区严格依照国务院《国有土地上房屋征收与补偿条例》(以下简称《补偿条例》)和《上海市国有土地上房屋征收与补偿实施细则》(以下简称《实施细则》)的规定,坚持公开、公平、公正的法治原则,全面贯彻民主参与、民主决策、程序正当、结果公开等一系列民主法治措施,并通过意见征询、信息公开、引入第三方监督、专业律师服务征收工作等措施,依法开展征收工作。

一、背景缘由

2012年1月启动的露香园旧区地块征收是《补偿条例》出台后上海市最大的旧改项目,共涉及4 200多个权证、5 000多户居民。在如此人口密集、房价高企的中心城区地块开展征收,如何确保刚出台实施的《补偿条例》、《实施细则》等相关法律规范得到有效的落实和实施就显得十分重要。

二、基本做法

(一) 坚持民主参与、民主协商、民主决策

广泛的公民参与,特别是参与公共政策的制定、决策,是现代

民主法治政治的基础。亲身参与也是见证了解事实的最好方式，参与了，见证了，了解了，不理解的问题也就迎刃而解了。

在露香园地块征收中，黄浦区政府认为把居民纳入征收工作中来，赋予每一位居民公平的参与权，是实现依法征收的基础所在。为此，黄浦区依照《实施细则》中关于二轮征询的规定，实行征收工作全程无限制地向全体居民开放，并在征收方案制定和公示期间，通过街道、社区、基层党组织、居委会等各种方式和渠道与居民进行沟通交流，听取居民对征收方案的意见。在签订第二轮含附加生效条件的安置协议前，仅参与征收的一家征收事务所就开了 21 场座谈会来听取居民意见，只要愿意，居民都可以出席会议并发言讨论。

（二）坚持公平、公开、公正的法治原则

公平、公开、公正不仅是法治的基本原则，也是现代行政法的基本原则。在露香园地块的征收中，黄浦区将“公开、公平、公正”的原则细化到征收工作的每个环节，切实维护了被征收人的合法权益。

在露香园地块征收基地的接待大厅里配备了两台电视机，每天滚动播放两轮征询的具体流程，使居民了解整个征收流程的操作细节。在第一轮同意征收的征询结果出来后，黄浦区征收部门又向每户居民发放了一张征收新政宣传光盘，通过片中卡通形象的生动演示，向居民讲解包括征收主体、征收流程、工作机构、监督举报等可能在征收中遇到的所有情况，使居民在家就可轻松掌握征收政策。为方便居民咨询并监督征收工作，黄浦区还把负责露香园地块征收工作的征收事务所负责人，项目经理，征收员的姓名、职务、联络电话也全部向征收居民公开。

在正式签约前，黄浦区征收单位又向每位签约居民开出了一份具有法律效力的承诺书，庄重承诺：“在征收中要做到阳光透明、标准统一、前后一致、公平操作、公开结果……如有发现违背承诺的,可以此承诺书为依据,向有关部门投诉、举报或起诉。”在征收协议签订上,还首次启用了电子签约和信息查询系统,所有动迁居民在电子签约系统上签约后,即能在与其相连接的设在接待大厅的查询触摸屏上实时更新签约比例,居民只需点击设在接待大厅的查询触摸屏即可轻松查询本基地的最新签约情况、动迁居民的补偿安置款等所有信息,实现征收地块信息全透明。

同时,各类政策标准、安置房源情况、居民房屋情况等全部上墙公示,人口认定、面积认定、特殊困难认定等关键环节的认定结果均向全体居民公示,安置结果包括补偿面积、征收补助费、各类奖励、保障托底、安置房源详细地址等数据也全面公开,任何居民都有权对有异议的认定结果进行举报,确保每一位居民获得公平的征收结果。

(三)加强法律监督和服务工作

在整个征收过程中,通过黄浦区监察和审计部门的介入进一步加强了征收工作的监督力度。黄浦区监察局会对各类公示结果定期进行突击备份,任何对公示信息没有正当理由的改动均属无效;在征收接待大厅中设立的电子签约触摸屏的电脑与区监察局的电脑实现了联网,电子触摸屏上的任何信息变化都将在区监察局的电脑上同步展现,真正实现了公示信息的无缝监督。此外,黄浦区审计部门还会对此次征收签约结果进行比对,只有完全一致的才能过关。

为引导居民理性合法维权,露香园路征收基地还成立了法律服务工作站,由专业律师以第三方身份介入征收工作,在征收现场设立接待处,接待和处理居民的法律咨询,并接受居民委托与相关职能部门进行交涉,从法律角度为居民提供处理建议。

三、主要成效

在露香园旧区地块征收中，第一轮征收意愿征询的同意率高达98%以上，2012年7月16日第二轮签订含附加生效条件的安置协议征询工作开始后，不少居民提前3天就开始排队等候16日开始的正式签约，仅仅10天签约率就达到45%，截至2013年底签约率达95.7%，《新民晚报》、东方卫视等媒体相继对此进行了报道。2013年9月，中组部将黄浦区露香园征收的做法树为"十二五"以来全国实践科学发展的典型案例，并入选全国干部培训教材，要求全国广大干部认真学习。

四、推广价值

第一，在征收中建立健全公民政治参与机制。上海市黄浦区在露香园地块旧区改造征收中，主动把居民纳入征收工作中来，在二轮征询工作中，主动去引导公民有序参与政治生活和社会建设，从而破解了征收难题。

第二，坚持公开、公平、公正的法治原则。上海市黄浦区在露香园地块征收中把各类政策标准、安置房源情况、居民房屋情况、人口认定、面积认定、特殊困难认定等情况全部上墙公示，征收地块所有居民安置结果也全部公开并可实时电脑查询，所有公示信息同时还接受政府审计部门和监察部门的监督，真正把公开、公平、公正的法治原则落到了实处，从而使征收工作得以顺利开展。

提升服务充分保障律师依法执业

嘉定区人民检察院

一、背景缘由

修改后的刑诉法更加注重公民权益的程序保障，规定辩护律师自人民检察院对案件审查起诉之日起，可以查阅、摘抄、复制本案的案卷材料，检察机关审查批准可以听取辩护律师的意见，注重尊重和保障辩护律师的执业权利成为落实人权保障的具体要求。2012 年 11 月以来，嘉定区人民检察院将规范律师接待服务工作作为贯彻落实修改后刑诉法的重要内容，通过依法为律师阅卷、会见犯罪嫌疑人、调查取证等提供便利条件，切实保障律师依法执业，积极建立和维护对立统一、相互依存、彼此促进的良性互动关系，从而共同维护司法公正和法制权威。

二、基本做法

（一）大力推进律师接待场所建设，优化服务环境

落实市检察院领导“宁可自己办公条件挤一点，也要把律师阅卷接待室建设好”的要求，将律师接待室作为规范执法办案、推进检务公开、树立良好形象的重要窗口加以建设。

一是建立专门场所。开辟出一块相对独立的区域作为案管和律师接待的专用场地，使用面积拓展至 105 平方米。其中设立律师接待室、阅卷室、等候区等，提供宽敞明亮、功能完备的环境，满足辩护人、诉讼代理人各类申请的接待需求，为办案人员与律师充分沟通创造条件。

二是完善服务设施。设置多张相对封闭的律师阅卷办公桌，配置高速翻拍仪、复印机、刻录机等设备，方便律师阅卷、摘抄等工作。开通电子屏滚动显示案件受理移送工作规范、案件管理工作流程图、律师阅卷须知、接待律师行为规范等内容，便于律师了解相关工作规定。

三是营造人文氛围。注重为律师提供温馨的阅卷环境，在等候区域放置沙发供律师休息，在律师阅卷室设置多层书架，免费提供借阅法律书籍和相关期刊杂志的服务，并点缀盆栽绿化，使律师真正感受到检察机关尊重和保障人权的理念与真诚提供服务的态度。

（二）率先启用“嘉检之星”服务系统，提升服务效果

在全市率先研发并启用“嘉检之星”律师接待服务系统，并于 2013 年 3 月升级至“2.0 版本”，切实提升律师接待服务质量和效率。

一是接待服务智能化。“嘉检之星”集预约登记、资格审查、复制材料、查询统计、系统管理等功能于一体，扫描“三证”后自动显示预约律师的身份信息，便于接待员进行验证、登记，同时“2.0 版本”新增律师来访接待管理功能，完善了预约、登记等服务界面，并通过对接司法局律师库，建成覆盖全区的律师信息数据库，与案件承办人信息共享，保障律师与承办人沟通。

二是实现“自助式”阅卷。在律师接待室设置律师接待服务系统操作流程图，律师需进行信息登记、翻拍案卷、刻录或打印等一

系列工作,只需轻点鼠标即可完成,既节约服务成本,又有效应对新“两法”实施后律师来访人次大幅上升带来的挑战。律师阅卷完成后,还可以在系统中对检察机关的服务作出评价,提出意见建议,促进律师接待服务质量的提高。

三是水印设置保障安全。运用高速翻拍仪取代传统的复印机,律师翻拍需要复制的案卷材料形成电子图片后,案管部门进行审核并在页面上设置“仅供律师阅卷使用”水印,然后刻录成光盘或打印,确保案卷材料的安全性。

(三)全面完善律师接待工作制度,促进服务规范

不断完善律师接待工作制度,在保障和监督律师依法执业的同时,规范检察执法办案。

一是保障执法文明规范。制定《接待律师行为规范》、《律师接待员岗位职责》等,安排资深干警负责律师接待,以热情的服务态度、文明的言行举止,积极为律师提供预约、联络和接待等服务。同时,健全听取意见建议机制,不定期召开律师座谈会,听取是否存在不规范、不便利、不文明问题,及时改进工作措施,自觉接受监督。

二是促进服务细致周到。针对嘉定区人民检察院地处郊区、搬迁新大楼等情况,完善律师联系方法,设计制作了《律师联系卡》和《律师接待宣传手册》,并印有地址、预约电话和交通指引,为各地律师预约登记、来院阅卷、沟通协调等提供方便;坚持“急律师所急”原则,对一些未事先预约、从外省市来院阅卷或因特殊原因非工作时间到院的律师,根据具体情况“特事特办”,尽量保证当天阅卷。

三是监督律师依法执业。制定《律师阅卷须知》、《律师接待预约制度》和《律师阅卷接待流程》等规定置于律师接待室,提醒律师遵守执业道德和相关规定。同时,强化阅卷律师身份信息和执业

资格审核，确保“三证”真实、齐全，防止代阅情况发生；安排律师接待员在场协助阅卷，对律师查阅、摘抄和复印内容进行把关，第一时间监督和纠正律师违反执业规范行为，确保案件材料无遗失、无更改、无损坏。

三、主要成效

截至2013年底，共接待律师电话查询500余人次，阅卷114人次，刻录光盘85张，提供阅卷复印材料1.2万余页，律师好评率达100%。该项工作受到最高检察院、市检察院领导的肯定。市检察院召开推进律师接待工作现场会，在全市范围内推广相关创新做法，正义网进行了全程图文直播，《检察日报》、《法制日报》、《解放日报》、人民网等媒体多次进行宣传报道，并在新浪微博等新媒体平台上引起热议，获得律师事务所和律师普遍好评；全国人大代表、高级律师迟夙生曾对相关做法作了微博转发，呼吁上海乃至全国尽快普及。

四、推广价值

律师接待工作作为一项严肃的法律活动，必须严格遵循依法、公开、公正、规范的程序要求，这种程序行为必须有规范的场所、机制来实现。近年来，检察机关采取了一系列改革措施，在推进检察执法办案方式转变、实现公正司法方面作了许多卓有成效的努力，但从检察机关的整体办案方式来看，仍具有明显的行政化特点，不利于司法运作的公开透明和司法公信力的确立。修改后的刑诉法将保障律师执业作为保障诉讼公开、诉讼民主、诉讼文明和诉讼监督制约的重要途径，加大了律师参与诉讼的程序保障，这就迫切要求检察机关增强执法办案的公开透明和程序规范，以增强办案过程的严肃性和规范化。为此，嘉定区人民检察院以“功能独立、场所集中、规格达标”为目标，通过有形的场所设施，设置独立、规范、公开、透明的律师接待区域，完善律师接待工作制度等，在公正执法、规范用权、接受社会监督等方面切实执行刑事诉讼的任务，在公开透明的环境中既保障公民自身利益不受侵犯，也保证裁判者在兼听则明的过程中作出公正的判断，从而真正实现“有形的、看得见”的正义。

探索开展立法协商取得积极成效

上海市政协社会和法制委员会

一、工作背景

2009年，中共上海市委在《关于进一步加强人民政协工作的实施意见》中提出，“涉及人民群众切身利益的重要地方性法规（草案）以及其他重大问题，要在政协充分听取意见”。为贯彻落实市委重要文件的精神，市政协社法委根据市政协党组的要求，积极开展了地方性法规（草案）在政协听取意见工作新的实践与探索。目前，在市政协听取意见的地方性法规、规章（草案）的数量，平均每年30件/次左右，其中：地方性法规（草案）10—12件，重要的政府规章（草案）10件左右，地方性法规（草案）听取两次意见，法制办提交市人大常委会审议之前和市人大常委会议一审后向社会各方面征求意见时各一次。市政府法制办重视对委员意见建议的分析和采纳，对地方性法规（草案）的委员建议采纳情况予以书面分析和反馈，委员建议的平均采纳率为50%左右，也有100%采纳的。上海市政协的立法协商工作制度化建设在全国起步较早，2010年7月10日，《人民政协报》曾在头版头条发表了题为《上海推进地方性法规出台前先行协商制度——事关百姓利益的事先听听委员怎么说》的报道。

二、探索与实践

（一）建立制度

2010 年，市政协社法委与市政府法制办就重要地方性法规和政府规章（草案）在市政协听取意见签署了合作备忘录。2011 年，市政府法制办将"完善法规议案（草案）和政府规章（草案）定向听取政协、民主党派意见制度"写入了上海市依法行政"十二五"规划，还将听取意见的范围从地方性法规扩大到政府规章。2013 年 5 月，市政协社法委与市人大常委会法工委签署了《关于本市地方性法规（草案）听取市政协委员意见工作备忘录》，该备忘录有一个新的进步：除了法规（草案），市人大每年的立法计划和五年立法规划也到市政协听取意见。2013 年 9 月 25 日，市人大常委会法工委主任到市政协就五年立法规划听取了委员意见。

（二）健全协调机制

经过三年多的实践和探索，这项工作已列入了市政协的年度重点工作，并逐步建立起相关的工作制度和协调机制。在政协外部，每年初与市人大、市政府法制办召开工作联系会议，协商确定重点听取意见的法规、规章项目，商请对委员建议采纳情况予以反馈。在政协内部，2011 年制定了《本市地方性法规和政府规章（草案）在市政协听取意见工作规程》，进一步明确了政协机关内部有关机构以及各专委会办公室的职责分工、操作流程、办理规范和工作要求，加强了工作协调，建立了政协内部有关立法协商工作联席会议制度。

（三）创新工作方法

法规（草案）听取委员意见主要采取召开专题座谈会，将法规

(草案)寄送给委员,市政协网站“委员直通车”三种方式征求委员意见。政协委员大多是单位领导、业务骨干或是社会名人,日常工作与政协履职常有时间冲突,网络征求意见的方法创新为政协委员发挥主体作用履职尽责拓展了时间和空间。

三、工作成效

(一)促进了立法的科学与民主、公开与公正

立法的实质是权利义务的重新界定、利益的重新调整,当今,社会各界利益诉求更加多元,来自不同党派、界别的政协委员的意见往往代表着不同党派、不同界别群众的意愿,协商讨论的过程实际上成为不同党派、界别之间民主协商的过程,成为政协委员参与协调社会利益并从源头防范社会矛盾的过程。立法协商还在一定程度上克服了部门权力和部门利益法制化的倾向,委员们专业、客观、独到的见解以及坚持的态度,往往使得立法起草部门最终采纳关于删除或修改某个条款的建议,对立法的公平公正产生了重要影响。

(二)促进了民主政治建设

法规规章(草案)在政协听取意见,符合有关“国家和地方的大政方针以及政治、经济、文化和社会生活中的重要问题”协商于决策之前的政协履职规定,是协商在决策之前的重要体现。

(三)开辟了委员参政议政、民主监督的新途径

参与立法协商,进一步激发了委员利用提案、视察、调研、社情民意等载体对法律法规实施情况开展民主监督的热情,在加快社会主义法治建设中发挥了政协的独特作用。

四、推进立法协商工作意义深远

（一）人民政协的立法协商在广泛多层制度化的协商环节中具有不可替代性

立法协商对政协而言是一项全新的探索。在提法上，以往我们都是按照市委文件的精神，称之为“地方性法规（草案）在政协听取意见工作”。党的十八大提出：“充分发挥人民政协作为协商民主重要渠道的作用。”十八届三中全会提出，“推进协商民主广泛多层制度化发展”，并明确提出了“深入开展立法协商”。

人民政协的政治组织性质决定了政协的立法协商是政治协商的重要内容，不同于社会其他方面的协商和社会公众的民主参与。首先，人民政协是中国人民爱国统一战线的组织，是中国共产党领导的多党合作和政治协商的重要机构，在人民政协组织的平台上，参加政协的各党派、无党派人士团结合作开展立法协商的履职活动，充分体现和发挥了我国社会主义政党制度的特点和优势。其次，人民政协的主体地位是由我国宪法所规定的。政协的立法协商是我国基本政治制度框架内的政治协商，是充分发挥我国社会主义政治制度优越性，加快推进社会主义民主政治制度化、规范化、程序化的重要体现，是国家治理体系走向法治化、现代化的重要体现。因此，人民政协的立法协商，在广泛多层制度化的立法协商环节中是独特的、不可或缺的、不可替代的。

（二）人民政协的立法协商要有高度和深度

以往的法规规章（草案）听取意见工作，主要是对法规规章的具体条款提出修改意见和建议，由于缺少对立法计划、立法项目论证的参与程序，对立法的必要性、可行性，委员们虽然也有不少意见和建议，但因参与环节滞后已很难被采纳。市政协社法委与市人大法工委的工作备忘录将市人大每年的立法计划和五年立法规划列入协商范围,能够有效地逐步克服上述困难。市政协在今后的立法协商工作中,将既要关注与人民群众利益密切相关的立法,更要关注经济社会发展中重大利益格局调整相关的立法;既要对法规规章(草案)的具体条款提出意见建议,还应当就立法计划(草案)和立法规划(草案)开展协商或听取委员意见,要关注立法的科学性、必要性、合法性、公平性、公正性、可执行性,防止立法资源的浪费,防止部门利益法制化的冲动,防止因法规规章缺乏科学性、可执行性而造成的有法难依和执法成本过高。还要进一步加强立法协商之前的调研、视察、考察,整合不同专业领域委员的智力资源,更好地提出专业的、科学的意见、建议。

首推"满意度测评" 提高人大监督实效

杨浦区人大常委会办公室

2013年4月16日，上海市杨浦区第十五届人大常委会第十三次会议审议通过了《杨浦区人大常委会关于听取和审议"一府两院"专项工作报告的办法》(以下简称《办法》)，规定了杨浦区人大常委会听取和审议专项工作报告时实行"满意度测评"的新举措，即常委会组成人员在听取和审议报告后通过电子表决器，在"满意、基本满意、不满意"三个明确的定性指标中，以一人一票进行选择评议，测评结果当场在会上公布。这一做法在本市范围内属于创新举措。通过开展满意度测评，进一步增强了常委会组成人员的履职意识，提升了常委会监督实效，更好地推动了"一府两院"做好相关工作。

一、背景缘由

党的十八大报告强调人大要加强对"一府两院"的监督，监督法明确听取和审议专项工作报告是人大常委会履行监督职责的重要形式。增强人大常委会的监督实效，把常委会的审议意见落到实处，推动"一府两院"更好地开展相关专项工作，是人大加强和改进监督工作的方向。杨浦区人大常委会总结以往开展这项工作的实践经验，将有关操作程序等形成规范和制度，在借鉴兄弟地区人大好的做法的同时，结合本区实际，在相关的工作程序和环节上加以创新，推出“满意度测评”新举措，小步走、微创新，不断完善工作制度，将十八大的要求和监督法的规定落到实处。

二、基本做法

杨浦区人大常委会每年选定一些议题，对“一府两院”相关专项工作进行审议。在常委会会议听取和审议“一府两院”专项工作报告的过程中，开展满意度测评，测评结果当场公布，并向社会公开。与此同时，还将根据测评结果视情况依法启动跟踪监督等程序。

（一）合理确定议题

强化常委会工作委员会或其他工作机关的主体责任，并强调确定议题的程序，即工作委员会或其他工作机关提出建议议题，常委会主任会议讨论并决定提交常委会会议审议。议题的选择范围主要围绕区域经济社会发展中的重点、难点问题，人大代表和人民群众关注的热点问题。

（二）积极开展调研

按照议题涉及的内容，成立专项工作调研小组。调研小组由杨浦区人大常委会组成人员、各工作委员会委员、区人大代表和相关工作人员组成。根据工作需要，还会邀请全国和市人大代表、相关领域的专业技术人员共同参与。调研小组通过听取汇报、查阅资料、走访座谈、组织问卷调查、开展民主测评、进行专题视察等多种方式，广泛听取意见，了解各方面情况。在充分调研的基础上，起草专项工作调研报告，提交常委会会议审议，同时供常委会组成

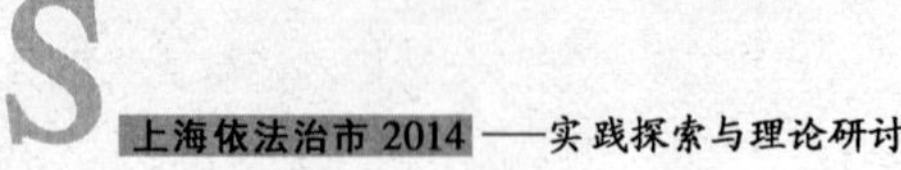

人员审议时参考。

(三) 认真组织测评

杨浦区人大常委会听取和审议“一府两院”专项工作报告时，常委会组成人员一人一票，通过“满意、基本满意、不满意”三个明确的定性指标对“一府两院”相关专项工作报告进行测评。获得应到常委会组成人员超过 2/3 满意票、基本满意票，且满意票超过应到人数半数的，测评结果为“满意”；未能获得应到常委会组成人员过半数满意票、基本满意票，或得到过半数满意票、基本满意票，但不满意票超过 1/3 的，测评结果为“不满意”；介于两者之间的为“基本满意”。测评的票数和结果均当场公布。若测评结果为“不满意”，报告机关需重新报告；经重新报告后，测评结果仍为“不满意”的，报告机关主要负责人要在常委会会议上作出特别说明。区人大常委会还将根据测评结果视情况依法启动跟踪监督程序。与此同时，对测评结果为“基本满意”或“不满意”的专项工作报告，常委会会议对有关审议意见办理情况报告进行满意度测评。测评方式与对专项工作报告的测评相同。

(四) 及时公开信息

有关报告、意见、测评结果以及办理情况都通过网站、公报、有线电视、报纸等途径向社会公开。切实保障公民知情权，增加人大工作公开性和透明度。

(五) 提供纪律保障

根据《办法》，满意度测评结果统计以全体常委会组成人员数为基准。为加强作风建设，严肃常委会会议纪律，提高会议质量，保障常委会更好地履行职责，出台了《杨浦区人大常委会关于常委会会议纪律的规定》，对请假、缺席等事项作出规范。

三、主要成效

2013年以来，杨浦区人大常委会共围绕四项议题开展了满意度测评。这一工作引起了社会广泛关注，特别是2013年5月21日首次对杨浦区法院关于金融与知识产权审判工作情况的报告进行满意度测评，《解放日报》《文汇报》《新闻晨报》《上海法治报》《上海人大月刊》上视新闻综合频道和上海人大公众网等媒体作了报道。杨浦区人大常委会先后为黄浦区人大常委会、崇明县人大常委会、奉贤区人大常委会和广东省珠海市人大常委会、江苏省丹阳市人大常委会介绍了满意度测评相关工作。通过满意度测评的开展，常委会组成人员的履职意识、“一府两院”做好相关工作的责任意识和常委会的监督实效等都得到了进一步提高。

（一）强化了常委会及其组成人员的履职意识

在听取和审议专项工作报告的过程中开展满意度测评，进一步体现了人大常委会集体行使职权的特征，增强了常委会组成人员依法行使职权的责任感和使命感，是常委会集体行使职权与组成人员履职有效结合的举措。常委会组成人员在会前积极参与专项工作调研，认真研究分析相关报告材料；在会中认真开展审议和测评，反映真实的意见和建议，提升了常委会审议的整体质量；在会后加强跟踪监督，推动了“一府两院”对审议意见的办理工作。与此同时，常委会会议的出席率也得到了提升。

（二）增强了“一府两院”做好相关工作的责任意识

开展满意度测评给“一府两院”相关部门专项工作带来一定的压力，尤其是结果当场公开等做法，促使报告部门认真开展自查，仔细梳理工作中存在的问题，研究分析推进工作的措施，通过认真落实常委会审议意见，切实推动“一府两院”相关工作的开展。比如，2013 年 10 月，杨浦区人大常委会听取了区政府关于审计工作的专项工作报告，并进行满意度测评，测评结果为“基本满意”。会后，区政府十分重视审议意见的落实，在深化审计结果运用、建立健全长效机制、加强内审业务指导等方面采取了有力措施，促进了审计工作有效开展。

（三）提升了常委会的监督实效

与以往单纯地提出审议意见相比，通过满意度测评这一抓手，增强了监督的刚性。特别是针对测评结果为“基本满意”或“不满意”的专项工作报告，常委会会议对有关审议意见办理情况报告进行满意度测评，确保审议意见落到实处。

严格合法性审查程序 健全重大行政决策机制

普陀区人民政府法制办

为进一步完善普陀区重大行政决策的程序机制，2013年11月5日，普陀区政府在全市范围内率先印发施行《普陀区人民政府重大行政决策程序规定》(以下简称《规定》)，正式建立了重大行政决策合法性审查制度。自《规定》施行以来，区政府坚持把合法性审查作为重大行政决策的必经程序，推进重大行政决策规范化、民主化和科学化，取得了积极成效。

一、背景缘由

重大行政决策是社会和民众关注的焦点、热点，也是经济社会能否持续快速健康发展，民众利益能否得以保障和实现的重要因素。规范重大行政决策的程序，杜绝或减少决策失误，是国务院和市政府推进依法行政、加强法治政府建设的明确要求，也是推动区经济社会转型发展、创新驱动的现实需求。但在实践中，对于重大行政决策的程序规范，大都涵盖在国务院或市政府有关依法行政的纲领性文件中，无论是全国还是全市都缺乏统一明确的专门立法，导致操作中产生诸多细节不明、执行不严等问题，严重影响了重大行政决策的科学性、民主性和合法性。为此，普陀区政府决定由区法制办起草专门规定，细化操作要求，建立制度保障，加强重大行政决策的合法性审查。自 2013 年年初起，普陀区法制办在经过充分调查研究、广泛听取各方意见、深度开展专家论证、认真吸取各省市经验的基础上形成了《规定》草案，期间先后修改了十余次，吸纳采取了区政府各部门、区人大、政协、法院、区政府法律顾问团、高校专家以及市政府法制办所提出的合理意见，不断完善《规定》的内容，并进一步形成了《规定》的解读稿，以问答的方式对《规定》作了详细的阐述。2013 年 10 月 29 日，《规定》在区政府第 41 次常务会议上审议通过；11 月 15 日，区政府正式印发《规定》，并开始施行。

二、主要做法

（一）区分主次，合理界定《规定》的适用范围

《规定》对区政府重大行政决策、一般决策、部门决策、行政规范性文件和突发事件应急处置作了区别规定。首先，区政府重大行政决策是《规定》的适用对象，必须进行合法性审查。凡区政府作出的涉及本地区经济社会发展全局、社会涉及面广、与人民利益密切相关的行政决策事项，包括规划计划类、财政资金使用、自然资源利用等七大类项目。其次，倡导对区政府的一般决策和部门决策进行合法性审查，具体审查办法可以参照《规定》执行。再次，对行政规范性文件和突发事件应急处置进行了例外规定。由于市、区两级政府对行政规范性文件的合法性审查已经作了专门规定，而突发性事件应急处置往往需要立即作出决策，时间上不允许按照一般程序进行处理，所以《规定》对这两类决策作了适用排除。

（二）程序规范，科学设置合法性审查流程

在流程设置上，《规定》主要抓住了以下三个关口：一是决策

承办部门的出口关,即决策承办部门在完成重大行政决策起草的法定程序基础上负有启动合法性审查程序的主要义务,并要为决策的合法性提供充分的依据,包括起草说明、制定依据目录、决策承办单位的初审法律意见、征求意见汇总材料、风险评估报告、专家咨询意见等内容。二是区政府办公室上报关,即区政府办公室在确定区政府常务会议或全体会议等议题时,要对重大行政决策是否已经通过合法性审查进行确认,坚持执行"不经合法性审查,不得上会讨论"的原则。三是区政府领导的审查关。重大行政决策上会集体讨论时,区政府应参考审查部门所作的合法性审查法律意见再作出正式决定。

(三)责任明确,推行合法性审查法律意见书制度

《规定》要求,区法制办作为审查部门,要以认真负责的态度对重大行政决策开展合法性审查,并按照"一审查一结论"的要求明确审查结论。审查部门应当在规定的审查期限内出具书面的合法性审查法律意见书,根据不同的情形提出审查意见。合法性审查意见书是区政府作出重大行政决策的重要依据,决策承办部门对意见书的内容应予以认真研究,并按照审查部门提出的意见或建议及时作出修改或调整。

(四)监督保障,确保合法性审查制度有效实施

《规定》为重大行政决策合法性审查制度的实施提供充分的保障:一是经费保障,明确重大行政决策合法性审查工作所需经费,由区财政予以保障;二是监督问责制度,对违反本规定,未经合法性审查或未通过合法性审查作出重大行政决策,导致决策失误,造成重大损失或者恶劣影响的,由区监察部门根据《关于实行党政领导干部问责的暂行规定》(中办发〔2009〕25 号),对有关人员追究责任。

三、主要成效

作为全市首个对重大行政决策合法性审查程序作出专门规定的制度性文件,《规定》的出台对于强化决策程序意识、提升依法行政能力、加强法治政府建设具有重要的开创性意义。

一是填补了制度性空白。《规定》对重大行政决策合法性审查程序作了系统、详尽的规范,明确了审查部门、审查效力、审查事项、审查形式等核心内容,为实践提供了有效的指引,针对性地解决了以往操作无章可循的问题。

二是控制了重大行政决策的随意性,从源头上减少了决策失误的发生。《规定》强化了重大行政决策必须先通过合法性审查的原则,否则不予提交区政府常务会议或者全体会议审议,区政府不予作出决定。同时,《规定》确立了合法性与合理性兼顾的全面审查原则,进一步保障了重大行政决策的科学性。

三是提升了行政机关和领导干部的程序正当意识和依法行政能力。行政程序的规范性、正当性是建设现代法治政府的核心问题。《规定》充分体现了以程序正当保障实体公正的原则,把合法性审查作为重大行政决策的一项必经程序,同时把主体职权、内容合法适当、适用法律正确等实体性问题蕴含到这一程序中,将程序和实体有机结合,融为一体。《规定》的施行意味着行政机关和领导干部必须加强程序正当和依法行政的能力。

四是为市政府出台重大行政决策程序规章积累了经验、奠定了基础。制定政府规章,明确重大行政决策事项范围和法定程序已经成为上海市人民政府《关于2013年至2017年本市进一步推进法治政府建设的意见》一项主要任务。《规定》在普陀区的率先制定和实施,可以通过实践为市政府制定统一、完善的规章作出有益的探索。

四、推广价值

建立重大行政决策合法性审查制度，将行政决策权力的行使纳入法治的渠道，是行政机关的一次自我革命，彰显了行政机关推进依法行政、建设法治政府的坚定决心。实施合法性审查制度，可以有效降低行政决策风险、提高行政决策质量，保障重大行政决策的合法性和科学性，对于保护广大人民群众的权益和推动区域经济社会健康发展都具有重要的意义，值得在全市各行政机关加以推广。

二、第五届(2013年度)上海依法治理优秀案例征评活动入围案例

开展“小法官网上行”活动 增强青少年普法正能量

上海市高级人民法院少年法庭指导处

一、背景及意义

全媒体时代是一个众声喧哗的时代,“人人都有麦克风”。我国网民有近6亿人,手机网民4.6亿多人,其中微博用户达到3亿多人,年轻人基本不看主流媒体,大部分信息从网上获得。因此,如何占领网络舆论宣传阵地,唱响主旋律,传播正能量,增强法制宣传的针对性、有效性,引领青少年形成“公正、责任、包容、诚信”的价值观,是建设法治社会和关系国家未来的重要问题。上海法院少年法庭创新法制宣传形式,将青少年能够亲身参与的模拟法庭形式与他们喜爱的网络媒体展示评比活动相结合,在2012和2013年,由上海市高级人民法院(简称市高院)联手上海市教育委员会、共青团上海市委员会、上海市青少年学生校外活动联席会议办公室、上海广播电视台、上海市教师奖励基金会,共同开展了“春

天的蒲公英——小法官网上行”上海市少年模拟法庭进校园进社区展评活动，充分利用法院少年法庭的法律资源优势，在新媒体条件下，扩大法制宣传教育活动的受众面，培养和促进青少年学生树立尊崇法治的理念，养成学法、用法、知法、守法好习惯，全面提升青少年学生的法律素养。

二、主要做法

“小法官网上行”活动 2012 年由市高院、市教委、市广播电视台、市校外联主办，由看看新闻网、博雅网作为活动官网，并设置活动专题页面。“小法官网上行”活动分法律故事编演、模拟法庭展示、网上投票评选和现场决赛四个阶段进行。少年审判法官选择了一批发生在学生身边的刑事、民事等案件，由学生改编为法律小品，在少年审判法官的指导下表演小品、举办模拟法庭，全市各区县共拍摄制作了 17 部参赛视频，在官网上供全市中小学生观看评选。据看看新闻网数据显示，参赛作品点击播放超过 10 万次，投票评选 39.3 万人次，页面浏览量达 51 万人次。根据投票评选结果，在最后决赛阶段，有 4 部作品进入现场角逐。同学们来到上海市高院，庄严的国徽、响亮的法槌声，严肃的审判长、正义的公诉人、激辩的辩护人、悔过的未成年被告人、醒悟的法定代理人、尽职的法警……同学们的精彩演绎，给人如临其境的感觉，极具冲击力，同学们惟妙惟肖地将法庭审判的全过程准确地展现出来，将法官、检察官、律师公平和公正的法律精神，认真、严谨、一丝不苟的工作作风“拷贝不走样”呈现在大家的面前，营造出法庭严肃、庄重的氛围，同学们亲身感受到了司法的力量、正义的力量。现场决赛由看看新闻网全程直播，根据网上投票和现场评委打分，评选出最佳作品一等奖、最佳模拟法庭奖、最佳表演奖、最佳小法官奖、网络人气作品奖，崇明县城桥中学的高嘉瑜同学和闵行区北桥中学的

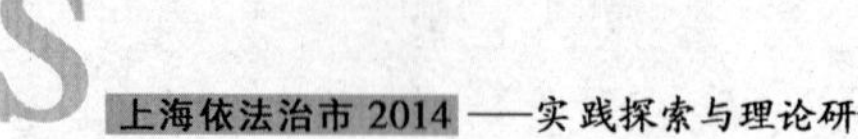

储承敏同学被评为青少年法律形象大使。

主持人宣布评选结果后，担任青少年法律形象大使的高嘉瑜和储承敏同学向上海市全体中小学生发出倡议：要从小培养知法、守法、用法的意识和能力，从与日常学习、生活密切相关的法律知识学起，从遵守班纪班规、校纪校规开始，养成自觉遵守国家法律和社会公序良俗的习惯，做行为规范、举止文明的小公民。

鉴于“小法官网上行”活动形成的影响力和品牌效应，2013年，团市委和市教师奖励基金会加入了主办单位的行列，直接参加活动的学校由2012年的17所扩大到165所，并由团市委广泛发动社区青少年积极参与。2014年的活动增加了法律故事征选环节，分初中、高中、职校、社区4个组别进行，共收到学生和社区青少年撰写的法律故事461篇。经由法官、青保干部、青少年问题专家、学校和社区代表初评，40篇优秀法律故事参加了网络评选，评出24篇最佳法律故事，进入法制小品和模拟法庭拍摄阶段。主办方为更好地发挥活动的辐射效应，邀请2012年度“小法官网上行”活动青少年法律形象大使高嘉瑜和储承敏同学拍摄法制宣传公益广告片，9月12日开始，在活动的官网和微博、团市委“青春上海”微博、IPTV300频道以及相关法治、教育频道等电视网络上滚动播出。11月29日下午，由市高院、市教委、团市委、市校外联办公室、市广播电视台、市中小学幼儿教师奖励基金会联合举办的“春天的蒲公英——小法官网上行”2013年少年模拟法庭进校园进社区展评活动决赛在上海高院举行。高院党组书记、院长崔亚东对这次活动予以充分肯定，指出：“‘小法官网上行’这项活动开展得很好，特别是在全面推动法治中国建设的情况下，意义更加重大。希望认真总结，继续推进，取得更大的成效。”据活动官网“看看新闻网”数据显示，参赛作品点击播放次数超过33万，投票评选23万人次，页面浏览量达40多万人次，有效拓展了中小学法制教育新渠道。

三、主要成效

(一) 凝聚各方力量，提高法制宣传教育的影响力

宣传社会主义法治，提高未成年人法律素养是社会系统工程，需要整合司法、政府部门、学校、社会组织和团体等各类资源，共同开展工作。“小法官网上行”活动，实现了对未成年人法制宣传教育力量的有效配置。活动主办单位由市高院、市教委、市广播电视台、市校外联扩展到团市委、市教师奖励基金会，参加活动学校由每个区县一所学校扩展到上海市高中、初中和职校总数的20%以及各区县的社区，有些学校在活动的摄录阶段还动员、动用了家长的资源共同参与。

(二) 增强自主自律，提高法制宣传教育的渗透力

与传统的宣讲性法制宣传不同，在“小法官网上行”活动中，未成年人既是受众，同时更是活动的主角。同学们自编自导自演的鲜活的法律故事，与学校、社区生活、学习有关，注重现实性和教育性，便于学生理解和应用，能有效地引导青少年学法、用法、知法、守法，辨别行为的好坏、世情的善恶、追求的美丑、事理的正误，有助于社会主义法治观和价值观入脑、入心。

(三) 应用新媒体效能，提高法制宣传教育的辐射力

为将“小法官网上行”的法治宣传效应由参赛学生向非参赛学生、由学校向青少年群体广泛扩散，上海高院首创采用公益片形式，链接活动视频，在网络和电视上开展广泛宣。青少年法律形象大使如是说：“我叫高嘉瑜，来自崇明城桥中学。参加小法官网上行活动后，我发现法律不再是枯燥无趣，它可以很生动，我们扮演法官、扮演狱警、扮演被告，用心体会法律，原来法律不只是一条条

明文规定,它和我们息息相关,它用独特的方式,默默守护着我们的生活。”通过青少年法律形象大使的叙述,增加了活动的亲和力和感染力。

四、推广价值

利用新媒体开展青少年法制宣传,符合社会法治环境的发展趋势,充分体现了创新性,并具有规范性和可操作性。

第一,法制宣传教育形式的示范作用。通过录制少年模拟法庭录像投放网站展评的方式,通过网络传播正能量,可以形成很好的示范作用。

第二,参与法制宣传教育主体的创新。所有模拟法庭录像都由同学们自编自导自演,提高了法宣工作的互动性。

第三,法制宣传覆盖面的广泛。活动主办单位由市高院、市教委、市广播电视台、市校外联扩展到团市委、市教师奖励基金会,参加活动学校由每个区县一所学校扩展到上海市高中、初中和职校总数的20%以及各区县的社区,有些学校在活动的摄录阶段还动员、动用了家长的资源共同参与,法制宣传覆盖面广泛。

药品安全基层协管网络建设的实践探索

上海市食品药品监督管理局松江分局

药品安全监管的严峻形势使基层协管网络建设迫在眉睫，基层协管力量作为行政监管力量的有效补充起到重要的作用，但仍存在机制、体制、人员素质等多重问题。地方政府及药品监管部门应充分重视基层协管网络建设，理顺工作机制，完善工作制度，提升协管人员业务素养，充分发挥其在药品安全监管体系中的作用。食药监松江分局采取经验研究的方法，结合松江区药品安全监管工作实践对药品安全网络建设的必要性、存在问题及成效进行分析。为地方政府药品安全基层监管网络建设提供参考意见。

一、背景缘由

(一) 补充药品安全监管人员不足的需要

松江区总面积为605平方公里，常住人口近200万。辖区内共有药品、医疗器械各类单位1 158户。截至2013年，该区食药监局在岗人员24人，其中专门从事药品监管工作人员10人，平均每人要保障20万人的用药安全。10名执法人员每年需处理500余份药械类行政许可、日常检查企业1 000余户次、抽样1 000余件、药品快检1 500件、立案处罚40—50起，处理近100起投诉举报、协查、移交案件、调查指令等，再加上紧急查控、专项行动、调查约谈、报表总结、课题调研等工作，可谓监管任务繁重而人手紧缺。

(二) 提升基层药品市场问题发现能力的需要

随着城市药品市场监管力度不断加大，违法分子把目光瞄向农村和城乡接合部。对于地下生产销售假劣药品窝点、非法收购药品、非药品冒充药品或虚假夸大宣传等违法行为的排摸巡查工作，由于其面广量大，违法窝点较为隐蔽难以发现，仅靠数量有限的药品执法人员是难以兼顾的，而这些工作经过简单培训的街镇药品检查员和村(居)委会信息员则可以胜任，且他们有对当地情况熟悉，便于工作开展等优势，完全可以将排摸和巡查工作做得更好。

(三) 提升社会公众参与度的需要

据上海城市调查总队松江支队的调查统计：近 5 年来，上海公众食品药品安全知晓率从 2004 年的 71.2%逐年上升到 2011 年的 80.7%；但同时，本市仍有一半以上的群众不太清楚药品监管职能的归属情况，特别是有些农村群众不知道药品打假举报电话，甚至不知道药监部门这个机构。由于缺少公众的积极参与，让假劣药品邮寄及游医药贩兜售假药、劣药、过期药有了可乘之机，也给一些不法商贩借着“免费理疗”、“免费体验”等名义销售天价“医疗器械”提供了商机。依托“基层协管网络”，深入社区扎实开展宣传活动，普及药品安全知识，可以有效增强市民药品安全的消费意识和维权意识。

二、基本做法

2005 年起，食药监松江分局坚持“条块结合，齐抓共管”的方针，把监管重心落到基层，依托街镇行政网络，初步建立起以政府行政监管部门为主体、街镇协助监督检查队伍为基础、村(居)级信息人员为补充的食品药品基层协管网络的雏形,建立和完善了区、镇、村(居)三级监管网络,努力延伸药品安全监管的基层触角,确保药品监管工作横向到边、纵向到底,弥补执法部门监管力量不足的突出问题。

2010年初,以保障世博会成功举办为契机,食药监松江分局制定了《关于开展打击非法收购药品、地下制售假劣药品及药械违法广告常态巡查行动的方案》,对开展的打击非法收购药品、地下制售假劣药品、非药品冒充药品等巡查行动,实行常态化和制度化,充分利用基层协管网络广泛开展药械安全法规和知识的宣传,并将上述工作实行季报制度,列入对街镇的年度目标责任考核,从而调动了街镇对药品安全监管工作的积极性和主动性。

目前,松江区每个街镇至少有2名专职食品药品检查员;在每个村(居)委会设立1名联络员;每个楼组设立1名信息员。对全区现有的食品药品检查员43名、联络员329名、信息员6 022名进行实名登记,建立和完善了区、镇、村(居)三级监管网络,实现了药品安全监管的全覆盖。明确了街镇食品药品协管网络的职责,要求基层协管网络对非法收购药品、地下制售假劣药品、非药品冒充药品等开展巡查和打击行动,并实现常态化和制度化。同时,充分利用基层协管网络广泛开展药品安全法规和知识的宣传。

三、主要成效

(一) 常态的巡查工作提升了监督检查的覆盖面

松江区药品安全监管基层协管网络建成以来,发动基层社区重点巡查外来人口密集区域、旅游景点、大型综合市场等区域,仅2012年出动检查员、信息员3.29万人次,检查零售药店3 119户次,收缴收购药品的信息牌10余块,发现违法药品广告4 400余份,并根据工作实际不定期地组织专项巡查行动。

(二)有效的基层协管网络提高了违法线索的发现率

松江区药品安全监管基层协管网络建成以来,违法线索的发现率大大提高。2013 年 6 月,松江区方松街道某小区居委会工作人员(食品药品安全联络员、信息员)进行社区走访时,在某居民出租房内发现存有大量药品,迅速上报,食药监松江分局执法人员及时到达现场控制证据,经查实,朱某挂靠外省某医药公司无证经营药品,分局于 11 月份对当事人朱某无证经营药品的违法行为依法予以行政处罚,罚没款合计约 65 万元。在 2012 年开展的“角膜接触镜市场专项巡查行动”中,方松街道某社区通过巡查发现居民出租屋内存储有隐形眼镜近 10 万盒,便及时将该信息逐级通报食药监松江分局,经查,上述隐形眼镜为辖区某医疗器械经营公司非法渠道采购,并擅自增设仓库存放在该出租屋内,最终依法作出行政处罚。

(三)有效的宣传教育活动提升了药品安全知识的知晓率

松江区药品安全基层协管网络建成以来,开展了食品药品安全知识的“百、千、万工程”,即开展百场宣讲、进千户企业、发万份资料。如 2010 年 5 月,组织各街镇开展“非药品冒充药品识别知识宣传”,在较短的时间内,松江各小区的门口、宣传栏、老年活动室、居委会活动室、企事业及学校食堂等场所张贴了近万张“知晓用药常识、谨防健康陷阱”的宣传海报,发放宣传手册、单片等 2 万余份,起到了广泛的宣传作用。

(四)广泛的社区协作提高了监管工作的针对性

食药监松江分局每年都通过基层协管网络,以书面问卷的形式对市民的药品安全满意度进行调查,及时掌握市民的关注点,发现一些亟待解决的问题。在掌握群众需求的基础上,及时调整监督检查和宣传重点,有针对性地开展监管、整治和宣传活动,有效地提高了监管的有效性,也提高了市民的安全用药和自我防范意识。

四、推广价值

第一,对进一步深化食品药品监管体制改革有实践意义。松江区药品基层协管网络的有效运行与2013年国务院食品药品监管体制改革精神相吻合。建立街镇食品药品监管部门,使监督执法队伍下沉,监管重心下移,更大程度地提高发现问题机制和打击力度是本次改革重心。松江区基层监管网络建设的思考与实践也为未来进一步全面深化食品药品体制改革奠定了扎实的基础。

第二,对进一步推动社会治理创新有指导意义。松江区药品基层协管网络在区域药品安全监管中有效运用基层社区网格化监管的模式,整合相关部门的资源,发挥政府治理药品安全的主导作用,对加快推动党的十八大指出的城乡社区治理和加快形成党委领导、政府负责、社会协同、公众参与、法治保障的社会管理体制具有积极的指导作用。

第三,药品基层协管网络建设的基本模式有可操作性,可复制推广。近年来,食药监松江分局在实践过程中能成熟运用药品基层协管网络,依托街镇政府、监管部门和药品安全协管工作站,不断强化基层药品安全网格化建设与管理,进而"将药品安全监管的触角延伸到最基层",为药品市场规范起到了积极作用,实践意义深,操作性强。因此,对于基层药品安全监管的网络构架提供了可复制推广的参考范本。

依托重要信息系统信息安全等级保护工作全力确保大型城市信息网络安全

上海市公安局网安总队通报队

近年来，随着社会信息化大发展，网络空间的战略地位不断提升，关键信息基础设施和重要信息资源日益成为渗透与反渗透、攻击与反攻击的重点，维护信息网络安全的形势十分严峻。对此，上海市公安局网安总队依托重要信息系统安全等级保护工作，深入贯彻落实中央关于加强网络安全工作的一系列重要指示，按照“依法管网、以人管网和技术管网”的总体要求，坚持“谁运营、谁管理、谁负责”的原则，认真履行公安机关的监管职能，督促落实安全责任，有力地提高了公安机关的网络安全监管能力和水平。

一、背景缘由

伴随着网络与信息技术的快速发展，网络空间与现实社会的融合越来越紧密，从国家层面看，“棱镜”事件的曝光已充分说明，国家间的网络安全竞争与对抗日趋激烈，对网络空间主导权的争夺逐渐白热化；从城市层面看，上海作为信息化建设较为发达的国际化大都市，系统网络结构复杂、接入用户众多，涉及国计民生重点行业以及城市的功能运转严重依赖于基础网络和信息系统，其所面临的安全威胁更加严峻和复杂。对此，党中央、国务院十分重视信息安全保障工作,党的十八大报告中专门提出“要健全信息安全保障体系”,美国“棱镜门”事件发生后,习近平总书记多次作出重要批示,要求切实加强信息安全保障工作。与形势任务的要求相比,当前本市安全防护工作的压力仍然比较大。

二、基本做法

网安总队依据《中国人民共和国计算机信息系统安全保护条例》(国务院令 147 号)和《信息安全等级保护管理办法》(公通字〔2007〕43 号)相关法律规定,认真履行职责,依托重要信息系统信息安全等级保护工作保障本市信息网络安全。

(一)齐抓共管,积极依托行业主管部门,有效落实等级保护协同监管机制

积极会同市卫生局、人民银行上海分行等信息系统重要程度高及数量集中的行业主管部门,探索行业整体开展等级保护工作的推进模式,初步形成了“定级备案、测评整改、业务考核、表彰评比”环环相扣、紧密结合的工作模式,有效避免了落实工作流于形式、留于书面的情况发生,有效保障了等级保护工作的落地见效。

(二)强化检查、技术检测和现场指导相结合,双管齐下推进信息系统安全督导检查

坚持“以查促防、以查促管、以查促建”的原则,在对联网重要信息系统开展远程检测的基础上,对本市全部三级以上重要信息系统和部分二级重要信息系统开展实地检查,通过检查重要信息系统安全等级保护制度落实情况和政府网站安全防护能力,排查网络安全风险和隐患,督促其责任单位限期整改,进一步提高重要信息系统的安全防护能力,提高全社会特别是行业主管部门网络

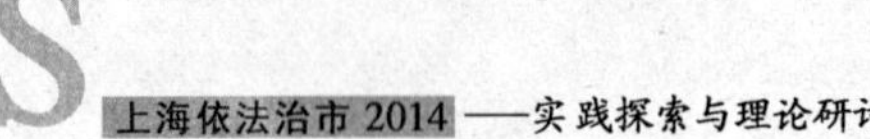

安全意识，加快本市重要信息系统等级保护工作推进力度，切实加强网络安全保障工作，有效防范信息安全事件（事故）的发生，切实维护国家安全、公共安全和信息基础设施安全。

（三）强化预警，主动跟进核查情况，确保安全隐患及时消除

网安总队采用定期与不定期通报方式相结合，通过分析互联网总体安全态势，实时发布全市网站安全检测、计算机病毒传播等情况，通报黑客攻击案件侦破、网络安全事件、重要信息系统等级保护安全检查数据等，分类别发布预警，确保了相关单位能第一时间掌握相关情况，为修补相关安全漏洞争取了时间。特别是，网安总队还以告知单的形式，向存在安全隐患的信息系统运营单位与主管部门逐一指出存在的安全问题隐患，明确了整改时间和要求，并启动了分（县）局网安支队跟进反馈制度，由分（县）局网安支队主动对存在安全隐患的信息系统运营单位进行走访，了解安全隐患核查和整改情况，确保了相关部门对风险较大的安全隐患提前知晓、及时消除。防止出现因失管、漏管，导致相关系统遭被黑入侵破坏。

（四）强化应急响应，建立健全联络员机制

形成了“市级职能部门横向联动，重点行业条线上下联动”的安全通报联络模式。在市级层面，与“市网安办”、市经济和信息化委、市密码管理局、市国家保密局、市通信管理局等 50 余家政府职能部门和行业主管机构建立了信息通报渠道和联络机制，及时通报反馈工作中发现的信息安全情况；在区县层面，成立了 150 余名由各重点联网单位信息安全责任部门负责人组成的信息安全通报联络员队伍，全面建立了 7×24 小时通报联络机制，及时报送本单位信息安全重大事故、案件等情况，协助公安机关开展突发信息安全事件处置和案件查处工作。

三、主要成效

在市委、市政府和公安部的领导下，在各重要信息系统主管部门和运营使用单位的支持配合下，上海市公安局网安总队以重要信息系统安全等级保护工作为抓手，着力推动开展系统定级备案、测评整改和督导检查等工作，切实提高网络安全保护意识，增强安全防护能力，为保证本市重要信息系统安全平稳运行作出了贡献，近年来本市未发生涉及重要信息系统的具有重大影响的安全事件。

一是完成了全市各重点行业、单位共计 2 790 个信息系统的定级备案工作，对定级不准的信息系统及时进行调整，目前确定了二级信息系统 2 294 个、三级信息系统 489 个、四级信息系统 6 个。

二是优化完善了新建或改建信息系统定级备案工作流程，在运营使用单位建设周期内同步开展等级评定，同步落实相应等级保护防护措施，切实减少了漏洞隐患。

三是加强相关技术力量建设，本市 4 家信息安全等级测评机构均已取得国家级资质认证，形成了一支 80 余人的专业测评队伍，对上海党政机关网站及电力、能源、银行等 20 余个重点行业信息系统开展安全测评 900 余次，发现各类系统安全隐患 4.7 万余个，并督促开展整改工作，实现了信息系统整体加固。

四是认真履行上海市网络与信息安全信息通报中心职能，紧扣国内外信息安全事件、上海信息网络运行状况，及时发布预警通报信息，做到提前知晓、及时防范、确保安全。破获了一批攻击破坏网络信息系统和政府网站的违法犯罪案件，有力打击了黑客违法犯罪活动。

五是会同各行业主管部门加强信息系统运营使用情况监督检查，发布通报 163 份，责令整改漏洞隐患 3 000 余处，并督促相关行业落实信息安全责任制、人员安全管理制度、系统建设管理制度、系统运维管理制度“四项制度”,有效维护了重要信息系统和政府网站安全。

四、推广价值

上海市公安局网安总队积极履行法律赋予的职责,从工作实践出发,依托等级保护工作体系,从等级保护体系建立、监督检查、通报预警和应急响应四方面全力保障本市信息网络安全的做法可为特大型城市信息系统安全保障工作提供借鉴与参考。

落实"一评两测三会四方案"
努力推进工地周边居民矛盾化解

静安区建设和交通委员会

在静安区7.62平方公里的土地上，平均每天有200多个工程项目在施工，其中既有"高、大、险、深"的大型土建工程，也有"小、多、杂、快"的装修项目，密度之高超乎想象。由于建设工地紧邻居民房屋等先天不足，以及客观存在的实际影响，周边居民相邻权受到损害，工地矛盾比较普遍。其中，既有对规划不满，反映房屋受损，更多的是反映施工扰民。有的提出高额赔偿，有的要求拆除改造，有的要求动迁搬离，有的屡次上访，有的历经10多年仍然未能解决问题，等等，绝大部分表现为群体性矛盾。

一、基本做法

《中华人民共和国物权法》第89—92条对相邻关系作了明确规定。为切实保护周边居民相邻权益，推动重大工程项目依法平稳实施，静安区建交委在加强行业监管，推动建设"安全工程、优质工程"的同时，主动牵头，依托街道、协调各方，健全机制、深入群众、搭建平台、落实责任，共同推进矛盾化解工作，努力推动建设"文明工程、和谐工程"。

（一）完善工作机制，落实主体责任

静安区建交委从维稳大局出发，建立了以“一评两测三会四方案”为核心的工作机制，督促建设单位切实落实矛盾防控的主体责任。“一评”就是要求建设单位开展建设工程社会稳定风险评估，重点评估施工对周边环境影响，根据评估情况认真排摸风险隐患，制定应对策略和防控预案。各审批、维稳部门和街道根据风险分析和评估内容进行综合评价，对存在严重社会稳定风险、尚不具备实施条件的项目，暂缓决策或审批，从源头消除风险隐患。“两测”就是在开工前全面完成施工影响范围内的房屋检测并落实周边环境实时监测，确保工地周边安全。“三会”分别是通报会、协调会、联席会，通报会就是依托街道平台，建设单位向居民介绍项目情况和施工影响防控措施，相关审批、维稳部门对居民关心和质疑的问题进行政策法规解释；协调会就是在街道居民工作的基础上，建设单位与居民沟通协商，认真对待和处理居民合理诉求，推动矛盾化解；联席会就是针对部分易激化的矛盾，由静安区建交委和相关街道牵头相关部门建立“矛盾化解协调推进联席会议”，制定工作制度和应急处置方案，每周召开专题会议，及时汇总动态情况，研究布置维稳工作，协调各方努力将矛盾化解在一线。“四方案”就是要求建设单位落实安全施工、文明施工、维稳和维修方案，尽最大可能减少施工对居民的影响，尽最大可能解决居民反映的实际问题。其中，安全施工方案不仅包括工程本身的施工安全，还包括周边房屋、道路、管线的安全维护方案；文明施工方案突出减少施工扰民的具体措施；维修方案包括周边房屋抢修、急修和综合大修的委托协议，要在开工前签订并落实，抢修单位要 24 小时接修；维稳方案包括落实专门的维稳队伍、工作资源和维稳预案等。

（二）发挥牵头作用，明确责任分工

工地的居民矛盾纷繁复杂，情况不同，诉求不同，表现不同。

静安区建交委根据区委、区政府的总体部署，始终把维稳工作作为各项工作的重中之重。单位主要领导和分管领导分别定点包案、明确责任、牵头化解。每周建交党委会专题研究矛盾排查结果和化解措施，并检查部署相关工作。定期牵头召集相关部门及项目建设单位召开工地矛盾处置推进会，分析研究情况，研判矛盾趋势，明确责任分工，提出措施要求，推动协调化解。遇有突发矛盾，明确要求主要领导、分管领导、责任部门不管工作日、休息日，不管白天黑夜，不管刮风下雨，必须第一时间赶到现场协调处置。

（三）依托街道平台，积极沟通协调

街道、居委会是居民工作的大平台和主渠道，在工地矛盾中始终站在第一线。积极搭建沟通平台，做好居民思想工作，向居民通报情况，争取大多数居民的理解支持。相关部门依托街道平台，就居民提出的诉求进行耐心细致的法规解释和政策宣传。充分听取居民意见，推动责任主体建设单位回应居民诉求，落实文明施工、房屋维修、安全维护等措施。各相关街道党政领导始终站在矛盾的最前沿，走街串巷深入群众，加强与居民沟通，及时掌握居民动态，督促建设单位和相关部门落实维稳措施。有的街道与建设单位、施工单位结对共建，发挥党建联建的政治优势和组织优势，帮助解决居民实际困难，为维稳工作创造条件；有的街道运用综治中心，发挥“五联”机制的作用，第一时间发现、第一时间处置、第一时间稳控，把不少工地矛盾化解在萌芽状态中。

（四）统筹协调各方，落实应急维稳

工地矛盾具有综合性和突发性，必须依靠各方力量、联合化解。静安区建交委会同规土、环保、城管等部门强化对施工现场的监管，教育、督促工程参建单位落实文明施工和维稳措施，减少施工对周边环境的影响，避免引发、激化矛盾。区维稳、应急、信访、公安、街道、城管等部门细化落实应急处置预案，及时妥善处理集访、非访、冲击工地、拉横幅等突发事件，维护良好的城区环境和社会秩序。房管、置业、物业等部门落实房屋巡查和急修措施，确保居民人身财产安全和日常生活。

二、工作成效

正是通过落实“一评两测三会四方案”机制，在方方面面的共同努力下，在力量、资源有限的条件下，一些事关全区的重大工程克服重重矛盾，得以平稳推进。地铁 12 号线、13 号线站点得以恢复性施工，大中里、105、华谊大厦等工程得以平稳开工，奉贤路得以顺利完成改道，静安寺交通枢纽、市西中学、嘉里、华敏等工程得以基本竣工。

三、推广价值

维护社会和谐稳定始终是一项重要的政治任务。尽管在各方的共同努力下，大部分工地矛盾处于阶段性可控状态，但形势依然严峻。不少工地矛盾时有反复，时有激化，有的甚至伴随工程全周期。党的十八大报告强调，要畅通和规范群众诉求表达、利益协调、权益保障渠道。我们必须在思想上高度重视，行动上毫不松懈，继续深化“一评两测三会四方案”机制，通过风险评估全面排摸风险因素、细化维稳预案，通过“两测四方案”落实主体责任和维稳措施，通过通报会、协调会完善群众诉求征询和处置制度，通过联席会形成舆情收集和矛盾化解合力。在此基础上，进一步落实深化居民工作、加强行政监管、完善应急处置、引入社会调解等四大措施，积极化解工地矛盾，坚持边推进边维稳、边维稳边推进，努力建设“安全、优质、文明、和谐”四大工程，全力营造和谐稳定的社会环境。

发挥代表委员作用 完善联系服务群众工作机制

中共闵行区委组织部

积极推进党内民主建设，提高民主决策、科学决策、依法决策水平，是党的十八大提出的战略要求。闵行区在近年来的党建创新实践中，以区委全委会改革为重点，以党代表任期制和党代会常任制为突破，规范基层党委决策机制的制度流程，完善党代表履职的具体要求，探索代表(委员)机制性联系服务群众工作，使党代表有效发挥作用、基层党委科学决策机制建设、党代会最高决策和监督功能的整体发挥成为有机整体，让基层党委决策更有民意基础、更接地气。

一、背景缘由

当前基层党委的决策体系在一定程度上存在一些不符合科学民主决策要求的情况和问题。一是决策前，重大事项决策的来源往往自上而下，缺乏有序、集中反映民意的制度设计；党代表联系服务党员群众和专题调研等过程中的成果还缺乏进入决策的制度渠道；专业性、技术性强的决策议题缺乏专业团队的智力支持。二是决策中，决策酝酿、讨论和形成过程中，党委会对部分议题议得不够充分，容易开成“表决式”、“通过式”的程序性会议。三是决策执行过程中，上级组织、同级组织、党代表和社会等多层面的监督网络体系还不够完善；执行不力、决策失误纠错改正和责任追究制度有待进一步健全。这些客观情况的存在容易造成基层党委和政府的重大方针政策与实际脱节而无法落地，出现公共政策失灵现象，影响公共政策的普惠性、长效性和稳定性，甚至产生不稳定因素。

二、主要做法

近年来，闵行区根据经济社会转型发展和基层党员群众民主诉求的实际情况，加强党代表发挥作用的制度建设，积极推进基层党委科学决策机制建设。

（一）着力推进区委全委会改革创新

将事关人权、财权、事权等“三重一大”问题纳入全委会审议和决策范畴。加强对常委会日常工作的评议、执行全委会情况的监督以及党代表对重点工作的询问。每年召开以常委会重要议题、财经、党建、干部为主题的四次全会，聚焦重点，充分审议。党代表通过提交提案、党代表意见建议和现场询问等方式，将基层党员群众关心关注的热点难点问题转化为全委会提案和常委会重要议题，成为区委重要决策项目。同时，扩大了全委会列席范围，每次全会党代表列席人数均达到近百人，每次全会都有 4—5 名区党代表围绕全会主题开展现场询问，由区委常委现场解答。这些创新成果使党代表的作用得到充分发挥，并已逐步向全区各基层党委延伸。

（二）着力完善基层党委决策机制

建立和规范了专题调研、专家咨询、专题听证、代表列席等 10

多项贯彻党委重大事项决策全过程的工作制度，规定了提出议题、调研酝酿、议题告示、党委会审议（代表列席）、投票表决等基本程序，明确提出党代表10人以上可联名提出党委会决策议题，相关项目要组织开展党代表专题调研和专题听证，党代表列席党委会并且多数列席代表不同意时党委会应暂缓表决，以及超过半数党代表对党委决策决定有异议的应提交党委会复议等刚性要求，使得党代表在党委会决策全程中的作用和分量显著增强。

（三）着力深化党代会常任制

全面实行了党委委员述职、基层党组织汇报工作、党代表询问、“一报告两评议”、重要议题和党代表提案、党代表发言等要求，落实党代表列席党委会、重大事项党代表听证等制度。发挥党代表作用，会前讲民主，广泛汇集民智；会中讲程序，充分保障权益；会后讲执行，强化监督落实，使党代表收集到的党员群众意见建议真正转化为党代会的决议、决定。

（四）着力促进党代表有效履职

建立了联系走访、征询通报、提案提议、列席听证、决策参与等10多项制度，拓展党代表的履职平台，对履职要求、履职内容、履职平台、履职保障和履职监督等方面都作出了明确的规定，引导党代表争做执政代表、民意代表、监督代表和宣传代表，推动基层党委科学民主决策。

（五）着力探索代表（委员）机制性联系服务群众

整合区、镇两级各类代表（委员）资源，在村（居）设立235个接待点，定时定点联系服务群众。建立统一规范的群众诉求收集、分析、流转、处置和反馈制度，成立了代表（委员）联系接待协调服务机构，集中力量化解群众诉求。通过制度安排，对诉求的收集和研判，对社会发展趋势形成较为灵敏的预判，准确把握突出问题，通过党代表提案提议、专题调研、重要议题等形式，及早作出制度谋划，使得基层党委决策更科学，方法更民主。2013 年制定下发了代表(委员)联系服务群众工作的指导意见，在 7 个街镇先行推进，共有 1 895 名代表(委员)和 2 135 名村(居)民代表等参加接待，收集诉求 3 018 条，办结 2 793 条，办结率 92.54%。

三、主要成效

(一) 厘清职责权限，理顺党内权力授受关系

在实践中，通过全委会改革和镇党代会常任制，区委的党代会、全委会、常委会和基层党委的党代会、年会和党委会的职责权限及其关系逐步清晰，实现了还权于全委会或年会。同时，党委会的决策更多地注重和依靠党代表作用的发挥，越来越多的决策议题和项目来源于党代表在日常联系服务党员群众、专题调研中的内容。

(二) 规范议事规则，增强党委决策科学民主性

在实践中，对基层党委决策过程中的提出议题、调研酝酿、议题告示、党委会审议(代表列席)、投票表决等基本程序作出了刚性设定，做实了党员代表、利益相关方、班子成员共同参与党委决策的各项载体，进一步强化了决策前的民意征集和研究、决策过程的责任程序、决策和执行全程的监督评估。整个过程中，党代表参与、监督党委决策的各项要求也有相应的制度保障，避免了临时动议、盲目决策。

(三) 突出有序参与，强化决策支撑体系

在实践中，完善党务公开、媒体监督、民众参与有机结合的监

督网络,让公众参与特别是利益相关方的参与成为决策的既定程序,并注重运用社会资源推进科学决策,建立了专家咨询制度,使得民意的传递和采纳、内外结合的决策支持体系更加完善。党代表作为其中一个发挥示范引领作用的群体,对基层党委科学决策的全程参与和有效监督正在成为党代表履职的必要前提和重要内容。

四、推广价值

基层党委决策与经济社会转型发展不相适应的原因主要在于基层党内民主不够活跃、科学决策机制不够健全、党代表作用发挥不够充分。闵行区以问题为导向,重点研究基层党委权力溯源、决策程序规范、党代会常任制及党代表任期制的落实和党代表作用发挥等问题,进而完善相关制度设计,寻求化解当前基层党委决策中存在不足和问题的可行性办法。一是进一步厘清党内权力授受关系,理顺党委会向党代会负责、向党代表负责、党代表向党员负责的权属关系,真正确立党代会的党内最高权力地位,完善党内权力运行架构,推动党的领导方式的转变。二是进一步做实党代会常任制和党代表任期制,充分发挥党代表收集民意、咨询参谋、监督评估的作用,影响带动广大党员有序参与、建言献策,促进科学决策。三是进一步完善代表(委员)联系服务群众工作机制,建立机制性、规范化、整体性的代表(委员)全面联系服务群众工作格局,强化诉求化解、沟通反馈和监督问责。四是进一步建立公众参与机制,强化以党代表为主体的社会各方对党委决策的全程参与和监督,提高决策质量和执行效率,切实回应和解决群众诉求,增强党群共信。

探索智联城管理模式 实现社会治理大联动

宝山区顾村镇人民政府

近年来，随着顾村镇城市化进程的不断推进，社会结构正在发生深刻变化，流动人口、出租房屋、重点场所等管理要素日渐增多，传统的社会管理理念、制度、方法无法适应当前的社会管理需求。经过积极探索，顾村镇将以星星村为代表的"自治共管、智能管理"的村宅封闭式管理模式在全镇范围进一步推广，成立社会管理智能化指挥中心，积极探索以"大联动、大联勤、大联防、大联合"为特色的智联城管理模式，走上了智慧化城市管理之路。

一、产生背景

顾村镇位于宝山中西部，典型的城乡接合部地区，镇域总面积41.66平方公里。截至2014年2月，全镇总人口约31.2万人，其中：户籍人口约9.1万，人户分离约5.9万；来沪人员约16万，来沪人员与本地户籍人口数量呈倒挂现象明显。同时，规划约5万人口的大型居住区馨佳园坐落在顾村镇。随着大型居住区的快速建设，镇域导入人口数量也在逐年递增，现已入住人口约2.8万人。

随着人口的大量聚集，带来了诸多社会管理问题。一是社会治安情况复杂，群众安全感下降。近年全镇110警情逐年上升，日接处110报警约150起，主要为两抢一盗、黄赌毒、侵犯人身权利案件等方面的警情。二是矛盾纠纷多发，不稳定因素增加。2011年，全镇人民调解组织共调解矛盾纠纷1 523件。每年处理突发性死亡事件、群体性劳资纠纷的数量呈上升趋势。三是卫生环境脏乱差，生活舒适度下降。违章搭建、无证经营等现象泛滥。

如何实现人口规模的有效控制，降低可能存在的各种社会风险和隐患，进一步提高基层党委、政府依法治理的能力，成为当前顾村社会管理工作面临的主要问题。

二、主要做法

2012年以来，顾村镇党委政府积极探索破解社会管理难题的新思路、新办法，全面提升社会管理科学化水平，建立城市社会管理智能化标准模型，以智慧管理引领多级联动，把光通讯、云计算等先进科学技术手段充分运用到社会管理工作中来。系统已覆盖至10个行政村、36个居民社区以及工业园区等区域，约10万人口。

（一）建立动态信息掌控体系，社会治安防控“严”

通过人口信息精细化联网管理系统、视频监控联网管理系统，实时掌控人员、场所的动态信息，实现智慧网络“大联防”。一是动态掌控人员信息。为居民配备电子身份识别卡，在出入门岗配置车辆ETC系统和人员出入身份认证系统，持卡人凭卡实现无障碍通行，对非持卡人则加强盘查和出入登记。二是实时监控小区动态。为镇域内小区安装视频监控设备，并实行统一联网管理，及时排查矛盾纠纷、违法行为等异常情况。三是日常监管重点人群活动。将高危人群纳入重点管理对象，进行风险等级评定，定期对其出入情况等信息进行统计分析，针对反常状况，及时采取相关措施。

（二）健全指挥中心协调机制，部门联动反应“快”

在镇级层面成立社会管理智能化指挥中心，加强指挥中心的后台监控和指挥调度，实现条块结合“大联动”，提高政府职能部门开展社会治理的主动性、及时性及有效性。一是群众诉求与反馈实现无缝对接。指挥中心与 12345 市民服务热线联网，由指挥中心将群众反映的各类问题及时协调相关职能部门参与处理，确保群众诉求得到及时反馈。二是行政执法实现大联动。成立由公安、城管、工商、食药监、质监部门共同参与的综合执法队，集中办公，配备视频联勤巡逻车，协同执法。综合执法队根据村居协管员 PDA 手机上报的综合执法类事件信息及时赶赴现场处置。三是纠纷调处实现大联动。根据第一时间发现的矛盾纠纷动态信息，指挥中心及时协调纠纷发生地所在村居委、人民调解室及政府相关职能部门第一时间介入矛盾纠纷的调处，实现矛盾纠纷的被动调处转为主动参与调处，单方调处转为联动调处。

（三）搭建信息发布电子平台，社区服务触角“广”

在每个小区门口安装 1 块液晶显示屏，实行区域联网、后台统控，实现镇域范围或者定向范围的信息发布，实现基层基础“大联合”，确保群众及时便捷地获取相关生活服务信息。一是及时发布便民服务信息。比如，警情通报、天气预报、灾害预警、文明宣传、房屋租赁、务工招聘等各类便民服务信息，方便群众生活。二是定期进行普法宣传。比如，法制案例、法制标语、法制动漫、便民法律服务信息等法制信息，营造法治氛围。三是定向发布风险防范常识。针对每个小区的情况，总结本小区的违法警示案例、矛盾纠纷风险防范常识、群众常见法律咨询问题等信息，通过电子显示屏定向发布，预防类似情况的发生。

三、主要成效

以“大联动、大联勤、大联防、大联合”为特色的“智联城”模式在解决社会治安防控、应急事件处置、行政执法、纠纷调处问题等方面成效显著，表现为：

（一）人口流动实现有序、可控

近年来，顾村镇来沪人员数量增长迅猛，从2010年约13.3万猛增至2012年约16.4万，2012年来沪人员的增长率约为15.4%，2013年来沪人员增长率约为3.9%，首次遏制了近年来来沪人员大量涌入的趋势，同时，无证无照经营和高危人群逐步退出社区，优化了人口结构，为有效调控人口规模、提高基层社区治理能力奠定了良好的基础。

（二）政府社会稳控能力增强

社会治安状况好转。2012年，顾村镇报警类110数量实现了6年来的首次下降，2013年，顾村镇刑案发案数、110报警数同比继续下降，未发生刑案的小区达25个，是全区社会治安最好的镇。

应急处置能力提升。2012年第11号台风“海葵”到来时，通过联勤巡逻车辆传输的街面视频，应急指挥中心共处置高压电泄露、人道树倾覆等各类险情37起，疏散危险地带人员90人。

行政执法效能提高。综合执法平台建立以来，共接到上报事件436件，其中疑难事件59件，不属实2件，目前已结案数364件。

矛盾纠纷处置反应力、成功率提升。2013年，全镇各级调解组织共调处各类矛盾纠纷961宗，与上年相比下降了7%，调解成功率为98.6%。依法妥善处理的群体性纠纷、突发性事件的数量也有所回落。

(三)群众安全感和满意度提升

以解决群众最关心、最现实的问题为出发点,充分运用科技的信息化优势,提升政府职能部门履职的实效性,比如,开展环境卫生综合治理,肃清各类治安隐患,取缔非法经营窝点,加强村居门岗盘查与夜间巡逻力度,普及文明、法制宣传等便民利民举措,有效提升了群众的安全感和满意度。

四、推广价值

第一,重视组织领导,发挥基层党组织的凝聚作用。充分发挥基层党组织总揽全局、协调各方的领导核心作用和战斗堡垒作用,组织协调各职能部门,在群众中加强宣传发动,大力推进智能化管理模式的建设,以基层党组织的建设带动社区建设。

第二,转变管理理念,树立以人为本、服务为先的理念。找准行政管理和群众利益需求的共同点,以群众最关心、最直接、最现实的社会治安、居住环境、公共服务等切身利益的问题为抓手积极推进社会治理,有效保障了群众的合法利益。

第三,培育自治驱动,发挥群众的主体作用。群众是社会治理工作的主体。积极吸纳常住来沪人员代表参与社区自治公约的制定、社区日常管理,为来沪人员和本地人搭建一个参与民主管理、表达利益诉求的社区自治平台。同时,重视发挥社区协管员、人民调解员的地缘优势,积极吸纳民间力量参与到社会治理中来。

第四,强调资源整合,提升政府部门履职的效能。充分利用视频探头、远程监控等智能化信息科技手段获取的信息源,实行人、财、物的统一指挥调度,实现政府职能部门履职的大联动,最大限度提高政府各职能部门履行自身岗位职责的主动性、及时性及有效性。

第五,营造法治氛围,增强群众法制意识。依托覆盖镇域范围的社区电子显示屏,作为开展法制宣传教育的有力载体,通过定期发布通俗易懂、生动活泼的法制宣传图片和动漫等,在全镇范围内营造浓厚的法治氛围,培育群众自觉守法、依法维权的意识。

外来人员集聚地区“点勤式”基层治理模式的新探索

嘉定区委党校

嘉定区安亭镇地处嘉定、昆山、青浦三地交界，随着经济发展和城市化进程的加快，安亭吸引了大量外来人员就业和居住。与此同时，也使得公共服务和社会治理面临一系列的矛盾和挑战。为解决这个难题，镇党委、镇政府探索“点勤式”服务管理新模式，加强外来人员居住空间的有效管控，收到了显著的成效。

一、背景缘由

安亭是嘉定区工业化、城市化最快的镇。截至 2013 年底，镇实有人口从 2008 年的 18.71 万人上升至 26.53 万人，外来人员急剧增加至 18.13 万人，集聚来沪人员超过 2 000 人的区域共有 29 个。如此规模的人口集聚，导致大量公共资源供给严重不足，各类公共安全隐患普遍存在。近年来，该镇以“守好土”、“看好房”、“管好人”、“服好务”为治理目标，通过整合辖区现有治理资源，调动各类主体参与治理的积极性，采用主动上门点勤的服务管理方式，尽最大可能提供规范、安全的公共服务，让来沪人员有序融入。

二、基本做法

所谓“点勤式”服务管理模式就是通过建立专门点勤队伍，分段包片每天上门“点卯式考勤”，对房屋出租、租赁人员信息进行实时登记变更，同时巡查治安、消防、计划生育、非法行医、地下食品加工、违章搭建等安全隐患和违法违章行为，更好地为外来人员提供公共服务，最终实现人口有序流动、治安有效防控、社会和谐稳定的目的。

(一) 划分辖区，合理配置人员

以村(居)为单位建立点勤工作领导小组，由村(居)书记任组长，治保主任和社区民警任副组长，组员包括村干部、综治协管员、社区综合协管员、社保队员、驻村企业联防队员、村民小组组长、部分志愿者等人。按 1∶300 比例配备一线点勤人员。试点村联群村将全村 12 个村民小组、270 家商户、122 家企业划分为 14 个片区，每个片区配备 2 名点勤式工作人员。

(二) 登门点卯，掌握基层动态

工作人员每天上门对片区内私房和企业宿舍的人员信息进行点勤采集，对村、居民户家庭的房屋出租、租赁人员变动、重点人员、可疑人员、治安及消防隐患、计划生育、邻里纠纷等进行查看，同时对片区内各类安全隐患进行巡查，认真记录每户点勤的实际情况，及时指出存在的问题，并提出改进意见、发放整改意见书。

(三) 汇总建档，完善管理信息

建立村人口信息“一户三档”资料平台：“一户”就是以私房和企业为单位；“三档”即手工填写的来沪人员信息表、输入电脑的来沪人员电子档案、制作附有照片的个人信息小卡片。各片区对每天点勤情况进行梳理汇总并及时更新“一户三档”资料信息，每周向村点勤工作领导小组作书面汇报，每月作专题汇报，力争实现“天天点、周周查、月月考”。

（四）统分结合，解决突出问题

各片区对每天点勤情况进行统一梳理，将存在的问题按照一般、重点进行归类。村点勤工作领导小组根据各片区梳理的问题，有针对性地提出处理意见。对于一般问题，原则上采取“自家孩子自家抱”，督促其自行解决消除；对于重点问题依照村规民约处理；对于违法违规的问题，商请相关职能部门集中力量依法予以解决。

（五）建章立制，实行动态考核

考核组成员由治保主任、社区民警和包组干部组成。每 10 天对信息员的工作质量、相关条线的后续跟进情况和问题处置率等进行督查，每月进行考核，年终评比先进。并且根据考核的不同情况与劳务费挂钩，如对于不称职的人员予以调整和辞退。点勤工作的考核结果向群众公布，接受社会的监督。通过天天点、周周查、月月考、年终评的考核监督机制，将点勤工作落到实处。

三、主要成效

安亭镇自实施点勤式管理模式以后，取得了显著的成效。有效遏止违章搭建两处，实现了来沪人员管理底数清、情况明；社会治安发案少、秩序好；村委管理群众满意、社会稳定的基层治理目标。

（一）摸清了外来人员的基本情况，为实有人口的有效管理创造了基础条件

如联群村自2012年7月开展试点以来，共采集、提供各类实有人口及实有房屋信息5 000余条，协助开展集中清查和专项工作20余次，提供违反社会管理和治安管理情况线索22条，化解矛盾纠纷多起，协破治安刑事案件两起。他们每天对本辖区来沪人员动态信息进行跟踪采集，并及时传送给有关部门，作为管理和服务的参考依据。

（二）及时防范和打击各种违法活动

2013年，联群村经点勤共发现户籍居民有吸毒嫌疑1人，来沪人员无证怀孕妇女15名，户籍居民与来沪人员私房租赁纠纷12起，来沪人员利用农宅出租房以工业盐换包装冒充食用盐案1起，取缔利用游戏电子房聚众赌博场所28处，消防隐患5起、违章搭建8处，排摸发现线索控制移送公安机关犯罪嫌疑人10名，成功收回被来沪人员擅自占用种植蔬菜数年的农田160亩。

针对点勤中已发现的可疑重点人员，通过增加清查次数进行预防，一旦发现问题马上处理。对于违章搭建、乱推杂物等，即时开具限期整改通知书，过时不整改者村委组织人员统一处置。

（三）加强了社会基层治理，为群众建立有序稳定的生活工作环境提供了可靠的保障

"点勤式"服务管理模式的优点是早发现、早介入、早化解，在第一时间发现社会治理中存在的问题，及时处置和解决，将矛盾化解在萌芽状态，使大事化小、小事化无。联群村位于黄渡工业园区内，以往存在人员多、车辆多、乱堆物品多、占道设摊多、违章搭建多"五多"现象，村点勤工作领导小组从涉及面最广的乱停车"开刀”,以村民小组为单位,制作车辆号码、姓名、联系电话花名册,交给管理员合理安排停放位置,确保车辆停放秩序。同时整顿占道经营等,保证了正常的生活秩序。

与此同时,通过“点勤式”管理,还及时帮助外来人员解决许多工作和生活中的困难,为他们提供更多更好的公共服务。联群村已投入数百万元支持创办了两所民办学校,修建了 28 个公厕及免费停车场等。

四、推广价值

党的十八大报告提出“社会治理,必须着眼于维护最广大人民根本利益,最大限度增加和谐因素,增强社会发展活力,提高社会治理水平,全面推进平安中国建设,维护国家安全,确保人民安居乐业、社会安定有序”。上海作为外来人员高度集中的城市,如何做到有序导入、规范管理,优质服务对上海的经济发展、城市安全、社会稳定具有非常重要的意义。“点勤式”管理模式作出了可贵的探索,为上海外来人员集中居住区的管理和服务提供了一个可供借鉴的标杆。得到了上海市委、市政府、市政法委等领导部门的认可,多家媒体予以报道。

另外,“点勤式”管理模式本质上是一种自治管理,在实践中也存在一些困难和问题。我们建议:

第一,应尽快建立全市统一的诚信体系和信息共享平台,为凭证服务提供依据,同时也增加来沪人员违法违规成本。

第二,以实有人口来配置公安、城管等公共治理资源,为基层社会治理“减负”。

第三,从市级层面出台对制造业现有土地转让或转型的政策支持意见,增加基层单位通过产业调整综合调控人口的积极性。

只有坚决按照“党委领导，政府负责，社会协同，公民参与，法治保障”的要求，上下联动、综合治理，外来人口的科学管理和调控才会奏效。

创新开发快速路“电话预处警”工作模式 有效提高事故快处工作效能

上海市公安局交警总队

一、案例背景

上海中心城区高架道路作为城市快速道路、主动脉，在上海道路交通网络体系中处于举足轻重的地位。目前，市中心区域高架道路（南北高架、延安高架）在高峰时段的流量已接近饱和，机动车长时间处于 20—40 公里/小时的中慢速行驶状态，且高架道路全封闭、不利于分流等特点也决定了其在应对各种突发事件过程中的脆弱性。据统计，2013 年高架道路日均发生交通事故 120 余起，其中 80%以上为责任明显、无人伤的轻微物损事故，若每起交通事故都需要民警到场处置的话，不仅加剧了高架道路的拥堵程度，也影响了执勤警力的工作效率。

《上海市机动车物损交通事故当事人自撤现场、自行协商处理办法》（以下简称《办法》）明确规定，机动车发生碰撞交通事故，仅造成财产损失的，只要车辆能够安全移动，当事人应当按照《道路交通安全法》第 70 条规定迅速撤离事故现场，在不影响道路交通的地点或场所自行协商处理。但现实情况是，由于事故当事人不了解该如何进行后续处理流程和相关理赔手续，往往仍旧采取报警后原地等待民警到场处理。因此，突破“处置交通事故必须等待民警到现场”的传统模式，特别是针对高架道路事故形态单一、责任明确的轻微物损事故，创新适合高架全封闭道路的交通事故接处警新方法显得尤为重要。

二、基本做法

2013 年 6 月起，交警总队高架道路支队全面推行“电话预处警”工作模式，即在交通事故发生后，民警通过电话与报警人先行取得联系，初步了解事故基本形态，作出先期预判，并对符合快撤快处的事故引导当事人做好取证并快速撤离现场，自行协商处理交通事故。通过此举，高架道路交通事故自撤率明显提高，因发生事故而造成后方路段交通拥堵影响明显降低，单起事故处置时间明显缩短，民警接处警效率显著提升。

（一）建立“电话预处警”工作规范

因大部分驾驶人不知道或不熟悉《办法》的具体实施细节，民警在实际工作中必须具备较强的工作能力，快速讲清事故快处流程。因此，高架支队从规范“电话预处警”执法用语入手，结合高架道路交通事故处置工作特点，研究制定了《高架支队“电话预处警”工作规范(试行)》，制作工作流程图，规范处置流程。同时，通过“微课程”平台开展系列培训，使全体民警进一步提高事故快处工作水平。

（二）形成“警”、“牵”、“救”同步模式

根据高架道路情况，牵引车、救护车达到事故现场的时间一般为 10—12 分钟，清障施救以及伤亡抢救的“黄金时间”非常宝贵。因此，为实现高架民警执法人性化、信息化、高效化的统一，

高架支队要求全体执勤民警在具备条件的情况下，采用电话先行联系当事人的方式先行处置，第一时间了解现场人伤财损状况，及时上报指挥中心，通知牵引车，救护车与民警快速赶赴现场同步处置。改变以往“民警赶赴现场以后，发现需要相应施救车辆，然后上报，再等待，再处置”的传统事故处理模式，切实提升管理效能。

（三）依托“便民服务点”深化宣传

结合上海市公安局2013年十项便民利民措施，高架支队在辖区岗亭和导流线处共设置了50个“交通事故自行协商处理便民服务点”（以下简称“便民服务点”）。对于符合自行协商处理条件的交通事故，民警通过电话引导当事人撤离至就近的“便民服务点”，按照“便民服务点”提示的协商处理工作流程，自行填写“理赔服务单”，约定时间共同前往同一家“机动车物损交通事故保险理赔服务中心”快速处理交通事故。在此基础上，支队执勤民警结合日常工作，积极向事故当事人发放《交通事故自行协商处理提示》，形成常态化宣传。

三、主要成效

（一）极大减少交通事故衍生拥堵和次生交通事故

从一般接处警过程来看，市民报警→110接警→市局指挥中心交通指挥台受警→执勤民警处警到现场，一般需要8—10分钟。据测算，发生交通事故后，高峰时间一根车道一分钟约有100余辆车受堵，排积可达500米，且恢复正常通行后，拥堵车流需3倍的时间进行消散。同时，受堵车道的车辆与正常通行车辆内的车辆争道抢行，造成发生次生性重大交通事故的隐患。据统计，“电话预处警”工作模式推广以来，90％的交通事故经民警电话联系后能立即撤离现场，平均撤离时间在 5 分钟以内，较原来下降近 50%，事故对道路正常通行的影响程度大大降低。

（二）实现管理与服务“双赢”

据调查研究显示，每月首次发生交通事故驾驶人占驾驶人总数的七成。同时，首次发生交通事故驾驶人会伴有惶恐、不安的消极情绪及状态，对事物的反应能力、认知能力、处理能力都会下降45%左右。民警在通话过程中，既可以察觉和安稳当事人的烦躁情绪，又能及时指导驾驶人快速撤离事故现场。在极大节约事故当事人处理交通事故时间的基础上，构建和谐的警民交流引导新机制。

（三）警力效能再提高

据统计，高架支队全面推广“电话预处警”工作模式以来，高架道路自行协商处理的事故占事故总数比例由原来的 5% 上升至15%，省去了民警赶赴事故现场、指导当事人填写“理赔协议书”的警力资源，这样大约可以节约 10% 的警力投入到其他交通管理工作中，切实提升了警务效能。同时，民警通过“电话预处警”的交通事故占事故总量比例由原来的 76.8% 上升至 82.6%，事故平均处置时间降低约 50%，极大减少了警务运作中的资源虚耗，警务效能显著改善。

四、推广价值

目前，交通事故自撤快处快赔模式在先进发达国家已经相当成熟，也符合我国现代化法制的规律和发展要求。因此，作为目前交通事故自撤快处快赔的警务工作手段，“电话预处警”工作模式具有一定的推广价值，且“电话预处警”具有操作简便、成本较低、成效显著的特点，随着该处警模式的不断深入推进，广大驾驶员对“电话预处警”工作模式的认知也在不断提高，可以在交警系统进行广泛推行，形成普遍性的工作模式。

全面推进“两个实有”管理社区全覆盖

上海市公安局人口管理办公室

一、案例背景

自上海市开始全面实行“实有人口、实有房屋”全覆盖管理以来，市委、市政府就明确了人口管理运作机制“党委领导、政府主导、公安指导、部门司职、社区实施”，要使实有人口服务管理工作达到长效常态目标，最终落脚点就是“社区实施”，最根本的是要从基层抓起，只有从基层、从社区抓起，只有从社会管理最基础的居(村)委来建立人口管理工作机制，“两个实有”全覆盖管理才能真正实现常态化。2013 年，市公安局人口办组织各分(县)局人口办在全市范围内依法推进“两个实有”全覆盖管理社区实施，以建立居(村)委信息采集室为载体，落实居(村)委社会管理和服务体系建设，进一步强化由社区来实施人口服务管理的职能，扎实推进实有人口服务和管理工作创新。

二、基本做法

(一) 试点开展“两个实有”基础信息采集向居(村)委延伸

组织全市 17 个区(县)共 23 个居(村)委开展“两个实有”基础

信息采集向居(村)委延伸试点工作,通过在居(村)委设置“两个实有”基础信息采集室(点),依托居住证系统开展来沪人员信息采集录入,探索本市户籍人户分离人员、境外人员社区采集模式,实现信息采集即录入。

(二)全面推进“两个实有”全覆盖管理工作社区实施

在“两个实有”基础信息采集向居(村)委延伸试点工作基础上,2013 年 4 月,市局人口办下发了《关于全面推进“两个实有”全覆盖管理社区实施的工作方案》,全面推进“两个实有”全覆盖管理工作的社区实施。

一是深入社区,建设“实有人口信息采集室”平台。逐步开展“实有人口信息采集室”建设工作,在全市各居(村)委及有条件的大型用工单位集中住宿点建立“实有人口信息采集室”,积极落实信息采集室的经费、硬件、人员保障,拓展信息采集室的功能及效应。

二是规范管理,探索居(村)委实有人口管理工作规范。将实有人口服务和管理工作纳入居(村)委日常工作,落实居(村)委实有人口服务和管理责任,加强居(村)委实有人口管理工作,提高实有人口信息质量。

三是提升实效,落实居(村)委信息质量分类标准。按照实有人口总量,出租房屋数量,以及人口流动状况、区域复杂程度等因素,以居(村)委为单位,划分为五类区域和不同的信息质量标准。各分(县)局人口办组织开展分层次的达标测查工作,每月对各居(村)委开展不少于 1 次的信息质量测查,对未达标的居(村)委,落实“挂牌”整治,并将名单下发至各街镇人口办,共同开展整治。

(三)落实各项保障,注重长效机制

一是以考核为导向,强化工作质量。进一步完善实有人口服

务和管理的考核，在区（县）人民政府的支持下，将实有人口服务和管理工作纳入对街道、镇（乡）、居（村）委工作的考核项目。研究街道、镇（乡）人口办、居（村）委和公安派出所，居（村）委干部、社区民警和社区综合协管队员之间的实有人口信息质量捆绑考核机制。

二是以街道、镇（乡）为主体，落实管理责任。进一步加强街道、镇（乡）人口办实体化运作，明确街道、镇（乡）人口办应负责做好居（村）委社区实施各项工作任务，制定有效的实有人口管理工作考核、监督制度，指导居（村）委开展实有人口服务和管理工作。

三是以网络为依托，实现信息共享。在通过“实有人口信息采集室”落实居（村）委开展实有人口信息采集的基础上，进一步发挥实有人口信息系统的作用，积极解决居（村）委实有人口信息应用分析需求，开通实有人口信息管理系统（二期）“街道（镇）管理员”和“居（村）委用户”，通过整合并共享居（村）委实有人口信息，使居（村）委能够掌握辖区实有人口及信息质量情况，进一步提升在人口综合服务和管理上的工作热情。

三、主要成效

（一）提升了实有人口管理工作效能

截至2014年2月底，全市已有4 642个居（村）委开设了“实有人口信息采集室”（全市居村委总数为5 589个），占全市居村委总数的83.06%，开通操作用户数5 174个，通过信息采集室累计采集维护来沪人员信息560余万条。实现了信息采集即录入，使其成为居（村）委信息采集、政策咨询、宣传服务的综合平台，开展辖区实有人口服务和管理工作，提升了实有人口管理的工作效率。

（二）形成了一批优秀居（村）委工作模式

为鼓励居（村）委实有人口管理工作创新，市人口办、市社建组织各区县人口办、社建办开展了“两个实有”全覆盖管理社区实施优秀工作模式评选活动，进一步推广“两个实有”全覆盖管理社区实施经验做法，落实“两个实有”全覆盖管理长效常态，共评选出12个优秀居(村)委，19个入围居(村)。

(三) 强化了实有人口信息质量

通过推进“两个实有”全覆盖管理社区实施工作，全市实有人口信息质量有所提高。2013年1—12月，市局、各分县局及派出所对各居(村)委实有人口共测查实有人口219.3万人，登记率分别为91%，其中：来沪人员202.77万人，登记率为91.16%，比2012年88.7%、89.32%有所提高。

四、推广价值

第一，推进社区实施是对基层实有人口管理工作实际需求的有效回应。近年来，随着上海城市化进程快速推进，市区人口集中导入以及来沪人员在城乡接合部大量聚集，社会管理任务日益繁重，只有突破依赖行政资源推动人口管理的传统模式，依靠社区自治和共治，才能有效实现人口综合服务管理。通过社区实施，将实有人口管理纳入居(村)委社会管理和服务体系范畴，通过区域化的社区资源统筹，凝聚居(村)委干部、社区民警、社区综合协管队员、治保积极分子等各方力量，使社区成为责任主体和实施平台，推进多元主体共同开展人口管理的格局。

第二，推进社区实施是居(村)委创新和加强社会管理的重要举措。“社会管理，说到底是对人的管理和服务”，社会管理中最基础、最重要的就是人的管理。对于居(村)委来说，开展各项事务时主要面对的是“人”，因此，人口管理是居(村)委加强社会管理的关键内容，是实施其他管理的基础。通过社区实施，进一步加强居(村)委实有人口管理的运作能力，能够为居(村)委实施其他管理事务提供保障，为居(村)委开展群众工作提供支撑，使人口服务管理工作能够更深入、更贴近群众。

立足规范有序　强化综合施策
积极构建人口调控新模式

上海市公安局奉贤分局

2013年以来，针对奉贤区来沪人员高速导入的态势，根据区委、区府的决策部署，奉贤区人口办从长远着眼、从源头着手、从瓶颈着力，牵头制定人口管理“三年行动方案”，进一步健全完善“以居住合法为关键、以就业合法为重点、以持证合法为载体、以有序服务为导向”的人口综合调控新模式，取得了明显的工作成效。

一、背景缘由

“十二五”以来，随着奉贤规划建设不断深入和经济社会发展持续提速，人口规模处于持续快速增容之中。2007—2012年，奉贤区来沪人员从36.97万增长至62.41万，年均增长率达到11.03%，增长率明显高于全市平均水平，来沪人员集中导入带来了“资源瓶颈扩大化、管理负荷倍增化、服务壁垒难突破”等多方面问题，各级政府和社会群众对进一步加强人口调控的要求越来越强烈。

根据区委、区府“控制总量、优化结构、提升素质”的目标，区人口办积极履行服务政府决策的工作职能，主动作为，勇为人先，从长远着眼、从源头着手、从瓶颈着力，牵头制定《加强人口有序引导和规范服务管理三年行动方案》，明确2013—2015年人口调控的具体目标，从产业规划、实施管理、综合服务、综合治理、社会宣传等环节，统筹全区各职能部门共同推动人口服务管理工作，有效健全完善了“以居住合法为关键、以就业合法为重点、以持证合法为载体、以有序服务为导向”的人口综合调控新模式。

二、基本做法

(一) 做实以“居住调控”为关键的基础轴心

有效抓住来沪人员落户奉贤的首要“居住环节”，积极以有限的合法居住资源来实施调控。在构建“居住调控”体系中，主动联合房管、规土部门以规范房屋租赁市场和租赁行为切入，在强化落实居住房屋租赁合同登记备案制度基础上，积极引入居住房屋租赁“实体化”监督管理，严格登记备案程序。同时，加强动态监管力度，及时查处违规租赁行为，夯实持证合法和有序服务的前置基础。

(二) 完善以“就业调控”为重点的治理模式

积极把控来沪人员居留奉贤的重要“就业环节”，充分联动其他成员单位以打击非法为切入来实施调控，重点加大对“灰色行业”打击力度。其中，联合区农委加大对不规范种养殖点的取缔和田间窝棚的拆除力度，共取缔不规范种养殖点和拆除田间窝棚5 000余处，在规范种养殖行业秩序的同时，有效梳理了农村大量导入的人口。同时，联合区综治办、工商局、建交委等部门加大各类无证无照、违规生产经营、非法客运等的打击力度，进一步压缩了非法就业空间，促进了人口的有效疏导。

(三) 健全“规范持证”为载体的调控平台

在做实“两个合法”实施调控基础上，注重发挥居住证实施引导的载体和平台作用，在全市率先完善了“两个合法”与居住证体系的对接渠道和后续服务的嫁接方式。同时，严格规范居住证明的开具渠道和适用方式，以严格申领条件为手段，规范居住证件的发放。截至2013年底，全区共有持证来沪人员314 025人，较上年的435 899人下降了27.96%，为有效统筹全区公共服务资源奠定了良好基础。

（四）试点“积分有序”为导向的服务体系

在充分发挥综合调控在公共服务方面映射作用基础上，注重叠加综合服务对于人口的引导功能，积极试点来沪随迁子女“积分制入学”为切入，探索完善持证有序服务体系。其间，牵头会同房管、规土等部门针对9 000余名随迁子女家长的居住证件和合法居住开展核准工作，确保入学工作的有序开展，持证有序服务模式初具雏形，为全面统筹均衡有限的公共服务资源开辟了一条新的渠道。

三、主要成效

通过深入推进“三年行动方案”，进一步促进人口有序流动和合理分布，逐步提高人口素质结构，切实实现“人口总量适应奉贤资源承载力、人口素质适应奉贤经济社会转型需要、人口结构适应奉贤可持续发展、人口分布适应奉贤产业布局和公共服务有效分配”的工作目标。

（一）外来人口高速增幅得到有效控制

“三年行动方案”通过集中落实各项综合治理措施，进一步提高“联动、联管、联勤”效能，有效实现控制实有人口规模的目标。截至2013年底，全区来沪人员634 541人，较2013年初增幅仅为

3.27%,较上年同期23.94%的增幅,下降了20个百分点,人口调控的成效显著。

(二)职能部门之间有效形成推进合力

通过贯彻落实“三年行动方案”,进一步明确各个职能部门在人口综合调控中的工作职责,由区人口综合服务和管理领导小组牵头协调,各职能部门按照各自职责分工负责本条线推进,各镇、开发区(社区)按照“属地化管理”原则具体负责本地区实施,以责任化、项目化、节点化的方式统筹全区各职能部门共同推动人口服务管理工作,进一步形成了工作合力。

(三)来沪人员积分服务管理初具雏形

结合2013年随迁子女入学工作,采取“先行先试”的原则,在全市率先建立积分制准入制度,对来沪人员在奉贤区的生活、工作和贡献情况进行客观、公正的评价,并运用积分准入的方式,实行排序筛选,为奉贤区教育资源的合理投放提供有力的支撑。在初步构建持证有序服务架构和试点积分制入学的基础上,也为进一步深化来沪人员积分制管理在其他服务领域的应用打下扎实基础。

四、推广价值

党的十八届三中全会提出“严格控制特大城市人口规模”,市委市府也将加强人口综合调控作为各区县2014年重点实事项目。2013年以来,奉贤区人口办充分发挥牵头作用,率先在全市制定人口服务管理“三年行动方案”,从产业结构、以房管人、以业管人、服务管理等方面,统筹全区各职能部门共同推动人口调控和服务管理工作,积累了相关的工作经验,探索出了一条有效、可行的道路。“三年行动方案”值得其他区县在推进人口综合调控的过程中进行学习、借鉴,进一步提升全市人口综合服务和管理工作水平。

打造升级版《司法公开全方位落实一百则》主动回应群众需求　健全司法公开体系

上海市第一中级人民法院

一、背景及意义

党的十八大和十八届三中全会强调要推进权力运行公开化、规范化，并明确提出推进审判公开、推进公开法院生效裁判文书、确保权力在阳光下运行等要求。推进司法公开是人民法院依法履行职责的必然要求，是实现司法公正、破解司法难题和瓶颈、提升司法公信力的重要措施，是促进司法民主的重要途径，也是社会政治文明和法治程度的重要标志。近年来，随着我国经济社会不断发展，人民群众对公共事务日益关切，对司法工作也有了更多新要求和新期待。特别是随着信息技术的飞速发展，微博和微信等新媒体使得信息传播速度、扩散方式和受众数量迅速增加，人民群众对法院工作信息量和信息获得渠道的需求也越来越多，对法院工作提出了更高的要求和期待。

上海市第一中级人民法院（简称上海一中院）历来高度重视司法公开工作，始终把深化司法公开作为维护司法公正、提升司法公信力的重要举措。上海一中院于 2010 年 10 月即向社会公开发布《推进司法公开 20 条意见》及细化的《司法公开全方位落实一百则》(以下简称《一百则》),其中在全国法院系统最早推出的“在线诉讼服务平台”、“院长在线”等受到了包括海外媒体在内的社会各界的关注和肯定。2013 年 9 月,该院又专门成立司法公开专项检查组,对《一百则》落实情况自查自纠,并契合时代发展和公众需求,重新梳理修订并打造了升级版的《一百则》,形成了“全流程、多维度、信息化、能动性”的司法公开模式,努力促进司法与公众的良性互动,不断提升司法公信力,被最高人民法院授予全国法院首批“司法公开示范法院”荣誉称号。

二、主要做法

(一) 以开拓创新为导向,着力提升司法公开针对性

一是立足社情,面向群众。创新举措全面贯彻党的群众路线和司法为民宗旨要求,从司法“被公开”的机械进路向允许“公众参与”的以人为本转变。规定当事人申请判后答疑的,由作出判决的审判业务庭就证据取舍、事实认定、法律适用等方面对当事人进行说明与解释;每年两次随机抽取不少于 20 件案件对当事人进行回访,听取当事人对执行人员贯彻执行公开制度等各项规定的意见;全院每年庭审网络直播不少于 70 次;等等。

二是公正施行,资源同享。针对社会各阶层、各群体的不同司法诉求,确保公开措施的效果公正和实质公正,使司法公开资源均衡分布至各类社会群体,如:规定对不方便来院立案的当事人启动绿色通道上门立案;在信访接待室开设“法律援助”窗口,由上海市法律援助中心指派有经验的律师进行窗口接待等。

三是保障人权,接受监督。在司法公开措施中,关注诉讼参与人的各项合法权益,回应群众合理的民生诉求,如:规定刑事案件审判使用证人屏蔽作证系统,依法保护出庭作证的证人;刑事二审案件推行远程审判方式,每年不少于 300 件;每年邀请市人大代

表、社会团体组织等赴执行现场监督;每年召开特邀监督员座谈会两次,通报该院审判工作。

(二)以破解难题为抓手,着力提升司法公开实效性

一是条线联动,破解"立案难"。创设立案督办制度,对当事人反映辖区法院不立案的情况,经审查后向辖区法院制发《督办案件通知书》,要求辖区法院在7日内立案或出具不予立案裁定书。创设立案巡查制度,定期指派立案庭资深法官指导辖区立案工作,逐步统一执法意见。创设立案协调制度,对管辖争议案件通过条线联动及时协调解决。

二是多管齐下,破解"找法官难"。创建判后答疑管理平台系统,并将工作落实到各合议庭。强化"窗口"服务的资源配置,开通12368诉讼服务热线平台和该院"分机1200咨询热线",解答群众来电咨询,并在信访窗口增设青年法官服务岗,协助信访办处理信访突发事件。

三是全程跟进,破解"执行难"。设立涉执信访事项"首接责任制",由接访人员负责跟踪信访案件处理,并及时与相关辖区法院及承办法官交流,确保矛盾及时化解。开通网上执行信息服务平台,方便公众查询。

四是内外互动,破解"矛盾化解难"。加强对人民陪审员的业务培训,帮助其掌握基本法律知识和技能,提升参与度。探索邀请特邀监督员参与听证的"3+1"模式和法官"上门"听证模式,增强矛盾化解效果,通过健全复杂案件"轮换答疑"等机制,消除矛盾激化等不稳定因素。

三、取得的成效

(一)提升了人民法院司法公开工作质效

这份在2010版《一百则》基础上修订完善的新版司法公开工

作细则，内容涵盖立案、审判、执行、听证、审务等法院工作各个方面，对法院的司法公开工作提出了明确要求，并主动接受社会各界的监督，有力推动了该院司法公开体系的建构和完善。据统计，上海一中院 2011—2013 年共有 37 892 篇裁判文书上网，生效判决书上网率达 78.5%；自 2011 年以来网上直播庭审共计 200 多次；在该院 2013 年组织的执行案件当事人案件满意度随机调查中，当事人对该院案件执行满意率达到 97%；2013 年该院二审开庭率 61.99%等。

此外，该院在颁布《一百则》的同时，同步推出了供移动终端用户在 APK、APP 下载使用的“移动在线诉讼服务平台”，新浪官方微博，以院领导为收件人来信三日回复，针对立案难问题建立的辖区法院立案督办、巡查、联动等项制度等举措都受到了社会各界的广泛关注，《人民日报》海外版、《法制日报》、《人民法院报》等媒体专题报道。该院腾讯网官方微博入选“全国十大法院政务微博”，“法官微故事”、“微直播”等栏目受到群众好评。

（二）提升了法官的司法能力和水平

通过全方位落实司法公开相关举措，在有效推进法院司法公开力度、提升司法公信力的同时，也产生倒逼作用，尤其是公布审判流程和执行信息，裁判文书在互联网公布等，进一步增强了法官的责任意识，产生了鼓励先进、鞭策后进的作用，提升了法官的司法能力，促进法官职业化建设。为表彰先进、激励干劲，该院评选出了 2011—2013 年度“十佳审判长”，号召全院干警以他们为榜样，积极打造公正、为民、权威的良好司法形象，努力提升司法公信力。

文化执法指挥监管系统在执法实践中的应用

浦东新区文化市场行政执法大队

浦东新区文化市场行政执法指挥监管系统是浦东新区文化市场执法领域深入贯彻落实科学发展观的突出表现,是全市区县大队第一家建成并投入使用的分布式网络信息化执法平台,是整个上海市文化市场行政执法指挥监管系统的重要组成部分,系统技术水平领先于全国同行业。系统自 2011 年建成投入试运行以来,边使用边完善,目前运行状况良好,已实现了执法检查数据的实时现场录入,举报查办以及执法办案流程的网络化作业,并且拓展了执法数据统计分析功能,使得巡查、办案天天可查询,工作进展天天有显示。执法数据每月精确汇总,形成了每月、每季度、每半年系统分析报告,基本实现了文化执法核心业务"一网打尽"的预期目标。

一、背景缘由

依照沪府发〔2004〕46 号文件的规定,以及相关职能部门的法规政策,随着信息化技术的进步,新的技术可以帮助文化市场行政执法队伍通过信息化手段更好地提高执法效能和执法水平。根据《上海市"十一五"国民经济和社会信息化重点专项规划》对电子政务"统一规划、联合共建"的要求,以信息系统建设为切入点,促进文化领域行政执法信息的交流与传递的有序化、高效化,对各类执法信息进行归类、汇总和统计分析,为市政府及各部门提供辅助决策支撑,提高文化市场综合执法能力。2009 年,作为先行先试的浦东地区文化执法部门完成了系统项目的立项工作。浦东、南汇两区合并后,面对"大市场、小队伍"的矛盾和"一总三分"的办公困境,大队以浦东"二次创业"的勇气自我挑战,在市总队和区委宣传部(文广局)、区财政局、区经信委大力支持下,重启并加快系统建设,终于在 2011 年底完成了系统的建设投运任务。

二、基本做法

(一) 利用移动终端,实现执法现场实时录入

队员们在现场通过执法 PDA 的使用,实现了现场执法结果数据的实时录入,同时还能对现场状况进行录音或拍照取证,所有结果都通过移动终端迅速回传给大队总服务器,客观迅速的反映文化市场执法监管信息;另外系统能自动整合稽查日志等相关执法信息,便于今后所需资料的检索调用和保存。

(二) 模块化、网络化办案,提升执法效率

大队通过系统改良,实现案卷审批完全网上作业,这也是全市文化执法第一家真正完全实现网上批案全流转的单位。有效解决了在不同地域办公的中队和相关职能部门间工作的衔接,提高了案卷流转效率;模块化的页面及内容设计,系统化标准化案卷审批流程和案卷内容,提高了案件办理的准确性和规范性;举报模块的使用,能快速流转和交办各项举报信息,系统整理和归档,对举报内容还能实现日期提醒功能,加强了督办效率。

(三) 按需打造,充分满足自身需求

系统在开发和建设过程当中,为了更适应浦东大队的工作实际,经过和开发公司的多次沟通协商,大队在总队基础上进行了大小百多处升级改造,如在安全性方面,改变了传统用户名加密码的登录模式,统一给所有队员配置 usb 密钥,采用硬件加密方式来提高访问安全;其次为解决分散办公需要来回奔波的问题,在原有系统基础上增加了案卷文书扫描和电子公章功能,完全实现了无纸化网络办案流程,提升了办公效率;另外,还设置了领导权限,能对录入失误的案卷信息再次有针对性地进行修改,使得该系统更加灵活具有可操作性,真正满足了大队的办案实际,在日常工作中发挥了更大的优势和作用。

三、主要成效

(一) 信息化、模块化,提高办案质量和效率

原来的办案审批依靠人员报送,费时费力。使用监管平台后,使审批人员和办案人员之间实现了办案流程的无缝衔接,“足不出户”地实现文书流转。据统计,使用指挥监管系统开始两年间,案件流转平均时间已从原来的 47.7 天提升至 36.3 天,提升效率 24%;举报受理时间从原来的 4.7 天提升至 4.1 大,提高 13%,工作效能提升显著;通过法律文书的格式统一,提高了文书准确率和办案质量。同时,大队领导“轻点鼠标”就能全面、及时地监控并掌握整个执法活动的状况和个案的办理进展情况,有利于提高对执法办案的监督力度,为执法办案实现公开、透明奠定了基础。

(二) 数据化、直观化,加强执法分析决策和管理

系统通过自动采集并汇总实际执法数据,利用多元化的统

计方式，自动生成各类数据报表，为执法工作做好数据记录，同时也便于随时做相关查询、分析和使用，有效避免了由于口径不一致和手工统计而导致的数据差异，提高了执法数据统计的准确性、规范性和时效性。同时，庞大的执法数据库能通过灵活直观的各种图表或数据表现方式，清晰明了地展现执法工作的打击重点或薄弱环节，为下一步执法工作的分析、决策提供了可靠和有效的依据。

（三）安全化、多样化，提升了信息交流和共享

大队和各辖区中队以及大队和市文化执法总队之间的沟通交流不再是传真、信函等单一的模式，通过离线信息模式，可以实现与大队乃至全市文化执法系统内的每一个人员进行交流，与各街镇的三级联动巡查工作也通过系统实现了便捷交互，各级信息的传送真正实现了方便、简单、高效和安全的目标。通过监管平台，可全面掌握辖区内文化经营单位的信息，中队可以根据日常检查的结果，及时对辖区内的场所信息进行更新，保证了动态数据的精确度。

四、推广价值

浦东作为全市文化市场执法信息化项目先行先试的对象，在不断改进和完善系统功能的同时，也重视对相关经验的总结和推广。自项目试运行以来，已多次接待其他区县兄弟单位的参观学习。目前已有青浦、金山、宝山、松江、闵行、闸北、崇明等区县大队相继前来学习。同时，相关技术负责和市总队同志一起代表上海参加了全国文化执法信息化平台的专家测试，为文化部执法平台的建设推广提供了宝贵的意见。

浦东新区文化市场行政执法指挥监管系统的升级应用，进一步促进了上海文化市场行政执法过程的信息化、智能化建设，对全市范围内的行政执法信息化管理、标准化运作，以及加强行政执法的规范化水平，最终实现行政执法的公开、透明，具有较好的借鉴意义。

开设普法电视专栏　增强社会共治氛围

浦东新区市场监督管理局

上海市浦东新区食品安全委员会创新性运用现代媒体传播手段，积极推动区政府实事项目立项，在浦东电视台开设食品安全普法宣传专家访谈电视专栏节目《食品与健康》，栏目形式群众喜闻乐见，内容聚焦食品安全，专家视点释疑解惑，线下拓展辅助，普法宣传效果明显，促进了社会共治的良好氛围形成。

一、背景缘由

（一）食品安全问题时有发生，市民对食品安全缺乏信心，亟须拓展宣传渠道

当前，通过网络、微博等新的信息公开渠道，市民对食品安全表现出了更多的关注，提出疑问，进行举报投诉等，要化解这种压力，必须有一个途径对群众的呼声进行回应，疑问进行解答，而电视专题栏目则能够较好地兼顾这些需求。

（二）新的《食品安全法》颁布后，群众认知度较低，缺乏有效的普法宣传手段，市民食品安全知晓度和法制意识低

近年的政风测评和第三方调查表明，市民对客观而全面了解食品安全状况、食品安全法律法规和风险的需求十分强烈，而相对

地，主动、科学、系统的分析和引导措施则比较匮乏。

（三）电视栏目受众面广、形式多样、内容丰富，引导效果较好，可在短期内形成一定社会效应

当前以食品安全普法宣传委主导的嘉宾访谈类电视栏目尚属缺项，尤其浦东主要新闻媒体当时尚无以食品安全为主线的公益性栏目，栏目具有一定的创新性，同时该栏目前期已经过两年的酝酿，从栏目策划、专家资源、电视制作等方面都具备一定的开办基础。

（四）开辟了政府信息公开的新窗口、新形式

随着社会管理水平的不断提高，随着社会的不断进步，政府信息公开越来越受到重视，我国也出台了相关法律法规规范信息公开工作，针对政府信息公开的要求，区人大、区政府对食品安全也非常关注，尤其是食品安全方面的信息公开和宣传，而以电视栏目为载体拓展政府信息公开的渠道是开拓性的尝试，也可为新区食品安全进一步公开信息建立基础平台。

二、基本做法

该栏目在2012年年底经过立项审批后，2013年年初浦府〔2013〕58号文明确将该项目列入区政府2013年实事项目，并批准专项经费80万元用于该项目的实施。随后，该普法电视栏目进入项目化管理和运营阶段，浦东新区食安办与浦东电视台于2013年4月24日正式推出该栏目，并正式定名为《食品与健康》，栏目播出一年间，共录制26期，播出总时长2080分钟，累计播出（含复播）84期，主要做法如下：

(一) 定位食品安全普法宣传,聚焦热点焦点话题

栏目定位为食品安全普法宣传,目标是提升公众食品安全法制意识和自我防御能力,因此,栏目始终聚焦食品安全法律法规、社会关注的热点话题、公众诉求的沟通平台,开办以来,先后对《食品安全法》、《上海市食品安全黑名单制度》、《上海市禁止生食水产品公告》等法律法规和规范化文件进行了法制宣传,深入浅出地讲法理,有理有据地剖析案例,使得公众对食品安全问题不再是雾里看花,而是心中有数。

(二) 打造食品安全权威视角,专家担纲解疑释惑

一直以来,食品安全就是领导关心、社会关注的焦点领域,近年来,每当遇到食品安全问题时,总会有不同的声音从各类媒体传入公众的耳朵中,哪一个才是正确的声音很关键。因此,栏目自开办时就树立正确的舆论导向,从公众的接受度和信任度出发,邀请业内权威专家对食品安全问题进行权威解读,引导公众树立正确的认知。如禽流感发生时,栏目邀请了东方医院临床专家、上海海洋大学的病毒学教授做客栏目,通过科学的解读,纠正了公众不敢吃鸡的恐慌。据统计,栏目开办以来,已建立起包括上海市食品安全委员会办公室副主任顾振华、复旦大学公共卫生学院厉曙光教授、上海市营养学会副秘书长姜培珍、上海海洋大学食品学院院长王锡昌、上海理工大学食品学院副院长徐斐等知名专家在内的嘉宾团队。

(三) 拓展线下普法宣传渠道,扩大社区辐射效果

该栏目播出后,经浦东电视台监测,该栏目在访谈类节目中收视率领先,这也佐证了食品安全公众关心关注这一实际,由于栏目播出时间有限,而栏目内容又是很好的普法教材,因此,项目组积极策划线下活动,将该栏目的宣传效果更大化,结合食品安全宣传周等活动，每3期电视栏目合订一期宣传光碟，发放到全区1 000多个村居委、相关单位，如食堂、医院等，供社区居民活动点、餐厅和候诊区循环播放，加大科普宣传力度。

三、主要成效

（一）打造了浦东食品安全信息电视发布平台

浦东新区食安办是全区食品安全信息发布的权威部门，全区各类食品安全信息包括食品安全热点问题、市区各监管部门关于食品安全检测和监管情况的通报、食品企业相关信息等，通过《食品与健康》电视栏目进行探讨和发布，拓展了市民获取食品安全信息渠道，澄清视听，使得政府信息更为公开透明。

（二）打造了食品安全深度报道权威平台

栏目聚焦食品安全动态问题，及时为市民食品安全方面的疑问解疑释惑，邀请专家学者剖析当前食品安全现状与问题，引导市民科学合理看待食品安全问题，树立科学的食品消费理念，提升食品安全法制意识。

（三）打造了食品安全科普电视宣传平台

食品安全不仅是对问题的解读，更重要的是公众良好消费习惯和科学合理饮食的养成。因此，通过《食品与健康》栏目，向社会开展食品安全的科普宣传，引导市民科学合理饮食，提升了市民的食品安全知晓率。

四、推广价值

通过一年来的栏目运作，栏目话题覆盖食品安全各类热点领域，已经成为受众面广、社会关注度高的栏目，同时也为政府信息公开开辟了一条新路子，由于节目品牌效应逐渐形成，一些单位主动联系节目组，表示希望能够让他们的专家走进节目中。应该说，经过一段时间的运行，如今该节目已经进入了良性的发展轨道，也为浦东市民提供了有一个科普宣传的良好途径，作为区政府实事项目，的确办成惠民、利民的实事，从依法治区、法制科普的角度看，法制宣传应改变传统的模式，探索群众喜闻乐见的形式，运用现代媒体传播的手段，提高普法宣传效果，而该栏目的成功运作则有着积极的探索意义和推广价值。

探索依法行政全面评估机制 依法规范市场秩序监管

上海市工商行政管理局徐汇分局

一、案例背景

工商部门作为市场监管和行政执法的政府职能部门，处于监管执法的第一线，其依法行政状况直接关系到市场经济秩序的好坏和经济发展环境的优劣，关系到政府和工商部门的社会形象，关系到人民群众的切身利益。当前，政府定位已逐渐从国家本位向社会本位和权利本位转变，工商部门要用好手中的权力，必须从规范自身抓起，其中依法行政是第一要素。正是在这样的背景下，区工商局创新建立了依法行政评估机制。

二、基本做法

2012 年以来，区工商局连续两年开展依法行政评估工作，对行政许可、执法办案、市场监管、消保维权、行政争议和执法监督五个方面开展全面评估。分局通过数据分析、案卷评查、案例研究等方式对 4.4 万件行政许可、近 6 000 件行政处罚、近 5 000 件申投诉处理和 781 件来信来访进行了抽样检查分析，并形成评估报告。

在此基础上，通过变虚为实，变抽象为具体，把依法行政的要求转化为易判别、可操作的标准，从而形成依法行政评估的有效机制。

（一）组织科学化的依法行政评估

一是评价行政行为，确保客观真实。依法行政评估摒弃以往部门小结式的自我评价方式，由法制部门牵头，在基层调选业务能力强、经验丰富、具有法律专业知识的干部成立评估小组。业务部门只负责提供数字和案例，不直接参与评估。评估小组用“第三只眼”开展评估工作，跳脱出业务部门工作中的惯性思维，由此查找在执法意识、执法方式和执法程序上的欠缺和不足。

二是抓住评估重点，确保有的放矢。在 2013 年的依法行政评估中，区工商局根据工商系统效能建设年的主题，将工作效能确定为评估重点，对行政登记、执法办案、市场监管、消保维权和行政争议与执法监督五个方面的行政行为实施期限进行了数据采集。将具体行政行为细分为受理、审核、告知、送达等若干个独立程序，分别统计办理周期，汇总出行政效率相对较低的环节，并分析影响工作效率、拉低工作效能的根本性原因。

三是提出改进建议，确保切实可行。依法行政评估是分局进行自我评查、自我检视，实现自我监督、自我提升的机制，是对分局依法行政工作情况的一次全面“体检”，建议的提出必须“对症下药”。分局采取问题与对策一一对应的方式，针对薄弱环节提出相应对策建议，确保建议有可行性和可操作性。

（二）通过队伍建设扩大评估成果的辐射效应

一是根据评估内容组织培训。区工商局以专家讲座、优秀案例评选、执法论坛等方式开展法律法规培训和办案经验交流。从评估案例中按照法律适用正确、证据列举规范、思维逻辑严密、自由裁量合理的要求，选取了 22 件案例、8 份优秀举证式终结报告和说理性处罚文书汇编成册，进行示范推广。

二是推动基层工商所法制员和法律专业人员两支队伍的建设，切实发挥这两支队伍在“案前指导、案中介入、案后把关”方面的重要作用。分局通过两支队伍的示范带动效应，进一步强化干部依法行政的意识，培育了先进的执法理念。

三是通过编制《执法办案手册》，进一步规范执法程序。《执法办案手册》由分局独立编制，对立案、抽检、行政强制措施、执行等各个程序环节进行了全面规范，并收录了16种常用文书、9份执法文件和两项注意要点，为一线执法干部扎实掌握办案流程提供了实用参考指导。

（三）将评估成果进一步转化为制度规范

一是编录分局层面的《制度汇编》。根据依法行政评估中发现的各类问题，区工商局将许可、监管、执法方面的制度加以进一步完善、更新，如在执法办案环节，增设了《商标侵权投诉处理和查处工作流程》等规定；对于12345市民服务热线转交办的投诉、举报、咨询等事项的承办，明确了规范化的操作流程，并将这些制度编录形成《制度汇编》。

二是建立案卷评查和反馈制度。一方面对行政处罚案件在事实认定、调查取证、定性及法律适用、处罚结果及执行、处罚程序和案卷装订六方面的内容加强审核。另一方面在内网OA信息发布上开辟“执法办案指导”版块，以每月一期的频率，对当月出现问题较多的案件类型提供有针对性的办案指导，使执法办案工作指导形成常态化的机制。

三是健全行政处罚裁量基准制度。通过进一步完善行政处罚裁量基准制度，使行政处罚裁量权得到科学的细化、量化，避免执法随意性。同时，分局大力推进举证式终结报告和说理式处罚决定书在实践中的应用，在文书中增加了对于行政处罚裁量理由和

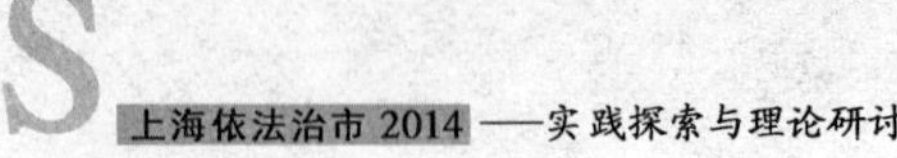

依据的说明，使自由裁量权的行使更为合理、透明。

三、主要成效

（一）对内：提升行政效能，树立公平公正执法办案导向

依法行政评估机制旨在使依法行政的内在要求转化为可操作的制度规范和工作流程。从微观上看，每一个优化建议的提出均具体而客观；从宏观上看，依法行政评估的整体内容构成了全方位的依法行政目标要求，必须全面兼顾，不能偏废和失衡。区工商局一方面通过警示建议，使行政资源集中到规范流程之中，达到效能提升、事半功倍的效果。2013 年，分局案件办理平均周期同比缩短 39 天，监察系统提示的超期办理红黄牌总数同比减少 83%；另一方面通过评估机制树立正确的执法办案工作导向，促使办理的案件类型更为均衡，不仅继续严厉查处传统领域内的不正当竞争行为，更对网络违法、消费欺诈、食品安全等对市场经济秩序危害较大的违法行为加大查处力度。2013 年，分局查处各类网络违法案件 99 件，同比增长 353.57%，消除无照经营 201 户，在对徐家汇数码市场的专项整治中办理的以上海仁懿商贸有限公司消费欺诈案为代表的系列案件获得了区委书记的批示肯定。

（二）对外：营造公平环境，凸显依法行政社会效果

行政行为的结果最终都要落实到“人”的身上，因此，“人”的评价是检验工商部门依法行政工作水平的最高标杆。评估机制的运行使工商部门的行政相对人都享受到了依法行政的红利——行政许可、行政处罚、行政强制等行政行为都已形成了“标准流程”，不仅提升了行政效率，节约了当事人的时间和精力，也体现了行政行为的公平、公正，得到了行政相对人，包括行政处罚当事人的极大认同。同时，随着这种认同的传播，工商部门树立了依法公正执法

的形象，人民群众对政府机关的信任度不断提升，依法行政的法律效果和社会效果得到了高度统一。2013 年 12 月，由于规范的行政行为及其带来的良好社会效果，分局被人力资源和社会保障部、国家工商总局授予“全国工商系统先进集体”称号，分局下属徐家汇工商所获评上海市“人民满意的公务员集体”称号。

四、推广价值

国家工商行政管理总局在《关于加快推进法治工商建设的意见》中明确提出，要“围绕法治政府建设的总体要求和具体任务，以事关依法行政全局的体制机制创新为突破口”来开展法治工商建设。相比以往更注重于挖掘成绩、挖掘亮点的工作总结模式，依法行政评估机制不仅是机制上的创新，更是理念上的创新——这是工商部门以找出自身问题为主要目的，先“修身”再“治国”的观念转变。科技越进步，经济越发达，社会越发展，法律制度必将越完备，对行政部门依法行政的要求就越高。依法行政评估机制的创建为行政部门检视、规范自身行为提供了方法借鉴，具有可复制性和可推广性。

积极牵头组织协调创新无照经营综合治理机制

上海市工商行政管理局长宁分局

无照经营是当前社会管理中遇到的一个突出问题，也是市场监管顽症。工商长宁分局积极牵头协调，勇于破解无照经营难题，探索突破传统执法思路与模式，创新工作机制和监管方法。积极争取政府支持，形成了上海市各区县中第一个以地方政府名义发文形式，指导开展区域无照经营整治的规范性文件；牵头建立了全区层面的无照经营综合治理工作机制，实现了创新监管方式的突破，社会管理效果明显，在全市层面具有示范性和可推广性。

一、背景缘由

无照经营成因复杂，蕴涵的社会矛盾多，与人民群众的生活关系密切，如果处理不当，还可能引发更大矛盾和不稳定因素。因此，无照经营治理单靠工商部门一家的作用是有限的，首要问题就是要重点解决条块之间无照经营治理综合工作机制尚未真正整合的瓶颈问题，必须改变传统的思路与模式，用科学的观点、发展的眼光来寻求突破。应该依靠统筹兼顾的方法，积极探索建立由地方政府牵头、部门联手配置行政资源综合治理的工作机制。

二、基本做法

(一)积极沟通,争取支持,巩固无照经营治理工作格局

一是积极争取区政府的领导和支持。工商长宁分局将无照监管治理工作从工商部门的职能行为上升为政府行为,认识到无照经营治理根本目的是推进辖区的市场经济秩序和城市运行安全。2009年,长宁区政府下发了由工商长宁分局负责拟定的《长宁区开展无证无照经营综合整治工作实施意见》文件,为调动街镇和各职能部门参与无证无照经营整治提供了规范性文件依据,成为上海市各区县中第一个以区政府名义发文的形式,指导开展区域无证无照整治的规范性文件,在创新无照经营治理工作机制上取得了突破。

二是搭建联席会议和现场会等平台载体。通过建立长宁区级和街镇两级层面的无证无照整治联席会议制度,为各部门之间合理配置综合治理的行政资源搭建工作平台,明确了相关职能部门的职责界限,统一调用执法资源,形成了由地方政府搭建平台、职能部门分工合作、注重疏堵结合的工作格局,为全面推进区域无照经营治理提供了有力的组织保障。

三是借势借力充分发挥社会治安综合治理考评的作用。工商长宁分局因势利导,将无照经营治理工作纳入地区社会治安综合治理工作体系。至2013年已连续3年由区综治委将高危、重热点行业无照经营治理纳入长宁区平安建设实事项目,工商长宁分局联合长宁区综治办下发无照经营治理实施方案,并作为街镇文明社区创建考评、城区网格化管理考评、平安建设实事项目考评等工作的重要依据。

(二) 跨前一步,强化协同,深化无照经营治理工作机制

一是突破无照经营治理实践中的难点。工商长宁分局充分发挥牵头作用,推进条块结合方面的磨合,编辑汇总《查处无证无照经营行为的部门职责及法律依据》,厘清职能部门查处无照经营的职责与分工。房屋管理和无证无照餐饮是治理中的突出难点问题,以一起反映无证无照餐饮扰民的信访件为个案入手,牵头区法制办、食药监、房屋管理部门和街镇共同协商,厘清无证无照餐饮的执法主体和职责分工;积极推动职能部门主动跨前,协调房屋管理部门出台对"居改非"的相关治理方案,从源头上治理擅自改变房屋性质的无照经营行为。

二是统筹条块部门间形成执法联动。工商长宁分局根据无证无照经营的实际底数,对涉及其他部门职责的无证无照经营户实行集中抄告制度。至 2013 年,分局已抄告 300 余户无证无照经营户给食药监分局、区环保局、房管局,区拆违办、民防办等部门;分局制定了抄告无证无照经营整治工作进度表,由被抄告部门按月定期通过区政府公务邮箱反馈抄告无照经营户的查处情况,形成各职能部门齐抓共管的监管格局。

(三) 对接需求,提升效能,将无照经营纳入综合治理中

一是对接文明城区创建对无照经营综合治理的要求。在长宁区创建全国文明城区创建中,其中一项考察点位指标就是沿街商业企业亮证亮照经营率。由于无证无照经营不可能做到亮证亮照经营,因此无证无照经营和创建要求的矛盾凸显,工商长宁分局以此为契机,积极牵头加大疏导和整治力度,在创建迎评期间,共查处取缔无照经营 122 户,疏导无照经营 156 户,无照 KTV、游戏机房、网吧已经全部消除,"四小"行业大幅减少。对无照经营的整治与疏导有力促进了长宁区文明城区创建工作。

二是对接社会管理创新综合试点对机制创新的要求。长宁区是全市社会管理创新综合试点城区，对无照经营治理实行“疏堵结合，以疏为主”的原则，契合了社会管理创新需要解决重点难点问题的要求，丰富了长宁区开展社会管理创新综合试点的案例。工商长宁分局把无照经营监管工作纳入社会管理创新试点的整体工作中，积极探索解决无照经营疏导的瓶颈问题，牵头由区无照经营治理联席会议通过，对一批存在实际经营场所问题的500余户个体工商户实行集中登记办理营业执照，此举不仅使一批经营户变非法为合法，还为部分下岗失业人员解决了生活就业问题，缓解了一部分社会矛盾。

三、主要成效

(一) 形成无照经营治理纳入社会综合管理工作机制

长宁区以社会综合管理为视角推进无照经营治理工作已逐步为各街镇、职能部门所共识，通过建立“政府负责牵头，工商部门组织协调，街镇属地化管理，职能部门联合执法，纳入地区综合治理”的无照经营监管模式，充分发挥了地方政府和街镇整治平台的作用，有效形成了“条块结合、以块为主、部门联合、疏堵并举”的无照经营治理工作格局。

(二) 实践中取得无照经营治理良好的社会效果

长宁区无照经营综合治理工作机制建立以来，全区无照经营总量得到有效控制，无照经营户数量明显下降。至2013年，全区共查处取缔无照经营户1 292户，疏导办理营业执照729户，其中，查处取缔高危重热点行业无照经营户576户。全区已创建消除无证无照经营的“零无照示范街”27条，区域内无照经营户总数明显减少，无照经营综合治理推进有序可控，为改善城区环境面貌和维护市场公平稳定发挥了积极作用。

四、推广价值

由工商长宁分局牵头负责建立全区层面的无照经营综合治理工作机制的工作做法,是在推进创新社会管理机制过程中的实践探索,形成了对无照经营这一社会问题的长宁治理模式,走在了全市各区县和工商系统的前列,为区域无照经营综合治理提供了经验,实践中取得了良好的社会效果,在全市层面具有学习借鉴和示范性作用。

建立权力清单　规范权力运行

金山区人民政府法制办公室

为贯彻落实党的十八大关于全面深化改革的战略部署，党的十八届三中全会通过的《中共中央关于全面深化改革若干重大问题的决定》(简称《决定》)。《决定》指出，要强化权力运行制约和监督体系，推行地方各级政府及其工作部门权力清单制度，依法公开权力运行流程。建立权力清单、厘清权力边界、规范权力运行、主动接受监督，对于确保履行职责到位不越位、避免推诿扯皮不作为有重要作用。随着中国特色社会主义法律体系建成，我们基本解决了有法可依的问题，但作为依法治国基本要求的"有法必依、执法必严、违法必究"则是我们需要继续努力的目标。由于近一个时期以来我国立法进程的加快，一大批新的、与我国经济社会发展相适应的法律法规不断地推出，行政机关，尤其是基层行政机关往往难以很快地、全面地了解法律法规的规定，明确而清晰地掌握自己的法定职权，这是亟待解决的问题。加之有些部门受传统思想影响，法律意识尚未完全形成，怕麻烦、怕被监督，总不肯大大方方地把有哪些权力拿出来晒一晒。针对这样的情况，金山区政府法制办在2013年组织全区行政机关进行了一次行政执法依据的梳理工作，让各个行政机关把"家珍"拿出来数一数、晒一晒。

一、主要做法和梳理过程

为基本建成法治政府，实现将金山建设成为全市法治环境最好的地区之一的目标，金山区政府将在辖区范围内开展行政执法依据梳理工作，并将其作为当年度的区政府重点工作之一，由区政府法制办负责落实。区政府法制办在征求了市政府法制办以及区内部分单位意见的基础上，拟定了在金山区范围内进行行政执法依据梳理的工作方案，区政府办公室发布了开展梳理工作的通知。通知明确，区政府，各街镇，区政府各委、办、局，实行省以下垂直管理的行政机关等具有行政执法权的机关均属于此次梳理的范围。各单位应当对所在单位以及所在系统内的行政执法主体名称、行政执法事项名称和相应的法律法规名称逐条列出，形成清单。梳理完成后，经所在单位领导班子讨论决定后，在单位网站上予以公告，让老百姓能够知晓并接收监督。

鉴于当前行政法律法规众多、专业性强的特点，区政府法制办决定将区镇两级政府的依据梳理作为重点，并对各街镇报送的梳理结果逐条进行审核，听取了区政府法律顾问团成员的意见，进行了多次修改和完善。区政府的行政执法依据报请区政府同意后，在门户网站进行公布；街镇的行政执法依据则由区政府法制办审核后，交各街镇予以公布。其他行政机关的行政执法依据则由各单位根据实际情况决定，不再作统一要求。

此次梳理的区政府行政执法依据共 140 项，其中：行政许可事项 18 项、非行政许可审批事项 54 项、行政处罚事项 19 项、行政强制事项 11 项、行政确认事项 5 项、行政裁决事项 1 项、行政给付事项 5 项、行政征收(用)事项 6 项、其他行政执法事项 21 项。梳理出的镇政府执法依据共 46 项，其中，行政许可事项 7 项、非行政许可审批事项 11 项、行政处罚事项 2 项、行政强制事项 2 项、行政确认事项12项、行政给付事项2项、其他行政执法事项10项。梳理出的街道办事处执法依据共23项，其中，行政许可事项1项、非行政许可审批事项1项、行政确认事项12项、行政给付事项2项、其他行政执法事项7项。

二、取得成效和长效机制

通过此次梳理，各行政机关都有了一份自己的“权力清单”，可以做什么、必须做什么都一目了然。之前包括行政许可在内的行政审批事项被社会广为关注，各级人民政府和部门都根据简政放权的要求逐步梳理并下放行政审批权。但行政检查等职权在实践中较为薄弱，往往出了问题才予以重视。甚至在出现问题的时候，有的行政机关、有关人员才知道有这项职权。因此，让每个行政执法机关、每个行政执法人员都明晰职责是开展好行政执法工作的第一步。当然，我们也意识到此次梳理工作肯定会存在一定的遗漏甚至差错，而法律法规的颁布修订也是一个不断变化的过程，对此，我们将建立一个长效机制。一是对可能存在的差错疏漏及时发现并修正，二是根据变化了的实际情况不断予以调整完善。

与执法依据梳理同时进行的还有行政执法人员资格的调查摸底工作，除了历史遗留并得到认可的个别情况外，金山区已经基本实现了行政执法人员均由取得编制并培训合格的人员担任。但发现的问题是，街镇执法人员的配备严重不足，难以与行政管理权下放、加强基层执法力量的趋势和要求相适应。法律赋予了权力，必须有人去行使。为此，区政府法制办将明确要求并集中培训一批街镇机关事业单位人员，将其充实到行政执法岗位，确保法律的规定从纸上走下来，落实到实处。

三、存在问题和改进措施

以往建设法治政府的重点在市县，随着国务院《关于加强市县政府依法行政的决定》(国发〔2008〕17 号)得到有效落实，市县政府依法行政的意识和能力得到了极大的加强。而随着社会管理精细化和民生问题越来越受到关注，街镇等基层政府在执法法律、服务百姓方面的任务越来越重。权力的层层下放，行政资源不断下沉，基层却还没有做好充分的准备，行政管理现代化和法治化的意识不强，运用法律手段的能力不足。随着全民普法的持续开展，人民群众的法律意识和对政府服务的渴望在不断增加，如果基层政府的法治意识停滞不前，将无法满足老百姓的需求。如果说上海建设法治政府的重点在区县，那么，金山区的重点和瓶颈将在街镇。通过梳理行政执法依据，以及之后跟进的加强街镇执法队伍建设、加强对基层执法工作的监督指导，必将进一步提升依法行政意识和能力。同时，结合创建依法行政示范单位工作，一定能将金山区的依法行政水平提升一个台阶。

四、现实意义和推广价值

梳理行政执法依据，列出权力清单，既有助于行政机关尽职履责不缺位，也有利于社会对公权力的监督。要将权力关进笼子里，就要清楚详尽地掌握有哪些权力。只有将公权力一一展示出来，才能保证其运行处于公开透明的状态，才能真正地起到规范和约束作用。对社会公众而言，也容易找对部门，方便办事。同时，对规范公民的自身行为、举报违法行为也将起到积极的作用。

建立健全质监执法监督机制 确保权力在阳光下规范运行

上海市崇明县质量技术监督局

建立健全质监执法监督机制，事关崇明质监局反腐倡廉建设大局，责任重大，势在必行。权力是社会政治生活的核心。确保权力运行受到有效的监督和制约是防止权力腐败的根本途径，也是一个企业是否具有凝聚力、战斗力的一个重要标志。完善制约和监督机制，保证人民赋予的权力始终用来为人民谋利益。确保权力正确行使，必须让权力在阳光下运行。要坚持用制度管权、管事、管人。建立健全决策权、执行权、监督权既相互制约又相互协调的权力结构和运行机制。为有效促进崇明县质量技术监督局各项工作健康有序发展，牢牢抓住权力决策、执行、监督三个主要环节，通过构建结构合理、配置科学、程序严密、制约有效的权力运行监控机制，把每一项权力运行都纳入制度化、规范化、程序化轨道，意义重大。崇明县质量技术监督局计量科主要负责管理和监督本区域计量工作，主要包括：推行国家法定计量单位；依法对辖区内制造、修理、使用、销售、进口的计量器具实施监督管理；对职责范围内的制造（修理）计量器具许可证申请受理、考核和发证工作，实施证后监督管理；负责对辖区内使用强检工作计量器具的单位进行监督管理；负责对区属计量质量检测所的管理工作。现就结合崇明县质量技术监督局计量科的实际情况，就如何建立健全质监执法监督机制，确保权力在阳光下规范运行谈几点做法。

一、建立科学民主的权力运行决策机制

这是崇明县质量技术监督局计量科层面要解决好的一个问题，也是保证计量科健康长足发展的一个最有效的办法。对于重大事项决策，我们始终坚持向市局计量处和县局领导先行汇报，充分听取科里人员意见和建议，召开科室会议，在征求意见、集体讨论、投票表决、评价和责任追究等各个环节制定严密的规则和程序，并严格执行，以确保每一个重要决策的科学性、合理性，为崇明县质量技术监督局的发展起到了引领保障作用。

二、建立规范透明的权力运行执行机制

各项政策出台后，关键是如何让权力在崇明县质量技术监督局监督中真正做到公开透明，这是我们要解决的一个重要问题。在认真执行好决策机制的同时加强监督，制约权力。为规范行政权力的依法运行，崇明县质量技术监督局不断加强行政监督问责机制。因此，我们在强化内部监督制约机制、健全外部监督机制之外，注重建立健全行政问责机制，确保权力运行得到有效制约。建立重大行政处罚案件备案制度，严格执行执法过错追究有关规定，及时发现和纠正违法或不当的执法行为。自觉接受人大、政协、政府及司法机关监督，高度重视新闻舆论、人民群众的监督。对人民群众所反映的各种问题，比如电子秤作弊的问题，发现一起要查处一起，并及时反馈处理结果，为广大群众营造一个放心安心的计量购销环境。对社会影响较大的计量问题，我们将会同市局计量处及市县相关检测机构进行处理，将处理

结果向社会公布。

三、建立防控有效的权力运行监督机制

(一) 完善机制,科学决策

为从源头上规范执法行为,我们着重加强行政决策程序制度建设,不断健全公众参与、法律咨询和集体讨论决定相结合的重大决策规则等有关工作制度。对于涉及公共利益等重大决策事项,坚持事前走访、发放征求意见书及法律咨询等多种形式,广泛征求各方面意见和建议。除突发、紧急事件外,始终把公众参与、专家论证、风险评估、合法性审查和集体讨论决定作为重大决策的必经程序,用程序规范决策工作,用程序提升决策质量。

(二) 规范执法,提高效能

围绕"团结、务实、规范、廉洁"的工作目标,我们在建设"法治质监"的过程中不断规范行政执法工作,大力推进行政执法体制改革,杜绝多头执法、多层执法和不执法、乱执法等问题。不断健全行政执法责任制度,将法定职责落实到具体的执法机构、执法岗位及执法人员。以提高执法人员素质为基础、以开门审案为手段、以说理式执法文书为载体,我们将逐步构建完善的新型行政执法模式,不断推进行政执法工作的公正和公开。

建立健全权力运行监控机制,促使权力在阳光下运行,这是一项具有开拓性的工作,必须以改革创新的精神加以推进,要敢于碰硬,要敢于较真,务求实效,切忌走马观花、脚痛医脚、头痛医头,要把此项工作纳入各级领导工作的日程,使其日常化、经常化,要把此项工作成绩的优劣作为考核干部的一项重要指标。要把眼光放得长远些,不断拓宽视野,积极进行大胆、有益的尝试,创新思路、

创新方法,努力把监督和制约融入权力运行的每一个环节和流程,最大限度地防止权力行使失控和滥用,为崇明县质量技术监督局的各项工作健康有序发展保驾护航。

构建诉前指导机制
妥善处理教育机构责任纠纷案件

闸北区人民法院

近年来，闸北区法院少年庭针对校园伤害案件逐年上升，具有群体性、矛盾易激化、调处难度大的特殊情况，秉承“儿童利益最大化”原则，将能动司法落到实处，在少年审判条线率先开创了校园伤害案件诉前指导工作机制，通过“案外指导、诉前调解、诉中解惑、判后答疑、跟踪执行”五阶段工作，使闸北区的校园赔偿案件大幅减少。得到了市高院、市教委及区教育部门的充分肯定，保障了未成年学生参加体育锻炼的权利，有效维护了未成年人的合法权益，取得了良好的审判效果与社会效果。

一、背景缘由

校园伤害案件，家长普遍因为心疼自己的孩子而情绪激动，受伤害学生的亲属也会因亲情关系参与其中。如果双方当事人纠纷解决没有达到预期，则会产生积怨，对立情绪严重，导致校园伤害案件具有群体性、矛盾易激化、调处难度大的特点。案件的发生不仅挫伤了学校组织学生课外活动的积极性，不利于学生的身心健康，也影响了家长和学校之间的良好互动关系。闸北法院为真正解决这一司法难题，在少年审判条线率先开创了校园伤害案件诉前指导工作机制，使闸北区校园伤害案件妥善解决，取得了良好的审判效果与社会效果。

二、基本做法

（一）案外指导——扼纠纷于萌芽之中

体育课及课间活动时间是校园伤害案件的高发阶段，在这期间往往由于疏忽大意或课程安排不合理或器械使用不当等原因导致伤害发生。做好安全防范，增强教育机构对突发事件的应变能力是及时预防和有效化解矛盾的最有效方法。为此，闸北法院少年庭主动"送法进校园"，将司法保护的防线前移，为学校实行严格、科学的"预防式"管理开出良方。

一是制作联系手册，搭建沟通渠道。闸北少年庭和区教育部门、青保办建立了法官和学校之间的联系手册，随时准备帮助区教育部门、青保办解答校方的有关法律问题，对闸北区校园内的赔偿纠纷提供法律帮助。在保障未成年人合法权利不受侵犯的前提下，指导校方依法、正确处理和解决纠纷。

二是建立培训机制，增强应急能力。自 2011 年上半年起，闸北少年庭每年定期两次组织全区各学校的校长、青保干部、德育老师召开"校园赔偿诉前指导"主题讲座，运用典型案例，传授安全防范知识，解读《民法通则》、《未成年人保护法》、《教育法》、《学生伤害事故处理办法》等相关法律法规；督促教育机构落实学生管理、教师管理、学校硬件设施维护、教学管理等各项制度；帮助学校明确在校园伤害事故中的防范义务和应尽的安全责任，解答校园伤害事故的责任认定标准，并针对审判实践中发现的校园公共设施、安全教育、救助措施方面的不足提出相应的意见、建议，营造良好的校风，为学生提供德、智、体、能全面发展的良好环境。

三是加强对学生及家长的法制宣传。随着人民群众维权意识的增强，校园伤害案件发生后，即使是牙齿损伤之类的小伤害，越来越多的人也选择用法律手段解决纠纷，一些当事人为得到更多的经济补偿与学校对抗激烈。闸北法院少年庭针对受害学生家长的维权误区，定期到辖区中小学、社区开展法制安全课，普及安全知识，在学生、家长间宣传校园伤害事故的预防措施，让未成年学生掌握最基本的安全知识与自我保护技能，引导家长把安全教育作为家庭教育的重点和应尽的义务。通过典型案例的讲解，向家长提供法律咨询，增强家长冷静、理性对待校园伤害事件的意识，最大限度地预防、化解校园伤害案件。

（二）诉前调解——寓情理于法律中

当事人递交诉状后，少年庭充分利用诉调对接这一有利平台，主动对校园伤害案件进行诉前调解。一是通过多次与双方当事人沟通协调，把握双方的真实想法，尽量减轻对立情绪和赌气打官司的情结。二是针对受害学生家长片面提高诉求、漫天要价，学校担心上级部门考核，为息事宁人、保持声誉不断妥协从而导致的赔偿款水涨船高的恶性循环现象，法官通过向学生家长及学校阐述有关法律规定，提供法律意见和指导，依法、合理确定赔偿数额，指导双方当事人合理诉讼。三是深度与当事人沟通，了解当事人诉讼目的，找到切入点，舒缓双方心中的愤恨，引导双方当事人以未成年人利益为出发点，触动情感，平心静气地签订调解协议，避免诉讼给双方造成心理影响。

（三）诉中解惑——查事实于点滴之间

对于已经进入诉讼程序的校园赔偿案件，闸北区法院承办法官做到 100％实地调查，及时赴伤害发生地确认事故发生真正原因。在诉讼中，及时解答当事人在诉讼中遇到的各种问题，耐心解释法律规定的各赔偿项目、计算标准,确保裁判公正。如在一起教育机构责任纠纷案件中,为还原案件发生时的真实情况,少年庭法官不惧路途遥远,特意赴距离闸北法院 60 多公里处的松江区事发地点月湖公园,实地考察事故发生时的周围环境,向公园管理员了解游乐设备的使用方法,亲身试验设备是否安全……细致入微地查明事故发生时的真实情况,明确各方责任,这样的判决赢得了当事人的一致认同。

(四) 判后答疑——释审判于阳光之下

案件审理结束后,当事人对案件结果有异议时,承办法官会主动用通俗易懂的语言细心释法明理,有针对性地向当事人解释法律规定、证据认定、裁判理由、裁判文书的文意和有关诉讼程序等问题,解除当事人的疑惑。

为更好地保护未成年人合法权益,闸北少年庭坚持"积极、优先、亲和、关怀"的审判理念,积极探索、实践涉少民事案件社会观护机制,对校园伤害案件,做到了 100%定期回访。2013 年初,闸北区人民法院进一步吸纳了国家心理咨询师、家庭教育师、社会学专家等加入到社会观护员队伍,参与教育机构责任纠纷案件的回访观护工作。通过电话或上门回访的方式,及时了解未成年人在诉讼发生后的生活、学习情况,并协助法官对受到伤害的学生及家长安抚、鼓励,进行心理疏导,帮助他们重新树立乐观、积极的生活态度。

(五) 主动执行——彰正义于审判之后

无法兑现的正义不是真正的正义。闸北少年庭对于教育机构责任纠纷类案件并不简单地一判了之,而是主动全程跟踪监督执行情况,做好判决与执行的衔接,确保未成年人应得的赔偿款给付到位。经闸北少年庭审理的此类案件,全部做到:判决一起、服判一起、执行一起。如在一起教育机构责任纠纷案件中，未成年当事人任某在学校组织的春游活动中在某公园摔断了手臂，先后两次手术治疗，因协商不成，将学校、组织春游活动的旅行社和公园告上法庭，要求三被告共同赔偿医疗费、交通费、营养费等共计97 807.07元，闸北少年庭经审理后认定三被告应赔偿任某90 807.07元。为使任某及时得到赔偿款，案件生效后承办法官即多次与三被告联系，数次沟通协调，解答被告方对判决结果产生的疑问，督促三被告及时将款项交至法院。法院在收到赔偿款后及时通知任某的父母前来领取，有力地保障了任某受伤后的生活，免除了当事人数次前往法院奔波之苦，真正达到了社会观护的目的，赢得了当事人的一致好评。

三、主要成效

此机制的推出，明晰了教育机构在校园伤害事故中的安全保护义务与责任界限，增强了教育机构开展体育活动的积极性，有利于增强未成年人体质，促进青少年健康发展。为进一步推进该机制发展，少年庭还积极围绕审判实践中的难点、重点问题，探索教育机构在履行了安全保护义务但学生受到伤害，校方无过错的情况下公平原则如何适用的问题，引起了学界的广泛讨论，也对此类案件的审判实务起到了一定的指导作用。

四、推广价值

校园伤害案件诉前指导工作机制受到市教委、区青保办、学校及家长的普遍欢迎和好评。近两年，闸北区法院少年庭两次受上海市青少年保护委员会的邀请，在上海市未成年人保护和校园周边环境建设工作会议上向全市青保主任、边办主任授课，开展工作交流，取得了较为广泛的社会影响。相信随着闸北少年庭的不断探索，积极实践，此项工作模式将不断成熟，为全面保护未成年学生的合法权益作出新的贡献！

以学校章程为统领
建设现代学校制度体系

虹口区教育局

一、背景缘由

虹口区教育局全面推进依法治校实施纲要，坚持不懈推进现代学校制度建设，大力推进"五个一"工程，即，全区所有中小学实现"一校一规划"、"一校一评价"、"一校一章程"、"一校一制度"、"一校一特色"体系建设，特别是以学校章程建设为统领，构建现代学校制度体系的经验做法，在上海市乃至全国都产生了积极的影响。

二、基本做法

（一）确立依法治校为核心的指导思想

《国家中长期教育改革和发展规划纲要（2010—2020）》提出了"政校分开、管办分离"的目标和任务，要求适应中国国情和时代要求，建设依法办学、自主管理、民主监督、社会参与的现代学校制度，构建政府、学校、社会之间新型关系。但是，多年来，各地在依法治校、自主发展方面缺乏区域层面的有效路径和成功经验。近

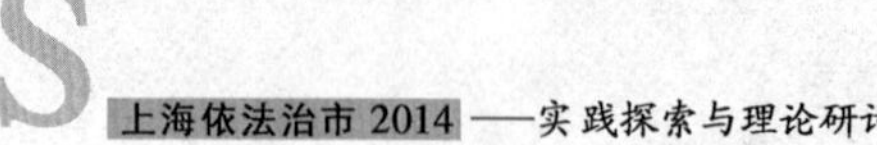

年来,虹口区坚持管理创新,从实际出发,精心设计了以学校章程为核心的“五个一”现代学校制度体系。在全区所有的公办中小学、幼儿园建立了自己的章程之后,又在“一校一规划”、“一校一制度”、“一校一评价”、“一校一特色”等方面作了富有成效的探索。此后,又在区委组织部、区编办指导下,在事业单位开展法人治理结构试点工作,努力为实现区域教育现代化提供具有法律内涵的制度性保障。

(二) 组建工作体制

一是建立教育系统工作小组,由区教育局党政负责人亲自挂帅,区教育督导室为牵头职能部门,教育局各相关科室负责人为成员的工作机构;二是组成顾问小组,有市相关部门处室、区司法局、律师事务所等单位领导专家参与。

(三) 培训和指导

前期做好学校校长、书记等校领导的培训工作,由区教育局领导进行学校章程建设意义的宣讲,在各学校和幼儿园开展宣传教育,提高各中小学、公立民办幼儿园领导认识。中期实施阶段,举办教导主任、政教老师等具体组织实施的负责人培训班,邀请法治示范校老校长、律师和司法局等领导专家开设不同课题,详细讲解制定学校章程的法律依据和工作流程,在各学校制定过程中做好指导工作,重点把握学校章程制定的法定程序和章程文本规范性。

(四) 在中小学以点带面,全面启动学校章程建设试点

经过努力,全区所有学校均按照程序完成了章程制定,并经过教育行政部门的核准,作为学校办学和管理的基本依据。章程确立之后,虹口区教育局倡导所有学校以章程为依据,对现有的规章制度进行立、改、废梳理，建立起适应学校自主发展的，由组织机构、职责、程序、活动、能力和资源等构成的有机统一的制度体系。根据国家教育规划纲要精神和全面推进依法治校新的要求，随后，虹口区又启动了各中小学幼儿园的章程修订程序，2013 年完成全区修订工作。区教育局相继出台了促进师生发展的多个特色制度文件，建立了一套保障学校健康运行的制度体系。这套制度体系主要包括：一是完善校长负责制；二是健全教代会制度，扩大教师参与；三是增加社会参与；四是强化执行机制。这里的规章制度不是简单地移植，而是在学校自己的土壤中孕育、生长、开花、结果，富有创新价值、能够激发办学活力。

为了评估学校发展规划的落实情况，检验学校章程制定的科学性和落实的有效性，区教育督导室对区内实施三年发展规划期满的学校进行发展性综合督导。全面检查、评估学校落实发展规划的情况，帮助学校总结经验和亮点，查找存在的问题与不足，对今后的发展提出建设性意见，促进学校实现全面、和谐、可持续发展。开展第四轮教育综合督导评估，每个学校都成立了依法办学、自主发展自评小组，逐年对规划的落实情况进行自评。规划期满时，学校进行终结性自评。2013 年 3 月，区内所有学校已经制定和实施了四轮三年发展规划。

三、主要成效

（一）初步构建起区域现代学校制度体系

学校以章程为依据，以制度为保障，以三年发展规划为抓手，以自评为动力，有目标、有步骤地走自己的路，在实践中逐渐形成了办学风格和特色。现今，依法办学、自主发展、民主监督、社会参与的区域现代学校制度体系在虹口区基本形成。

（二）学法用法在各级各类学校蔚然成风

虹口区现代学校制度建设的实践历程激发了学校领导和广大教师学习法律知识、增强法律素养的热情，学校章程和各项规章制度制定的过程就是一个自觉学法用法的法治实践和法制宣传教育过程。促进了学校的依法治校、规范管理、自主发展和特色发展，促进了虹口教育从教育大区、教育老区迈向教育强区。

（三）引发教育系统广泛关注

以学校章程为核心的现代学校制度体系的探索实践符合科学发展观，符合学校发展规律和教育发展规律，因而受到了国内各媒体及市内外教育同行的广泛关注。国际比较教育季刊《教育展望》、《中国教育报》、《文汇报》、《上海教育》、《中国德育》、《中小学管理》、《思想理论教育》、《教育督导》、《长三角教育》、《改革专刊》、《素质教育大参考》等杂志都刊登了虹口区依法治校、自主发展的现代学校制度建设论文和专题报道。中国教育新闻网《魅力中国》栏目对虹口的区域现代学校制度建设进行了专题报道。2013 年 3 月，教育部政策法规司在北京召开全面推进依法治校实施纲要大会，虹口区教育局局长在这次大会上作了交流发言。

四、推广价值

第一，市内外的辐射和影响。上海市科教党委、上海市教委和上海市法宣办在虹口区教育局召开上海市普教系统法制宣传教育工作研讨会，要求全市各区县中小学校在条件成熟的情况下，推广“一校一章程”建设。北京、天津等 20 多个省市和地区的教育界同行与虹口区教育局开展了交流活动。有的省市和地区已经把虹口区的经验转化成他们的研究成果，得到了国家教育媒体的关注。

第二,学校章程成为深化依法治校的核心制度,为贯彻教育部《全面推进依法治校实施纲要》提供了试验田,为推动现代学校制度体系建设提供了法治基础,为探索现代学校制度建设提供了目标和方向,为实现区域教育现代化、全面提高人才培养质量、实现教育现代化提供了重要保障。

开展大学生村官法制巡讲
增强郊区村民的法治意识

青浦区练塘镇人民政府

“六五”普法规划实施以来，青浦区练塘镇切实结合当地实际情况、积极探索创新工作形式，不断推动法制宣传教育各项工作深入开展。由于练塘镇地处青浦区农业产业经济较为发达的地区，大多数居民以农作物种植业或水产养殖业为主要收入来源，因此练塘镇特别注重加强和改善农村经济社会法制发展水平，积极推进“法律进乡村”活动，将农村法制宣传教育工作作为服务“三农工作”的一项基础性工作，并纳入政府公共服务体系和社会治安综合治理的考核范围，不断促进上海远郊农村地区经济和社会又好又快发展，推进当地平安、和谐社会主义新农村建设。

一、背景缘由：缘于群众需求，创新普法模式

针对目前农村地区的基层群众对于法制文化需求逐步增多的现状，练塘镇加大投入力度、积极整合资源、广泛搭建平台、构筑普法网络、加强队伍建设，积极推进农村地区法制宣传教育工作。2013年，练塘镇依托青浦区“六五”普法活动以及青浦区“三下乡”活动平台，积极探索并逐步完善“法律进乡村”法制宣传教

育活动的有效形式，借助练塘镇大学生村官这支生力军并逐步建立了一支专门由大学生村官组成的法制巡讲队伍，自此“大学生村官巡回讲法”项目作为练塘镇法制宣传教育工作的一个重要项目发挥着卓有成效的作用。年轻的大学生村官组成了一支法宣志愿者队伍，努力用法制宣传模式服务当地农村法治文化建设，服务基层群众需求，为老百姓输送迫切需要的法制文化和法律知识。大学生村官法治巡讲活动受到了当地群众的欢迎，看着年轻充满朝气的大学生村官，老百姓说：听大学生村官讲法律比看电视有意思呀！

二、基本做法：因时因地制宜，丰富活动内涵

在青浦区法宣办、区委组织部、区委宣传部、区司法局等相关区级部门的指导和支持下，练塘镇于 2013 年正式启动了“大学生村官巡回讲法”项目，努力建设一支能适应基层生产生活特点、能满足基层群众法律需求、能活跃基层法治文化氛围的法制宣传队伍。项目聘请了练塘镇 27 名大学生村官作为法制宣传教育志愿者充实乡村法制巡讲队伍，活动项目立足于“送法下乡”，通过富有朝气和充满活力的年轻大学生村官把法律知识和法治理念用基层群众喜欢的方式送到村民的家门口，满足广大基层群众对法律知识的需求。在这一过程中既发挥了大学生村官比较了解基层现状的优势同时也锻炼了大学生村官的基层工作能力，更为有效地推动了农村法制宣传教育工作的开展。

经过前期大量的准备和组织工作，首期“大学生村官法制巡讲活动”于 2013 年秋季拉开帷幕。首场普法宣讲在练塘镇张联村举行，两位大学生村官将发生在张联村的真实案例用家乡话娓娓道来，并不时穿插法律法规知识，通俗易懂的语言、精彩的宣讲受到村民的欢迎。首次宣讲取得了成功，本次宣讲活动在全区乃至全

市尚属首例，充分体现了青浦区各级政府及职能部门在创新社会管理、加强基层依法治理工作上的新思路。在首场宣讲圆满结束基础上，紧接着将巡讲成员分成5组分别在练塘镇29个村(居)进行巡回讲法的全部活动。继2013年年底开展了首期活动后，2014年练塘镇进一步推动"大学生村官巡回讲法"第二期活动开展，于3月上旬至4月底由27名大学生村官依据所属村(居)进行搭配组合，在全镇29个村(居)进行法制巡讲活动。这两期巡讲的法制主题都是依据新颁布的《老年人权益保障法》进行了宣讲内容的设计，选取基层老百姓的身边事、身边人进行真实案例的宣讲教育。由于开展法制巡讲的大学生村官大都隶属于当地村(居)，本村的大学生村官用纯正方言给基层群众讲述法制案例，极大地吸引了当地群众参与活动接受法制宣传教育。据不完全统计，自活动开展以来，直接参与活动人数近4 000人次，取得了较好的法制宣传教育效果，为基层营造了良好的老年人权益保障的法制氛围，同时提升了老年人维护自身权益的法律意识。

三、主要成效：建立健全机制，全面提升实效

为大力推进练塘镇大学生村官巡回讲法活动项目的顺利实施，活动组织方专门建立了一系列活动机制，包括定期学习培训机制、巡讲效果反馈机制、组织考评提升机制、灵活创新活动机制及有效整合资源机制。

(一) 加强培训，使大学生村官巡回讲法活动具备知识性

青浦区法宣办、区司法局和练塘镇司法所定期组织法律专业人员对练塘镇大学生村官进行法治理念、法律知识以及巡讲技能的培训，通过培训进一步增强大学生村官开展法制巡讲的信心和能力，也提高了法治巡讲的法律知识性和专业性。

(二)注重效果,提高大学生村官巡回讲法活动的参与度

针对农村法制宣传教育工作点多、面广、线长、任务重的实际,借助大学生村官了解当地民风民情的特点,不断深入开展调查研究,把握新时期农村社会对于法律需求的关注点,有针对性地开展巡讲活动。活动专门设计了巡讲效果反馈机制,对宣讲情况进行动态掌握,积极提供与农民群众生产生活密切相关的法律知识,满足农民群众各个时期的法律需求。

(三)强化考核,增强大学生村官巡回讲法活动的务实性

通过完善考核督查办法,将巡讲活动的各个阶段和工作目标任务层层分解到基层各村(居),并作为社会治安综合治理、法治文化建设考核的重要内容,每年由法宣教育主管部门联合综治、组织、宣传等部门进行考核。通过制定科学合理的考评,进一步激发大学生村官的法宣工作积极性,不断提高巡讲质量和效率。

(四)突出创新,使大学生村官巡回讲法活动更具时代性

大学生巡讲活动的深入推进需要密切依据基层群众的思想观念、居住状况、从业结构、行为方式等发生了深刻变化的新形势,从群众多样化、个性化的学习需求出发,坚持实际、实用、实效的原则,不断改进和创新法治巡讲方式方法,增强时代性。进一步明确大学生村官在开展农村法制宣传教育中的责任和义务,引导他们开展公益性的农村法制宣传教育活动,运用正反两方面典型进行教育,以案说法,不断提高法制宣传教育的覆盖面和渗透力。法治巡讲活动紧紧围绕"三农"工作大局,结合"民主法治示范村"等创建活动,扎实开展农村基层依法治理,进一步拓展农村法制宣传教育工作的渠道,增强农民学法用法的热情和参与管理社会公共事务的积极性。

(五)整合资源,使大学生村官巡回讲法活动更具组织性

运用大学生村官开展农村法制宣传教育是法制宣传部门有效利用资源开展法治建设工作的体现,同时应进一步充分发挥各相关职能部门的职能优势和作用,形成整体合力,共同推动农村法制宣传教育工作的落实和发展。

四、推广价值:普及成果运用,推进纵深发展

练塘镇积极利用大学生村官这一贴近群众、具有活力的队伍切实推进法制宣传教育工作的深入开展,这是青浦区"六五"普法工作中的新举措。目前,青浦区在练塘镇和朱家角镇先行试点开展该项工作并计划在取得一定成效的基础上再面向全区各街镇逐步推开,将大学生村官的法制巡讲活动常态化、机制化,突出青浦区的基层民主法治和社会治理工作的特色和亮点,努力推动"法律进乡村"活动取得实效。

练塘镇"大学生村官巡回讲法"活动得到了青浦区人大、区委组织部、宣传部、区司法局等部门的大力支持,荣获了"2013 年度上海市文化科技卫生'三下乡'优秀项目"奖,该项目努力将组织活动与工作机制的建设结合起来,既抓住当前效果,也考虑长远利益,通过有效的工作机制,保证"送法下乡",常下乡;把"送"与"用"结合起来,在提高效果上下功夫;把"送"与"建"结合起来,在往下送的过程中,着眼加强阵地队伍设施建设,提高农村法制宣传教育水平,增强乡村遵法、守法、学法、用法氛围,从而进一步提升基层群众的法律素质及依法参与基层民主管理能力,为社会主义新农村建设营造良好法治环境。

三、第五届(2013年度)上海依法治理优秀案例征评活动特别推荐案例

探索物业自管　建设和谐小区

杨浦区长白新村街道

长华绿苑建成于2001年,现有居民230户,为商品房、售后房混合型小区。由于最低工资标准逐年提高、物业收费调价难度大、物业管理相关各方目标取向不一致等因素,原先的物业公司萌生退意,虽经街道、居委会多次协调,最终还是于2010年底撤离长华绿苑。

一、主要背景

长华绿苑小区被“弃盘”后没有物业公司愿意接管,业委会成员提出了物业自管这一新想法。物业自管到底怎么搞?有关部门能否支持?长白地区尚无先例。在街道等部门指导下,居委会进行了积极协调,一方面立即向房地办有关领导汇报咨询,另一方面马上督促引导业委会广泛征询广大业主的意见,同时还要求拿出具体方案和做法,让广大业主讨论,要求党员和楼组长既要支持业委会、业主大会通过的决议,又要协助业委会做好物业管理中出现的问题。经过街道、居委、业委会大量调研和多方协商,大家统一

了认识,决定在长华绿苑率先探索物业自管。2010 年底,长华绿苑小区业主大会一致通过,自 2011 年 1 月 1 日起对物业实施自主管理。

二、主要做法

(一) 选强班子,夯实基础

建设一个好的业委会班子是实行自管的关键。经过与街道的多次讨论和居委会的反复酝酿,我们认为业委会的班子必须是年富力强、政治素质高、空余时间多、有奉献精神、懂物业管理的人员。在居委精心准备下,新产生的业委会班子中有 4 名党员,55 岁以下占 43%,大专以上学历占 57%,工作经历涵盖物业管理各个主要环节。业委会副主任王慧根,每月只领取 200 元的津贴,带领业委会成员一心扑在小区管理上,确保了小区有序运转。为保障物业管理顺利开展,业委会还组建了物业管理处和专业设备及工程外发保养、日常设备维修保养、文明卫生绿化、治安管理 4 个组,物业管理处由 12 名聘用人员组成,其余 4 个组全部由 57 名小区业主志愿参加。

(二) 健全制度,规范运行

完善的制度是小区开展有序自管的重要保障。长华绿苑在居民区党组织的帮助下,制定了“三会两公开”工作制度。“三会”就是监事会、听证会和业委会例会,居委会书记自告奋勇担当了监事会主任,负责定期查对账目、处理业主投诉等监督工作;听证会主要对事关居民切身利益、小区公共利益等重要问题进行决策;业委会例会及时跟进小区管理有关事宜。“两公开”即财务公开和政务公开,财务公开制度明确了资金权属、物业费缴纳和结余处理、大额费用支出等的管理程序和方法,每半年向业主公开一次账目明细;政务公开制度要求涉及小区改造、房屋及公共设施维修等重大事项,应及时通报并听取业主意见,保障业主的知情权和决策权。通过近三年的实践,物业自管取得明显成效:一是物业管理水平和业主满意度大幅提高,小区的路面清洁、绿化保护、垃圾分类、安全防范、邻里关系等大为改观,2011 年以来连续保持入室盗窃案件零发案率,被评为"上海市文明小区";二是物业"盈利难、收缴难、涨价难"问题得到初步解决,原先物业公司管理的 9 年多时间内,长华绿苑小区物业费累计结余 62 211 元,自管后的 2011 年当年结余 96 094 元,2012 年结余 99 721 元,物业费收缴率达到 100%,物业费从 2013 年起由 1.1 元/月·平方米上涨到 1.3 元/月·平方米,得到了 91%以上业主的赞同。

(三)组织引领,联建联动

党总支、居委会组织牵头引领,让自管找到了依靠。小区管理不但需要业委会齐心协力,还要靠居委会的大力支持和资源整合。在组织管理上,党总支结合党员先进性教育和党员创先争优活动,要求党员积极参加各支队伍的志愿者活动。因此,在小区,经常能看到他们活跃的身影,也带动了群众为自己家园的安全有序、优美和谐默默地奉献。在协调整合中,居委会善于借势发力,依托街道"大联动"平台,成立了"长白新村街道自管小区事务管理协调小组",协调解决长华绿苑等业委会无力解决的突发事件和突出矛盾,如:居委干部多次深入小区讲清小区物业管理"因微被弃"的实情;帮助小区新增 8 只监控探头、12 个停车位;落实了电梯的安全年检问题;机动车停放开发票问题以及电信光缆进小区问题。

三、主要成效

长华绿苑小区从 2011 年开展小区物业自管以来,先后获得了

上海市文明小区、上海市平安小区、杨浦区节水型小区等荣誉称号,物业自管的一些做法和经验得到市、区相关部门的关注和重视。成绩的取得应归结于长华绿苑业委会的努力和付出,归结于广大业主的积极支持和广泛地参与,归结于杨浦区各级领导和相关部门的指导和帮助,归结于长白新村(社区)街道的鼎力支持,当然也离不开基层党组织的扶持和协调。目前,长华绿苑物业自管模式在长白社区开花结果,已有美美公寓等 3 个小区实行了物业自管。

小区物业自管的开展并非一帆风顺,虽然取得了一些成绩,但是管理中还存在着不少难题。为此,一是呼吁相关部门依照《上海市住宅物业管理规定》尽早制定物业自管实施办法;二是希望相关部门出台切实有效的保障制度,解决物业自管后带来的管理风险。

探索“自治家园”建设　优化社区民主法治

徐汇区凌云街道闵朱居委会

城市社区是社会经济发展的必然产物，城市社区的发展对推进我国基层民主建设有着重大的作用。经过多年的发展，我国城市社区自治取得了很大的进展，但是相比西方，此项工作在我国还刚刚兴起，尚处于探索阶段，所以会面临许多问题，只有理顺政府与社会的关系，加强社区法制建设，提高社区居民素质，实现社区居民互动，才能使我国城市社区自治健康发展。

一、背景缘由

近年来，徐汇区在社区自治、社区共治等方面作了积极的探索，在协调多元化利益诉求、提高社会资源配置等方面积累了一定经验，初步形成了武康路弄管会、江南新村船长俱乐部、梅陇三村绿主妇等自治模式。在党的十八届三中全会精神指导下，徐汇区加快从“社区管理”向“社区治理”转变，鼓励和支持社会多方参与，努力实现政府治理与社会自我调节、居民自治良性互动。徐汇区凌云街道闵朱居民区开展的自治家园建设，坚持“听证会、协调会、评议会”三会制度，形成了以“常态化的协商民主”为特点的自治模式，具有较强的可复制性、可推广性，为进一步做好社区治理工作提供了参考和借鉴。

二、具体做法

(一) 从管理到自治,闵朱居委会变身"民主"居委会

闵朱居民区建于 20 世纪 90 年代,由商品房、售后公房、动迁安置房等多个类型组成,是上海中心城区具有一定典型意义的混合型小区。该小区共有 1 283 户人家,居民需求差异较大、利益诉求多元化,在诸如陈旧水管改造、防盗门安装等方面存在不少分歧。加上维修基金匮乏,居民与居民之间、业主和物业公司之间存在不少矛盾。

凌云街道和闵朱居委会一起,多方探索、多策并举,在协调解决各种涉及居民利益矛盾和难题的过程中,尝试破解居委会行政化的难题,变政府管理为社区自治,鼓动居民自我管理、自我调节,并建立了完整的居民自治体系,居民形象地称其为"东方明珠式"的塔状自治架构:居民的广泛参与是"支柱";各类社会组织的活动和服务形成"民主塔的下球体";社情民意的收集和"三会"的民主协商上升到由居民代表、党员代表、业委会、物业公司和社区民警共同参与的自治联席会,形成"民主塔的中球体";自治联席会将社情民意反馈到居委会,居委会指导自治联席会形成"民主塔的太空舱"。在这个自治体系中,民主、参与、协调和动员这四个核心要素贯穿始终,无论旧水管改造、电子监控和防盗门安装、机动车整治、停车棚新建,还是小区道路拓宽、小区外立面整治等问题,都通过这套自治体系,充分听取居民意见,将知情权、参与权、决策权和监督权交给居民,并逐一得到解决。在开展的自治家园建设中展现出"大珠小珠落玉盘,居民事务落社区"的自治格局。自治联席会不仅帮助解决了与老百姓切身利益紧密相关的公共事务,更重要的是激发了居民自我管理的参与热情,使民主协商的管理方式在社区事务治理中被普遍接受。闵朱居委会谐音是"民主",在自

治过程中，居民们都说自己生活在民主居委会。

（二）从自治到共治，“自治家园”建设探索推进

闵朱居民区在自治过程中，鼓励居民、社群团体等多方参与社区治理，有效实现了多元化社区的协同自治，使社区公共事务管理开始走向民主化，提高了社区自治的成效。

一是公共利益是最大公约数。小区自治中，只有在公共利益的基础上，才能形成协同共治的局面。闵朱居民委坚守自治初衷，引导居民民主协商，尊重矛盾双方搁置争议，寻求最大公约数，努力将基层矛盾化解于基层民主的实践过程之中，并确保程序民主、结果公正，在满足居民迫切需求的同时，也疏导了不同的民意声音，促使居民自治向常态化自治管理转变。

二是政府转型推动社区自治前行。以三会制度为核心的社区自治架构是政府自身角色转型的过程，政府从过去大包大揽的全能角色转为社区事务的组织者和协调者。政府向后退，更加凸显社区居民在解决社区事务中的主体角色，真正实现以社区居民为主体，激发其参与社区事务的热情，从过去居民对政府的单向依赖转为双向良性互动，大事小事让居民自决，使社区自治的大步前进。

三是常态化民主协商促进社会和谐。民主协商成为社区工作的主要方式。三会制度的本质是通过居民民主参与、民主协商的方式来解决社区公共事务，特别是针对不同利益群体、不同利益诉求的公共事务时，民主协商方式是让居民理解和接受事务处理结果的较好方式，有效避免了因事务处理不妥而引发居民抱怨甚至社区的不稳定。常态化的民主协商通过“走程序”处理居民区事务，在解决社区事务中逐步形成了“少数服从多数”的共识，居民学会了从他人的视角来理解自己的权益，进而实现了社区的和谐。

四是多元主体参与探索社区共治。居民的广泛参与是社区自

治的支柱。在“自治家园”逐步发展的过程中，社区居民不再是以个体的形式来参与社区治理，而是通过组织化的群文团队和志愿者团队的形式参与社区公共事务。通过培育各种社会组织，充分发挥各类群众团队在社区治理中的作用，使之成为居民与自治联席会之间的重要桥梁，确保社区居民的参与并非仅仅是个体化的利益表达，而是组织化的有序参与，是群体利益的集中诉求。

三、现实意义和推广价值

随着市场经济体制改革的不断深入，我国的社会转型正从经济领域向社会领域拓展与延伸。计划经济变成了市场经济，单位人变成了社会人，作为社会管理体制改革的重要组成部分之一的城市基层管理体制改革——城市社区建设，在经历了“20 世纪 80 年代后期的萌发，90 年代的培育，21 世纪之初的推广”之后，进入了一个新的发展时期，这就是社区自治。城市社区自治是社会经济发展的必然产物，是在社会发展进程中为实现城市社区品质的提升而采取的居民自我治理的方式。作为现代国家多层次治理的重要方式，城市社区自治是现代国家制度的重要组成部分，并成为我国基层民主政治建设一个重要的实际举措。社区自治的健康发展对化解我国在经济体制改革进程中所产生和积累的社会矛盾，降低政治体制改革的综合社会成本，促进政治文明建设，构建和谐社会，具有重大的现实意义和深远的历史意义。

理顺“弄规堂章”加强管理制度建设

徐汇区湖南社区司法所

弄堂管理是“街道一小区一弄堂一居民”管理链中的环节之一，也是文明社区、平安社区的创建平台。弄管会是由一批户籍在此，并在本弄堂居住的热心居民组成的居民自治组织。在区有关部门和街道的关心支持下，充分发挥群众自治组织的自我教育、自我管理、自我服务作用，主动加强与物业公司、弄堂居民的沟通协调，调动整合各方资源，引导居民参与弄内事务，努力营造“弄堂是我家、管理靠大家”的氛围，产生了良好的工作成效。

一、背景缘由

湖南街道弄管会自成立以来，一直发挥着其在弄堂治埋中的积极作用。通过几年的探索实践，形成了一套行之有效的规章制度，并且荣获了“2012 上海社会建设十大创新项目”。在运行过程中，弄管会积极发挥群众的主动性、积极性、创造性，针对不断出现的新情况发挥群众的创造性，实现了小区管理向小区治理的转变。同时在日常生活中因为能够最多地接触老百姓，也成了一条政府与百姓连接的纽带，发挥了“上情下达”和“下情上传”的作用，实现了老弄堂的“管理自治化、设施便民化、环境舒适化”，切实解决了遗忘存在的多头物业、多种产权居民房并存、业委会难以建立许多弄堂“无人管、无力管、无法管”的状态。在改变社区“硬”环境的同时，对于如何完善志愿者的待遇，如何建立群众的沟通平台上情下达，如何规范停车收费等“软”问题也得到了有效解决。在湖南街道的领导下，弄管会积极建立健全弄堂管理规章制度，探索和推进了弄堂管理的制度化。

二、基本做法

弄管会下设办公室，在日常工作中发挥了作用：定期走访各弄堂，掌握动态情况；及时总结，做好档案整理；组织弄管会负责人培训、门卫社区治安讲座、参观学习优秀弄堂管理经验；落实专人负责技防、物防设施管理维护。另外还根据实际，为弄管会编制了《弄堂管理工作手册》，规范日常工作，实现长效管理。

（一）完善志愿者队伍建设，坚持长效管理

为保障门卫志愿者的权益，进一步加强对门卫的管理工作，街道弄管办陆续同弄堂门卫签订《志愿者服务协议》，并统一购买意外保险。

（二）完善沟通平台，落实各项会议制度

继续坚持每两个月分块开展弄管会之间的经验交流。交流会提供给各弄管会负责人相互学习和探讨的平台，一定程度上提高了一些弄管会的管理效果。分享经验及创新工作方法的同时，也归结出日常工作中所遇的瓶颈，通过交流会上的集思广益，拓宽了思路，也体现出弄管会成员工作越来越细致，更深层次地考虑问题。

（三）强化信息收集、分析和处理，集中解决疑难问题

2013年，通过各居委联席例会汇总出各类问题151件，其中

居委在例会上得到解决的有 71 件,未解决的有 80 件。弄管办对未解决的 80 件进行了分类,其中与弄管会相关的问题共计 27 件,涉及物业、停车、出租房、保洁等的问题居多。弄管办通过实地走访查看、电话联系等方式进行了解沟通后,已处理并解决的问题共计 42 件,转相关部门的 36 件,2 件备案。司法所调解室及居委积极参与弄堂内的纠纷调解,及时化解矛盾,做到小事不出弄堂。

(四) 规范停车收费管理

为打破停车收费上的瓶颈,减少弄堂停车引发的纠纷,2013 年 3 月,在街道的支持和充分听取居民意见的情况下,弄管办收集了档案资料后办理了税务登记,并以武康路 280 弄为经营地向区建交委申请了上海市道路运输行业备案证,配备了停车收费发票。随着停车发票规范使用及推广,停车管理将进一步规范有序。

(五) 加强安全培训,激励表彰先进

弄管协会定期组织弄堂门卫人员、弄管会成员进行各类培训,增强其安全意识和责任意识,提高总体业务水平。全年共开展培训 5 次,参与人数 583 人,内容涵盖了“人口服务与管理”、“消防安全”、“治安防范”等。

三、主要成效

(一) 弄堂环境面貌得到改观

老弄堂在暴雨多发时节经常发生积水问题。“弄管会”在“三化”改造中特别注意积水点改造,协调施工方在进水比较严重的弄口设置闸门,有效缓解了老弄堂下雨积水问题。2013 年汛期期间,改造后的老弄堂基本未发生积水情况。

(二)弄堂物业管理水平不断提高

老弄堂由于房屋权属复杂,无法建立业主委员会,居民对物业管理服务不满意。"弄管会"因地制宜想办法,对未实行物业一体化管理的弄堂采用"三个一点"筹措经费,聘用保安、保洁人员加强管理;协助物业、协调居民共同做好管理工作。随着物业管理加强,居民满意度不断提升,物业管理费收缴率也不断提高,物业公司工作积极性得到进一步调动,形成了互动发展的良好局面。

(三)弄堂平安建设有效推进

老弄堂四通八达,地理环境复杂,物防、技防基础较差,治安死角相对较多。街道在弄堂口设置了门卫室和大门,在弄内安装了路灯和监控设施,防范条件大为改观。居民主动要求加强群防群治工作。"弄管会"因势利导,组织志愿者在弄堂内进行值守,居民安全感明显提高。2013 年上半年,湖南地区发生盗窃案件 107 起,比上年同期下降 24%,其中入室盗窃案件 42 起,比上年同期下降了 30%。

(四)居民对弄堂的认同感逐渐增强

过去弄堂环境脏乱差,居民虽有怨言但主动出来管理的少,"弄管会"成立后,对涉及弄堂的公共事务,召开议事会、协调会、听证会,组织居民"大家谈"。随着居民间了解信任的不断增进,居民对弄堂的认同感、归属感也不断增强,关注社区发展、参与社区建设的积极性明显提高,弄堂的凝聚力得到充分体现。比如常熟路 163 弄独居老人较多,"弄管会"发动居民开展"邻里守望,结对互助"活动,邻里主动上门关心、照看独居老人。常熟路 163 弄"弄管会"和居委发动组织居民,将一些卫生死角几年积淀下来的垃圾彻底清理干净。

四、推广价值

经过几年的不懈努力，弄堂管理实现了从“无人管”向“有人管”、从“无序管”向“有序管”的转变。对保洁人员管理、门卫管理、停车收费管理、经费使用管理、监控操作管理等逐渐形成了一系列制度规范。社区民主共治管理模式逐步形成，弄堂环境进而得到了明显改善。

弄管会建设过程中形成的一系列管理制度和办法都是从解决日常管理中碰到的实际问题中总结出来的。其中有借鉴也有创新，并且取得了良好的效果。在当前法治中国建设的大背景下，湖南街道弄管会的经验值得借鉴。

完善六项共治机制　推进社区依法共治

长宁区新华街道

随着社会与城市的发展，社区中各方利益诉求呈多元化趋势，社区共治也出现了新的难点与热点。为推动社区的依法共治，新华街道以“坚持问题导向、各方协商参与、解决共治难点”为切入点，明确社区共治的具体目标，努力构建“在党的领导下，由基层政府主导负责，由社会组织、社区单位、社区居民等多元主体共同参与，合作协同为社区提供服务和管理”的共治格局，逐步完善以“参与、协商、决策、管理、服务、监督”为内容的社区共治六个共同机制，推动形成民主协商、达成共识、共同行动的社区共治氛围。

一、工作背景

在推动社区依法共治的过程中，新华街道以“坚持问题导向、各方协商参与、解决共治难点”为切入点，梳理出社区存在的旧改房屋征收及在建工地矛盾处置难、物业矛盾解决难、群租矛盾处置难、历史遗留信访化解难、市容顽症处置难、违章建筑拆除难、小区停车解决难、外来人口管理难、消防安全管理难和公共服务满足需求难十类治理难题，明确了提升党建引领能力、整合各方治理力量、搭建议事协商平台、培育多元共治主体、推动政社政事分设、优化公共服务供给等社区共治六个具体目标，努力构建“在党的领导下，由基层政府主导负责，由社会组织、社区单位、社区居民等多元主体共同参与，合作协同为社区提供服务和管理”的共治格局。

二、基本做法

在推动社区依法共治的过程中，新华街道逐步建立了以“参与、协商、决策、管理、服务、监督”为内容的社区共治六个共同机制，推动形成民主协商、达成共识、共同行动的社区共治氛围。

（一）共同参与机制

围绕各方参政议政，邀请居民区代表、社区群众代表等参与社区代表会议，以及居民区现场办公会等社区重要会议活动，积极为社区发展出主意、提建议、解难题；围绕“三个城区”建设建言献策，定期组织开展党代表、人大代表走基层活动，动员代表所在单位及其他企业发挥自身优势，共同运作“惠及百姓、服务民生”的共建项目；围绕民情民意反映，建立了社情民意直报点、“民情恳谈会”等载体，吸收民意信息员参与活动，经常反映意见和诉求。

（二）共同协商机制

对于社区信访矛盾化解，街道注重源头控制，完善“三预”机制，以攻坚信访积案为重点，严格落实信访工作责任制。对于社区各类专项事务，街道通过协调会、听证会、评议会制度平台，充分调动社会组织、驻区单位、居民群众共同协商的积极性，并在社区推广党员议事会的运作，对群体性突出矛盾和突发事件、居民关心的热点难点问题等，做到党内先知晓、先协商、先统一，然后通过党员引导群众，由群众自己做群众的工作。

(三)共同决策机制

针对街道全局性事务决策,街道完善党工委1+3决策机制,严格执行民主集中制原则,全面落实党政联席会议制度、“三重一大”制度、民主生活会制度、政府投资工程立项和施工招投标管理规定等,推进全局性决策的民主化、科学化。针对社区主体事务决策,健全街道条块联席会议制度,通过制度化手段确保社区主体事务在平台上沟通,决策在平台上形成。针对重大事项推进过程的决策,做到决策前听取民意、实施中及时公示、完成后反馈评估。

(四)共同管理机制

加强社区事务服务的联动处置,街道建立联动中心,通过“一口受理、协同处置、绩效评估”的工作机制,加强社区瓶颈问题的协同攻克。加强市场化、专业化协同运作,通过政府购买服务等方式,通过招投标途径,将一些公共服务工作交予相应领域的社会组织或企业单位来共同管理。

(五)共同服务机制

在为百姓服务上,街道实施困难群体关爱项目,搭建帮困网络,做到关爱行动全覆盖;实施便民服务项目,抓好“三个中心”的软实力提升,为群众提供便捷生活服务。在为企业服务上,实施“六个便利服务”项目,每月开展一次楼宇组团式现场咨询服务活动,为商务楼宇和白领提供所需服务,促进了社区经济发展。在为社会服务上,实施“百企帮百家”公益服务项目,动员社会各界开展慈善活动,如华瑞中国地产信托连续4年为250名贫困少儿提供20多万元资助。

(六)共同监督机制

强化群众性监督组织建设,成立政风行风测评队、市民巡访团、居家养老服务评估小组等，对实事项目、专业服务等工作实施上门走访、实地督查、测评打分。建立督办落实制度，请各方代表共同监督重点工作落实情况，定期对重点工作完成情况和质量进行分析，找出不足，督促整改。

三、工作启示

通过几年来的实践和探索，我们也对进一步推进社区共治进行了不断总结思考，得到以下几点启示：

（一）推进社区共治，坚持党的领导是关键

发挥基层党组织的领导优势，可以加强对社区共治的民主进程进行规范管理、依法管理，防止自由主义、无政府主义和走“西方民主”道路的现象发生，引领社区共治健康有序地发展。发挥基层党组织的组织优势，可以整合政府、市场和社会等各方面力量，搭建共治平台，完善共治网络，支持、扶持和推动社区共治大力发展。发挥基层党组织的宣传优势，可以加大社区共治理念的传播和渗透，形成广泛的社会共识和价值认同，夯实社区共治的群众思想基础。

（二）推进社区共治，主体培育引导是重点

主体培育必须注重激发市场和社会力量参与共治的积极性，要避免出现政府大包大揽现象，凡是适合由市场和社会力量提供和解决的事项，尽可能地交由市场和社会力量去承担。主体培育必须要有载体，要建立一些更富包容性、开放性和灵活性的共治载体，培育和支持群众组建各类服务性、公益性、互助性和兴趣性组织，注重引导和支持市场力量、慈善力量参与社区共治，使多元主体各自施展才华。主体培育必须从体制、政策上形成有利于主体

培育的导向，促进共治主体快速健康发展。

（三）推进社区共治，健全运作机制是保障

要注重完善社区多元主体之间的互动机制，政府与社区居民、社区单位、社区组织之间不是简单的领导与被领导的垂直关系，而是共商、共议、共决的多元权力互动关系，主要依靠横向的平等协商共同管理社区事务。要创新运行机制，适时探索建立社区层面的协商议事组织，为社区共治提供一个综合、务实、持续的协商议事平台，进一步理顺政府、市场和社会的关系，形成共商、共议、共决的新型社区共治运行机制。

村民"周周会"造福老百姓

闵行区马桥司法所

农村改革进程中会遇到各种各样的矛盾。面对征地失地、房屋动迁、村宅改造、养老保险、福利事业等诸多涉及农民切身利益的问题,如何保障落实好、维护好村民的权益,需要面对实际,创新工作方式和载体。闵行区马桥镇在践行社会管理的过程中,通过"周周会"这种形式,把有关政策和实施办法通报到每一个村民,面对面地向群众说清楚、讲明白,让村民知情、放心,同时也能及时听取村民的意见和呼声,是从制度层面保证基层民主有效实施的一种创新,有助于干部更好地联系群众、服务群众,从而密切干群关系,推动农村经济社会的发展。村民"周周会"值得期待,更值得推广和普及。

一、村民"周周会"的形成和发展

2005 年,《上海市老年教育十一五发展规划》提出了要让全市 20%的老年人接受远程老年教育的工作目标。按照这个目标,马桥镇金星村从 2005 年开始组织老年远程收视,2008 年分别在 4 个组设立了收视点,参加收视老人增加到了 79 名,至 2011 年上半年增加为 5 个点,参加收视老年人保持在 210 人左右。参加学习的老年人多了,马桥镇金星村利用收视前 15 分钟进行读报、读书、政策宣传、村情分析等活动，同时利用这个平台把村民对村委工作的意见、建议和要求收集起来，反映到村委，使村委班子能及时了解民意，对村务工作作出正确和妥善的安排，减少因干群沟通不及时而引起的误解，依托远程收视每周进行一次，这就是"周周会"的开始。经过几年实践，效果非常明显，2011 年为了增强"周周会"的内涵，马桥镇金星村每周安排 5 名村干部分别在 5 个收视点听取村民意见、建议，并对上周村民提出的意见和问题作出答复，并进行政策、村委近期工作动态及政府为民办实事、关心老年人的宣传。2012 年起，马桥镇从 4 个矛盾最集中、问题最复杂的动迁居民小区开始，逐步将每两周一次的"周周会"推广到所有村和居民小区。

二、村民"周周会"的主要做法与举措

听问题，事无巨细；解决问题，立竿见影，这是"周周会"的初衷。直面矛盾是找到问题、化解矛盾的第一步。矛盾越多，越要敢于面对。敢于面对，才会去寻求解决之道；敢于面对，就可能获得破解的方法。这也是转变工作作风的一项重要内容。马桥镇就是以这样一种理念开创了"周周会"，所谓"周周会"，就是基层干部用最直接的方式面对老百姓，让群众把问题讲出来，把怨气吐出来，并在最短时间内给予回应、尽可能解决问题。

"周周会"的议程一般分为三大块：一是介绍本阶段村委会(居委会)的重要决定与举措；二是答复上一次周周会的诉求；三是听取新的诉求，对于能当场答复的事情，当场答复解决，不能答复的，将在会后两委班子商榷，并且听取多方意见商讨出合理有效的解决方法后，在下一次的周周会上予以答复。

最初试点的 4 个小区，其中居民来自 8 个动迁村。动迁过程中每个村情况不同，村民住到一起之后难免互相比较，新老矛盾交

织,上访不断,矛盾越积越深。镇党委提出“周周会”的设想,从听老百姓“炮轰”开始,力求改变解决民生问题的方式。不但要直面问题,而且要能解决问题,在下一次“周周会”上就必须听到答复,明显加快了处理问题的效率,小区加装技防设施、增设健身点、小区商铺油烟扰民、河边没有护栏……一些镇里能解决的事决不拖延;公交站点设置等基层难以解决的事,立即联系区职能部门,协调解决;个人的诉求,依据政策法规不能解决的,再单独开专题会沟通解释,以理服人、以情动人。

三、村民“周周会”的主要成效

通过村民周周会形式,不仅让老百姓参与到了村务管理中,也使工作开展得更加全面周到,同时融洽了干群关系,夯实了和谐稳定的社会基础。从 2012 年的 4 个居民区,到 2013 年全镇 10 个村、6 个居民区全覆盖,“周周会”已收集了 684 条建议,明确办结或答复的有 513 条,办结率超过 75%。2013 年,“周周会”再次升级,马桥镇梳理了全镇 1 100 多名各类代表委员名单,分块派驻到各个“周周会”上,为代表委员提供增强履职能力的现实平台,更有效地收集、处理群众提出的诉求和意见,并监督办理的进度。目前,最早开始实行“周周会”制度的小区,已经召开过 27 场,炮轰和骂声很少了,合理化建议越来越多。过去堆积的矛盾,桩桩件件有了回音、得到化解,群众的怨气少了,诉求也少了。基层干部开始反过来向群众提问,比如违法搭建、群租乱象等老大难问题,问计群众,请老百姓和管理部门一起商讨制定解决方案,群众更乐于配合,主动给予支持。如今在马桥镇,“周周会”成了老百姓生活中的一部分,就算政府不打算办了,群众也不会答应。

四、村民“周周会”的示范作用

过去，马桥镇的村干部把心思扑在招商引资上，抓经济发展很有干劲，干群关系却渐渐疏远了。老百姓有诉求要反映，村干部却整天在外开会、谈项目，人影都看不到。镇党委提出，通过“周周会”，就是要让基层干部转变作风，直面群众。从30岁不到的年轻干部，到50多岁的老支书，人人都要“敢听群众骂声”。几乎每个基层干部都当过会议的主持人，刚开始一去常常就被围不让走，在吵吵嚷嚷中解答问题，慢慢地，大家有商有量，彼此信任感明显增强。

老百姓的意见听多了，解决问题过程中，干部学会了换位思考。比如，元祥社区老人提出交水电煤费不方便，职能部门一度认为这是小事，建议居民上网缴费。再度讨论中，管理部门意识到很多老人没有上网的能力或习惯，社区办想办法引进了一家代收水电煤费的中介公司，在小区内安装了收费亭。

“周周会”作为社会创新管理的新举措，在实践过程中不仅仅倾听了老百姓诉求，解决了问题，还具有五方面的促进作用：一是促进了干群关系；二是促进了群众参与村务管理的积极性；三是促进了村(居)委对工作不足之处的总结改进；四是促进了村(居)干部个人素质的提高；五是促进了村(居)整体面貌的改善。

加强合同管理　规范集体资产运行

浦东新区川沙司法所

2013年,川沙新镇以保障群众特别是农民权益为着力点,从规范合同管理入手,出台了一系列合同管理文件和措施,对全镇44个村、8家直属企事业单位的合同进行了全面梳理清理。据统计,共梳理各类合同2 362份,其中重新签订合同文本819份,清理后年租金达1.464亿元,增收738.9万元,增幅5.3%。同时,在此基础上,形成"预防为主,全面监控"的一整套合同管理长效机制,有效防范了法律风险,确保集体资产保值增值。

一、背景缘由

2013年上半年,川沙新镇集资办对涉及集体资产的各类经济合同进行了专项清理与调研。总的来说,大部分合同尤其是新签订的合同相对比较规范,但也存在一些问题,主要表现在:一是承租期限过长。5年以上的合同占到近一半。严重影响了集体资产经营收益的提高和不良债权的增加。二是合同要素欠缺。主要是承租方信息不全,缺少租金支付日期、违约责任等内容。三是部分条款和做法违反了现行的法律法规。如协议中有明确约定出租的农田用作沙石堆场、废品收购、仓储等违法用地条款;租借房屋的同时租借营业执照;无权转让国有土地而签订土地转让协议等。

这些土地、房屋如遇动迁,则往往比较被动。四是常识性失误。如将 2006 年误写成 2056 年;合同上随意涂改而没有修正章或签章等。一旦出现经济纠纷,出租方在法律上基本处于弱势。

二、基本做法

"理"不清就"管"不好。川沙新镇抓住合同的合法性、规范性等关键要点,对全镇各类土地流转合同、集体资产租赁合同等开展了"大扫除",实现分类整理、分级管理。

(一)对症下药,坚决落实"三规范"

针对全镇合同的现状和问题,新镇出台了相关文件,对集体资产合同管理的管理机构、合同签订、合同履行、责任追究等提出了明确要求,落实"三规范":一是规范合同文本,统一使用市农村土地承包经营权流转合同示范文本和镇厂房(房屋)租赁合同示范文本;二是规范合同签订程序,要求合同必须经企事业单位、村两委班子讨论决定,并报镇集资办审核同意;三是规范指导价格,根据市场价格出台了租赁资产市场价格和农用地流转指导价格目录。

(二)深入一线,"门诊"与"会诊"有机结合

合同清理的目标要求是彻底、全面,因此在推进过程中碰到不少难点,如经过鉴证的合同也存在期限过长的问题、单方面解除合同可能面临违约等。川沙新镇集资办采取全体培训与重点指导相结合、集体会诊与个案辅导相结合的方式,"走下去,请上来",对各单位开展实务操作指导。集资办专人深入一线走访各村答疑解惑,并收集难点问题。同时,先后召开村主要负责人、合同管理员两个层面的培训会,对清理工作进行集中辅导,特别是就变更合同的操作技巧、汇总表格的填写等进行了深入细致的解释。

(三) 跟踪回访,效果比以往明显提升

新镇集资办、农发办、监察室、司法所等组成3个工作小组,对涉及的单位合同清理情况进行了集中检查。合同清理工作量大、难度大,总体情况良好,主要呈现三个特点:一是村委班子决心比以往大。各村委召开专题会议,村书记亲自挂帅,找原各合同主体谈判。会龙村率先完成合同清理工作,全部合同进行了重新签订,甚至有企业老板从深圳专程赶回签约;对面村成立了土地丈量工作小组,对流转、出租的土地和房屋全部重新丈量,形成图表,为新一轮合同签订工作提供详实依据。二是法律意识比以往提高。各单位注重在遇到瓶颈时,努力运用法律手段寻求解决途径。如对于未到期限的合同,仔细寻找承租方未履行合同应尽义务或者违法经营等违约事实,从而获取合法理由解除合同或者重新签订合同。农投公司的法律顾问全程参与合同清理工作,南高桥村也挖掘利用身边资源,疑难案件请教社区法律顾问,商讨解决办法。三是合同清理比以往彻底。据统计,100%村、单位开展了清理工作,80.1%的合同使用标准合同文本,5年以上的合同从原先占合同总数的46%直降到8.8%。

三、主要成效

合同清理工作虽然面临重重困难,但在新镇上下齐心协力、坚持不懈的努力下,取得了阶段性成果。90%村实现集体资产增值,年租金增长值最高的村达到了79.4万元,这是川沙新镇加强合同管理最直接的成果反映。

(一) 对本村本单位的资产切实做到底数清,情况明

借此轮合同清理的机会,各村各单位对自己集体所有的资产作了全面整理,对于每块土地及每幢房屋的现状、用途、使用期限、

使用情况等做到心中有数。村书记、主任也对家底有了更清晰和全面的了解，同时，对于如何使用和把握这些集体资产，切实维护群众利益有了更深刻的认识和规划。

（二）实现集体资产保值增值

合同清理，除了规范合同要素以外，还通过调整主体、价格上调等途径，推动集体资产租赁向市场化靠拢，较大幅度地提高了集体资产收益。一是根据新镇出台的指导价格目录，在重新签订过程中，大部分合同的租赁价格有所提升，特别是原来签订期限较长的合同。二是在整理合同履约情况过程中，发现了运营困难无法按时缴纳租赁费的承租方，从而实行有计划清退。将该部分资产重新招租，确保资产效益。此次合同清理过程中新签订合同 26 份。三是督促各村，对于电信公司租用村级土地建设电信塔等合同中，租金明显偏低的，进行重新签订，提高收益。

（三）规范集体资产合同行为，为后续发展奠定基础

虽然合同清理工作花费了大量时间和精力，但普遍反应非常值得。一方面，把原有不规范的合同彻底转变，特别是期限过长的合同，改签为 3—5 年，对于原来的不合理甚至是霸王条款进行了调整，进一步明确了权利义务关系，降低了合同履行风险。另一方面，对于新签订合同，规范了合同主体、要素、程序、履行等，对于主体资格进行了限制，又增加了“违法搭建”等违约条款，加强了对合同履行过程的监管，避免未来因为城市开发建设动迁可能引起的各类矛盾，确保资产收益最大化，为后续发展积蓄能级。

四、推广价值

对于新镇各村、各事业单位存在的合同不规范问题，在广大乡

镇特别是农村地区也同样普遍存在。如何加强合同管理,规范集体资产有序运行,成了当下乡镇政府考量的重要课题。川沙新镇通过一系列合同管理文件和措施,有效防范了法律风险,确保了集体资产依法保值增值,有以下几个方面值得推广借鉴:一是政府出台合同管理的指导、实施意见,规范合同文本、合同签订程序、指导价格;二是政府相关职能部门充分发挥部门专业优势,定期对相关单位展开合同清理、检查;三是对于合同的签订、清理工作,充分听取法律顾问意见,有效防范法律风险。

审计促进街道办事处规范公共资源管理

黄浦区审计局

审计调查是对一定范围的公共资金使用、公共资源调配和公共政策执行情况的审查，揭示体制性问题、政策性障碍，提出审计建议，通过落实审计建议，规范管理行为。2013年，黄浦区审计局把全区10个街道作为一个审计对象，就街道办事处所属经济实体、所管房产、动迁补偿款、持有的非上市公司法人股等有价证券，以及历年经费结余情况、财务人员配备情况、银行账户开设情况等基本情况进行了审计调查，针对管理中存在的薄弱环节，提出了相关审计建议。通过落实审计建议，促进了街道办事处公共资源规范管理。在全国审计系统第一次将一个类型的单位作为一个审计对象，并首次进行公共资源管理情况专项审计调查，取得了良好的社会效果。审计署报国院《审计工作通讯》作了介绍，《中国审计报》2014年4月21日二版头条作了报道。

一、背景缘由

2012年底，上海市人民政府办公室印发《关于本市进一步加强乡镇集体资产监督管理的意见》(沪府办发〔2012〕63号)，指出："一些乡镇集体经济组织治理结构不够完善、人员队伍不够齐全、制度建设不够健全、监管措施不够有力；有的乡镇还存在着集体资产被侵占、挪用及流失等现象,不同程度地影响了集体经济的健康发展。”要求切实加强乡镇集体资产的监督管理,街道办事处集体资产管理参照执行。黄浦区街道办事处经过多次调整,集体资产管理也比较薄弱,存在着一些类似的问题。2013 年 6 月,黄浦区审计局组织开展该区所属老西门街道主要领导经济责任审计,在延伸其所属经济实体——街道经济发展中心时发现,经济发展中心财务管理混乱、资产底数据不清、内部控制存在严重缺陷、存在严重的违纪违法问题。在查处情况移交黄浦区纪检监察部门、司法部门的同时,向黄浦区委、区政府主要领导作了汇报。黄浦区委、区政府领导要求区审计局对所属所有街道办事处的资产管理情况进行一次全面审计,摸清底数、揭示现象、查处问题、提出建议、加强监管。

二、基本做法

根据黄浦区委、区政府的要求,区审计局抽调大部分人力资源,结合开展的审计项目,组成 7 个审计组,对黄浦区人民政府南京东路街道办事处、外滩街道办事处、豫园街道办事处、老西门街道办事处、半淞园路街道办事处、小东门街道办事处、五里桥街道办事处、打浦桥街道办事处、瑞金二路街道办事处和淮海中路街道办事处的所属实体、房产、动拆迁补偿款和有价证券等事项进行了专项审计调查。调查以街道填报的调查统计表格为基础,采取了复核、查阅资料、现场察看、函证、向有关部门和人员了解情况等方式对各街道提供的会计资料及相关统计资料进行了审计核查,对重要事项进行了必要的延伸和追溯。

(一) 抓好街道办事处经济实体情况调查,促进了街道办事处所属实体的规范化管理

全面摸清了街道办事处所属 132 家公益性实体和 20 家经营

性实体管理现状，包括财务管理模式、经费来源和日常开支审批、财务人员配备情况、所拥有的银行账户数量及其存款情况。针对财务管理分散、内部管理控制不严、财务基础工作薄弱的实际，提出建立和完善街道办事处实体长效管理机制的建议，区财政部门与各街道办事处高度重视，清理了21个不必要银行账户，街道办事处对下属实体实施集中核算，切实加强街道办事处所属实体的管理。

（二）抓好街道办事处房产管理情况调查，促进了街道办事处房产的动态监管

全面摸清了街道办事处管辖范围内的近1 500处产权房、使用权房、租赁房、孤老遗赠、违章搭建等房产建筑物情况，以及使用、出租、空关和被占用状况，并对房产管理制度建设情况、房产租赁管理情况、房租收支管理情况进行了全面调查，针对55处房产权属不清、62处未登记房产、167处房产租赁无合同、5处房产租金未入账，以及多头出租、多头管理、多部门管理租金的问题，提出了建立和完善街道办事处房产动态管理机制的审计建议。区财政局下发了《关于进一步规范和加强本区行政事业单位国有资产管理的通知》，组织街道办事处对房产建筑物进行清理登记，纳入国有资产管理信息系统进行常态化管理，加强日常动态管理工作。

（三）抓好街道办事处动拆迁补偿资金情况调查，促进了街道办事处动拆迁补偿资金的归口管理

全面摸清了街道办事处及其所属实体1.4亿多元动拆迁补偿款结余情况、资金结存情况、资金存储情况，以及近几年动拆迁补偿收支管理情况，并对动拆迁补偿资金管理方式、补偿协议、资金使用去向进行了全面调查，针对多头管理、收支缺乏相关依据支撑、违规使用等问题，提出了对街道办事处动拆迁补偿资金实行归口管理的审计建议。各街道办事处根据审计建议健全了房产动拆迁管理制度，统一归口管理动拆迁补偿资金，按规定上交区财政专户存储，需使用时提出申请，经批准后安排支出。

（四）抓好街道办事处持有的有价证券情况调查，促进了街道办事处持有的有价证券的集中统管

全面摸清了街道办事处及其实体持有的近 1 600 万元股票、基金、理财产品等情况，针对股票持有人与股东户名不一致、股票红利长期不收取入账、私自购买基金和理财产品等问题，提出了对街道办事处持有的非上市公司国有法人股实行集中统一管理的审计建议。根据审计建议，区财政局下发了《关于进一步规范和加强本区行政事业单位持有上市公司国有法人股管理的通知》，组织行政事业单位开展持有国有法人股情况统计上报工作，全额拨款的行政事业单位持有的上市公司法人股移交至区财政部门集中管理，减持资金（含股利、股息收入）由区财政局进行专户储存、统一管理，主要用于解决历史遗留问题。

三、主要成效

通过这次专项审计调查，通过发现问题、提出建议，促进街道办事处的公共资源管理，既是一次管理审计的尝试，又是对审计法定范围的拓展，为更好地履行审计法定职责作了有益的探索。

（一）促进了街道办事处公共资源长效管理机制建设

各街道办事处加强了对下属实体的日常财务监督，逐步推行了财务集中核算的管理模式，有的成立社区结算中心，集中核算街道办事处及所属实体的日常收支业务，规范财务管理和收支行为。加强了对占有、使用房产的日常管理，在审计的基础上，积极组织

力量清查街道各类房产，摸清底数，补齐权属证明材料，形成统一的、能够动态反映街道各类房源的“房产台账体系”，逐步推行“一房一卡、一房一袋”制度，真正做到以制度管房。清理、撤销了长期闲置不用的银行账户。健全了有关街道办事处房产动拆迁议价、签约、档案保管的管理制度，统一由街道办事处本部归口管理动拆迁补偿款，并按规定上交区财政专户存储。有价证券实行单位印鉴与权证保管相分离的制度，街道本部统一集中保管下属实体的有价证券。行政事业单位持有的有价证券上交区财政局统一管理，红利收益纳入预算管理。

（二）探索了审计在财经管理中发挥建设性作用的途径

黄浦区经过两次“撤二建一”，历史遗留的经费问题比较多，审计部门大量的精力用在摸底数、查问题、保管理上，哪里问题较多就盯着哪里，提出“一事一议”的审计意见，像“救火队员”一样。这次专项审计调查，针对倾向性问题，对一个方面、一个系统的全部资源进行情况全面梳理，克服了过去审计调查“单打一”的不足，提出财经管理的系统性建议，并通过落实审计建议，促进一个方面、一个系统的全面管理，防止了“木桶效应”的产生，使审计在更高的层次上发挥作用。

（三）拓展了审计在公共财政管理中的对象范围

《审计法》规定的审计对象之一是财政资金的真实、合法和效益。而财政资金与集体资产具有不可分的属性，特别是街道办事处作为政府的派出机构，其经费开支由财政托底，其管理的集体资产也与财政资金密不可分。从集体资产的积累和形成看，其投入有的可能来源于财政资金，有的是财政政策予以了特殊照顾，来源和积累都与财政资金密不可分。这次专项审计调查把街道办事处的经济实体，包括民办非政府组织、民办非企业机构，以及所属的集体企业，无论是大集体还是小集体性质，以及这些实体占有、管理的房产、经费、有价证券等。因此，这次审计调查超出了街道办事处财政资金的范围，对街道办事处的资源进行了审计，拓宽了审计范围，拓展了审计内容，是一次改革实践。

四、推广价值

审计建议是审计机关根据审计情况，针对审计发现的问题和财经管理薄弱环节，以及政策性障碍、制度性缺陷，依据国家的法律法规，有针对性地提出的处理意见和改进工作、加强管理的措施和办法。审计机关主要工作目标是通过监督被审计单位财政收支、财务收支以及有关经济活动的真实性、合法性、效益性，维护国家经济安全，推进民主法治，促进廉政建设，保障国家经济和社会健康发展。审计机关履行审计监督职责，主要是通过提出处理处罚意见和建议来实现。专项审计调查正是针对财经管理薄弱环节，围绕发现的倾向性、普遍性、规律性、宏观性、政策性或者体制、机制问题，提出完善财经管理政策、调整财经管理体制、健全财经管理制度的建议。审计建议是对审计资源充分利用的一种表现形式。一条好的审计建议作用是不可低估的，审计建议在提出、采纳、落实等各个阶段都可能对审计建议的对象带来一定的效益或积极的效果。正是审计建议的对象在接受、采纳审计建议的过程，才促进了一个单位、一个系统、一个地方，乃至一个区域的治理，并相应地增强了免疫能力。黄浦区的这次专项审计调查，通过对街道办事处公共资源管理的全面调查，从系统论的角度把财经管理的各环节都顾及到，审计建议具有系统性、宏观性、针对性、有效性和可操作性，是审计推动完善区域治理、提高区域治理能力的一次实践，具有很强的推广价值。

探索社区约请制度　推进政社共管共治

静安区社建办

为认真贯彻落实党的群众路线教育实践活动精神，2013 年 4 月以来，根据静安区区委主要领导指示，区社建办在学习借鉴广东惠州“约请制度”经验的基础上，着眼社区治理“政社对接，共管共治”，采取试点先行的方法，会同各社区（街道）一起推进静安社区居委会约请制度试点工作。试点工作开展以来，进一步畅通了居民诉求表达渠道，促进了社区问题的解决，有效化解了社会矛盾，有力推动了社区和谐和社会治理创新发展。

一、试点背景

约请制度源起广东省惠州市。2011 年初，惠州市委为彻底扭转群众上访愈演愈烈的局面，提出“居委会可以约请市、区有关部门现场办公，共同研究解决问题”的意见。惠州市委、市政府随即出台了《关于建立社区约请市、区部门社区现场办公制度的通知》，通过群众开题、社区点将、限期解题、督办落实等措施，将原来由职能部门坐等解决问题变成社区主动约请，让居民代表和有关部门能够面对面增进了解、加强沟通，共同商议解决社区公共治理问题，进而提升政府的管理水平和整体服务效能。这项制度的制定落实，进一步畅通了群众利益诉求表达渠道，基层反映的问题及时得到有效解决，随之而来的是信访量逐年下降,当地群众对党和政府的满意度逐步提高。2012 年 7 月 6 日,《人民日报》在头版进行了相关报道,引起社会广泛关注。

静安区社区自治工作是“党建为引领,管理在城区,服务在街道”在社区层面的汇集点,是体现基层社会管理效果的落脚点。2012 年以来,静安区把“自治在社区”工作纳入“四位一体”社会管理体系,从加强和创新社会管理的角度出发,对社区自治工作提出新的更高的要求。2013 年 6 月,静安区委召开社区自治工作会议,总结回顾近年来的经验做法,明确下一步目标任务,全面推进基层群众自治工作。在此基础上,结合静安区情实际,通过二次开发,进一步创新自治工作的机制,促使行政管理“自上而下”和群众自治“自下而上”有机结合,使问题发现机制与问题解决机制前后呼应、环环相扣,进而推动社区管理问题有效解决,是不断适应社会管理新形势的必然要求,也是贯彻落实群众路线,进一步了解群众、贴近群众的内生动力所致,显得尤为必要。

按照“问题导向、需求导向、项目导向”的原则,通过试行居民区约请制度,把行政管理资源和社会力量更好地聚焦到基层一线,及时有效解决居民群众身边的各类诉求和多元化需求,并努力实现两方面的目标:一是以加强居委会能力建设为出发点,主动分析掌握群众诉求和居民区管理症结,调动有关部门的积极性,共同破解居民区难题,更好地发挥发现、报告与监督、评议的作用,切实提升社区干部解决实际问题的能力和水平。二是以政社共管共治为切入点,通过具体项目来对接相关行政部门或社会服务单位,推动有关部门更好地履行主体责任,在基层一线探索建立起常态长效管理机制,促进政府行政管理与基层民主自治的有效衔接。

二、基本做法

2013 年以来,静安区社建办会同相关职能部门、街道、居委会，按照形成思想共识、采取试点先行、各司其职作为的思路步骤，稳步推进了静安社区居委会约请制度试点工作，得到了社区居民的肯定。

（一）凝聚思想共识，强化组织领导

近年来，在静安区委、区政府的正确领导下，全区社区自治工作由从点上突破走上了向纵深发展、整体推进的道路。为进一步促进社区自治创新发展，根据区委、区政府要求，由区社建办牵头，着力推动静安社区约请制度试点。作为一项全新的工作，在没有制度约束、隶属关系的情况下，进行约请制度的试点和推行，必须要方方面面达成思想共识、形成工作合力，才能确保试点有力有序推进。

一是提高思想认识。接受任务以来，分别以街道为单位，召开了5场由街道社区自治工作部部长及试点居民区党总支书记和居委会主任、居民群众等参加的座谈会，在听取方方面面意见建议的同时，帮助大家提高对试点工作的认识。调研走访区房管局、区绿化市容局、公安静安分局等职能部门，阐述约请制度的意义、目的及做法，争取职能部门主要领导的有力支持。静安区委、区政府领导召开约请制度试点工作专题会议，进行工作部署，提出明确要求，进一步提高街道和职能部门主要领导对约请制度试点工作重视程度，切实把思想统一到区委、区府的决策部署上来。

二是做好试点准备。试点前期，静安区社建办对各个街道进行调研，深入掌握社区的基本情况，了解一线居委会的需求，在此基础上确定了12个条件相对成熟的居委会作为试点单位，逐一进行走访，并按照“先易后难”的试点原则，指导基层梳理具有普遍性的居民区管理问题，为推进试点找准切入点和突破口。比如，静安寺街道华山居民区提出要进一步提升小区综合管理水平，曹家渡街道四和花园居民区提出要整治沿新闸路弄口乱设摊现象，江宁路街道北京居民区思考高档商品房小区如何有效制止“群租”现象，石门二路街道东王居民区研究社区民警如何进一步融入社区做好管理服务以及南京西路街道延中居民区提出如何加强保留保护建筑的日常管理等具体项目。

三是加强组织领导。静安区社建办结合工作实际，组建了工作小组，进行了责任分工，形成约请制度试点工作的实施方案，对各试点居委会的试点工作项目进行梳理汇总，明确试点的内容、试点的目标、约请的部门及操作的流程，使试点工作有据可依、有章可循。积极协调各职能部门明确约请制度试点工作联系人和联系方式，确保约请制度试点有人抓、有人管。试点过程中，及时跟进掌握推进情况，定期分析通报情况，及时组织工作讲评，在各社区(街道)的配合下，会同各试点居委会对约请试点的项目开展阶段性小结，形成了12篇约请制度试点案例，为在更大范围推进约请制度提供参考和借鉴。

(二)街道密切配合，全力助推试点

社区(街道)作为社区居委会的指导、协调单位，在约请制度试点工作中具有承上启下、指导协调的重要职能。自约请制度试点以来，各社区(街道)始终大力支持、积极配合，确保了试点工作的有序推进。

一是摆位到位。各社区(街道)通过班子会议、社区工作通报会等形式，认真组织班子成员、社区学习贯彻区委区政府试点工作会议精神，充分认清约请制度试点工作的重要意义，自觉把推进约请制度试点工作作为重要任务抓紧抓好，各街道都进行了专门的研究部署。江宁街道还专门拟制了《江宁路街道约请制度试点推进工作实施意见》，对约请工作落实提出具体工作举措。

二是指导到位。各社区(街道)自治部能定期听取试点居委会的情况汇报，对约请制度的推进情况进行研究，就约请的形式、需

解决的问题等内容提出意见和建议,拿出整改推进措施,促进试点工作步步深入。

三是引导到位。各街道利用工作部署、到居民区检查调研等时机,积极引导居民区转变观念,从“被动参与”转变为“主动参与”,从“被动的工作对接”转变为“主动的工作约请”,不断提升居委干部的主体意识。

(三)居委勇于担责,积极主动作为

约请制度试点工作开展以来,12 个试点居委会能把承担试点任务作为推进社会自治向更高层次发展的契机,全力投入、积极作为,促进试点工作在末端落实。

一是主动沟通,选准项目。各试点居委会能加强与区社建办、街道的联系,了解约请制度的相关内容,掌握约请制度试点工作的相关知识。在此基础上,根据社区调研情况,掌握当前社区急需解决的瓶颈或共性问题,确定为试点项目,确保项目符合社区实际、符合群众心声。比如,南西街道延中居委会了解到辖区的历史保护区出现了违章搭建的苗头,担心发展成静安别墅整治前的现象,一发而不可收拾,提出将该问题作为约请试点项目。

二是主动协调,搞好约请。根据约请事项,居委会明确被约请单位及约请会议出席领导,精心筹备召开约请会议,根据被约请部门的意见和法律法规的解释,结合工作实际,积极进行汇总、思考和梳理,共同形成问题解决的方案,确保约请会议质量效果。如有的居委会通过照片展示的形式直观地反映约请问题,有的居委会直接将相关部门约请到现场共商解决方案,都收到了很好效果。

三是主动跟进,末端问效。在约请问题解决过程中,居委会通过自治的方式,积极配合职能部门推进约请问题的解决。比如,江宁路街道天河居委会利用舆论引导、调解会等自治手段,促使居民自行拆除违章搭建。同时,试点居委会根据约请会上形成的方案,跟踪、了解工作开展情况和约请事项的解决情况,并及时向有关部门反馈信息,确保工作末端落实。

(四)部门认真履职,促进问题解决

各职能部门对约请制度试点工作高度重视,积极按照政策法规予以落实。约请制度试点工作的相关职能部门都明确了被约请领导、联络员及联系方式,方便居委会进行约请。在约请的过程中,各职能部门的分管领导都应约参加约请工作会议,认真了解居委会反映的问题,耐心、细致地就相关法律法规进行解释、说明,并结合部门职责提出约请问题解决的措施。比如,区房管局分管领导先后参加了 9 个居委会的约请会议,共商约请事项的解决方案。在问题解决的过程中,各职能部门按照商定的工作方案,紧密配合,相互支持,努力促进问题的解决。比如,在东王居民区群租的整治中,派出所民警不厌其烦,反复约请大房东、二房东,动之以情、晓之以理,劝其进行整改,促使群租得到有效整治。

三、主要成效

静安区社区居委会约请制度试点工作推进后,各试点社区反映问题的渠道更加畅通了,问题解决的效率更加高了,关心社区建设的人员和单位也越来越多了,试点工作得到了居民的充分认可和社会的广泛好评。2013 年 7 月 16 日,《解放日报》在头版以静安寺街道华山居委会的现场约请会议为切入点对约请制度进行了相关报道。可以说,这种由社区居委会主动约请职能部门办理事务的社会管理模式最为快速地畅通了民众诉求,最为精准地瞄准了民生目标,最为具体地落实了为民责任,最为高效地化解了基层矛盾,有力提升了社区建设的质量。

（一）转变工作理念，改进工作作风，提高了服务效能

“约请制度”让居民代表和职能部门面对面坐下来，一起商议解决社区公共治理问题，在充分互动的基础上增进了解、加强沟通，有助于职能部门转变工作作风和改善干群关系，促进了政府部门更好地服务群众，体现了党的宗旨。

一是居委会的服务意识进一步增强。约请制度试点以后，居委会作为约请主体，需要在主动掌握社区问题的基础上剖析社区问题原因，明确约请单位，监督职能部门予以工作落实，将长期以来养成的坐等上门服务模式改变为主动出门服务模式，居委会的主动性得以调动，自治的工作能力得到锻炼。

二是街道的指导意识进一步增强。居民区涉及的行政性管理问题，居委会总是习惯性地找街道解决，而街道不是行政职能部门，很多社区问题难以有效解决，也无法及时给予合理的解释和说明。通过约请制度，居委会可以直接约请相关职能部门，街道的“大管家”意识得到淡化，相应的工作指导意识进一步得到提升。

三是职能部门的职能意识进一步增强。约请制度试点后，职能部门的工作手势得到改变，由以前的行政指挥转变为与居民区的主动对接，工作职能得到很好体现，服务意识进一步得到提高。比如，区绿化市容局进一步将管理重心下移，从“末端治理”向“源头管理”转移，实现与居民区的无缝对接。

（二）实现政社对接，解决实际问题，化解了社会矛盾

约请制度试点工作推进了政府行政资源和社区居民自治的有效衔接，减少了问题解决的中间环节，提高了政府办事效率，也避免了信息在中间传递的误差，减少了政府工作盲点，促进了居民区实际问题的解决，取得了较明显的成效。12 项试点项目中，8 项试点项目得到有效解决，分别是：静安寺街道美丽园居民区华怡小区的整体生活环境得到明显改善，华山居民区物业一体化进一步

升级；曹家渡街道四和居民区万航渡路249弄弄口得到有效整治，维护了小区安全、整洁和文明的公共环境；江宁街道天河居民区成功拆除了苏州路65弄2号、3号楼屋顶的违章搭建，北京居民区整治了西康公寓、大德公寓、香樟公寓的“群租”现象；石门二路街道东王居民区的社区民警进一步社区化，张家宅居民区国际丽都的物业管理得到了有效解决；南京西路街道华业居民区老式小区的物业管理效率得到明显提升。2项试点项目取得明显成效：江宁路街道海防居民区通过建立记忆档案、知识讲座等形式开展了社区老年人失智的预防工作，其实际效果正在经受进一步验证；南京西路街道延中居民区遏制了市级历史保护建筑的违规装修，周全的防范机制正在加速建立。

（三）积极探索实践，形成长效机制，促进了社区自治

试点居委会通过约请制度，不但解决了居民区的实际问题，还不断总结、提炼，形成了一些有效的长效社区治理机制，推进了社区的和谐发展。比如，静安寺街道美丽园居民区华怡园小区建立小区议事会制度，调动小区居民参与社区治理，及时解决小区各类问题。曹家渡街道四和花园居委区万航渡路249弄形成了弄口大门的管理对接、协调机制，保证小区的安全、整洁。江宁路街道北京居委会制定了以物业公司为主体的群租发现机制，从源头上防止群租出现。石门二路街道东王居民区通过成立“房屋出租管理领导小组”、建立群租房矛盾调解机制等系列措施，形成了一套有效的群租整治方法。

四、推广价值

习近平总书记在十二届全国人大二次会议上专门强调要加强和创新社会治理；2014年，市委头号调研课题就是“创新社会治理、加强基层建设”;静安区委、区政府主要领导也多次就社会治理作出重要指示,这些都为静安创新社会治理、推动约请制度工作全面落实进一步指明了方向。在2013年试点的基础上,为进一步推进约请制度在全区施行,静安区需要重点把握以下四个方面:

(一)进一步提高思想认识,凝聚工作合力

静安区社区居委会约请制度试行工作的有序推进得益于方方面面的高度重视和齐心协力。着眼推进约请制度在全区施行,首要的就是街道、社区居委和有关职能部门要进一步提高认识起点、转变思想观念,充分认清实施约请制度是贯彻落实党的十八届三中全会和习近平总书记对社会治理重点要求的重要举措,是促使行政资源和社区自治有效对接良性互动、推进社区治理工作新发展的实际步骤,是践行群众路线、转变工作作风的内在要求,切实增强组织、参与、配合的责任感。各居委会要进一步提高工作能力,各街道要进一步加强工作支撑,相关职能部门要进一步履职尽责,切实形成促进约请制度高标准落实的合力,不断开创静安区社会治理创新发展新局面。

(二)进一步聚焦突出矛盾,促进问题解决

在约请制度试点过程中,共选择了12个课题作为突破口,取得了较好效果。但要看到,当前在社区建设中,无论问题的数量还是解决的难度都比试点课题挑战更大。尤其一些贴近民生、急需解决的“老大难”问题,需要下大气力、苦功夫予以化解。

一是注重以点带面,寻求面上突破。在按照广泛征询、逐个立项、先易后难、分步解决、稳步推进的基础上,把着力点放在研究分析全区社区建设中具有共性、代表性的问题上,采取专题调研、三堂会审、集智攻关的方式,拿出一揽子、成体系的解决方案措施,先进行试点,待成功后复制和克隆到其他社区,在静安区全面推广,

促进类似问题一体化、彻底性解决。

二是加大政策研究，寻求法规支撑。当前，在解决一些疑难问题中，还存在法律法规盲点，缺乏可操作的实施办法。比如，在市级保护建筑的常态管理中，法规还不够具体细化。又比如，对2004年之前开设并且达不到环保新要求的餐饮店，缺乏有效制止的处理办法。建议相关职能部门通过各种渠道，向有关市级部门反映，加快完善有关的政策法规，以获得政策法规的有力支持。

三是开拓工作思路，寻求创新方法。当前，社区的“老大难”问题通过老手势、老方法难以解决。比如，石门二路街道辖区新福康里居民区“金典百味”餐饮店的油烟扰民问题，据职能部门介绍，由于政策法规没有相应的约束手段，致使加装油烟管道高空排放难以达成一致。建议相关职能部门利用专业的角度和知识背景，开阔工作思路，创新工作方法，促进问题得到解决。

（三）进一步转变工作作风，提升服务效能

“约请制度”确立的是一套群众反映问题、政府部门联动解决问题的行为准则，问题能否有效解决的关键有赖于各相关部门跨前一步、主动作为的务实工作作风，同时相关部门及工作人员作风、态度、能力将直接接受群众的监督、评判和检验。试点过程中，在处理一些错综复杂、涉及多方利益的问题中，一些职能部门务实的工作作风促使了复杂问题的有效解决，充分证明了持续转变作风、务实作风就能推动问题解决并赢得群众好评。结合区县群众路线教育实践活动，有关部门和单位要进一步转变工作作风，深入社区一线，畅通诉求渠道，落实好约请制度，及时有效解决居民区各类问题，切实在服务群众中自觉践行党的群众路线。

（四）进一步规范工作机制，确保常态落实

约请制度试点工作推进以来，得到社区（街道）、居委会的拥护

和支持，取得了一些制度性的成果。相关部门要结合约请制度试点工作的经验，建立约请制度的相关文件，形成约请的规范性做法，保障约请制度的全面推行。在铺开后，街道应及时对推进中的问题和困难进行指导和帮助，根据约请工作的要求，通过工作交流、举办专题班等形式，加强对社区干部的培训力度，针对性地提高约请制度推进所需要的能力。职能部门应加大工作的投入力度，落实责任主体，明确奖惩机制，进行跟进督查，保证约请的事项能够及时解决。同时，相关部门应将约请的成效纳入效能监察和考核的范围，促进工作作风进一步转变，有效落实社区居委会约请制度。

推行村级不动产租赁“双审核”模式取得实效

宝山区罗店镇人民政府

推进依法治理,建设法治政府,是历史的必然选择。我国《村民委员会组织法》规定,“乡、民族乡、镇的人民政府对村民委员会的工作给予指导、支持和帮助”,“党在农村的基层组织,领导和支持村民委员会行使职权”。2012 年以来,宝山区罗店镇依法履职、积极探索,把依法治理与发展经济有机地结合起来,进一步加大对村级集体经济合同的指导力度,建立了罗店村级不动产租赁“双审核”模式,以确保村级集体资产的保值和增值,维护了广大村民的实际利益,为社会主义新农村建设提供了新的实践经验。

一、背景缘由

罗店镇位于宝山区西北部,历史悠久,交通便利,素有“金罗店”之称,随着城镇化步伐的加快,近年来罗店镇经济社会发展不断提速,村级经济有了较快发展,村民的生活水平也不断提高,但是,涉及村里土地、厂房的租赁纠纷却经常出现,村民对村委会的满意度有所下降,时有村民到镇里反映土地租赁的不合理现象,在一定程度上影响了镇政府和村委会的正常工作,也制约了罗店镇农村经济的健康发展。2012 年初,镇党委、政府对全镇 21 个行政村的 300 余份土地、厂房租赁合同进行了清理和分析，找出了三个主要原因：一是合同条款不规范，如期限不明、主体不符、退出机制不清；二是土地性质混淆，部分农业用地被当做工业用地出租，以收取高额租金；三是厂房归属不清，承租方对原有厂房翻新或新建了厂房，到期后产权归谁未约定。对此，镇党委、政府深刻认识到：要解决集体不动产租赁矛盾突出这一问题，必须走依法治理、先审后签的道路。2012 年 4 月，罗店镇人民政府出台了《罗店镇集体合同管理办法》(以下简称《办法》)，对村级组织不动产租赁作出明确的规定，将审核前置，需要订立契约的必须经过土地所和司法所的双重审核。

二、主要做法

(一) 规范合同文本

规定罗店镇集体不动产的租赁应依法签约，镇司法所根据《合同法》及相关法律法规，分别制定了《土地租赁合同》、《厂房租赁合同》示范样本，提供给村委会，并根据实际变化情况，每年修改一次，目前已至 2014 年版本，要求村委会参照样本签订不动产租赁合同，在正式签约前，先将草拟的合同样本统一送交镇经管站登记，由经管站交审核部门进行审核。

(二) 确定审核主体

审核主体为司法所和土地所，司法所根据法律要求对草拟合同内容进行合理性审查，重点审查合同的违约机制和退出机制是否合理，有无集体资产明显受损的条款等，土地所根据《土地管理法》对草拟合同的土地性质进行合法性审查，重点审查农业用地的租赁用途，如用作工业、商业用途的则不予通过，两部门分别审核，相互配合，同时进行，均应在 7 个工作日内完成审核工作，提出意见后交镇经管站。通过审核后的合同由经管站报送镇分管领导和主要领导复核,复核通过后才能正式签约生效。

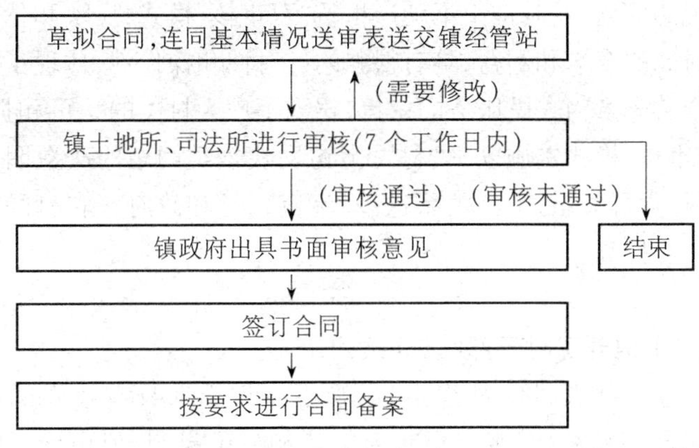

图1 不动产租赁合同签订流程

(三)明确产权归属

《办法》明确规定集体土地上的建筑物在租赁期届满后归集体所有,不允许"白地"出租,即出租的土地的建筑物须由村委会来投资建造,如由承租方来投资建造,则在合同中明确产权到期归集体所有,租赁期限可适当增加,这也是"双审核"模式的重点之一。与此同时,对之前签订的即将届满的经济合同,实行预先审核制度,对那些价格明显偏低、固定产权不清等瑕疵合同予以终止,不再续签合同。

三、主要成效

罗店镇自《办法》实行至今共审核村级不动产租赁合同43件,退回8件,建议修改15件,镇农村集体土地经营发展已基本走向法治化、规范化的健康轨道。

(一)提升了党和政府在农村的满意度

镇党委、政府运用法治思维和法治方式来解决农村经济发展中出现的问题,及时推出不动产租赁“双审核”模式,反映和体现了广大村民的意志和利益,具有很强的针对性和操作性,体现了党和政府全心全意为人民服务的宗旨,得到了广大村民的认可和拥护,自“双审核”模式实施以来,村民上访反映该类问题的次数明显减少,农村党群关系、干群关系进一步融洽,党和政府在农村的满意度进一步提高。

(二)提升了村干部的法治意识

在建设新农村的过程中,尽管不少村干部具有较强的组织能力和开拓精神,主观上也想为集体和村民谋利,但由于平时不学法、不懂法,对法律一知半解,在处理不动产租赁时法治意识淡薄,造成集体利益受损,引发群众上访。在“双审核”模式下,村干部法治意识快速提升,学法、用法的热情高涨,纷纷与时俱进,尤其涉及土地管理、合同签订、环境保护等方面的法律知识更为长进,合同质量逐年提高,退改率逐年下降,通过依法治理、先审后签的“双审核”模式,村干部“权为民所用,利为民所谋”落到了实处。

(三)村民得到了实惠

集体土地集体所有,村级不动产租赁所获利益有或无、多或少都与全体村民息息相关,一般情况下,不规范的租赁行为往往对承租方有利,对村委会不利,对此,群众的眼睛是雪亮的,涉及切身利益,村民也格外关心集体土地上的租赁行为,而“双审核”模式最大限度地保证了集体资产的收益,直接或间接保证了村民利益的最大化,村民的现实利益从制度上得到了保证,由于村民得到了实惠,故对“双审核”模式举双手拥护。

四、推广价值

不动产租赁“双审核”模式作为罗店镇依法治理实践与创新的一个重要手段，通过这一模式，基层人民政府将村民自治和法治思维解决经济问题有机地统一起来，在村民自治的基础上，通过制度规范，以审核确保执行，以规范确保利益，推动了农村经济的良性发展。

不动产租赁“双审核”模式不仅能为基层政府如何进行依法履职提供参考，也可为其他涉及基层民生的项目起到良好的借鉴作用，符合新时期社会发展的需要，能为上海市基层乡镇的法治环境和民生改善提供有力的保障。

首推村民议事会制度 促进民主法治村建设

奉贤区委组织部

健全党组织领导的基层群众自治工作机制是贯彻落实党的十八大精神,加强政治建设、社会建设和党的自身建设的一项重要举措。为有效推进此项工作,奉贤区在全市首推村民议事会制度,并把村民议事会和“四议两公开”、“村级重大事项议事规则”、“党员代表议事会”等现有制度有机衔接,在全区构建了一个上下联动、开放灵活的经常性议事协商平台,使村民议事会成了民意民情的“集聚地”、群众自我管理和服务的“主阵地”、村“两委”科学决策的“智囊团”,取得了积极成效。

一、背景缘由

充分发挥党组织在基层群众自治中的作用是2013年上海市委重点推进的工作之一,奉贤区委也高度重视,把推进这项工作列入2013年奉贤基层党建工作重点。为贯彻落实市委、区委工作要求,奉贤区委组织部、区民政局联合对全区推进党组织领导的基层群众自治工作情况进行了专题调研。调研发现,基层群众自治这项工作在奉贤村居有着广泛的实践基础。本着着力形成一套简便有效的协商议事机制,建立一支经常性参与群众自治的骨干力量目标，在总结金汇镇相关工作经验的基础上，在奉贤全区177个行政村推广村民议事会做法，积极探索新形势下如何依靠群众、依靠基层骨干力量做群众工作、推动基层民主自治的新方法和新路径。

二、基本做法

村民议事会就是在村党组织领导下，在坚持村委会通过村民大会或村民代表大会进行民主自治的基础上建立的一个更富包容性、开放性和灵活性的协商议事平台，是村委会决策议事框架下开展民主协商、议事理事的重要补充。

（一）精挑“议员”，实现有序参与

议事会能否有效发挥作用，关键在于成员构成和素质。为确保一个精干高效的议事协商团队，明确每个议事会成员一般在10—15人，村党组织书记兼任议事会主任，加强领导和引领。其他成员通过组织推荐、群众举荐相结合方式产生，重点在党员代表议事会代表、村民代表大会代表、组团式联系服务群众工作骨干中产生，特别是把一些想议事、能议事、威信高、素质强的老党员和老干部吸纳进来作为重要人选。人选产生后，再经过村“两委”会、村民代表会议等多种形式酝酿并确定为议事会成员。根据议事需要，还邀请两代表一委员、优秀企业法人代表、来奉人员、区镇机关干部等担任顾问。

（二）广征“议题”，汇集民情民智

为了让议事会更好地议群众普遍关心的“题”，议关乎群众共同利益的“事”，建立议事会成员定点接访和走访制度，参与组团式联系服务群众工作等，深入村民小组，听取党员群众意见建议。对

于个性化的、碎片化的需求和诉求，收集、汇总和梳理后，把大家反映集中的问题形成相关议题，提交议事会酝酿讨论。村“两委”根据工作需要，也会将一些涉及村经济社会发展、土地征用、宅基地置换、大额资金使用等重大事项的决策交给议事会先行讨论商议，听取各方面的意见建议。

（三）规范“议程”，推动科学决策

根据议题内容，对属于自我教育、政策解释类的事项，由议事会成员负责做好宣传；对涉及一般问题和矛盾的决议，由议事会成员发动骨干做好调处工作；对涉及较复杂问题和群体性的矛盾，议事会商议对策形成方案，提交村“两委”研究决定，作出工作部署，其中对涉及重大事项需提请村民会议或村民代表会议表决的，还要通过“四议两公开”程序予以落实；对于专业性较强的议题，由村党组织负责联系协调，邀请上级专业部门召开听证会等进行充分论证和酝酿。

（四）落实“议效”，健全监督机制

对于议事会提交的议题、需要决策的事项，以及推进落实的工作，同步通过村务公开栏、农信机、村民小组长会议、设立意见箱、调查走访等形式将议事决定及进展情况向村民宣传通报，主动接受村民评议。对由10人以上村民联名提出的议题，规定相关代表有列席会议的权利，便于参与议事和监督。同时配套成立村务监督委员会，对酝酿讨论过程、决议落实情况进行跟踪，督促村“两委”的工作，确保议事会所议事项“落地见效”。

三、主要成效

村民议事会作为一项基层民主自治制度，为推进基层民主自治搭建了一个更为灵活、高效、开放的经常性议事协商平台，在教育引导群众依靠自身力量参与村务管理、集聚干群智慧、强化权力监督、化解社会矛盾、促进社会和谐发展方面发挥了积极作用。

（一）延伸了党组织工作的手臂，进一步提升了村“两委”决策的科学化水平

在推行议事会过程中，明确由村党组织书记兼任议事会主任，为基层自治把准方向，提供正确导向。与此同时，通过议事会成员的充分讨论，集思广益，为村“两委”班子决策提供有价值、可参考的意见建议。议事会成了村“两委”决策的好参谋。

（二）搭建了议事协商的新平台，进一步激发了基层民主自治的热情

议事会成员全部由群众推荐产生，深受群众的信任。很多议事会成员表示，原来做村民宣传解释工作，代表的是自己的意见，现在代表的是集体的意见，使命感和自豪感油然而生。同样，当群众看到所议事项得到了落实，群众对议事会也由一种“抱着试试看”的态度转为积极支持和拥护，参与村务管理的热情也随之高涨。

（三）开辟了经常性联系的新渠道，进一步密切了党群干群关系

议事会的成立为干群经常性交流开辟了新渠道，有效保障了群众的知情权、参与权、管理权和监督权。村民都说：通过议事中心，我们群众知道村“两委”在做什么，村“两委”知道我们群众在想什么。干部与群众的距离被拉近，感情得到了增进，群众对干部的工作少了猜疑多了支持，干群关系更融洽也更密切了。

（四）扭转了信访上行的态势，进一步维护了农村社会的和谐稳定

推行议事会以来，一些疑难信访事项通过商议得到了圆满解决，把信访的第一道防火墙建立在基层，把矛盾的源头控制在基层，真正做到了“三个不出”：一般矛盾不出组，较大矛盾不出村，重大矛盾不出镇。

四、推广价值

村民议事会作为开展基层民主自治的有效抓手，在动员群众、协调利益、化解矛盾、促进和谐等方面发挥了积极的作用，最大限度地激发了基层社会活力，有效解决了基层社会管理难题。应该说，党和政府能够直接提供的公共服务毕竟是有限的，而蕴含在群众中的力量和能力则是无穷的。因此，通过村民议事会这一制度，更好地组织、发动和依靠群众围绕发生在自己身边的事情开展民主协商，在充分协商中协调利益、统一思想、达成共识，是非常有实践意义和推广价值的。

下篇
理 论 研 讨

第一部分　年 度 课 题

上海依法治市工作实践中的法治建设评估指标体系构建和分析

上海市司法局*

引言

法治水平是否可以量化？法治建设的成果能否看得见、摸得着？香港、余杭、成都等地“法治指数”或相关测评体系的出台，或

---

* 本文系上海市司法局法制宣传处(依法治市工作处)课题组调研成果。课题组组长：陈春兰，上海市司法局副局长、上海市依法治市领导小组办公室副主任；副组长：朱剑华，法制宣传处(依法治市工作处)处长。成员：王奕蓉，法制宣传处(依法治市工作处)副调研员；金欣鑫，法制宣传处(依法治市工作处)主任科员；张宝鹏，法制宣传处(依法治市工作处)主任科员。主要执笔人：金欣鑫，女，1982年生，湖南长沙人，清华大学硕士，法制宣传处(依法治市工作处)主任科员；张宝鹏，男，1981年生，河北磁县人，上海大学硕士，法制宣传处(依法治市工作处)主任科员。

许对这一日益引起关注的问题作出了一定的呼应和回答。随着党的十八届三中全会报告中将建立科学的法治建设指标体系和考核标准作为推进法治中国建设的一项重要任务,各地对探索建立符合实际需求的法治建设评估指标体系热情高涨。由于“法治评估”和“法治指标”本身为舶来概念,尚无坚实的本地理论和实践根基,对于跃跃欲试的实务部门而言,法治建设评估指标体系的内涵外延究竟为何,如何科学构建,体现什么功能价值,怎样发挥最大效用,都是亟待明确的问题。

上海的法治水平在全国处于先进,这几乎是社会共识。然而,上海的法治建设到底达到何种水平?与国际化大都市相比有多大的差距?当市民个体感受与媒体宣传不尽相符时,应如何正确判断城市法治建设推进程度?党的十八届四中全会报告提出科学立法、严格执法、公正司法、全民守法的全面推进依法治国目标,为实现此目标,上海需要在哪些具体事项上作出努力?又分别需要达到何种水平?以上问题,都需要一套客观、明确、权威的指标作出回答和指引。

指标、指数方法是建立在社会学、管理学、统计学基础上的一种测量评估工具。这种工具自上世纪末被一些国际组织运用到对社会发展状态的研究中以后,逐渐被一些国内学术机构和地区引入,运用到对法治建设的实证研究和评估当中,并日益成为国内许多省市依法治省、依法治市工作中都在探索运用的一种对法治建设工作成果和社会(地区、城市)法治实际运行状态的评估工具。目前,各地指标的构建形式、发布主体和实际效果各异。上海作为较早尝试开展法治评估并持续探索法治指标完善的地区之一,积累了较为丰富的经验。本文将以此为基础,探索解决构建上海法治建设指标体系的基础性、关键性问题,以提高地方法治实践水平和法治化程度,促进城市治理体系和治理能力的现代化。

一、法治建设评估指标体系的概念辨析

综观目前国内已开展法治评估的地区颁布的相关文件,采取的评估推进模式和工作方法主要有两种。一种是以地方党委或政府等法治建设主导部门为主体,根据本地区法治发展水平和要求,将下属部门或成员单位与法治建设相关的职能整合,再分解细化,建立一套有客观数据支撑、可量化打分的考核评估体系。其中,既包括一级党委、政府层面跨条线、区域的综合性评估体系,如上海市依法治市办推行的法治城区创建工作评估指标体系和依法行政示范单位创建工作指标等;还包括立法、行政、司法机关及群众团体针对本部门或条线法治建设状况进行的专门评估考核,如上海市质监局颁布的上海法治质监建设评价指标体系,即属此类。法治评估模式的第二种是由高等院校、科研机构或其他社会组织根据政府的委托或自主开展的,对某地区、政府或部门法治建设现状进行的评价和估量,其目的是正式地反映一个地区、部门法治发展全貌或某一方面的现状。该种评估模式强调评估主体的社会性,国内最早开展法治评估探索的地区之一浙江余杭"法治指数"采取的就是这一模式。还有一些地区,如江苏无锡等,采取的是两种模式相结合的方法,即糅合体制内的考核与社会化的评估,由党委定指标、专家当裁判、群众说了算。

上述两种法治评估模式,看似主体、对象、内容、形式等各不相同,实际上是从内外两个维度对本地区法治发展水平和法治实践状况进行评价,其根本目的都是为了促进地区、部门的法治发展,提升法治水平,也都具有指导、预测和评价的基本功能。如果将法治建设比作一艘轰鸣前行的时代巨轮,第一种评估有助于提升其引擎功率,第二种评估则帮助分析预测海面环境及科学规划路线,要完成及时安全到达目的地的伟大使命,二者缺一不可。因此,本

文所研究的法治建设评估指标体系，是上述两种评估模式有机结合、相互作用的综合性现代化法治建设评估指标体系。为了避免法治建设评估指标体系沦为取代唯 GDP 发展模式的新政绩工程，指标体系的构建应体现出完整性和系统性，除了静态的指标项目及评分标准之外，还应包含其考核、评估、运用、转化整体过程的实施规则和方法等。

二、法治建设评估指标体系的功能

党的十八届三中全会报告中将建立科学的法治建设指标体系和考核标准作为推进法治中国建设的一项重要任务。课题组认为，一套科学的法治建设指标体系，应具备以下基本功能：

第一，描述功能。指标体系首先要对研究的法律现象进行客观描述，如实反映情况，主要说明“是什么”的问题，这是判明法律现象性质和特征的关键所在，也是法治建设指标体系诸功能的基础。

第二，评价功能。法治建设指标体系可以作为一种尺度，用它对所研究的法治状况进行测量分析，比较研究，通过分析和比较，就可以针对不同地区的法治运行和发展进程作出适当判断和评价。当然，在评估时需要有科学的判断标准和评价方法。

第三，监测功能。法治建设指标所得出的一系列数字，可以作为监测法治运行整体情况的晴雨表，以便能针对出现的问题，及时修改既有的规定或制定对策，为逐步解决这些问题创造条件。在对法治运行状况监测时，通过对法治指标的比较、分析，就可以监视法治与社会某一方面的运行情况。当然，不同的指标在其中发挥作用的方式与途径是不一样的。在对法治结果进行监测时，只要把先前制定的法治目标与现有法治水平进行比较，就很容易地得出结论。这就体现出法治评估在阶段性建设评价中的作用。

第四，预测功能。即根据已占有材料，在对法治建设现状分析的基础上，总结出其变化发展规律，从而对其进一步发展作出较为科学的测算。预测主要表现在两个方面：一是预测将会出现哪些问题。根据已有的经验和社会各方面发展的大趋势，预测出未来一段时间内将会产生哪些问题，并如何进行应对。二是预测发展状态。即从现状出发，运用指标预测出法治发展的大致趋势。这是制定工作计划和中长期发展规划的理论依据。没有预测，制定出的计划或规划将是不科学的，会严重影响法治建设工作。

第五，指导和解释功能。通过构建指标体系，将法治建设的宏大工程分解成若干可量化的具体项目，把科学立法、依法行政、公正司法、全民守法的抽象目标转化成直观明确、可操作、可“落地”的具体任务，让有关部门对法治建设目标如何落实到自己的工作中、怎么做才是符合法治精神一目了然。实际上是地方法治建设领导机构根据本地法治发展实际和需求，对法治建设的重点和路径做出指导和建议，是呼应地方法治建设纲领性文件的操作指南及方法阐释。测评结果也明确地指示哪些方面已经达标，哪些方面还需进一步加强，可使有关部门在加强法治建设的道路上明确责任、少走弯路。

三、国内外法治建设评估指标体系的经验借鉴

法治评估作为对法治发展水平进行衡量的一个重要手段，在海外早已蓬勃开展。国内部分城市的法治评估指标体系建设经验也同样值得上海学习。

（一）域外经验

1. 世界银行的全球治理指数

从 1996 年开始，世界银行连续推出年度《全球治理指数报告》，该报告成为衡量各国政府施政水平的一个重要依据。其中，

对不同国家的法治状况进行评估并计算相应的法治指数，是世界银行全球治理指数(WGI)的重要内容。

全球治理指数将治理界定为“一个国家权力运行的传统和机制”，法治是治理的六项下位指标之一。其中，对法治评价的标准，主要为政府对隐私、合约的保护力度，以及警察、法庭等部门削减犯罪和暴力的能力。全球治理指数依据的是来自 30 多个不同组织提供的，围绕治理指数设置的上百个个体变量的调查数据。全球治理指数还包括对公司和家庭的问卷调查，多种商业信息公司、非政府组织、多边国际组织以及其他公共机构关于相关指标的主观评估，在主体选择上注意地区的均衡和普遍，以保证对法治认识的全面性和代表性。

2. “世界正义论坛”的法治指数体系

2008 年，美国律师协会、联合国际律师协会、泛美律师协会、泛太平洋律师协会等律师组织，在奥地利维也纳举办了“世界正义论坛”，正式提出了“法治指数”，号召各国政府和非政府组织做出长期承诺，一同促进法治在世界各国施行，把法治指数作为评估一个国家法治状况的指标①。法治指数体系旨在形成一个全球的统一规范，用以指导各国政府、社会、民间组织等共同推进法治，并作为衡量一个国家遵循法治程度的标准。

法治指数的试行版本，由 4 个主体部分(对应 4 个基本原则)，13 个一级指标，50 个二级指标组成。4 个主体部分包括：宪法性的或习俗性的(正式的或非正式的)基本规则，也就是我们通常所说的法律的完备性；法治是以明确、公开、稳定、公平和保护基本权利(包括生命权和财产权)为基础的体系；法律在制定、执行和适用中所具有的适应性、公正性及效率性；法律人群体的角色、定位。

---

① 季卫东：《以法治指数为鉴》，《财经》，2007 年第 21 期；黄晨：《量化“法治”》，《财经》，2007 年第 21 期。

13个一级指标和50个二级指标则是对上述四个主体部分的细化。目前,该套法治评价体系已先后在多个国家开展试点,其成果已引起国际社会的广泛关注。然而,在实际运行中,数据的局限性、缺乏实效性和灵活性,成为了影响测试结果的瓶颈。

3. 美国

美国一直将法治评估作为政府绩效评估的一部分来处理的。从20世纪50年代起,美国就开始推行绩效预算制度。20世纪60年代,美国会计总署率先建立了以经济性(Economy)、效率性(Efficiency)和效果性(Effectiveness)为主体的"3E"评估方法。后又加上公平(Equity),成为"4E"。在此基础上,标杆管理法、平衡计分卡等方法也被运用于政府绩效评估。1973年,尼克松政府颁布了"联邦政府生产率测定方案"。1993年,美国联邦政府成立国家绩效评估委员会(NPR),美国国会通过《政府绩效与成果法(GPRA)》,这构成了美国联邦政府绩效评估的法制基础。同时哈佛大学等一些高校和研究机构也参与到公共部门的绩效评估研究当中来,为科学合理地构建政府绩效评估体系提供强大的理论支撑。美国政府的绩效评估主要集中在三个层次:一是项目绩效评估;二是部门绩效评估;三是跨部门绩效评估。

4. 中国香港

2005年,香港社联开展和实施了调查确定香港法治指数的研究,其目的是要建立一个香港法治指数,该指数可在不同的范畴内使用。它既可以作为香港法治发展的指标,也可以为改善香港的法治提供信息,还可作为比较香港和其他社会法治发展状况的基础。该项目以体制性的进路,以质化和量化相混合的方法来确定特定地区的法治指数。香港法治指数分解为七个主要目标:一是法律的基本要求,包括了7个二级指标,即一般性、公布、稳定、确定、没有追溯力、不可要求不可能的作为、不可赋与政府任意的权力。二是依法行政,政府的权力都要由法律所规限,政府官员只可依据法所规定的方式来行使权力，而其本身亦受法律的规制。三是不许有任意权力，执法人员、其他政府官员和政府任命的官员都不能利用法律赋予的酌情权力来滥用法律。四是法律面前人人平等，每一个人都可在平等及不受歧视的条件下及于司法公义，以保障他的权益并取得补偿。五是公正地施行法律，该指标包括了两个二级指标：政府的行为与公布的法律相符，且应当设立有效的程序和机制以确保政府是依法而行；司法独立。六是司法公义人人可及，包括了三个二级指标：法院人人可及、独立的法律专业人员、投诉政府决定或行为的程序。七是程序公义，包括了四个二级指标：假定无罪、自然公义的原则、基本的证据法则以达公义、公平的审讯。

香港法治指数在数据获取方式上主要采用专家打分，补充采用民众调查，这种方法既通过法律精英层反映了法律运转的现状，又反映了民众对法律的感受，体现了法治运作的整体效果①。最终结果显示，在及格分为50、满分为100的情况下，香港的法治指数为75分。

（二）内地地方法治评估及指标构建的经验

1. 余杭

2008年，杭州市余杭区发布中国内地首个法治指数，成为全国率先推出法治指数和法治评估体系的县区。在“法治余杭”量化评估体系的设计上，余杭首先明确了党委依法执政、政府依法行政、司法公平正义、权利依法保障、市场规范有序、监督体系健全、民主政治完善、全民素质提升、社会平安和谐九大法治建设总体目标，再向全区48个部门、14个乡镇街道收集了1 000多条指标数

---

① 钱弘道、戈含锋、王朝霞、刘大伟：《法治评估及其中国应用》，《中国社会科学》，2012年第4期。

据，在此基础上将九大目标进行分解量化。“法治余杭”可以用“149”三个数字来概括。“1”是一个法治余杭指数，“4”是4个“评估层面”，即区本级、区级机关部门、乡镇街道、村社区，“9”是面向老百姓的9种调查问卷，涉及党风廉政建设、政府行政工作、司法工作、权利救济、社会法治意识程度、市场秩序规范性、监督工作、民主政治参与、安全感和满意度等9方面，总分为1 000分。从某种意义上说，旨在通过调查来反映社会对创建法治余杭的满意度、认可度，实现全民参与[①]。评分方式上，设立了内部组、外部组，内部组由党委、人大、政府及司法机构中直接参与法律工作的人员组成，外部组包括新闻界、律师界、企业界人士等。另外一块是民意调查工作，每年都组织进村入户的抽样调查，要求不少于1 000个的样本，对群众的法治满意度进行统计。然后，将内外部组的最后得分与分析报告交给专家评审组评分，专家组根据以上情况进行打分。评审组分别计算出内部评审组、外部评审组以及专家评审组三部分的最后法治指数得分，结合群众满意度调查得分，计算出余杭法治指数最终得分。此四部分对余杭法治指数最终得分所占比率分别为：群众满意度调查得分占35%，内部评审组与外部评审组共占35%，，专家评审组占30%。[②] 在及格分为60分，满分为100分的情况下，余杭2007年度法治指数为71.6分，2008年为71.84分。

2. 深圳

深圳于2008年出台全国首个法治政府建设指标体系，对各区、各部门法治政府建设情况定期进行考评。《指标体系（试行）》共设置12个大项、44个子项、225个细项，作为深圳今后几年法治

① 《量化法治的“余杭实验”》，http：//paper. people. com. cn/rmrb/html/2008－02/13/content_43328261. htm。

② 钱弘道：《2008余杭法治指数：数据、分析及建议》，《中国司法》，2010年第3期。

政府建设的重点和考评指标。其中 12 个大项指标分别是：政府立法工作法治化；机构、职责和编制法治化；行政决策法治化；公共财政管理与政府投资法治化；行政审批法治化；行政处罚法治化；行政服务法治化；政府信息公开法治化；行政救济法治化；行政监督法治化；行政责任法治化；提高行政机关工作人员依法行政的观念和能力。深圳的指评测评模式的特点以政府自我评价为导向，本质上属于政府自身依法行政工作的内部考核。

3. 无锡

2011 年，无锡市公布了国内首个年度法治城市创建自测评估结果①。无锡市法治城市创建评估指标体系包括提高党委依法执政能力、加强地方法制建设、全面推进依法行政、坚持公正廉洁司法、深化法制宣传教育、加强经济法治建设、依法加强社会建设、深化治安综合治理、扎实推进创建工作等 9 项一级指标，并细化为与部门职责对应的 34 项二级指标和 131 项三级指标，总分值为 100 分。无锡市的自测评估体系仅仅是针对法治城市创建活动而设立的，因此并非是对无锡法治状况的整体评价，但其经验值得我们借鉴。

4. 成都

2010 年 2 月初，成都市委市政府在全市下发了《成都市创建全国法治城市工作方案》(以下简称《方案》)，对成都市争创全国法治城市提出了明确要求，即争取用两年时间，把成都市建设成为全国法治城市。根据《方案》的要求，成都市法治建设领导小组办公室首次印发出台了《成都市创建全国法治城市考核评估指标与测评体系(征求意见稿)》(以下简称《测评体系》)，它将创建测评的法

---

① 参见《无锡公布国内首个年度法治城市创建自测评估结果》，http://www.legaldaily.com.cn/index/content/2011－06/12/content_2742177.htm? node＝20908。

制宣传教育、地方立法、法治政府建设、依法治理、司法公正、经济法治秩序建设、法律服务市场秩序建设、法律监督等八大方面细化为72项具体内容。成都法治指数的结构模型将法治内涵分解为八个主要目标：推进基层民主政治建设，提高党委依法执政能力；加强地方立法，努力建设法治政府；加快司法体制改革，促进司法正；加强依法治理，维护社会和谐稳定；规范经济法治秩序，促进经济平稳较快发展；拓展法律服务，提高服务水平；深化法制宣传教育，提升全民法治意识和法律素养；健全法治监督体系，提高监督效能。从评估体系中依法行政的指标体系的设计理念来看，其内容都与城市法治的方方面面相关，但偏重于法治部门对自身法治工作的推进所进行的项目分解，而忽视了公民对于法治建设参与主体和评价主体的作用和影响，最后很可能变成了一个法治工作部门的自我主观的工作绩效评价，可能会导致地方法治建设的社会价值评判功能和公民参与功能的弱化①。

四、上海法治建设评估的地方实践

（一）历史发展及经验

从本世纪初开始，上海在依法治市实践中，在吸收专家学者研究成果和兄弟省市经验基础上，立足本地实际，对法治指标的设计运用进行了探索，并积累了一些经验。2003年，当时的上海市依法治市办会同长宁区依法治区领导小组开始了关于依法治市指标体系的研究，成果编辑成《法制建设与社会治理》丛书中的《发展与评估——依法治理工作评估体系研究》。之后，杨浦、静安、闵行等区先后委托科研机构设计建立法治指标体系，并应用于本区的法

① 朱未易：《地方法治建设绩效测评体系构建的实践性探索——以余杭、成都和香港等地区法治建设为例的分析》，《政治与法律》2011年第1期。

治化建设工作评估实践中。

2008 年恢复建立上海市依法治市办以来,围绕促进依法治市各项工作的目的,结合司法部、全国普法办开展法治创建工作的要求,由上海市依法治市办牵头,相继制订了“法治城区创建评估指标”、“依法行政示范单位创建评估指标”和“基层街镇依法行政创建评估指标”等三类法治创建评估指标体系。法治城区创建活动是全国普法办开展的一项旨在提升区域依法治理水平的工作项目,虽然其本身带有“运动”式的色彩,但是在推进法治建设的今天,从工作推动角度来看还是具有十分重要的意义。2008 年上海开展法治城区试点以来,在“项目化”工作机制和“法治城区创建评估体系”倒逼工作机制作用下,各区县依法治理工作能力水平逐步提升,有力的保障了区县的创新驱动和转型发展。在法治城区创建工作中,除了“项目化”的工作机制外,法治城区创建评估体系是保障创建工作成效的一个基础工作机制,2008 年以来,上海开展三次评估,推选出三批八家全国法治城区创建先进单位(第三批已于 2014 年底推荐报送全国普法办)。从评估对象看,法治城区创建评估体系直接面向是上海市的 17 个区县,从整体上衡量区县法治建设成效,从指标内容来看,因为区域法治建设涵盖面广,所以在指标设计之初,就遵循法治逻辑顺序,设计了七个块面的内容作为一级指标,即领导体制、依法执政、依法行政、公正司法、法治宣传、市场经济法治、工作机制保障等内容,而二级指标主要是以“抄火表”的形式从成员单位考核下级单位的指标中选取,选取的标准是与法治建设密切相关的指标,比如经信委系统的诚信建设考核指标、环保局的环境满意度、市政府办公厅的政府信息公开考核等。从计算分值来看,根据每项指标的重要性设置了不同的权重。从考核程序上来讲,实行区县自主填报、市级成员单位复核、依法治市办汇总的考核程序。

2012 年,从推进依法行政、建设法治政府角度出发,结合上海市依法行政"十二五"规划的印发,上海市依法治市办联合上海市政府法制办在全市开展依法行政示范单位创建工作,旨在通过创建活动,落实本市依法行政"十二五"规划有关要求。依法行政示范单位创建工作是上海市推进依法行政的一个重要抓手,从两个批次创建成效来看,依法行政示范单位创建工作不但提升了创建单位的依法行政工作水平,也起到了一个示范带动的作用。成效的取得,与"依法行政示范单位评估体系"的制订密不可分。依法行政示范单位评估指标的内容主要来自上海市依法行政"十二五"规划中规定的要求,从指标内容来看,以制度建设为主,包括责任机制建设、决策机制建设、规范性文件监管、执法规范与监管、信息公开、行政争议解决机制建设、队伍建设及公众满意度及司法评价等内容,以期通过建立健全依法行政工作制度,为提升依法行政工作水平夯实基础。在评估的性质上,不同于社会第三方的效果评估,依法行政示范单位评估体系也属于内容工作考核,即通过这样的指标自上而下的推动工作的开展,并考核其工作开展的质量和效果。当然,任何指标都不是静态的,在推进依法行政示范单位创建工作中,会根据评估对象的差异及工作开展的重心而有所调整。

基层街镇依法行政规范建设评估始自 2013 年,与基层街镇依法行政规范建设工作同步启动。为了评估街镇依法行政规范建设成效,在闵行街镇执法性规范调研课题的基础上,由上海市依法治市办、上海市行政法制研究所共同制定了"上海市街镇依法行政规范化建设"指标体系,与依法行政示范单位创建评估体系一样,街镇规范化建设评估指标主要是来源于《上海依法行政"十二五"规划》中要求的内容,即与街镇工作密切相关切对规范街镇依法行政有直接意义的指标,而且考虑到街镇与委办局职责不同,街镇指标与依法行政示范单位创建评估指标还是有所不同的,在街镇规范化建设评估指标体系中,包括了依法行政工作基础、政务信息公开、行政执法监督与规范化建设、公务人员法治培训、司法评价及日常创建规定动作完成情况等内容。

在上海依法治市工作中,法治城区创建评估体系、依法行政示范单位创建评估体系、基层街镇依法行政规范建设评估体系其性质属于一种内部工作考核,与"余杭法治指数"等以第三方为主体开展评估不同,上海现有的评估是建立在推动工作的基础上,是一种自上而下的内部工作考核。从实践来看,这种内部评估虽然不能从客观上描述上海的整体法治建设水平,但是它的优势在于内部评估的倒逼机制,即通过横向汇总比较,推动指标落后相关工作领域的提升。以法治城区创建评估体系为例,一级指标源自全国普法办法治城区创建工作要求,二级指标都来自于现有的工作考核指标,其特点有三,其一,"零创设指标"。根据市委领导视察依法治市工作时"不增加区县负担"的指示,指标采集采用"抄火表"的方法,即所有二级指标都来自市级机关每年对区县系统年度考核的相关工作指标,而且,在选择纳入法治城区评估体系时,以"法治"为标准,即所采集指标都是与法治建设有关的一些关键指标,如人大专题询问、消费者申投诉率、重复信访率、执行标的清偿率等。"零创设指标",既没有增加区县和成员单位负担,而且也实现了条、块结合,市、区联动整体推进依法治市工作的目的。其二、评估指标实现了定量与定性的有效结合,既有主观评价,也有客观评价,且以客观评价为主。在法治城区创建评估体系所有45项指标中,既有定量的数据,也有制度建设等定性方面的指标,而且,定量的指标占比较高,保证了评估的客观性。其三,倒逼工作机制的形成。从指标性质来看,如上所述所言,上海的法治指标属于内部工作考核,从五年的实践来看,指标体系已成为推动区县法治建设的一个重要抓手,对相关工作推进、提升形成一个倒逼机制。法治城区评估每年进行一次,并对评估结果进行汇总、排名和分析,同时,将汇总排名及分析结果通报各区县,在区县之间形成横向对比,倒逼区县推动落后指标的单位提高相关方面工作的质量。其四,动态性与适应性，上海的法治城区创建评估指标体系会根据成员单位考核的重点有针对性的对有关指标进行每两年进行一次调整，以适应工作的需要，同时为了保持评估的稳定性，调整指标只在二级指标中进行，一级指标保持相对稳定，比如在2013年的评估中，市场经济法治一级指标下加入了与环保、诚信等相关的指标内容。

（二）存在的问题

上海法治指标运行以来，对法治建设和依法治市工作起到了积极的推动作用，形成了市区联动、条块结合、整体推进的地方模式特色。但随着上海法治实践的进步，现有的模式也显现出不足之处。如发掘既成的事实情况、利用基层和条线已有的评估数据的“抄火表”方式虽然便捷且具有较强的可操作性，但秉承拿来主义的工作思路较为粗放，适用于开展法治评估的初级阶段，难以全面完整地反映区域的法治建设推进情况和法治化水平；以“三项创建”为运行平台的法治指标，实为内部工作考核，虽保证了单项指标的局部客观性，但在指标的选取和设置上难以避免指标制定部门的倾向性和工作推进的侧重性，指标体系整体的客观性有待提升，且其功能的发挥依旧倚赖部门领导的重视来实现；以具体工作为指标来源，尚未体现法治建设领导机构对于法治建设重点的阐释和路径的指导；除相关工作部门外，指标知晓度和影响力较低，因缺乏与社会民众的感受评价相统一的机制，传播路径有所限制；缺乏横向比较性，难以体现上海法治发展的水平和程度，等。

五、上海法治建设评估指标体系的完善建议

（一）以党的十八届四中全会《决定》为纲领，构建上海法治建设评估指标体系框架

党的十八届四中全会通过的《中共中央关于全面推进依法治

国若干重大问题的决定》，是对全面推进依法治国的顶层设计和战略部署，清晰勾画了法治中国建设的宏伟蓝图，是具有里程碑意义的纲领性文献。《决定》提出的全面推进依法治国的六大任务和180多项改革举措，明确了今后推进法治建设的方向、重点和路径，解决了之前实务理论界和各地关于"定义法治"的纷争。以《决定》为依据，以六大任务为法治建设评估的一级指标，能够确立法治指标体系的权威性和完整性，也有助于实现全国各地指标的统一性，从而具备横向可比较性。由于实践中，各地都将加强党的依法执政作为首要任务，课题组建议法治建设评估体系的一级指标为：加强和改进党对全面推进依法治国的领导；完善以宪法为核心的中国特色社会主义法律体系，加强宪法实施；深入推进依法行政，加快建设法治政府；保证公正司法，提高司法公信力；增强全民法治观念，推进法治社会建设；加强法治工作队伍建设。而在二级指标的设置上，则可从《决定》提出的180多项改革举措中选取与本地法治实践密切相关、相关数据实际可获取并测评的项目组成，但应注意维持指标的客观性、完整性和体系性，避免为了获取高分在指标项目选择上突出优势、回避缺陷的倾向性。此外，可通过定量分析的权重设置上突出地方特色和需求。

（二）制定《法治上海建设实施纲要》，为开展地方法治评估和构建法治建设指标体系提供依据

法治建设的目标和任务确定之后，关于开展法治建设评估的必要性以及量化法治的科学性，依然存在质疑和争议。此时，制定一个符合中国实际的法治建设实施规划（纲要），是落实指标体系工作的客观需要。根据全国普法办为推动法治城市、法治县（市区）创建活动，制定过《全国法治县（市区）创建活动考核指导标准》，而其制定的依据，即是自己早前制定的《关于开展法治城市、法治县市区创建活动的意见》。同样的，依据什么建立考核指标体系，即对指标本身的合法性设问，是摆在我们面前的首要问题①。上海曾于 1999 年颁布《上海市进一步推进依法治市工作纲要》，提出了继续推进社会主义民主政治建设、推动和保障经济持续健康发展、加强城市建设和管理、加快社会主义文化建设、确保上海的政治稳定和社会安定等五个领域的任务，以及加强地方立法、加强政府法制建设、推进司法改革和维护司法公正、深化全民法制宣传教育、完善法律服务市场、加强监督、提高法制建设的物质保障等 7 个方面工作的内容，涉及政治经济社会文化等各个方面。党的十八届三中全会后，上海市依法治市领导小组通过并颁布了《法治上海三年行动计划(2014—2016)》，从坚持依法执政、完善地方立法、严格依法行政、发展民主政治、确保司法公正、加强权力监督、创新社会治理、发展法律服务、繁荣法治文化等九个方面提出了法治上海建设的目标任务，并明确了各项任务的责任单位，是近期内上海推进法治建设的专门指导性文件。但从长远来看，尤其是在党的十八届四中全会对全面推进依法治国进行顶层设计的宏大背景下，制定《法治上海建设实施纲要》，将开展法治建设评估、构建并运行法治建设评估指标体系作为《纲要》实施的举措和保障之一，显得尤为必要。

（三）以中国特色社会主义法治体系的基本原则和精神为指导，明确法治建设评估指标体系的内在逻辑和价值取向

法治评估的进路分为价值型进路和体制性进路。在采用价值性进路对不同国家、地区的法治进行评估的过程中，“法治现实是否符合法治价值的标准”、“法治现实在多大程度上实现法治价值的基本要求”等方面的问题得到较多的关注，这从依循价值性进路的多数全球法治评估活动中可以得到证实。而法治评估的体制性

① 冯家亮：《法治建设指标体系的建构路径》，《湖南大学学报(社会科学版)》，2014 年 7 月。

进路则着重考察政府是否通过法律和在法律下行事，重点关注现实社会中已经确立并运行的各项法治制度或机构，评估标准来自法治规范的规划与设置，评估重点是运行法治的不同国家和地区的法治制度和机构是否符合和完成法治规划的基本要求，并通过业已建立的法律制度的实施情况对法治建设与发展作出衡量与评价①。显而易见，体制性进路是我国城市开展法治建设评估的当然、可行的选择，也更符合当前地方推进法治建设的需要。在党的十八届四中全会就全面推进依法治国问题开展专门战略部署的前提下，法治评估的范畴和体量应是缩小而不是扩张，即将之前混合在其中的民主政治、经济社会等相关指标排除，构建具有法理依据和内在逻辑的专门性法治建设评估指标体系。

然而，体制性进路的选择并不意味着法治评估指标的设计必须是制度性和工作性的。我们要构建的是法治评估指标体系，而非法制评估指标体系，因此在体系的设计中对于中国特色社会主义法治体系的原则和取向。在这一点上，中国香港的经验值得借鉴。香港法治评估虽然采取的也是体制性进路，但与内地法治评估侧重于形式正义不同，其法治指数更侧重于实质正义。香港的法治评估指标直接描述了立法应公开稳定、政府公权力受到限制、法律面前人人平等、司法行为独立且受监督等法治原则，并对其进行测评，评分结果即代表城市法治程度的水平。以往，由于缺乏法治建设的顶层设计，各地对于法治的理解尚未完全统一思想、形成共识，无法将法治原则、理念性的内容纳入评估指标，法治评估指标停留在静态的制度、机制和具体工作上，法治评估作用的发挥得到限制，无法体现提升法治意识、树立法治权威的功能。党的十八届四中全会《决定》第一次提出"法治体系"概念，标志着中国特色

---

① 张德淼、李朝：《中国法治评估进路之选择》，《法商研究》2014 年第 4 期。

社会主义法律体系形成以后，科学立法、严格执法、公正司法、全民守法这一具有内在联系、互相影响、彼此制约的法治体系正在形成。传统意义上以法律体系为载体的静态法治正在向以法治体系为载体的动态法治转变，写在纸上的法律正在向生活中的法律转变，法律上抽象的权利正在向具体的诉权转变①。法治评估必然需要顺应这一趋势，实现从静态的法制评估到动态的法治评估、从罗列法治相关数据到凸显法治原则和精神、从推动具体工作到提升法治水平的转变。

（四）法治建设评估的官方测评与第三方评价、社会评价相对照，提升法治建设评估的公信力和影响力

从已开展的法治评估项目的社会反响来看，余杭法治指数的发布引起了社会各界和外地城市广泛的关注和回应，而香港的法治评估项目和最终分数的社会反响度并不高。究其原因，恰恰反映了香港的法治发展水平较高，75 分的评分与民众的内心感受较为一致，而余杭 71.84 的得分则高于社会的普遍认知，引来较大的争议，甚至是对法治评估指标及方式的质疑。实际上，余杭法治指标的评估并非党委政府单方主导，反而从指数设计和评估方式上体现了较高的社会性，以第三方为评估主体，在最终分数的计算中，群众满意度调查得分占 35%，内部评审组与外部评审组共占 35%，专家评审组占 30%。受制于指标设计的局限性和倾向性、相关数据获取的难度、调查样本的有限性、权重设计的复杂性等因素，单纯采用第三方评估的方式，或者将社会满意度等主观评价结果作为法治评估指标体系的组成部分，并不能完全保证法治评估的客观性和公正性。

课题组认为，法治建设评估指标体系应分为主体指标和参照

① 贺小荣：《依法治国背景下司法改革的路径选择》，http://rmfyb.chinacourt.org/paper/html/2014-10/31/content_89863.htm。

指标两部分。主体指标评估由法治建设领导机构主导推动,内容包括前述六大任务对应的一级指标及细分指标,以定量测评分析为主,数据通过官方渠道收集并予以核实,得出一个具体的评估分数。参照指标评估则由第三方研究机构或社会组织来开展,针对主体评估指标几大块面的内容,采取定量和定性将结合的分析方式,通过社会调查、基层走访、专家评估、公示并征集意见等的形式,得出一份第三方评估意见。最终,由主体和参照两部分指标评估组专家组成的法治建设评估委员会将主体指标和参照指标的评估结果予以对照,判断两者是否处于同一水平区间,前者是否能得到后者的有力支持。如两者基本相符,处于合理的水平区间,则可得出最终的法治评估结果。如结果相差过大,则说明评估失败,或是指标设置不合理,需查明原因不断改进。

这种评估模式的优势,首先在于较好地解决了官方评估与民众感受相差过大的问题,使法治建设评估具备公信力,而不流于政绩工程或"作秀",反而折损法治的权威。其次,由于有官方数据和结果的对照,民众参与的积极性也相应较高,社会评估的广泛性和客观性得到保障,影响力随之提升;最后,有助于评估指标的不断完善。参照指标评估就像一面镜子,通过查找分析与参照部分评估结果不相符合的原因,易于发现主体评估指标(官方指标)中不科学、不合理或有所缺失偏颇的部分,并及时予以修正完善,同时,也有利于及时反馈情势的变化和社会的需求,克服官方指标设置较为滞后的缺陷。另一方面,内外部指数相对照的评估模式也提出了更高的要求。该评估模式有效的前提是首先是数据的真实客观性,其次才是指标构建的科学完整性,保证即便民众对评估结果存在的争议,其质疑的对象仅限于后者,而不涉及前者。此外,评估形式的权威性和评估结果的影响力是硬币的两面,只有那些法治发展水平较高、且官方对民众评价较为自信的地区,才能在通过此种评估模式的运行取得双赢的效果。

第二部分　第十三届(2014年)上海市民主法治建设课题研究获奖成果

一、论 文 篇

价值的回归：人民陪审制度的实践困境与完善路径

上海市第二中级人民法院课题组*

一、现状检视：我们的陪审制度怎么了

(一) 以S市中级法院及辖区H基层法院为样本的实证考察

为解决陪审率与陪审员及法官时间冲突的矛盾，S市中级法

---

* 课题组成员：徐子良，上海市二中院研究室副主任、审判员、法学博士；陈琪，上海市二中院立案庭审判长助理、助理审判员；周嫣，上海市二中院研究室法官助理(执笔人)。

院自 2011 年起实行“常驻陪审”模式,7 名常驻人民陪审员均为退休人员(见附表 1),从辖区基层人民法院抽选上来。该院 2011—2013 年陪审案件数依次为 655 件、621 件、571 件,2014 年 1—4 月为 255 件,全部由该 7 位常驻陪审员审理,不再进行“随机抽选”。而辖区 H 基层法院则采取了“随机选取”(即“一案一选”)与“特殊选取”(即“常驻陪审”)相结合的方式,以 2013 年工作情况为例,该院 78 位人民陪审员中设 5 位常驻陪审员(表中序号为第 10、21、23、31、58 号,其中 1 人主要负责信访接待),绝大部分的陪审案件由该 5 人审理(见附表 2)。分析上述样本数据,存在以下突出问题:

一是“陪而不审”、“合而不议”导致陪审制度的民主价值名存实空。在对 S 市中级法院的陪审案件庭审录像和评议笔录抽查中发现,只有少数陪审员能在案件事实简单、法律适用明确的普通刑事和民事案件中发表简短意见,意见内容基本是对案情的概括和对主审法官观点的赞同。而约 80%的陪审人员在庭审中除了程序性地发言以外始终静坐不语,在评议时或附议或沉默,使陪审流于形式、合议“合”而不议。这种现象在 H 基层法院亦存在。

二是“全职化”的职业倾向导致陪审员公正性和独立性丧失殆尽。“常驻陪审”模式在 S 市中级法院已经完全取代了“随机选取”模式,而 H 基层法院虽然采取了两者相结合的方式,但常驻陪审员参加陪审案件的数量明显居多,相当于 6%的常驻陪审员审理了全院 72.38%的陪审案件。

三是“贵族化”的人员结构导致民意的广泛代表性被削弱。对 H 基层法院现任陪审员的情况考察可以发现,78 位陪审员中在国家机关、事业单位和人民团体等公权力部门工作的人数达到了 76.9%,工商业从业者占 15.4%,专业技术人员占 5.1%,社区工作者占 2.6%,5 位常驻陪审员退休前均任职于公权力部门。此外，年龄层次、职业分布都较为单一，纳入“陪审员库”中的陪审员大多具有一定的身份或领导职务，在单位中担任领导职务的陪审员接近半数，占了43.6%。

(二) 对现实困境的成因剖析

1. 职责分工缺位导致陪审人员成为“沉默的大多数”

在法律未对陪审员与法官的职责进行划分，未对陪审员消极履行职责应负何种责任进行规定的情况下，陪审员对自身的职责不明，往往事实问题与法律问题不分。绝大多数陪审员仅仅参与庭审阶段，庭中一言不发，庭后签名了事，不参加庭前证据交换和庭后评议阶段。他们虽有与职业法官平等的表决权，但因缺乏专业知识的“自卑感”、权责不明的“无力感”和职业趋同的“服从感”，很难发挥出平民智慧的优势，个人良知和对社会共同体正义感的体认消弭殆尽。

2. 适用程序瑕疵导致“一案一选”和“随机挑选”难以实现

据了解，S市中级法院适用陪审程序的流程可以分为以下四步：(1) 案件立案后由立案庭移送各业务庭，再分配到具体主审法官，约1—5个工作日；(2) 除相关规定明确可不安排陪审的情形外，承办法官或书记员即通过审判流程管理系统申请并制作《安排人民陪审员申请表》(以下简称《申请表》)，经本庭领导审批后送主管部门(一般为立案庭)，一般2个工作日；(3) 主管部门收到《申请表》交部门领导批准后，根据7位常驻陪审员的日程安排选定陪审员，一般5—10个工作日；(4) 主管部门将确定的陪审员告知业务庭，由业务庭联系陪审员确定开庭日期。根据法院内部审限管理规定，由立案到首次开庭的期限一般为1个月。而从立案到最终确定陪审员，“常驻陪审”模式下一般需要12—17个工作日。倘若选择“随机抽取”模式确定陪审员，大多数陪审候选人都有一定的社会或单位职务，本职工作往往会与审判工作发生时间冲突，在确定人员时需要的时间可能会更久，有时甚至超过 1 个月。因此，在实际操作过程中，法院办案的高效率使法官和陪审员在共事时间上难以有效对接，法院更倾向于选择常驻陪审员来确保案件能如期开庭。

3. *考核机制异化导致高陪审率与广泛代表性之间出现矛盾*

目前，对法院人民陪审工作考核的一项主要指标为一审案件的陪审率。法院往往为了片面追求一审的高陪审率而更愿意选择那些时间稳定的陪审员。在这种考核竞争机制的异化下，陪审程序由“或选项”变成了“必选项”，常驻陪审员、退休人员成了法院的首选人员。这必然导致陪审员的普遍代表性不高。为了达到内部考核规定的高陪审率，除了按规定不适用陪审程序的案件以外，一审法官几乎无例外地都会适用陪审程序。因此，在案多人少的大环境下就必然产生既无广泛性又无代表性的“驻庭陪审”和“编外法官”。

4. *功能定位不清是导致广泛代表性被削弱的另一重要原因*

现行陪审制度在司法实践中发生了功能错位，有些地方法院直接将陪审员作为填充合议庭人手不足的劳动力，而随着陪审员职能作用的不断拓展，陪审员从“偶尔”的裁判员变成了“专职”的调解员、接待员。H 基层法院更设立了“人民陪审信访接待室”，2013 年共接待信访人 1 235 人次，协助化解信访矛盾 6 件。该接待室的设立自然以陪审员的“全职化”和“专业化”为前提。“全职化”要求陪审员有充足稳定的时间，而“专业化”要求陪审员具备一定的法律知识和经验。在这种双重因素的影响下，陪审员的选任渠道被进一步限缩，大量原先从事法律或调解工作者被纳入陪审员的队伍中来，而他们几乎全部来自国家机关和事业单位等公权力部门，其中又以领导干部、居委干部、司法所调解员为主。在这种功能角色的“异变”下，人民陪审制度在实施中发生了功能畸形，“平民理性”被“职业逻辑”所替代，“陪审席上的普通人”变成了“手握公权的贵族们”。

二、申请与指定之辩：人民陪审程序如何适用

（一）由“依职权”向“依申请”转变

获得陪审员审判是当事人的一项重要权利。当事人有获得陪审员审判的权利，亦有放弃陪审而要求法官审判的权利。然而，我国的陪审制度在没有宪法保障的前提下，被法官过度使用，当事人往往在“不明就里”的情况下“被”适用陪审程序。陪审制度归根结底是一种民主制度，其设立初衷是为了防止当事人在诉讼过程中受到公权力的压迫，以司法参与的形式来到达社会监督的目的。因此，当事人在是否启动陪审程序的问题上应当享有最终决定权，法院并没有主动适用陪审程序的义务，陪审程序的启动权应当由法院向当事人让渡。并且，这种权利应当在民事、行政案件的原告在提交诉状或者被告在收到诉状、刑事案件的被告人在得知案件被移送起诉的那一刻就予以明确。这样做的目的是为了将陪审程序的启动时间提前，给予法庭更多宽裕的时间来确定陪审员。当然，这种制度设计并不意味着法庭就丧失主动适用陪审程序的权力，但有必要对其加以限制。

（二）由“扩张”向“限缩”转变

在目前案多人少、司法资源紧张的现实环境下，既追求高陪审率又要求陪审员的广泛代表性是不现实的。因此，有必要对陪审制度的适用范围进行一定程度的限制，来确保那些适用了陪审程序的案件可以最大程度地实现司法民主和真实陪审。我国《决定》规定了“社会影响较大”的一审案件法庭可主动适用陪审程序，其出发点是合理的，但这种概括的规定却造成了法庭适用陪审程序的随意性。哪些案件属于“社会影响较大”的范围应

当予以明确。目前,中级以上人民法院审理的一审案件往往标的额大,或案情重大,双方对事实认定或法律适用问题常存在较大争议,矛盾往往较为激烈,裁判的社会影响大。因此,对其审理的一审案件,法庭在征得当事人同意的情况下,可以主动适用陪审程序。这样的制度设计更有利于发挥陪审制度民主参与和查明真相的价值功能。而基层法院审理的一审案件很多案情简单、情节轻微,但案件数量较大。若不加以限制适用陪审程序必然导致高昂的人力成本,既不利于提高审判效率,也无助于真实陪审的实现。因此,对基层法院审理的一审案件,应更多地赋予当事人启动陪审程序的权利。

(三)由“线下申请”向“网上申请”转变

大部分法院在适用陪审程序时仍实行纸质文件审批的形式,由法官在确定启动陪审程序后向庭长申请审批通过,再将批准后的文件提交该院人民陪审工作主管部门(大多为立案庭)进行审核,由该部门领导签字通过方可启动陪审选定陪审员。这种“线下申请”的方式在无形中增加了启动程序的时间成本。因此,在提倡主审法官责任制的司法改革语境下,建议取消领导审批的环节,同时变“线下申请”为“网上申请”。对当事人申请的案件,在立案登记时即予以提出,一旦法官决定适用普通程序,主管部门即可进入随机抽选陪审员的环节;对法官主动适用陪审的案件,一经决定启动陪审程序即可在网上进行操作,主管部门在网上确认后即进入随机抽选环节。

(四)由“集中随机”向“分库随机”转变

目前,在不选择常驻陪审员的情况下,法院确定具体案件的陪审员时通常在本院陪审员库中随机挑选,不作重点区分。这种简单的“集中随机”所产生的陪审员,在遇到专业性较强或者涉及特殊群体的案件时，由于其专业或经验的欠缺将无法发挥应有作用。因此，针对不同类型的案件，法官可以提出不同的抽选要求，例如，对知识产权、医疗事故、海事海商等专业性较强的案件可侧重于从专家型陪审员中抽选；对涉未成年人保护的案件可侧重于从教育、妇联、共青团等机构中抽选；对婚姻家庭类案件可侧重于从街道、居委等基层组织中抽选，等等。这就要求在制作陪审员的初选名单时，须注明每一位陪审员的专业特长和工作性质，做到人员分类入库管理。这种“分库随机”的制度设计更有利于陪审员发挥其民间智慧的作用，达到个案公正的司法追求。

三、单人与多人之辩：人民陪审员如何享有“话语权”

目前，我国在适用陪审程序时采用“1＋2”或者“2＋1”的合议庭模式，即合议庭由“一个法官加两个陪审员”或“两个法官加一个陪审员”组成，“1＋2”模式容易使合议庭变相成为独任审判，而“2＋1”模式下法官占据主导地位，“势单力孤”的陪审员显得较为弱势，往往附和于法官的意见。比较两种模式，“1＋2”模式更具有实现民主评议功能的可能性。因此，考虑各级法院的实际情况，可以对合议庭的构成提出以下建议：

一是在基层法院，可由1名法官与2名陪审员组成“小合议庭”。基层法院负责审理普通民事、刑事和行政案件的一审，案件数量较大，而案情一般简单、情节轻微，社会影响较小，合议庭成员数过多必然导致高昂的人力成本，同时影响到司法效率。因此，现有“1＋2”模式的高效率和低成本可能更符合基层人民法院的司法需要。

二是在中级以上法院，由3名法官与2名陪审员组成“大合议庭”。中级以上人民法院一般审理重大、复杂的一审案件，双方对事实认定或法律适用问题存在较大争议，矛盾往往较为激烈，裁判的社会影响大。因此，对其适用“大合议庭”模式更有利于发挥陪审制度民主参与和查明真相的价值功能。

四、权利与义务之辩：人民陪审工作如何激励

（一）由“业务培训”为主向“激发责任”并重转变

培训是人民陪审员上岗的必经程序。而从市面上的专用培训教材来看，内容包括法律基础知识、审判工作基本规则、审判职业道德等，内容全面而专业。但这种“职业培训”会导致陪审员的“平民理性”和集体智慧被专业的法官思维和法律逻辑所代替。与我国的“能力教育”相比，国外更侧重于“责任教育”。例如，法国主要采用协会培训和法庭培训相结合的方式：由陪审员培训协会负责使陪审员坚定信念，通过经验交流会和讲座的形式使其相信自己有能力作出一个公正的判决，了解本国司法制度的基本运作情况和陪审员在庭审中应扮演的角色及应履行的职责；而法院负责进行专门的法庭培训，通过实务指南、法庭培训录像和参观等形式，使他们获得最一般的司法认知①。这种培训方式以坚定陪审员的理想信念为重心。因此，应调整对陪审员培训的重点和形式，将原先的以提高专业法律知识和审判业务能力为核心“能力教育”，转变为“能力教育”和“责任教育”并重。在业务培训的同时，提高陪审员对法律精神的理解、法制理念的传播，提升其对陪审价值及作用的认同感，在保留可贵的“平民理性”和集体智慧的基础上，激发

① 施鹏鹏：《陪审制研究》，中国人民大学出版社 2008 年版，第 92—93 页。

出陪审员的使命感、责任感和参与热情。

（二）由“差别待遇”向“统一补偿”转变

在国外，对陪审团的经济补偿原则是：补偿金不是替代工资，所以每个人都一样。而在我国，一些法院给予每位陪审员的经济补偿通常分为工作补贴、交通补贴和就餐费三项内容。对有工作单位和无固定收入的陪审员区别对待：有工作单位者仅补偿交通补贴和就餐费，无固定收入者参照当地职工上年度平均货币工资水平，按实际工作日给予补助。也就是说，无固定收入者得到的补贴往往要高于有工作单位者许多。这就导致了实际参审的陪审员大多为退休人员的现象，既削弱了陪审员的广泛代表性，也背离了制度初衷。因此，应当对同一地方的所有陪审员确定统一的经济补偿标准，不再区分有无固定收入。而过高的经济补偿标准又会使陪审成为一种逐利性的工作，同样不利于陪审价值的实现。在确定经济补偿标准时，应结合当地的生活水平和工作实际情况，避免标准设定得过高或过低。陪审制度首先是一种政治制度，因而在保障一定的经济补偿之外，可以主动邀请陪审员参加政府各类公开听证等方式来提升“职业尊荣感”，提高其作为社会共同体代表的“政治自觉”。

（三）由“效率导向”向“价值导向”转变

评价法院的人民陪审工作是一个综合评价的过程。而当下片面追求一审案件高陪审率的这种以效率为导向的考核机制使综合评价过程被简单地归结为判断一审陪审率的高低，助长了“驻庭陪审”、“编外法官”的现象，导致少数的陪审员陪审了大多数的案件，空有90%以上高陪审率的数字，却背离了陪审员应体现广泛代表性的制度初衷。因此，无论是对陪审员个人履职情况的考核，还是对法院开展人民陪审工作情况的考核，都应当回归到民主与正义的价值框架内来考量。考核的目的并非追求一审案件的高陪审率,而是要保证陪审员本身和参审的广泛代表性。一方面,要考量适宜陪审的案件(如社会关注度较高、涉及专业性的案件等)是否有人民陪审员参与;另一方面,要考量在陪审员名册中的陪审员是否都实质性地参与了案件的陪审。因此,应在保证一定比例的一审案件有人民陪审的基础上,重点考察每年纳入该法院人民陪审员名册的陪审员实际参与陪审的人数,“参与陪审的陪审员/陪审员名册中所有陪审员”的比例不能过低,且在同一任期内,各陪审员的参审案件数量不宜相差太远,以尽可能地体现出人民陪审制度的广泛代表性。同时,对陪审员名册需定期调整,若陪审员确因自身原因难得参加陪审的,则在下一轮调整中不再列入陪审员名册。

行政权力清单制度相关问题研究

——以上海质监权力清单梳理工作为例

上海市质监局行政权力清单研制课题组*

一、上海市建立行政权力清单制度的工作基础

上海市在不同时期不同层面曾推行过行政执法责任制、行政规程、行政审批标准化等多项制度，这些制度与行政权力清单制度都有类似促进行政权力公开规范运行的功能，为建立行政权力清单制度奠定了良好的工作基础。

(一) 行政执法责任制

2005 年，上海市发布《关于贯彻落实〈国务院办公厅关于推行权力清单制度的若干意见〉的实施意见》，确定了上海市推行行政执法责任制的三项重点任务：第一，依法界定执法职责。具体包括确定行政执法主体、梳理行政执法依据、分解执法职责，解决谁有权执法、执什么法，以及执法的范围问题，这是行政执法责任制的基础性工作，也是实行行政执法责任制的首要内容。第二，建立

* 课题组负责人：张丽虹；课题组成员：程彬、李坤、俞斌、吕春芬、王佳栋、王玮娟、刘文涛。

健全行政执法评议考核机制。评议考核为行政执法责任制的实施提供全方位、全过程的监督制约，是行政执法责任制有效实施的可靠保障。评议考核在推行行政执法责任制中起着承上启下的重要作用，其考核的指标量化、内容具体、措施严格，因此会对行政执法责任制的实施形成强有力的监督，严格的评议考核能够使执法中的失职行为、越权执法行为、滥用职权行为、以权谋私行为等失去藏身之地，大大强化行政执法的监督制约机制，使行政执法责任制的各项制度真正落实到实处。第三，落实行政执法责任。如果说行政职权是保障行政职责履行的积极手段的话，那么在一定意义上可以说追究执法责任是保障行政职责正确履行的消极手段。执法责任的追究对于行政职责之有效履行，行政职权之依法行使以及公民权利之保护都有十分重要的意义。

（二）行政规程

2010 年，上海市闵行区以规范行政权力运行为核心，围绕行政执法、行政审批、行政内部管理和廉政风险防控四项重点内容推行依法行政工作规程。在具体做法上主要有两个关键环节：第一，以全面梳理为基础，形成权力事项清单。在梳理环节，对行政执法，行政审批，行政内部管理的事项、依据、职责、流程、制度等内容进行了逐一清理和规范，形成了执法主体、事项、依据、流程清单；行政审批工作实现了“一个具体事项，一套独立完整的标准化业务手册”；行政内部管理中，根据不同岗位特点，逐一形成了岗位说明书。第二，提高效率为目标，优化行政工作流程。对梳理后的各个行政管理事项进一步优化业务流程，依法绘制覆盖行政权力运行全过程的流程图，对每个环节“谁来办”、“怎么办”作出明确规定。工作流程力求格式规范、要素齐全、简明易懂，使流程图成为群众办事的向导图、执法人员行使权力的标准作业图、监察部门查办案件的责任定位图。

（三）行政审批标准化工作

2011年，上海市在全国率先试点行政审批标准化管理。具体来说，行政审批标准化工作的总体框架包括实行目录管理；制定业务手册；编制办事指南；推行行政审批电子化、信息化；实现数据共享；开展效能监察6个要素。目前，上海已建立行政审批目录管理制度，根据国家和地方清理要求，对照目录进行取消、调整，对行政审批实行长效管理。对于要增加行政审批的，必须在实施前进行登记备案列入目录后方能予以实施。此外，每项行政审批都要编制业务手册，作为实施行政审批的操作标准。通过业务手册，建立标准化的审批流程，明晰审批条件、时限等要素，限制裁量空间。与此同时，每项行政审批都要编制办事指南，作为行政相对人申请行政审批的具体依据。将办事的具体条件、要求，一次性明确告知行政相对人，方便行政相对人办事。

（四）建立行政权力清单制度的工作基础

虽然行政权力清单制度与上述三项制度在规范对象上有所不同，行政执法责任制规范的是行政执法行为，行政规程规范的是街镇政府行使的行政执法行为和行政内部管理行为，行政审批标准化规范的是行政审批行为。而行政权力清单制度规范的是对行政相对人权利义务有直接影响的所有行政权力，并不局限于行政审批或者其他行政执法行为。但是，通过全面推进上述三项制度，上海市已经为建立行政权力清单制度打下了扎实的工作基础。第一，行政审批事项已经基本实现清单化管理，业务手册和办事指南的编制要求也与行政权力清单所要求的规范程序、明晰标准相一致。第二，行政执法事项的基本范围与分类基本明确。第三，行政执法事项的名称与依据已完成初步的梳理。之前的努力为明确和梳理行政权力清单提供了可能和路径。

二、对外省市权力清单的实证分析

目前,地方政府正在陆续晒出自己的"权力清单"。本文选取武汉市、广州市、成都市、北京市东城区、北京市西城区、杭州市富阳县6份地方政府的"权力清单"作为实证研究的对象。经比较研究,各地推行权力清单过程中都存在以下几方面的不统一,造成了各地统计出的行政权力事项多寡悬殊:

(1) 对行政权力的范围认定不统一;

(2) 对行政权力的分类认定不统一;

(3) 对行政权力事项的认定标准不统一;

(4) 对行政权力主体认定不统一。

三、上海市建立行政权力清单制度的具体建议

行政权力清单是一项制度创新,又是对全市行政机关提出的普遍性要求。要保障这一制度的顺利推行,需要对其作出整体性安排。

(一) 统一行政权力的梳理标准

尽管各地已有不少行政权力清单的实践,但是内容五花八门,事项千差万别,关键在于没有统一行政权力的梳理标准。因此,上海要构建一套更为完善、更具公信力的行政权力清单制度,很有必要先对该制度中的行政权力进行科学界定。

1. 行政权力的范围

课题组认为,行政权力虽然仍然以执法权为主,但不能简单地将行政权力清单等同于执法权清单。从规范权力运行的角度看,只要符合权力性的行政行为,都应当纳入制度的笼子。具体而言,

行政权力清单中行政权力范围应当涵盖行政决策权(包括行政立法权)、行政执行权、行政监督权和行政司法权四大类行政权力。

2. 行政权力的主体

在行政法中,行政权力与行政主体的概念相伴而生。行政主体,是指具有行政权能,并能以自己名义运用行政权力,独立承担相应法律效果的社会组织①。事实上,由于行政的复杂性及广泛性,在我国实践中,行政主体并不限于政府及其部门。这在学界也基本达成了共识。就地方层面来看,行政主体具体可归纳为以下五类:(1)地方各级人民政府;(2)地方各级人民政府的职能部门;(3)经法律法规授权的派出机关和派出机构;(4)经法律法规授权的行政机关内部机构;(5)法律法规授权的其他组织。授权组织还包括四类:一是授权的企业组织,如机场集团、轨道交通企业等;二是授权的事业单位;三是授权的社会团体,如行业协会;四是授权的村民委员会和居民委员会。

建立权力清单制度,就是为了全面梳理和公布行政权力,如果将相当一部分行政主体行使的权力都排斥在清单之外,显然与制度构建的目的不相一致。因此,十八届三中全会提出的要求应当理解为:由地方各级政府及其工作部门牵头编制、公布行政权力清单。而行政权力清单中所涵盖的行政权力主体应当包括所有行政法意义上的行政主体。

3. 行政权力的分类

由于对行政权力分类标准的不统一,造成了各地行政权力事项多寡悬殊。要全面梳理行政权力事项,必须先构建一个有充足法理支撑的权力分类体系。因此,有必要仔细研究行政权力清单中的权力分类。

① 杨解君:《行政法律关系》,应松年主编:《当代中国行政法》第四章,中国方正出版社 2005 年版,第 143 页。

如前所述，行政权力清单中行政权力范围首先涵盖了行政决策权、行政执行权、行政监督权和行政司法权四大类。但是，如果只是把行政权力分为这四类，那么整个清单公布后将会杂乱无章，无法体现一个行政权力体系。

课题组兼采目前行政实践以及学理上对行政行为的分类，对上述四种行政权力作进一步细分：

第一，行政决策权包括行政立法权、行政规划权和其他行政决策权。

第二，行政执行权包括行政审批权(包括行政许可权和非行政许可审批权)、行政处罚权、行政强制权、行政奖励权、行政检查权、行政征收权、行政征用权、行政给付权、行政确认权、行政备案权。

第三，行政监督权包括行政复议权。

第四，行政司法权包括行政裁决权、行政调解权。

4. 行政权力事项的梳理标准

在完成行政权力分类后，每一类行政权力事项都有不同的梳理标准，也需要进一步明确。

第一，行政立法权、其他行政决策权、行政复议权属于无法细分事项的行政权力。

第二，其他行政权力都需要细分到每一项具体行政行为。如《上海市电梯安全监察办法》第44条规定，电梯日常维护保养单位有下列情形之一的，市或者区(县)质量技监局应当责令其限期改正，并可处以2 000元以上2万元以下的罚款：(1) 未按照本办法规定制定日常保养计划的；(2) 未落实日常保养计划、做好保养记录的；(3) 未在轿厢显著位置标明本单位名称、急修和投诉电话的；(4) 电梯发生关人故障时，未在接报后30分钟内赶到现场完成排险救援的；(5) 将故障未排除的电梯交付使用的。按照对每一个违法行为的处罚属于一个行政事项的标准，这条可以细分为5项行政处罚权。此外，还有一个特殊情况，就是对援引性条款的处理。例如,《上海市计量校准机构管理办法》第 18 条规定,计量校准机构违反本办法有关规定的,按照《上海市计量监督管理条例》第 38 条的规定予以处罚。即这条处罚条款是援引《上海市计量监督管理条例》第 38 条的规定,这时就要查找这两个立法文件相应处罚条款的规定,是否针对同一违法行为,如果是同一违法行为,则不能重复统计。

5. 小结:行政权力梳理的具体标准

第一,纳入清单管理的行政权力应当具有强制力、优益性、公定力和裁量性等权力性要素,行政服务、行政指导、行政合同等行为不属于行政权力。

第二,需要梳理的行政权力主体包括地方各级人民政府、地方各级人民政府的职能部门、经法律法规授权的派出机关和派出机构、经法律法规授权的行政机关内部机构以及法律法规授权的其他组织。

第三,行政权力清单中的权力分类可采取以下标准(见图 1)。

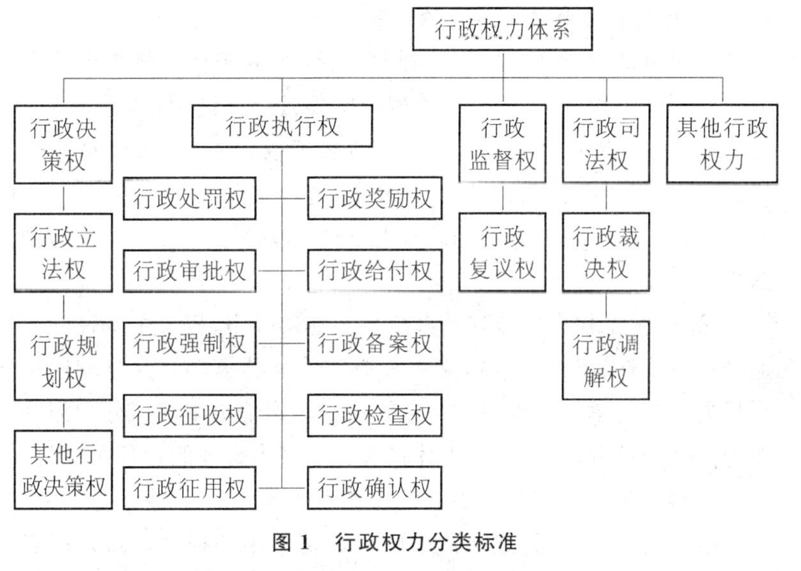

图 1　行政权力分类标准

第四,行政权力事项的梳理应当细分到每一项具体行政行为。但是,对行政立法权、其他行政决策权只需列明该行政机关的职能权限范围;对行政复议权只需列明其可受理的受案范围。

(二) 明确行政权力清单的内容

行政权力清单可以由两部分组成:一是行政权力事项目录;二是行政权力事项详情单。

1. 行政权力事项目录的内容

课题组建议,各部门公布的行政权力事项目录可以分为三级:第一级是部门职能范围内的不同管理领域;第二级是不同行政权力分类;第三级是不同行政权力事项。以质监部门为例,可以先将其管理领域分为标准化、计量、认证和实验室管理、特种设备、纤维检验、质量与工业产品生产许可和其他管理领域这七类,然后再分别对这七类管理领域按照行政权力分类进行目录编制工作。鉴于其他行政决策权和行政复议权没有细分事项的空间,可以作为独立的两项权力在最前列明。

2. 行政权力事项详情单的内容

课题组认为,行政权力事项详情单除了列明行政权力事项的编号、名称、类型、法律依据等常规内容外,还应当包括以下三个方面的内容:一是权力由谁行使,包括法定权力主体、具体承办机构;二是权力怎样行使,包括法定程序、适用条件或者标准等要求;三是与相关联的权力之间的顺序与关系,包括纵向权力关系与横向权力关系。

第一,关于权力主体与承办机构。在实践中,权力主体往往会通过行政委托,将相关事项交由其他单位具体承办。这时就出现了权力主体与承办机构不相一致的情况。详情单中应当分别列明权力主体与承办机构,权力主体代表该项权力事项的责任主体,而承办机构则是告知相对人哪个机构具体受理。

第二,关于法定程序与流程图。详情单中的程序性规定应当体现该行政权力行使的方式、步骤、顺序和期间等要素。流程图则是法定程序的图示化,如果说法定程序是站在行政机关的视角对行政权力的运行提出程序化要求,那么流程图则是以相对人的视角提示其整个行政权力运行过程的关键环节,成为群众办事的向导图。流程图可以根据权力事项的类别统一绘制,如行政处罚的权力流程图可以统一为一般程序流程图和简易程序流程图,也可以根据不同权力事项逐项绘制,如行政审批的权力流程图。

第三,关于权力行使的条件与标准。行政权力都有一定的裁量空间,只有通过明确权力行使的标准,才能达到约束行政裁量权的目的。上海市正在推进的行政处罚裁量基准制度、行政审批标准化工作成果都可以作为约束权力运行的具体标准。

第四,关于权力行使的纵向层级与横向关系。从目前晒出的"权力清单"来看,各部门基本都是"自扫门前雪",对于需要几个部门协同行使的权力事项,都只公布本部门的权力事项,没有涉及与其他部门协同的问题。比如:"挖掘城市道路许可事项",按照《城市道路管理条例》第 33 条的规定:"因工程建设需要挖掘城市道路的,应当持城市规划部门批准签发的文件和有关设计文件,到市政工程行政主管部门和公安交通管理部门办理审批手续,方可按照规定挖掘。"在该行政许可事项中出现了市政工程行政主管部门和公安交通管理部门两个权力主体。两个权力主体虽然分别将该项权力列入本部门的"权力清单",但是,都没有标注该事项的审批还涉及其他工作部门。这就是横向权力关系的缺失。纵向权力关系表现为上下两级部门或者政府及其组成部门需要对同一事项进行初审与终审。如果横向权力关系或者纵向权力关系不能在权力清单中有所体现,必然影响公众对整个行政权力运行的理解。

当然,从方便公众办事的角度出发,详情单中还可以包括一些便民服务性质的事项,比如:服务地点、服务时间以及联系电话等内容。

(三)建立行政权力清单工作推进机制

1. 建立行政权力清单梳理、确权和公布机制

推行行政权力清单制度涉及本市各级政府及其部门和授权组织,工作环节多、涉及面广、专业性强、工作量大。建议将这项工作拆分为三个阶段:

第一,行政权力梳理阶段——清权。由市和区县政府的各个部门负责对本部门行使的行政权力、同级政府行使的与本部门相关的行政权力、授权组织行使的与本部门相关的行政权力进行全面梳理,并填报相关表格。即每个部门要形成三份梳理成果:部门行政权力清单;同级政府相关行政权力清单;授权组织行政权力清单。

行政权力梳理的重点是规定职责是否全面正确高效履行,是否存在"越位"、"缺位"和权责脱节,履职方式是否适应经济社会发展需要,是否存在政事不分、擅自揽权、私自授权等问题,应采取哪些措施进行完善等;对部门存在的交叉职能要逐项分析具体情况及原因,提出理顺意见和建议。确权要促进权力由无据到有序,不符合法律法规要求的权力坚决取缔,超越法律规范、违反操作程序的权力要切实加以规范,全面提升依法行政、用权水平。

第二,行政权力确认阶段——确权。由同级编制管理部门和政府法制部门共同对部门申报的梳理成果进行审核确认。编制管理部门着重从政府职能转变的角度论证相关行政权力是否应当保留;政府法制部门着重从合法性的角度论证相关行政权力是否有明确的制度性依据,权力类型是否分类准确,权力实施主体是否合格。只有经过两个部门共同认可的行政权力才能最终纳入行政权力清单。

这应当成为上海市行政权力清单制度的关键点和亮点,让行政权力的审核同时体现合法确权与转变职能,实现职责相统一。即确权不仅仅是对照相关制度依据照单全收,而是一方面要根据

职能转变的要求，进一步理清政府与市场、政府与社会的关系，还权于市场，放权于社会；另一方面要根据精简、统一、效能的要求，着重解决部门职责交叉的情况，形成管理合力，提升管理效率。同时，权力清单的编制还需结合事业单位的分类改革。在权力清单的编制过程中，分类推进事业单位与行政机关的全面脱钩改制，做好过渡性安排，让行政权力清单真正系统、全面地呈现和规范行政权力及其衍生权力。

第三，行政权力清单公布阶段——晒权。由编制管理部门和政府法制部门将经过审查确认后的行政权力清单报同级政府批准公布。政府公布一级政府及其部门所有的行政权力；政府部门公布其自身行使的，以及授权其他组织行使的所有行政权力。

2. 行政权力清单制度推进路径选择

鉴于行政权力有层级区别，应遵循自上而下、分类推进的方式。

自上而下，指宜由市政府和部门率先公开权力清单，然后逐级向下推进。之所以如此，不仅源于可以由上级发挥带头和示范作用，更主要的原因在于：一方面，政策制度均由市级层面制定，因此，诸多行政权力上级更为了解、更容易把握；另一方面，如果缺乏市级层面对各区县权力清单梳理工作的指导，很容易造成各个区县部门对自身权力事项认定不一，影响了清单的权威性和统一性。

上海市推进政府信息公开工作时曾采取了重点领域先施行的路径，即从“三公部门”先入手。市教委、市公安局、市民政局、市财政局、市人事局、市劳动保障局、市建委、市外经贸委、市卫生局、市水务局、市工商局、市质量技监局、市规划局、市房地资源局、市市政局15家“公权力大、公益性强、公众关注度高”的部门被要求率先编制信息公开目录和指南，梳理和公开与老百姓密切相关的信息，为老百姓获取政府信息提供指引和便利。从稳妥性来讲，行政权力清单制度的推行也可以借鉴政府信息公开的做法。但是，考虑到不少兄弟省市已经全面公开了各自的行政权力清单,如果上海还是停留在公布部分领域的行政权力清单,可能与上海法治建设水平不相符。

我们在推进行政权力清单制度时,还是应当遵循分类推进的具体路径。一方面,因为行政权力种类甚多,不同的行政权力规范和完善程度不一。比如,行政处罚、行政许可、行政强制都有具体法律程序规范,此外,行政处罚基准制度、行政审批标准化制度的推行对这两类行政权力裁量权的行使也设置了一定的标准。而其他行政权力,比如行政给付、行政奖励基本处于无法可依的状态,没有法定的程序,更没有权力行使的标准。因此,从条件成熟度来看,行政处罚、行政许可、行政强制应当成为第一步需要纳入权力清单的行政权力。另一方面,要针对行政权力对公众权益的影响大小来区分,对一些可能会严重侵害公民、法人和其他组织合法权利的行政权力,即使没有统一的程序性规定,也应当通过此次权力清单的制定,对基本的权力运行程序进行规范。因此,从规范必要性来看,行政决策、行政征收、行政征用、行政给付也应当成为第一步需要纳入权力清单的行政权力。

被告人品格证据的实践审视与规则构建

——以155份刑事判决书为样本

崇明县人民法院课题组*

一、现状管窥：对被告人品格证据在司法实践中运用的重新审视

（一）个案管窥：从个案中探寻品格证据的足迹

案例一：某基金经理利用未公开信息交易案。公诉机关指控被告人利用本人及亲属控制的以他人名义开立的证券账户，先于或同期于其管理的基金买入或卖出同一股票，牟取非法利益。庭审中，公诉人出示被告人曾于5年前两次利用职权违规指使他人擅自为客户买入或卖出股票的证据。法官认为被告人的先前不法行为不能作为本案的定罪证据，依法予以排除。

案例二：一起为筹钱救母而实施绑架案件。被告人持刀劫持一名女子，以此要挟有关部门交钱。庭审中，公诉人强调被告人犯罪动机是为筹钱救治母亲的疾病，并将被告人的犯罪动机、过去行为以及在家乡邻居中的良好声誉等品格证据记入量刑建议，对被

* 课题组成员：崇明县人民法院党组书记、院长倪金龙（负责人）；研究室主任朱华颜；研究室副主任黄菲菲（执笔人）。

告人量刑产生了重大作用①。

分析上述两个案例可以看出,先前不法行为、平时表现、犯罪动机等品格证据对于实现裁判的客观公正,作用不可小觑。

(二) 应然与实然:对品格证据的法律梳理与实证考察

品格证据是一个舶来语,《英汉法律用语大辞典》将"character"翻译为:名声、人格(指当事人或证人的名誉,可在诽谤等少数案件中起到一定影响作用)②。《麦考密克论证据》认为"品格"是对某人性情的一种概括性的描述,或者是关于某种一般特征(如诚实、性格温和或者爱好和平等)的概括性描述③。《布莱克法律词典》认为"品格证据"是指能够证明个人性格特点和一定社会范围内公众对个人名誉、道德等方面普遍评价的证据材料④。故而从品格证据的词源来看,其概念可以表述为:能够证明一个人的性格或品质特征,从而推断其将依据其品格行为处事的所有证明材料。

1. 零散的法律规定

我国现行刑事立法框架中虽然没有关于品格证据的直接规定,但在一些法律条文中也零星涉及品格证据的运用。如我国《刑法》第 65 条规定:"被判处有期徒刑以上刑罚的犯罪分子,刑罚执行完毕或者赦免以后,在五年以内再犯罪应当判处有期徒刑以上刑罚之罪的,是累犯,应当从重处罚,但过失犯罪和不满 18 周岁的

---

① 《法官详解劫人质救母案:筹钱救母非轻判理由》,http://news.sohu.com/20090928/n267046313.shtml。

② 《英汉法律用语大辞典》,法律出版社 2005 年版,第 119 页。

③ [英] 约翰·W. 斯特龙:《麦考密克论证据》,汤维建译,中国政法大学出版社 2004 年版,第 379 页。

④ Black's Law Dictionary, Six edition. West Group Press, 1991, p. 232.

人犯罪的除外。”①对构成累犯的被告人,“先前被判处的有期徒刑之刑罚”就是被告人不良品格证据的范畴。再如《刑法》第 72 条规定:“对于被判处拘役、有期徒刑三年以下的犯罪分子同时符合犯罪情节较轻、有悔罪表现、没有再犯罪的危险以及宣告缓刑对所居住社区没有重大不良影响等条件时可以宣告缓刑。”②被告人的悔罪表现、人身危险性等品格证据对被告人量刑具有重要影响。

此外,在未成年人犯罪的相关法律规定中也有品格证据的诸多体现。如最高人民法院《关于审理未成年人刑事案件具体应用法律若干问题的解释》第 11 条规定:“对未成年罪犯量刑应当依照刑法第 61 条的规定,并充分考虑未成年人实施犯罪行为的动机和目的、犯罪时的年龄、是否初次犯罪、犯罪后的悔罪表现、个人成长经历和一贯表现等因素。”③可见,未成年被告人的成长经历、家庭环境、个性特点等品格证据也是法官量刑时的重要参考依据。

2. 凌乱的司法实践

笔者采用过程与结果的综合立体考察法,以崇明法院 2013 年 1 月—2014 年 5 月判决的刑事案件④为样本,按照“隔二选一”的方式从中随机抽取 155 份判决书,并对这些判决书进行统计,从案件有无使用品格证据、品格证据类型、是否采纳和对定罪、量刑结果的影响等方面展开分析。

通过考察发现,随机抽取的 155 份判决书⑤中有 85 件案件涉

①② 《中华人民共和国刑法》,2011 年 2 月 25 日修正。

③ 最高人民法院《关于审理未成年人刑事案件具体应用法律若干问题的解释》,2005 年 12 月 12 日最高人民法院审判委员会第 1 373 次会议通过。

④ 2012 年 12 月 26 日—2014 年 5 月 25 日,崇明县法院共判决刑事案件 620 件。

⑤ 抽样的 155 份判决书涉及罪名包括盗窃、抢劫、交通肇事、故意伤害、寻衅滋事、聚众斗殴、信用卡诈骗、职务侵占、贪污、强迫交易等 20 余项罪名,基本涵盖了三级法院一般刑事案件类型,具有较强的代表性。

及对被告人品格证据的运用,使用率达 54.84%。接下来,再从定罪和量刑两方面来考察品格证据对刑事裁判的影响。

(1) 与定罪无关。对 85 件(简易程序[①] 54 件,普通程序 31 件)提出品格证据的案件进行考察,发现其证明对象全部集中在量刑事实上,用以证明被告人有无犯罪前科、过去违法行为或者平时表现等情节。

(2) 对量刑有影响。以未使用品格证据的 70 件案件作为参照,其中适用简易程序 52 件、普通程序 18 件,再从使用品格证据案件中分别随机抽取相同数量简易、普通程序案件进行对比分析[②]。简易程序中未使用品格证据案件有 11 件被判处实刑,13 件被判处拘役,且分别有 1 件被免予刑事处罚和单处罚金;而使用品格证据的案件中有 23 件被判处实刑,7 件被判处拘役,无 1 件被免予刑事处罚或单处罚金。普通程序情况类似,未使用品格证据的案件判处缓刑数量几近使用品格证据时的两倍。通过对样本统计发现,被告人品格证据主要集中在前科劣迹等不良品格证据,因此使用品格证据的案件一般量刑较重。

二、理论分析:对品格证据的价值分析与弊端透视

(一) 品格证据的正面价值分析

1. 一定程度上帮助查明案件事实

通常,品格证据属于间接证据,不能单独或直接用来证明案件事实,而仅是一种旁证。而当被告人的犯罪事实缺乏直接证据来

---

① 因简易程序案件的被告人对于定罪均无异议,不存在品格证据作为定罪证据使用的可能性,所以但凡简易程序涉及品格证据的,均视为量刑证据。

② 由于适用简易程序和普通程序案件的主观恶性、社会危害性等均不相同,所以选择适用程序相同的案件放在一起考察相对科学合理,也更具有参考价值。

证明时,就需要将各种间接证据联系起来,通过缜密的逻辑推理,形成完整的证据链,排除合理怀疑的程度,得到唯一结论,即案件事实。此外,某些特殊案件中被告人品格证据是案件争议焦点或者犯罪构成要件,主要是刑法上有明确规定的罪名,如我国《刑法》第 201 条第 4 款关于逃税罪的规定。

2. 有利于实现对被告人公正量刑

刑事诉讼中的"罪刑相适应"就是要求对被告人适用的刑罚要与其本身的犯罪行为相当,不可畸轻或畸重。要做到"罪刑均衡",就需要全面掌握量刑信息,包括被告人的平常表现、悔罪表现、退赃情况、人身危险性等品格证据,以保证对被告人合理量刑。此外,将品格证据作为量刑证据考量也对社会具有普遍教育意义,教育公民要自觉守法,在一定程度上起到了预防犯罪的作用。

(二) 品格证据可能产生的弊端

1. 造成诉讼拖延

庭审主要目的在于查明案件事实,正确定罪量刑。多数情况下,品格证据与案件事实没有直接相关性,若庭审中未能准确把握品格证据排除的尺度和界限,可能导致案件的审理重心发生偏差,拖延了诉讼进程,导致司法资源的浪费。

2. 易产生主观偏见

品格证据本身带有一定的倾向性,尤其是被告人的不良品格证据,可能会将法官的注意力从案件事实转移到被告人品格证据上来,使其在推理判断之前就预先在内心形成一定的心理暗示,进而影响对案件事实的正确判断。

三、规范与建构:品格证据的基本定位与规则构建

虽然单一的品格证据只是影响公正裁判的细微因素,但叠加

起来可能会对被告人的人身自由乃至生命产生不容忽视的影响。现行刑事司法实践中,尤其是未成年人审判,品格证据中已经得到广泛运用,只是尚未在立法中予以正式确认。因此,构建一套符合我国国情的本土化刑事品格证据规则很有必要,有助于更加准确地发现案件事实,尽可能还原客观真相,从而帮助法官作出公正裁判。

(一) 理念重塑:用制度规范品格证据的使用

确立品格证据规则,首先应当明确品格证据的基本含义,赋予其名正言顺的法律地位。根据前文所述,可以将“品格证据”定义为:能够证明一个人的性格或品质特征,从而推断其将依据其品格行为处事的所有证明材料,但是一个人具体而固定的特定行为是习惯证据,不属于品格证据的范畴。因品格证据目前尚不属于我国法定证据种类,还需要结合我国现行法律体系关于证据的一般规定,明确品格证据可以通过书证、证人证言、被害人陈述、被告人或犯罪嫌疑人供述和辩解、鉴定意见、视听资料、电子数据等形式提出,同时必须符合我国刑事立法关于证据合法性的要求。

(二) 模式架构:被告人品格证据规则的制度设计

1. 定罪程序:原则排除与例外适用规则

在刑事诉讼中对被告人品格证据规则进行原则性规定,明确在定罪程序中采用原则排除与例外适用规则,即当将其作为认定案件事实的主要证据时应当原则上排除适用,除非法律明确规定不予排除的情形:(1) 被告人首先提出自己的良好品格证据。无论是被告人还是其辩护人提出被告人良好品格证据时,公诉人有权提出被告人不良品格证据反驳其可信性。但公诉人提出被告人不良品格证据仅限于与被告人的可信性有关,不包括其他不良品格证据。同时,对于被告人的先前犯罪行为或违法行为应当严格限制在“案发当时”，不允许提出与案发时间相距久远的前科劣迹。(2) 被告人主动提出自己的不良品格证据。特殊情况下，被告人可能会出于特定目的而主动提出自己的不良品格证据，此时视为被告人放弃了“不被强迫自证其罪”的权利，允许公诉人针对被告人提出的不良品格证据进行反驳，攻击其可信性。(3) 被告人不良品格证据是证明犯罪构成要件的事实。当被告人的不良品格证据与案件主要事实之间有直接相关性时，允许公诉人提出被告人不良品格证据，证明被告人是否构成犯罪。但这种情况必须有法律的明确规定，如现行刑法第 201 条最后一款关于逃税罪的规定。(4) 被告人不良品格证据属于相似事实证据或其他间接证据。此类证据在我国《刑法》中主要用于证明被告人主观上是否明知是犯罪行为，如第 172 条非法持有假币罪、第 348 条非法持有毒品罪。但实践中该证据易导致“未审先判”，因此应当赋予法官一定的自由裁量权决定是否采纳该证据，即当其证明价值明显小于可能造成的偏见，或者与当前指控犯罪间隔时间久远，则予以排除；当其用于证明被告人的犯罪动机、目的或者非因过失或意外事件等，证明价值大于可能造成的偏见，则予以采纳。(5) 公诉人提出的证据间接披露被告人不良品格证据。庭审中，公诉人提供的其他证据可能会间接披露被告人的不良品格，但若只是为了对案件的附带性情况进行说明，以帮助法官更好地了解案件，则可予采纳。(6) 被告人攻击被害人或同案犯的品格。如果被告人提出被害人或者共同犯罪案件中其他被告人的不良品格证据，允许公诉人提出被告人的不良品格证据进行反驳。作为证据使用的品格证据必须查证属实，并经庭审质证，才能作为定案证据。

2. 量刑程序：原则适用与例外排除规则

量刑程序中应当明确原则上允许使用被告人品格证据。基于此，建议公诉机关在起诉书中不再将被告人的先前犯罪记录或者违法行为等内容作为必须说明的事项予以列明，而可以在量刑答辩程序中向法庭递交有关被告人是否具有犯罪或违法前科，以及被告人的其他可能影响量刑的法定或者酌定量刑情节的证据。在量刑答辩程序中，基本允许公诉人或者被告人、辩护人提出关于被告人一贯表现良好或者系初犯、偶犯等良好品格证据。因为部分刑事案件被告人可能是在特定情况下才实施犯罪行为的，如被害人挑衅、长期受被害人压迫等，此时即使所造成的危害后果与一般情况下犯罪相当，对被告人的量刑也应当适当轻缓，以实现刑罚个别化。对于被告人不良品格证据，一般也允许公诉人在量刑程序中提出，使法官能够全面地评估被告人的主观恶性和人身危险性，以便科学合理地确定最终刑罚，达到矫正罪犯与实现刑罚个别化的双重目的。但如果品格证据对证明被告人的量刑事实是否存在具有重大影响或直接导致被告人判处重刑时，仍应谨慎使用，必要时可予排除。如对可能适用死刑的案件，应当对品格证据的使用设置较高的证明标准，即达到与定罪相同的"排除合理怀疑"程度；当品格证据用来证明从重处罚的量刑事实是否存在时，如果无法查明，则应从有利于被告人角度出发，将该证据排除。

3. 未成年人犯罪案件中的特殊规定

对于未成年人犯罪应当区别于成年人，有必要对未成年被告人品格证据进行特别规定。首先，在定罪程序中除规定原则排除规则外，对例外适用的法定情形可以仅限定存在前文所述的(3)、(4)两种情况时才可以提出未成年被告人不良品格证据，因为公诉人在刑事诉讼中承担主要的证明责任，如果绝对禁止公诉人提出被告人不良品格证据，则可能会放纵罪犯。其次，在量刑程序中对被告人良好品格证据原则上允许提出，对前科劣迹等不良品格证据，可结合未成年人犯罪污点封存制度的有关规定，根据以下几种情况区别对待：(1) 如果未成年被告人的先前犯罪属于过失性犯罪，则该前科一律不允许提出；(2) 如果未成年被告人的先前犯罪虽属故意犯罪但情节较轻、主观恶性较小，且量刑在 5 年以下的，原则上也不允许提出，除非涉及国家安全或恐怖活动犯罪；(3) 如果未成年被告人的先前犯罪属于主观恶性较大的故意犯罪或其他严重刑事犯罪，且量刑在 5 年以上的，可采取限制性提出原则，即刑罚执行完毕后一定期限内未再犯罪，或者再犯行为属于较轻的过失性犯罪，可以允许排除。此时，还应当赋予法官自由裁量权，即对被告人后犯罪行为的性质、危害程度进行综合衡量，决定是否排除其前科劣迹证据。

4. 相关配套机制

为客观全面地获得被告人品格证据，还需要建立健全相关配套机制，建议推行量刑前社会调查报告制度。目前，在我国未成年人刑事犯罪中已经试行未成年人社会调查报告制度，即对未成年被告人量刑前，公诉机关要对未成年犯的性格特点、家庭情况、社会交往、成长经历等个体情况进行调查，形成社会调查报告提交合议庭，作为法官量刑时的依据。但因缺乏专门机构进行调查活动，该制度的实际运行效果并不理想。因此，可以借鉴英美法系国家的“量刑前报告”制度，在法院内部设立专职的“社会调查员”或者建立专门从事社会调查的行政机构，负责对被告人的家庭、社会关系、受教育情况、成长经历、前科劣迹等个体情况进行全面调查，及时形成“社会调查报告”递交法庭，作为法官量刑时的参考依据，体现量刑规范化改革的实际效果。

建立上海市食品安全信息追溯体系监管机制的立法研究

上海市食品药品监督管理局(上海市食品安全委员会办公室)课题组*

《中共中央关于全面深化改革若干重大问题的决定》在健全公共安全体系方面明确提出：完善统一权威的食品药品安全监管机构，建立最严格的覆盖全过程的监管制度，建立食品原产地可追溯制度和质量标识制度，保障食品药品安全。为此，上海作为一个人口约达2 400万、食品和食品原料近70%以外埠供应为主的特大型城市，有必要进一步加快食品安全信息追溯管理制度的研究建立，通过制定地方政府规章，确保建立食品原产地可追溯、覆盖全过程最严格的追溯和质量标识体系，充分保障上海市人民群众的身体健康、生命安全和消费知情权。

---

* 负责人：阎祖强，上海市食品药品监管局党委书记、局长、市食安委副主任、市食安办主任。成员：顾振华，上海市食品药品监管局副局长、市食安办副主任；许瑾，上海市食品药品监管局副局长；史岚，稽查处副处长；陈晋华，新闻宣传处副处长；田一芳，国际合作处主任科员；陈祖尧，食品安全协调督查处处长；李逸冰，政策法规处副主任科员；何堃，食品安全协调督查处副主任科员。

一、食品安全信息追溯体系的含义及必要性

为严格控制食品质量安全，目前市场经济相对成型的国家和地区均采用了食品安全监管从农田到餐桌整个过程链的有效监控，并在此基础上实行了食品安全信息追溯体系。该体系利用现代化信息技术保存相关记录，实现食品质量安全全过程、全方位的追踪追溯，确保饮食安全。该体系在控制食品安全风险、厘清监管执法部门职责等诸多方面卓有成效，受到了美国、欧盟等越来越多国家和地区的高度重视。

（一）食品安全信息追溯体系的含义

根据来自国际食品法典委员会(Codex Alimentarius Commission, CAC)、国际标准化组织、欧盟食品法关于“食品安全信息追溯”较具权威性的定义，[①]食品安全信息追溯体系是指在食品产供销的各个环节(包括种养殖、生产、流通以及销售与餐饮服务等)，食品质量安全及其相关信息能够通过信息化技术等手段，被顺向追踪(生产源头→消费终端)，或者逆向回溯(消费终端→生产源头)，从而使食品的整个种养殖、生产、经营活动始终处于管理主体有效监控范围的制度体系。实施这一体系能够落实和厘清企业的主体责任和政府的监管责任，并能有效追溯、控制和处置不符合食品安全标准的食品，从而保证公众饮食安全。

（二）建立食品安全信息追溯体系的必要性

建立健全食品安全信息化追溯体系已成为食品生产经营企业、消费者和政府的共同需求，其必要性包括三个方面：(1) 提高

① 陈骥：《建立健全食品安全溯源体系的思考》，《中国工商管理研究》2011 年第 6 期。

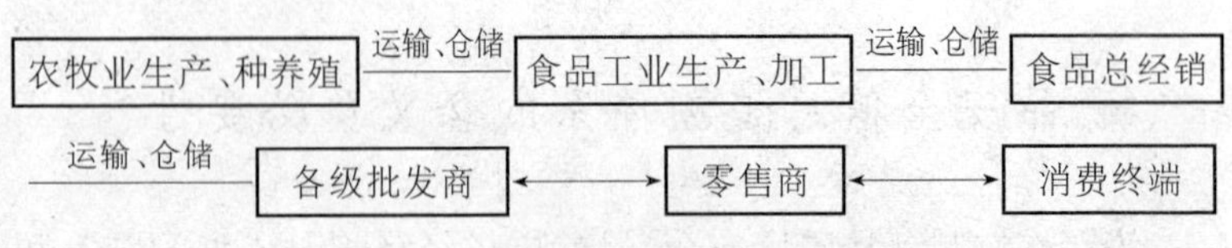

图 1　食品安全信息追溯流程

信息的可靠性：能保证食品配送路径的透明度，迅速向消费者和政府食品安全监管部门提供食品信息，防止食品标识和信息的错误辨识，加强食品标识的验证。(2) 提高食品的安全性：能提高食品安全事故的处置效率，迅速追溯和查明原因，确定相关肇事者，并有效实施召回，从而迅速有效地清除不安全食品，有助于控制和预防食品安全风险。(3) 提高产业的规模化：食品追溯系统可以通过产品身份的识别、信息收集和储存，增加食品管理的效益，降低成本，有利于企业向规模化、集约化方向发展。

二、国外食品安全信息追溯体系的制度借鉴

检索相关文献，欧洲的疯牛病、二恶英和美国 9.11 事件后，许多国家和地区开始逐步实行强制性食品安全信息追溯制度。

(一) 美国食品安全追溯信息监管体系

美国追溯信息监管始于家畜追溯体系。美国农业部着手建立家畜追溯体系，要求生产加工者和零售者做好家畜追溯信息的记录。将家畜的出生、养殖、屠宰以及加工信息传递给消费者。此后，美国对牛羊等家畜都要求带上耳标①。

---

① 房瑞景、陈雨生、周静：《国外食品安全溯源信息监管体系及经验借鉴》，《农业经济》2012 年第 9 期。

为了更有效地监管食品追溯信息，美国政府督促企业采用信息管理系统。2002 年《公共卫生安全和反生物恐怖法》(*Public Health security and Bioterrorism Preparedness and Response Act*)第 306 节跟踪与追溯条款①中规定，企业应当在信息管理系统中录入货物进口记录、公司对食品工厂的注册信息，企业进口产品也必须先申请。

美国《食品安全现代化法案》(*The Food Safety Modernization Act*)(2011 年)在第 204 节"加强食品跟踪和追溯以及记录保存"②中作出了相关规定，加大了对问题食品召回的力度，提高了政府部门对于违反追溯信息披露要求以及提供虚假信息或者虚假产品的经营者的处罚力度，特别是对明知故犯者的惩罚。通过食品安全追溯系统和调查确认，无论是食品生产者、上一级母公司或销售商，如被查明其导致食品、宠物食品和添加剂的污染、掺假和恶意误用，都将在惩罚之列。

(二) 欧盟食品安全追溯信息监管体系

欧盟最先应用食品追溯体系，食品追溯制度较为完善。2000 年 1 月，欧盟发表了《食品安全白皮书》，明确相关生产经营者的责任，要求食品供应链进行全程管理。在 2000 年 12 月—2002 年 11 月期间，欧盟执行了 *Trace Fish* 计划。其主要目标是研究水产品的可追溯性，建立水产品追溯体系的标准，即鱼产品从养殖或捕捞直至消费全程追溯信息的管理标准，包括记录、传递和监管，在水产品追溯体系建设方面发挥着重要的作用。

2002 年 1 月，欧盟颁布的《通用食品法》要求食品经营者能够分辨其所提供的产品的来源与去处，并具备适当的体系或程序，能

---

① 杨明亮：《食品溯源》，《中国卫生法制》2006 年第 6 期。

② http://www.foodsafety.gov/news/fsma.html.

够在主管部门要求时提供追溯信息[①]。2005 年 1 月 1 日起,对欧盟成员国所有的食品、饮料、饲料和肉类食品实行强制性追溯(Mandatory traceability)管理[②],要求企业强制实行可追溯制度,包括整个供应链中的食品都要保留记录,必须具备可追溯性,否则不允许上市。欧盟的食品安全追溯体系充分发挥了向上追溯和向下召回的"退一步、进一步"的追溯作用。

欧盟为了增强食品安全追溯信息的透明度,在各种追溯系统中设置了消费者查询功能,并公布由食品安全管理局实施的人类与动物健康安全风险和环境风险评估结果,公众可以参加管理委员会举行的会议,使公众可以广泛获取该局掌握的文件和信息。

此外,欧盟《通用食品法》规定了对违法者严厉的惩罚措施[③]。对犯罪者的指控包括对生产者、上一级供应商和销售者的全面追究。对于制造或者提供虚假信息的组织,将受到行政或刑事处罚。严厉的惩罚制度会在一定程度上加强经营者对追溯信息的重视,从而使得追溯信息记录和整理更加完善。

三、中国食品安全追溯体系制度借鉴

(一) 国家食品安全信息追溯体系制度的建立情况

我国目前与食品安全相关的法律、行政法规和部门规章,对食品追溯的相关要求主要停留于食品出厂检验记录、食品经营进货检查验收、索证索票和台账记录,以及相关记录保存期限不得少于 2 年的规定。对可追溯的要求比较笼统,缺乏可操作性。食品安全追溯管理的技术标准和相应规范尚未健全。

① 秦玉青、耿全强、晏绍庆:《基于食品链的食品溯源系统解析》,《现代食品科技》2007 年第 11 期。

②③ 杨明亮:《食品溯源》,《中国卫生法制》2006 年第 6 期。

(二) 北京、海南等省已通过制定地方性法规,探索对食品安全信息化可追溯系统制度的实施

北京对无法追溯来源的生猪及有关畜禽设定了法律责任(《北京市食品安全条例》第 69 条);海南则已尝试建立可供公众查询的农产品生产信息平台(《海南省农产品质量安全条例》第 41 条)。

(三) 香港食品安全追溯信息监管体系

香港食品安全方面的法律体系较完备、法律责任严格。从法律规范来看,食品安全方面的追溯要求主要体现在 2011 年生效的《食物安全条例》[①]第 4 条和第 5 条的内容中。2012 年 2 月 1 日,香港全面实行对食物进口商和食物分销商登记制度及备存食物进出纪录制度。此两项内容确保在遇上食品安全事故时,当局能更有效地追踪食物来源及迅速采取行动,保障市民健康。对企业而言,追溯制度使问题来源尽早锁定,同样减少了对企业的影响。

为食品安全信息追溯制度的有效实施,《食物安全条例》规定了严厉的罚则,对未有登记而经营食物进口或分销业务者最高可被判罚款 5 万元及监禁 6 个月;对没有遵从备存纪录规定者最高可被判罚款 1 万元及监禁 3 个月。

四、上海市食品安全信息追溯体系建设的实践

(一) 上海市已通过规章、规范性文件,探索对生猪产品质量安全、标准化菜市场的追溯管理

《上海市生猪产品质量安全监督管理办法》第 22 条第 2 款规定:"生猪产品批发市场或者大型超市连锁企业按照本市有关规定

① http://www.cfs.gov.hk/sc_chi/whatsnew/whatsnew_fstr/whatsnew_fstr_Food_Safety_Bill.html.

建立生猪产品溯源系统的，该市场的场内经营者或者该企业可以从外省市采购生猪产品。”《上海市标准化菜市场管理办法》第 6 条第(一)项规定：“标准化菜市场管理者应当履行以下职责……积极建立食品安全流通信息追溯和监管系统。确保追溯和监管系统的正常运行。”第 6 条第(二)项规定：“标准化菜市场摊位经营者应当履行以下职责……消费者索取销售凭证时，应依法提供销售凭证；建立追溯系统的，应按照规定提供可追溯的销售凭证，并接受政府监管部门的检查。”《上海市标准化菜市场追溯系统运行管理办法》(2012 年市商务委印发)规范细化标准化菜市场追溯系统运行管理工作，明确区(县)商务主管部门、标准化菜市场管理者、摊位经营者的职责，明确相关制度，包括索证索票制度、进场登记制度、销售打单制度等，同时明确追溯体系运维费用纳入区县年度财政预算。

(二) 上海市食品安全追溯体系建设存在的主要问题

1. 尚未建立食品安全追溯全程化监管的相关制度

目前，食用农产品流通监管除猪肉追溯系统根据《生猪屠宰管理条例》、《上海市生猪产品质量安全监督管理办法》等法规规章建立了较为有效的追溯系统外，蔬菜、乳制品、淡水鱼等与人民群众日常生活密切相关的食品，如何建立从田头到餐桌全过程有效的食品安全追溯系统仍缺乏相关的法律法规支撑，日常运行管理和追溯系统运行监督的责任主体不明确，导致追溯系统很难有效推行。

2. 目前相关法律规范的效力层级低，缺乏强制力

食品安全信息化追溯系统在国家大法层面尚以倡导性、自愿性为主。而上海市相关规范也因为效力层级低、缺乏强制性，致使市场管理者及场内经营者对于食用农产品和食品追溯系统的使用和管理主体意识不强，缺乏采用信息化追溯系统的内在动力和外

在压力;在追溯系统运维工作方面,区县级财政支持力度不够,工作不得力。

3. 因立法缺位,致使已有系统存在追溯信息内容不规范、信息流程不一致、系统软件不兼容等问题,且尚无省市建成统一开放的食品安全信息追溯平台,使得追溯信息不能实现资源的共享和交换

具体表现为:食品质量追溯系统多以单个部门或企业为基础开发的系统内部追溯系统①,仅可满足本部门、本企业或食品某一生产经营环节的信息追溯需求,不能实现全程追溯信息共享。此外,国内尚无省市建立完成统一开放的食品安全信息追溯平台,公共查询服务及协助监管功能不健全,均严重阻碍了系统的普及和推广。

五、关于制定上海市食品安全信息追溯管理办法的立法建议

(一)建议加快制定上海市地方政府规章《上海市食品安全信息追溯管理办法》

在国家和上海市相关食品安全法律、法规尚未涉及食品安全信息追溯体系建设的情况下,通过制定政府规章,明确实施食品安全信息追溯的品种、对象、范围,明确食品生产经营者录入、报送相关信息的义务及不履行义务的法律责任,明确相关食品安全监管部门的职责,为食品安全信息追溯体系建设提供相应的法制保障,具有必要性。美国、欧盟以及我国的香港地区、海南、北京等省市在追溯立法方面的经验都可以作为上海市食品

① 秦玉青、耿全强、晏绍庆:《基于食品链的食品溯源系统解析》,《现代食品科技》2007年第11期。

安全信息追溯立法的有益借鉴。此外,作为商务部确定的“肉菜流通追溯体系”建设首批试点城市之一,上海市近年来在食品安全信息追溯方面也积累了一定经验,为上海市食品安全信息追溯立法提供了重要的实践基础。因此,上海市制定相应的政府规章具有现实可行性。

(二)通过制定地方规章,要求整合现有食品安全追溯信息平台,纳入上海市统一的食品安全监管和信息服务平台,实现种养殖、生产、加工、进口、贮存、运输、销售、餐饮全过程的食品安全信息的可追溯,实现统一食品安全追溯信息的归集、共享、公布和查询

在追溯平台建设方面,《上海市食品安全监管和信息服务平台可行性研究报告》已通过市发改委评估审核,平台建设项目已获得必要的经费支持。“上海市食品安全监管和信息服务平台”的建设将通过加强管理部门间的信息共享与业务协同,为实现上海市食品安全最严的“准入、执法、监管、处罚、问责”措施提供技术支撑,进一步加强风险交流,提高服务社会的能力,进一步推动食品安全信用体系建设。同时,该项目已将“食品安全信息追溯平台”纳入重点建设范围,确保实现向消费者提供食品追溯体系介绍、食品追溯信息查询等信息服务。此外,在追溯系统建设方面,上海市近年来在生猪产品、标准化菜市场食品安全信息追溯方面也积累了一定经验。再者,上海市出入境检验检疫部门对进出口企业已实施食品追溯信息电子申报管理,批发市场、大卖场(超市)、集体用餐配送单位、中央厨房、大中型餐饮服务企业也已基本实现电子台账和凭证管理,为食品追溯信息联网奠定了基础。由此,上海市信息追溯系统和平台的建设已基本趋于成熟。有必要通过地方规章,明确要求将现有食品安全追溯系统信息统一纳入上海市食品安全监管和信息服务平台,实现种养殖、生产、加工、进口、贮存、运输、销售、餐饮全过程的食品安全信息的可追溯，实现统一食品安全追溯信息的归集、共享、公布和查询，确保建立食品原产地可追溯、覆盖全过程最严格的追溯和质量标识体系。

（三）明确实施食品安全追溯体系重点品种和重点对象目录制度，推进食品安全追溯体系的分阶段、分步骤实施

根据《关于本市食品安全信用体系建设的若干意见》（市府办发〔2013〕8 号），并结合前期进一步深入广泛调研，现已基本明确了此部规章的立法调整范围。食品安全信息追溯的重点品种将通过实施目录制度加以调整，目前已确定包括：粮食及其制品；畜产品及其制品；禽及其产品、制品；蔬菜；水果；水产品；豆制品；乳品；食用油；酒类十大类食品。重点对象包括：从事追溯食品和食用农产品生产经营的生产企业、农民专业合作经济组织、屠宰厂（场）、批发经营企业、批发市场、兼营批发业务的储运配送企业、标准化菜市场、连锁超市、中型以上食品店、集体用餐配送单位、中央厨房、学校食堂、中型以上饭店及连锁餐饮企业等。

（四）整合各环节监管部门推进食品安全追溯系统运用和监督的相关职责，加强食品安全的执法检查和追溯监控

根据《国务院关于地方改革完善食品药品监督管理体制的指导意见》，上海市食品安全监管部门改革职能和机构调整已基本到位，食品生产、流通、餐饮服务环节的食品安全监管职能已经得到充分整合。有关农业、商务、出入境检验检疫等部门的食品安全信息追溯体系建设的相关职能也将通过市食安办综合协调作用的有效发挥和食品安全统一信息平台的建立得到全面整合，加快制定上海市地方政府规章《上海市食品安全信息追溯管理办法》的时机已经成熟。

（五）明确不按照规定记录和报送相关信息、不履行食品安全追溯相关规定和要求的法律责任

《上海市食品安全信息追溯管理办法》地方政府规章的制定和实施,将通过明确上海市重点监督管理的食品和食用农产品的安全信息追溯系统和平台的建设和管理,不仅对上海市食品各环节全过程的食品安全追溯信息进行记录、报送、归集、共享、查询、公布和监管,而且同时明确了不按照规定记录和报送相关信息、不履行食品安全追溯相关规定和要求的法律责任。政府规章的制定和实施将有利于使食品安全信息追溯制度具有更强的拘束力和执行力。此外,对于外埠责任主体的落实问题,也将随之迎刃而解。通过规章的及时出台和有效实施,上海市将通过出口、流通、餐饮服务环节食品安全信息追溯体系发挥“倒逼”的机制作用,通过市场化竞争与合同约束方式,确保外埠食品生产经营者遵循上海市食品安全信息追溯的相关规定。

创新社会治理体制，实现治理能力现代化研究

上海市社会工作党委课题组*

一、上海社会治理体制：现状与判断

上海作为我国改革开放的前沿，长期以来在社会治理领域开展了形式多样的改革探索，包括社会治理体制的创新实践，并取得了一些成效。课题组的基本判断是，一个基本适应国际化大都市的社会治理体制初现端倪。

（一）“政府治理体系”的制度化特征已经显现

社会治理体系可以具体化为“政府治理体系”、“社会自我调节体系”和“居民自治体系”。其中，政府治理体系的核心是党委领导、政府主导，需要制度化的支撑。在上海的社会治理体制格局中，制度化特征已经不再表现为单纯的“点”“线”关系，而是彼此依

---

* 课题组负责人：陆晓春，上海市社会工作党委书记。成员：吴红伟，上海市社会工作党委秘书长；方士雄，上海市社会工作党委研究室主任；杨亚琴，上海社会科学院智库科研处处长；沈立新，上海市委研究室综合处处长；王茵，上海市社会工作党委研究室副主任科员。

赖、彼此联系、彼此制约的关系。比如,对社会组织的管理,党的工作部门有社会工作党委,政府有社团管理局,基层有各区县的“职责同构”部门,它们的网络并非是冲突的,而是有明确的职责分工和制度约定。在体现民生本位的公共服务体制上,上海也创新了体制,如教育领域“管、办、评三者分离”体制,将社会的第三方评估纳入体制结构之中。

(二)社会自我调节体系正在建构中

社会治理的重要任务是找到化解社会冲突与社会矛盾的途径和方法。上海试图结合体制内和体制外的双重资源优势,增强社会自我调节的功能。一方面,发挥“工、青、妇”等群团组织的组织优势,尽可能将特定群体中的社会冲突隐患解决在萌芽中;另一方面,积极发挥社区机制,开展“社区自治家园建设”,通过法治社区、扶持老娘舅、开展形式多样的“三会一代理”等不同途径,进行平等对话、相互协商,使矛盾化解在社区;再一方面,发挥社会组织的调节作用,推动以行业规范、社会组织章程为基本内容的社会规范建设,以此协调社会关系、约束社会行为。

(三)居民自治实践不断深化

从 20 世纪 90 年代初的“两级政府,三级管理”体制改革,到当前推行的“社区自治家园建设”,在这个改革进程中,上海走过了“委权社区”到“授权社区”,再到“放权社区”的路子,各种改革探索如火如荼。从国家与社会关系的角度分析,上海居民自治体制改革值得肯定的创新有:(1) 依法治理。闸北区试行的社区法务助理制度是在居委会组织法基础上,以“三会一代理”(协调会、评议会、听证会,代理居民事务)为抓手,探索社区自治的制度化、规范化、程序化。(2) 社区公共服务实现制度化,其载体是社区事务受理中心。上海已经在全市推广了这一模式,并倒逼政府的公共服务体制改革。同居民利益有关的劳动就业、社会保险、社会救助、社会福利、医疗卫生、文化教育、体育健身、消费维权等工作体制机制已经超越均等化层次。(3)“自治家园”建设是促进社区民主管理的新尝试，全市有81个社区试点，成为扩大市民知情权、参与权、决策权、监督权的又一积极改革。(4)社区纠纷的调节机制多元化，不求简单划一，但求有效。比较著名的创新有网格化、社会工作、“老娘舅”、专业工作室、社区矫正、大调解，等等。

二、当前上海社会治理存在的问题分析

社会治理体制改革与探索是上海国际化大都市治理实践中的主动作为，其中遇到的挑战既有共性，也有特殊性。现行体制保障了社会治理的顺利运行，但也存在一些制约性障碍。

（一）体制性障碍

1. 政府购买服务没有成为社会治理的助推器

政府购买产生的资源配置方式是协调国家与社会关系的调节器，但目前这一作用的发挥是有限的，存在的问题主要有五个方面：一是政府购买社会组织的服务小于购买企业提供的市场化服务，政府、市场、社会的关系有待进一步协调；二是政府购买存在不规范现象，购买对象选择存在主观偏好，有失公正；三是政府购买的预算制度执行不力，既有购买服务目录制度执行偏离的行为，也存在专项资金支出不符合预算的情况；四是政府购买的信息公开程度有待进一步拓展；五是监督监管滞后，对政府购买服务的过程和结果尚未形成制度化监管。

2. 政社关系有待理顺，社会组织体制尚处于调整中

截至2013年底，上海市每万人拥有的社会组织数量超过8个，是全国平均数的近两倍，但仍低于纽约、伦敦、巴黎等国际化大

都市。这也在一定程度上说明,上海的政社关系仍然有进一步改善的空间。同时,上海社会组织自身也存在很多问题:一方面,"二政府"现象在不同领域存在,这些准政府类的社会组织垄断了资源,甚至阻碍了政府向社会的放权步伐,"官民二重性"的剥离仍需时日;另一方面,当前正在推行的行业协会商会类、科技类、公益慈善类、城乡社区服务类社会组织直接依法申请登记工作,在操作中省略了主管部门要件规定,为政社关系打开了新局面,但政府向社会授权的步伐并未同步;再一方面,上海仍然存在政府监管独大现象,社会监督机制没有充分激活。

3. 基层自治组织"超载现象"突出,政府与社会的互动还需深化

目前,上海居委会平均承担的事项高达 150 项左右,其超载的部分大多来自街道。"街居制"的老问题涉及街道的派出机构性质及其责任,街道的内设机构也越来越有职责同构的趋势,街道有成为一级政府的迹象。同时,现有的"二级政府"体制客观上造成了居委会、街道对区级政府依赖的困局,自治组织的向上依赖度高,因此在居委会、业委会和物业公司的治理格局中,自治组织的功能还未得到充分体现。

4. 社会调节、矛盾处置、社会安全体制滞后,"应对"明显、管控不足

当前,上海的成就集中于微观领域的体制创新,宏观治理有待提升:(1)"大调解"体制,动员了党委、政府、自治组织、社会组织、社会精英等不同资源,但成本很大。尤其是这种矛盾化解体制多以"个案"应对为主,微观问题类推的价值不是很明显,法治往往是被淡化的。(2)"大联动"、"大联勤"体制,协调大于主管,一旦缺乏有效的机制保障,常规性治理便无法形成,特别是面对突发事件的处置并不有效。(3)"网格化管理"还没有实现资源的共享,不同部门的"网格"资源受到体制壁垒的隔离,造成效率低下,甚至是

重复建设。(4) 食品药品安全、环境保护、灾害防护与救助等安全问题，随着现代物流和信息技术的广泛运用，正在出现新动向，政府监管体制如果滞后太多，所造成的危害将难以想象。总之，有效的管控需要积极的预警机制，适合大都市的预警建设尚未得到充分重视，现在多集中于车站等交通区域，而医院、体育中心、高校、商场等人群密集区域尚未得到足够重视。其他脆弱性区域的预警也需加强，如隧道、高层建筑等。

(二) 社会治理能力方面存在的问题

1. 社会治理各主体的行动能力同社会发展有一定脱节

一方面，上海的社会异质化程度越来越高，整合社会能力尚未与国际化保持同步。市民在价值、文化和利益上的差异，还没有形成新的社会价值共识，社会冲突非常普遍；另一方面，社会再组织化还没有完成，无法同快速的社会变迁保持同步。上海的家庭微型化已经维持了半个多世纪，单位制基本解体也存在了 20 多年，但新的社会如何被组织起来仍然没有更多的办法，“项目活动”、“政府动员”等方式都没有从根本上改变上海市民的原子化个体状态。

2. 社会利益实现的能力同社会期待有差距

在当前复杂的社会利益结构下，检验社会利益实现能力的核心标准就是不同利益是否能够得到合理、充分地表达。尽管当前创新了工资协商制度、听证制度、社区自治等民主协商制度。但上海有些区县长期存在的上访、群访等问题，一定程度上反映了这种社会利益实现能力同市民期待之间存在着差距。

3. 社会公共产品的供给能力尚不能满足差别化需求

当前，社会的各种不同诉求，特别是差异化诉求，如养老、环保、安全等福利性公共产品成为特大型城市的新挑战。比较分析，上海的社会公共产品供给能力存在以下几方面问题：(1) 供给能力结构失衡,市场类公共产品的供给能力远大于社会公共产品的供给能力。(2) 公共利益的指向不十分明确,甚至有逐利倾向。当前关于公立医院回归公益的讨论就是对社会公共产品供给方向性偏差的检讨,当公共性沦陷和社会性缺失的时候,公共利益的价值指向就是模糊的,甚至是偏颇的。(3) 社会组织等社会力量参与供给的能力未能充分调动起来,政府承担了相对的无限责任。这一问题的产生既有主观上社会发育不足,难以承接政府转移的职能之因,也有政府管理惰性和对社会不信任的因素所致。

4. 社会风险控制能力:勉强“应对”,预警能力不足

一方面,上海的社会风险预警能力并不能满足大都市风险管理的需要,仍然处于被动应对风险阶段,如何实现源头治理,需要关口前移,防患于未然仍然有很长的路要走;另一方面,制度化的风险管控能力显示出一定程度的滞后性,建立更加公平合理的利益分配制度,保护劳动者合法权益才是积极的防范举措;再一方面,立体化的风险管控需要系统治理,比如建立能够满足社会各阶层需求的利益表达机制,建立有效的社会自我调节渠道,以及畅通复议、诉讼、信访等权利救济渠道等。

三、政策建议

(一) 重塑社会价值体系,凝聚市民共识

一是要加强社会主义核心价值体系建设,发挥价值体系在社会导向、形塑认同、增强共识的作用。

二是提炼凝聚城市精神的核心价值。上海需要动员性的话语表达,向全体市民表述清楚反映上海特征的价值。建议在全市范围内征集,一则是宣传造势,二则发现市民当下的价值观状况。

三是以价值引导舆论、以价值观塑造公信力、以价值促进社会共识的形成。要使价值观念能够渗透进入单位规章、组织章程、市

民公约、村规民约、学生守则、行业规范等不同层面，潜移默化地为社会治理现代化凝聚强大的正能量。

（二）创新党委领导下的政府治理体系

一是完善党委领导、政府负责、社会协同、公众参与、法治保障的工作体系。其中，创新地方党委的社会治理领导体制，实现党的领导同公共服务的对接，基层社会治理要体现自主性的同时，要走出“活动”思维圈，围绕人、围绕党员的发展开展工作。

二是促进政府与社会的互动，创新政府主导的方式方法。一方面，政府必须承担起社会治理的义务和责任，在规划、资源配置、财政投入、人力资本等方面积极创新。比如，公共服务不仅要勇于担当，而且要提高服务质量，近年来推行的一站式服务、最后一公里、延伸服务等应该不断深化；另一方面，上海需要在基本公共服务保障托底的基础上，尽可能满足多元化、差异化的公共需求，提高社会的满意度；再一方面，借鉴发达国家经验，向社会充分授权，发挥社会机制的补充作用，鼓励社会组织甚至市场主体承担更多的社会责任；同时，政府要适时指导社会公约，提高全社会的契约意识和守法用法能力。

（三）再塑社会治理的组织支撑体系

一是重塑“单位制”功能，充分发挥体制内组织的积极作用。一方面，要将单位建设成为职工最为信赖的社会单元，成为市民应对社会风险的港湾；另一方面，加强单位同体制外组织，尤其是非正式组织的联系，在社会治理中实现相互沟通、共享资源。

二是发挥社会组织的社会动员功能，以社会组织进社区为突破口，引导社会组织参与社会治理。

三是发育“枢纽型”组织。现阶段，要着力探索培育人民团体（工会、共青团、妇联、侨联、文联）成为枢纽，形成人民团体为主导的伞型社会组织体系，进一步发挥人民团体作为党和群众间桥梁纽带的作用，对其他社会组织的服务、引导和管理，拓展人民团体的工作空间。

四是适时成立自由职业者联合会。自由职业者大多聚集在经济、文化领域，虽然人数与单位人相比不多，但是浸润型分布，弥散化工作，使其影响不容小视。部分自由文化人缺乏约束，经常发表不负责任的言论，社会影响很大。联合会可以起到强化自由职业者与党政部门之间的沟通和交流、畅通表达意见渠道的作用，也能在客观上促进自由职业者的自我治理。

（四）建立健全政府规制，提升社会治理的规范化水平

一是坚决禁止或取缔消极社会现象和行为，如涉黄赌毒、暴力与恐怖，以及网络谣言等。

二是设立必要的准入和退出机制，引导社会主体提升自身能力，规范自身行为。

三是建立健全必要的认证制度、确立行业标准，尤其是在健康、安全、环境等专业性很强的领域，开展资格认定和资格证明工作。

四是强化过程监管和事后追踪制度，完善问责机制，提高治理绩效。

五是建立健全对社会治理主体的监督检查制度，规范信息公开制度，提高透明度；严格履行行政程序，提高依法治理的能力。

（五）提高化解社会冲突的法治能力

一是充分发掘现有体制的潜力，彰显法治权威。党委领导、政府负责、社会协同、公众参与格局只有在法制轨道上才能顺利推进，社会组织、群众自治、社会调节、社会矛盾预防与化解的“共治格局”才能形成，政府治理、社会自我调节、居民自治的良性互动才

能实现。要鼓励基层创新,培育居民日常冲突的社区调节机制,诸如老娘舅、律师工作室、社区法律顾问、政法离退休干部咨询机制等,只要引导得当,都能够在法治框架下得到进一步的发展。

二是以法治程序为突破口,扩大法治解决冲突的作用空间。在既往的维稳体制下,“搞定”思维往往会有意简化或忽略程序。但是,缺少法治支撑的冲突处置方法,如果不能体现程序正义,结果可能不尽如人意。因此,程序正义应该首先得到保证。

三是以制度规范政府行为。一方面,规范政府的决策行为,促进决策的民主化、科学化,减少因决策不当引发的大规模群体性事件几率;另一方面,政府要努力缔结社会信任的基础,消除因仇官引发的社会冲突隐患,让法治成为全社会的共识;再一方面,规范财政行为,以预算制度对冲“人民币搞定”的偏好,按照政府的公共安全职能进行规范的财政安排和支出,扩大财政透明度。

四是建立常态化、制度化的风险监控机制和信息共享平台。目前,上海有很多部门都建立了自己的应急信息平台,但是共享不够,既造成了重复建设的浪费,也不利于不同部门间的沟通和工作协同。刚性的法治有助于克服这一缺陷。

侦审体制改革研究

浦东公安分局法制办课题组*

侦审体制是指规范刑事案件办理过程中的侦查、预审行为以及调整两者之间关系的一系列程序性、制度性规定的总称。侦审体制是刑事案件在公安机关办理阶段的中心环节,在整个刑事诉讼活动中占有十分重要的地位,是整个刑事诉讼活动这座大厦的地基。现行侦审体制无论在理论界还是在实务界都存在较大的争议。本文将从公安工作实际出发,评析现行侦审体制,提出侦审体制改革建议,论证建议施行的必要性和可行性,以期对我国的刑事司法体制改革作出有益的探索。

一、现行侦审体制评析

(一) 现行侦审体制的本质特征

现行侦审体制是在1997年"石家庄会议"提出侦审体制改革后逐渐形成的。虽然在实践中,侦审机构设立的具体形式具有多样性,但从总体上看,一般都取消了预审部门,将预审职能融于整个侦查过程中,整个刑事案件的立案、侦查、审讯、预审、移送等工

* 课题组负责人:郭春莲,浦东公安分局法制办副主任,法学博士。成员:刘裕丰,浦东公安分局法制办民警,法律硕士。

作由刑侦部门负责到底，因此，可以将现行侦审体制称为侦审合一体制。

（二）现行侦审体制利弊分析

侦审合一体制在当时的条件下具有一定的必要性和合理性。一方面，在一定程度上消除了原先刑侦、预审分立所产生的弊端。原先的预审部门的一项重要职能就是审讯犯罪嫌疑人，收集证据，进行“扩案深挖”，与刑侦部门的侦查职能相互交叉、混合，导致两部门之间权责不清，同时在办案过程中容易产生相互推诿的现象。侦审合一后由刑侦部门统一行使侦查职能，在形式上保证了侦查权的统一行使。另一方面，适应了当时刑事诉讼法修改后面临的形势。1996 年修改的《刑事诉讼法》要求公安机关侦办刑事案件必须高效，而侦审合一体制减少了中间环节，提高了侦查效率，在一定程度上适应了当时形势的发展。

但随着时间的推移，侦审合一体制已越来越不适应现实的需要，其弊端也越来越显现，主要表现在以下三个方面：

一是提高了侦查效率，但影响了办案质量。侦审合一体制下，对侦查员的业务能力要求很高，每一个侦查员不仅要会侦查、会抓捕，还要会审讯、会取证、会做卷。但侦查和预审是两个不同的专业。侦查侧重于侦，破获案件，司法理念坚持有罪推定，而预审侧重于审，全面审核证据，查清全部事实真相，保障无罪的人不受刑事追究，司法理念坚持疑罪从无。因此，侦审合一目的是希望侦查员成为全才，既能侦又能审，但实际上是侦查员放弃预审，在抓获犯罪嫌疑人后，就草率结案移送检察院起诉，而忽视了办案质量的控制，导致许多案件因执法瑕疵、过错多，而被检察院制发监督文书。

二是注重了对犯罪的打击，但不利于对人权的保护。侦审合一体制主要通过简化办案程序，弱化对侦查权的监督力度，来达到

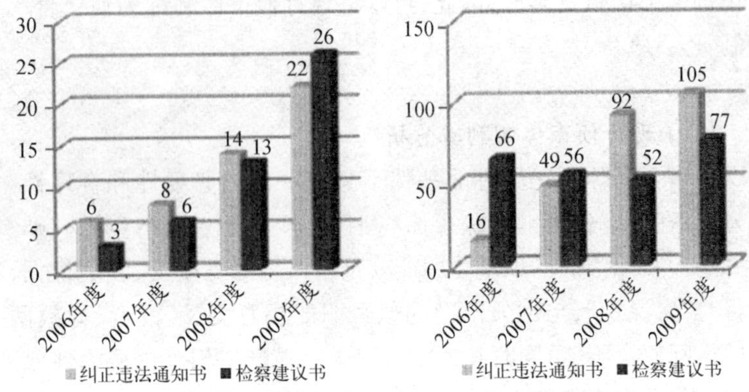

图 1　××分局被检察院制发的监督文书情况

加大对犯罪的打击力度的目的。由于侦查权缺乏必要的制约，导致了侦查权的不当扩张。实践中，强制措施特别是刑拘的滥用是侦查权扩张的主要表现。如在刚开始实行侦审合一的 1998 年 1—10 月份，上海刑侦部门刑拘数比前一年同期增长 36.6%，但刑拘转捕率只有 58%，比前一年同期的 66%下降了 8 个百分点①。经过 10 多年的运作，这一状况仍然没有改观。从××分局统计数据中可以看出，该分局 2010—2013 年的刑拘转捕率均未达到侦审合一前一年的全市平均水平，并且呈现逐年下降的趋势。同时根据该分局看守所统计，2014 年 1—7 月，分局刑拘转处行政处罚或者直接释放的有 391 人，占同期刑拘总数的 6.38%。从这些数据可以看出，有一部分刑拘的采取缺乏必要的正当性，在一定程度上侵犯了当事人的合法权利。

三是树立了公安侦查强势形象，但损害了刑事办案公信力。刑事案件办理由刑侦部门全权负责，塑造了公安机关在侦查过程

---

①　王寿芝、王正平：《上海公安侦审合一现状、问题及对策》，《东方刑侦》1999 年第 1 期。

中的强势形象。但由于对侦查行为缺乏有效的监督,导致在立案、强制措施、侦查措施等问题上存在较大的随意性、不确定性和不公平性,损害了刑事办案公信力。而刑事办案公信力的不足又导致了在现实生活中有些当事人在面对刑事诉讼问题时宁愿信“权”、信“青天”,不信“法”、不信“法律程序”。如××分局在2013年度共有10人次信访要求公安机关对其所控告的强奸案进行处理①,但实际上这些控告事项均已向相关派出所报案,案件正在进一步甄别处理中,但信访人对正常的办案程序不信任,所以向公安机关领导写信要求尽快处理,寄希望于领导权威、领导良心来获得公正对待。

(三)现行侦审体制改革的迫切性

由于存在上述弊端,现行侦审合一体制已越来越不适应现实的需要。主要表现在以下三个方面:

1. 越来越不适应执法规范化建设的要求

执法规范化建设要求不断改进执法方式、完善执法制度、加强执法监督,在更高水平上实现执法行为规范,使公安机关执法突出问题有效解决,执法公信力大幅提升。在现行侦审体制框架内难以实现上述目标。

2. 越来越不适应人权保护理念的发展

人权保护已成为多数国家的重要价值目标。我国已将“尊重和保障人权”相继写入《宪法》和《刑事诉讼法》中,完成了对人权的立法保护。现在的重要任务是进一步加强人权的司法保护,而现行侦审体制与这一任务相背离。

3. 越来越不适应依法治国的需要

依法治国的精髓是,要使国家权力置于法的监督和制约之下,

① 该数据通过该分局信访工作系统查询所得。

使公民权利和自由获得法强有力的保护。对侦查权进行有效的监督和制约是依法治国的题中应有之意。

因此,对现行侦审体制进行改革是执法规范化建设、人权保护、依法治国的迫切要求,需要理论界和实务界从实际出发,大胆探索,运用法治思维和法治方式,提出切实可行的方案。

二、侦审体制改革具体建议

(一) 侦审体制改革应坚持的价值方向

侦审体制改革不是一项孤立的改革,而应当纳入整个司法体制改革。目前司法体制改革的核心价值是公正,要让每一个公民在每一起案件中都感受到公平正义。因此侦审体制改革也要坚持公平正义的价值方向,就要坚持三个"有利于标准":

1. 有利于监督侦查权的标准

国家权力具有天然的扩张性。权力的扩张极有可能导致权力的滥用,侵犯公民的权利,所以,必须通过法律的设置来为权力划定清晰的边界,监督和制约国家权力。侦查权作为国家权力的重要组成部分,同样需要监督和制约。侦审体制改革需要从机构设定、权力配置、职能分工、权力运行机制等方面对侦查权进行有效监督和制约。

2. 有利于保护人权的标准

人权保障状况已成为法治国家的重要标志。而刑事诉讼中的人权保障状况是衡量刑事诉讼法是否现代化的重要标准,即"从一定意义上讲,刑事诉讼法又是一部人权保障法,其直接标志着一个国家的政治民主和司法文明的程度"①。因此,侦审体制改革,必须有利于防范侦查权滥用,有利于防范侵犯人权行为,有利于防范

---

① 卞建林:《刑事诉讼的现代化》,中国法制出版社 2003 年版,第 3 页。

冤假错案。

3. 有利于提升刑事办案公信力的标准

刑事办案公信力一方面表现为公众对刑事办案主体的信任，对刑事办案过程的认同，对刑事办案结果的服从；另一方面又表现为刑事法律在整个社会的权威已经树立，公众对法律持有十足的信心。侦审体制改革必须从规范立案程序，规范强制措施、侦查措施行使，规范办案公开等方面来提升刑事办案公信力。

（二）侦审体制改革应坚持的基本原则

侦审体制改革在坚持总的价值方向的同时，在具体的操作、推进过程中，还应坚持积极、稳妥的原则，做到以下“三个兼顾”：

1. 兼顾法律与政策

侦审体制改革应坚持宪法和法律所确立的基本原则，坚持合宪性和合法性，决不能以改革的名义破坏法律的基本原则。同时，还应兼顾党的政策特别是刑事司法政策。在现阶段，还应当同中央《关于深化司法体制和社会体制改革的意见及贯彻实施分工方案》、《关于司法体制改革试点若干问题的框架意见》的基本精神相一致。

2. 兼顾公正与效率

刑事诉讼的价值具有多元性，包括多个方面，即公正、自由、人权、秩序、效率等，而最主要的是公正与效率。公正与效率的关系问题是一个永恒的课题。一项好的制度必须兼顾公正与效率，而不能偏废任何一方，否则必将是“镜中花”、“水中月”，是没有持久生命力的。因此，侦审体制改革既要保证公正，又要兼顾效率。

3. 兼顾前瞻性与现实性

任何一项改革要取得成功，都不能安于现状，做一些无关紧要、细枝末节的修修补补，又不能脱离实际，凭空想象，盲目追求

"高大上",缺乏施行的可能性,而应该从实际出发,做到既有发展,又有继承,既有现实超越,又有实现可能。侦审体制改革应坚持科学性、前瞻性,遵循现代先进的刑事诉讼理念,同时从社会变化发展的现实出发,从刑事诉讼的现状出发,从公安刑事办案的实际出发,做到前瞻性与现实性的统一。

(三) 侦审体制改革具体建议

根据上述分析,笔者建议现行侦审体制改革的方向为: 侦审分立。

侦审分立,刑侦部门与审理部门分设,相互独立。实践中,主要是设立专门的审理部门,但这绝不是以前预审部门的简单恢复。审理部门在职能定位、机构设置、人员配置等方面与原先的预审部门要有本质的区别:

1. 职能定位

刑侦部门与审理部门应进行科学分工,使各自职能明确、权责明晰,杜绝原先的职能交叉、权责不清的问题。刑侦部门的职能重点在"侦",通过运用侦查措施、执行强制措施等活动,收集、固定证据,发现、抓获犯罪嫌疑人。审理部门的职能重点在"审",主要是监督侦查权运行、保证公民权利、规范办案行为,不再行使原先的侦查职能。审理部门的具体职能可设计为: 强制措施采取、变更的审批;提请批准逮捕、移送审查起诉的决定;审查、核实证据,非法证据的认定和排除;办案瑕疵、过错的发现和纠正;侵犯公民权利行为的发现和纠正;复议、复核;阳光警务、警务公开等。

2. 机构设置

为了保障监督权落到实处,审理部门的设立可借鉴目前检察院、法院机制的改革,由市局垂直管理,在各分县局设立派驻机构,增强审理部门的独立性与公信力。分县局审理部门只向市局审理部门负责,市局审理部门只向市局主要负责人负责,在履行职能过程中不受分县局的不当干预,保证审理部门作出决定时只服从证据和法律,不受案外因素干扰。分县局刑侦部门对审理部门的决定有异议的,可以向市级审理部门申请复核。上海作为司法体制改革试点地区之一,建立地方法院、检察院人财物由市级统一管理体制,作为公安机关必须要顺应这一体制上的重大变化,建立由市局垂直管理审理部门的侦审分立体制是顺应这一变化一个可行的选择。

3. 人员配置

由具有一定年限的刑侦工作经验同时具有中级以上执法资格的人员担任审核、审批员。人员的录用、考核、奖惩、晋升由市局统一负责,即人事关系由市局统一管理。建立审批人员遴选机制。实行"谁审核,谁负责"、"谁审批,谁负责"的原则,对案件的审核、审批承担终身责任。通过上述设置使审核、审批人员具有监督和制约的勇气、心气和底气,保证审理部门职能的真正发挥,实现侦审分立的改革目的。

三、侦审体制改革建议施行的必要性与可行性分析

(一) 侦审分立的必要性

1. 侦审分立是消除现行侦审体制弊端的需要

侦审分立,审理部门由市局垂直管理,在编制、人事、财政上不受分县局牵制,具有相对的独立性。侦审分立体制通过相对独立的机构、人员配置保证充分行使监督权,通过系统性、制度性、过程性监督及时发现、制止办案瑕疵和过错,有效监督、制约侦查权,防止侦查权滥用,防止侵犯公民权利行为发生,从而切实提高办案质量,有效保护人权,有力提升刑事办案公信力。

2. 侦审分立是适应刑事诉讼法修改新要求的需要

2012 年《刑事诉讼法》的修改对公安工作提出了新的要求,而

侦审分立能够适应新的要求。一是能够适应办案质量方面的新要求。新刑事诉讼法对强制措施的适用进一步细化了标准、规范了监督,对侦查措施的采取进一步限定了范围、完善了程序,这些都对办案质量提出了新的更高的要求。二是能够适应证据方面的新要求。新刑事诉讼法建立了非法证据排除制度和取证合法性证明出庭制度,这些对公安机关来讲都是新的挑战,对侦查人员的素质提出了新的要求。三是能够适应人权保护的新要求。新刑事诉讼法明确规定"尊重和保障人权"是刑事诉讼法的基本任务之一,赋予当事人"不得强迫自证其罪"的权利,强化对人权的保护。

3. 侦审分立是顺应我国社会发展趋势的需要

随着市场经济的发展,我国社会发生了重大变革,公民的权利意识和法治意识得到持续的培育和锻炼,对刑事办案的规范、公民权利的保护、办案公信力的提升提出了更高的要求。侦审分立体制通过体制机制创新,通过监督侦查权行使、审查核实证据、发现纠正办案瑕疵过错、保护公民权利等途径,能够在最大程度上适应这一要求。

(二) 侦审分立的可行性

1. 侦审分立具有法律基础

一是具有宪法基础。2004 年《宪法修正案》规定:"国家尊重和保障人权。"上述宪法的修改,为以监督制约侦查权、保障公民权利为核心的侦审分立体制改革提供了根本的法律依据。二是符合刑事诉讼法的基本规定。刑事诉讼法明确规定,对刑事案件的预审由公安机关负责,但并未明确预审的具体职能、机构设置,这一方面为侦审体制改革提供了基本法律依据,另一方面又为侦审体制改革提供了创造性空间。三是符合当前司法体制改革的基本精神。司法体制改革的目标是建设公正高效权威的社会主义司法制度。作为刑事诉讼基础性制度的侦审体制改革坚持控权力、保权利的改革方向，是司法体制改革精神的具体体现。

2. 侦审分立具有实践基础

我国由公安机关设立独立部门进行刑事预审工作具有悠久的历史，积累了丰富的正反两方面的经验。各地公安机关在侦审体制改革方面也进行了有益的探索，上海公安机关有分局设立专门的部门进行刑事预审，虽然这些改革具有先天的不足，与本文的侦审分立具有本质上的区别，但这些改革毕竟将预审工作从侦查工作中分离了出来，在案件质量、侦查权规范等方面取得了一定成效，为侦审分立体制改革积累了初步经验，提供了实践基础。

3. 侦审分立具有人员基础

多年的执法规范化建设，有力促进了执法能力的提升，培养了一批既有实践操作经验又有丰富法律知识的侦查员，能够胜任侦审分立后破案、抓捕、取证、“扩案深挖”等一系列侦查工作。特别是执法资格等级考试以来，有大量办案人员通过了中级、高级执法资格考试，其中不乏具有丰富办案经验、先进执法理念的人员，为侦审分立后审理部门的设立作了充分的人员储备。

4. 侦审分立具有物质基础

一是科技进步提高了办案效率。DNA 比对技术、图像识别技术等高科技为打击违法犯罪提供了有力武器。网上办案等网络、信息设备的运用，为刑侦部门的案件侦查、办理，为审理部门的案件审核、审批提供了便捷而高效的硬件保障。二是经济增长提供了财力保障。通过财政的大量投入，在办案场所、视频监控、警务设备等方面的建设取得了长足的进步，为侦审分立效用的充分发挥提供了物质基础。人员素质的提高、科技的进步和财力的增长，使得对违法犯罪的打击力度在加强对侦查权的监督、制约后并不会被削弱，同时又为审理部门职能的充分发挥提供了保障。

二、论文节选篇

对住宅小区公建配套设施登记行为的行政诉讼实证分析

——以促进依法行政及依法维权为视角

上海市第一中级人民法院课题组*

一、2008年以来住宅小区公建配套设施登记案件基本情况及特点

1. 案件数量呈较明显不均衡态势。

2. 业委会、业主个人以及房地产开发企业分别为此类案件的三大上诉人类型，以业委会作为上诉人情况最为明显。

3. 被诉登记行为涉及的对象有车库、物业管理用房、会所三类，“公益诉讼”现象不明显。

4. 案件涉及初始登记、转移登记和更正登记三种登记类型。

5. 上诉主要涉及四种理由，最为集中的理由是土地系全体业

---

* 负责人：汤黎明，上海市第一中级人民法院副院长。参与人：赵卫平，上海市第一中级人民法院审监庭庭长；屠春含，上海市第一中级人民法院审监庭副庭长。执笔人：任静远，上海市第一中级人民法院审监庭审判长助理。

主共有，故公建配套设施也应当由业主共有。

6. 案件审理结果中裁定驳回起诉比例高，撤诉率低。

二、此类案件的难点所在

1. 原告起诉资格标准认定不一。

2. 对公建配套设施登记行为的性质认识不同。

3. 对较为集中的诉讼理由理解、回应不一致。

4. 行政机关对于公建配套设施的登记行为操作口径及做法存在不一致，增加了案件的审理难度。

三、解决小区公建配套设施登记案件难点的若干分析

（一）公建配套设施的权属不应通过行政诉讼确定，应通过民事诉讼确定

鉴于房地登记并非确权，登记机关也无权确定登记项下房屋真正的权利归属，因此，无论登记机关作出登记行为，或是行政诉讼中对登记行为进行合法性审查，均不能解决登记项下房地产有关民事权利的真正归属。若相对人以基础民事权利存在争议为由，要求撤销房屋登记，对被诉房屋登记行为进行合法性审查，仅能对登记行为所依据的申请材料进行表面真实审查[①]，无法涉及

① 北京市第二中级人民法院行政审判庭认为：对于房屋登记行为行政机关进行审查，较之于行政许可更加形式化，即以相关材料、文件的齐备为审查的原则，对其真实性通常以行政机关能够辨识的程度作为审查的标准，采取明显、重大违法排除的标准；而对相关的民事合同、协议的有效性则以登记机关的职权范围为限，一般无权力进行效力审查。详见北京市第二中级人民法院组织撰写：《关于审理行政登记案件有关问题的调研报告》，载《审判工作热点问题及对策思路——北京法院调研成果精选（2006 年卷）》法律出版社 2008 年版，第 226 页。

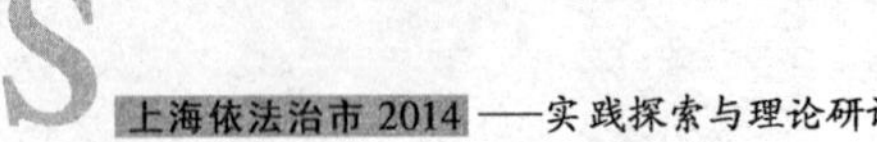

登记项下房屋实体权利的真实归属,具体到对住宅小区内公建配套设施登记行为进行诉讼的案件中,也不应当对登记行为所指向的标的物公建配套设施的权利归属作出认定。因此,当事人要求明确房屋权属通过登记行政诉讼无法解决,需民事诉讼予以解决。

此外,针对业委会或是业主个人反复提及的,公建配套设施建设在业主应当分摊的土地之上,则该公建配套设施即应当归属于全体业主共有的观点,因登记行为的合法性审查无法确定权利归属,故对此理由是否可以构成权利归属的依据,在行政诉讼中难以审查。如 2009 年审结的阳明花苑业委会所涉系列案件中,二审法院的观点即认为,该业委会以合同约定分摊了 17 号地下车库占用土地面积为由,主张 17 号地下车库应当为全体业主共有,缺乏依据。此外,对业主以公建配套设施的建设费用已经分摊进入购房款,因而事实上由业主支付进行公建配套设施建设,故该些设施应当归属业主所有的观点,我们认为,在行政诉讼中也难以进行确定,同样应通过民事诉讼确定公建设施配套设施的权利归属。从行政审判的要件而言,如果登记申请人提供了相应的材料要件,人民法院经审查认为符合法定要件,被诉登记行为作出也符合法定程序,在权属存在争议时,应当作出驳回诉讼请求的判决。之所以不适用维持判决,系因为被诉登记行为所涉及的房屋权属并未在行政案件中予以最终确认,如通过民事诉讼途径对权属予以明确,与被诉登记行为所登记的权利人有异,则此时如法院判决维持被诉登记行为,将对行政机关自行更正产生不利影响。此外,从法制统一的角度而言,既然人民法院在行政诉讼中都不应当对公建配套设施的权利归属作出判决,则登记机关亦应当注意避免在登记行政程序中表述公建配套设施的权利归属问题。

(二) 公建配套设施登记案件原告资格的确定——业主或业委会均应有权起诉

在对公建配套设施提起登记的行政诉讼案件中,业主委员会或是业主个人是否具有原告主体资格，并无类似于竞争者权利、联营企业这些特殊的规范予以参照。因此，对此类案件原告主体资格的确认离不开对“法律上利害关系”的解读。行政审判实践中，对所谓行政诉讼的原告所具有的“法律上的利害关系”的认定主要看以下几个方面：首先，有受到行政行为影响的相对人或是其他主体；其次，当事人的权利受到被诉具体行政行为的影响；再次，权利的影响与被诉的具体行政行为有一定的关联，无论是直接或是一定范围内的间接因果关系。

我们认为，从理论角度而言，在对公建配套设施登记行为提起诉讼的案件中，则无论业委会或是个体业主均有权提起行政诉讼。这种判断的依据在于：第一，从与被诉登记行为的关联看，无论是业委会还是业主个人，虽不是登记行为的直接行政相对人，但是却是与被诉登记行为相关者。第二，从利益受损的角度看，将公建配套登记在某一方如开发商的名下，事实上无论对于单独的业主个人，还是业主委员会，事实上使用此类公建配套设施均产生了不利的影响，业主委员会或是业主个人都存在着利益受损的情况。第三，从利益受损与被诉行政行为的因果关系看。作为同一个封闭住宅小区内的居民，无论业主或是业主委员会，对于公建配套设施无法使用这一利益受损，可能由多方面的原因造成，但是，将公建配套设施登记在其他主体之下，肯定是其中一个较为直接的原因，因此，业主或是业主委员会的利益受损与被诉登记行为的作出具有因果关系。从行政诉讼保护相对人诉权的角度出发，我们认为，也不应当将确定法律上因果关系的诉权确定为过于绝对的、必然的因果关系，具有相当的因果关系，即可以构成法律上利害关系的因果关系。因此，无论是该小区的业主委员会还是单个业主，均有权对被诉的登记行为提起行政诉讼。此外，如果生效判决已经对被诉登记行为的效力进行了认定，那么，即使有其他业主要对此再行提起诉讼，也应当受到之前生效判决的既判力约束。

对业委会成立时间(或业主购房时间)晚于被诉登记行为作出时间,业委会或业主是否具有对被诉登记行为提起诉讼的原告主体资格,在审判实践中基于不同的理解,有不同的处理方式。我们认为,对于该问题的认识,应当基于以下两点原因进行分析:(1) 对于一项具体行政行为,应当存在相应的救济途径。随着最高人民法院《行诉法解释》的出台,如对具体行政行为不服提出救济的标准,已经从单纯的行政相对人扩大到了受到行政行为影响的主体,即有法律上的利害关系人,在此情况下,对于任何一个具体行政行为若不服,应当具有救济的方式、途径和手段。具体到对小区内的公建配套设施进行登记这一具体情况而言,首先由开发商进行初始登记,之后有可能继续登记在开发商名下,有可能转移至他人名下。如果该配套设施本应当归属于业委会进行使用,但业委会却并未成立,此时若登记机关和对配套设施进行登记的主体事实上的确存在共同故意,侵犯业主的权利,若不允许业主对其提起行政诉讼进行救济,从行政行为救济的角度而言,是有所缺乏的。(2) 类似的情况可做参考。如房屋预售许可证是准许开发商向潜在的业主出售房产的重要凭证,业主据此购买房屋后,是否还可以对预售许可证提起行政诉讼?有观点认为,只有在预售许可行政行为作出后,业主才可以购房,故业主据此购房且业主购房行为出现在行政行为作出之后,故业主与该购房行为不具有法律上的利害关系,业主与开发商之间因为购房产生的纠纷可以通过民事诉讼予以解决;另一种观点则认为,在核发预售许可这一具体行政行为中,如果确实存在行政机关因审核材料有误而错误核准预售许可的行为,在事实上开发商和行政机关因有利益关系,故双方均无动力对预售许可行政行为进行纠错,此时如果不赋予业主对该行政行为提起诉讼的权利,则该预售许可行政行为难以被纳入司法审查的监督中,行政行为的错误也无从得以纠正。比较上述两种观点,我们认为,具体行政行为一旦作出,应当具有一定的监督方式和监督途径。因此，以预售许可证这一具体情况而言，应当赋予相对人通过行政诉讼进行监督的职权。且利害关系人行使行政法上的救济方式并非等同于撤销预售许可行为，如经实体审理确认违法并不影响业主购房身份的确定和法律关系的稳定。就可以对购房者权利通过民事诉讼方式进行救济的观点，我们认为，民事诉讼和行政诉讼分属不同的法律体系，行政诉讼的制度价值在于监督行政机关依法行政，其与民事诉讼强调平等主体之间权利义务关系是不同的。因此，以可以通过民事诉讼进行救济否定业主的原告主体资格，理由上也存在一定牵强，应当允许购房者对预售许可行为提起诉讼。综合上述论证，我们认为，小区内配套设施的登记行为在作出时间上可能早于业委会成立的时间(或个体业主购买房屋时间)，但基于保护诉权，更好地对行政行为进行监督这一角度，不宜以成立或购房时间晚于被诉登记行为作出之时为由，否定业委会或业主的原告主体资格。

四、简要结论

为了解决公建配套设施登记案件的难题，保障业主及业委会的合法权利，并促进登记机关依法行政，本文通过实证和法理分析得出以下结论：从原告主体资格角度判断，无论业委会或是个体业主，均有权对小区内公建配套设施登记行为提起诉讼，且不宜以业委会成立或业主购房时间晚于登记行为作出之时为由，否定其原告主体资格；案件进入实体审理后，根据行政诉讼和民事诉讼功能的不同划分，对登记行为提起的行政诉讼不能审查确定公建配套设施所有权的真正归属，因此原告或上诉人以其购买了小区房屋即获得了相应的土地分摊面积进而拥有公建配套设施的所有权的观点，在行政判决中难以获得支持，确定公建配套设施的权利归属最终应当以民事诉讼方式进行；同时，房地登记机关在作出登记

行为之时，亦应当注重登记方式和口径的统一，不应当明确表述公建配套设施的权利归属。我们希望上述论证有助于业主和业委会厘清自身权利的来源，进而正确寻找救济方式和诉讼种类，从源头上化解小区内因公建配套设施登记所引发的纠纷，创造和谐融洽的小区环境。上述观点也希望得到理论和实践界的关注、讨论，以便进一步完善。

运用微博新兴媒体开展法制宣传教育的背景、实践与思考

上海市静安区司法局法宣科课题组*

一、新兴媒体与微博法宣工作的背景

(一) 宣传思想工作角度的认识

1. 传媒格局深刻变化

互联网的发展导致人们的信息传递、诉求表达、社会交往、思维习惯等都发生了深刻变化,网络已经成为各种思想文化的集散地和社会舆论的放大器。目前,我国网民有 5.91 亿,手机网民有 4.6 亿多,其中微博用户达到 3 亿多人,已经成为新媒体应用第一大国,构成全球最庞大、最复杂、最喧嚣的舆论场。网络从“边缘媒体”变身为新闻传播主要阵地,后来居上。报纸、广播、电视三大传统媒体,阵地正在被网络逐步蚕食。

---

* 课题组组长: 苏玉锋,学士学位,静安区司法局副局长。课题组成员: 万玲娣,MPA 研究生,学士学位,静安区司法局法宣科科长;陈鑫伟,学士学位,静安区司法局法宣科科员;刘峥,硕士研究生,静安区法律援助中心副主任科员。

2. 新兴媒体作用重大

互联网络和传媒的发展，一方面不断挑战传统社会管理模式，冲击现实社会秩序，甚至带来舆论引导危机、信息安全危机等；但另一方面，网络传媒本身是一个中立的平台，可以在弘扬社会正气、通达社情民意、引导社会热点、疏导公众情绪、搞好舆论监督等方面发挥重要作用，并促进现实社会的建设、治理和进步，成为治国理政的重要工具。积极运用好新兴媒体，能激发全社会团结奋进的强大力量，为改革发展赢得更为深厚的群众基础和社会资源。

3. 普法工作需要创新

习近平总书记明确指出，宣传思想工作，要"做到因势而谋、应势而动、顺势而为"。法制宣传教育工作，也需"重点要抓好理念创新、手段创新、基层工作创新，努力以思想认识新飞跃打开工作新局面，积极探索有利于破解工作难题的新举措新办法，把创新的重心放在基层一线"；同时，网络时代技术创新是革命性的，新媒体正处在爆发式发展的新阶段，人人参与的态势基本形成。因此，普法工作的创新，不仅是"大宣传"格局中的重要议题，也是法制宣传教育在应用"新媒体发展上有所作为"的必然要求。

（二）微博传媒的主要特点与优势

1. 传播主体的自由化

其一，在信息的发布和传播中缺失"把关人"。此时的信息发布易于失控，可以认为，在传播的过程中，微博的发布乃至传播在很大程度上容易形成非理性的行为，其主要的自控与规范取决于微博管理员和管理系统本身。其二，传播者与二次传播者在微博传播中没有清晰的界限与分离，传播者发挥的作用有时比发布者更为重要。其三，大众传媒的受众是一种无序的、不可预计的群体，是难以控制的。但微博的传播依赖于一定的人际传播，具有排他性，也就是说一定程度上可以控制其传播的受众面与传播范围，这一理论特点也为建立“微博生态”奠定了基础。

2. 传播内容的碎片化与去中心化

发布微博可以使用不多于140个的文字、图片、视频、音频、超链接等,形成了文字及多媒体信息形式的立体覆盖。其一,内容简短便于传播,在转发过程中易于加上转发者的内容,并使得传播发生变化。原创微博产生后通过线性的一级传播,被转发后,就发生了二次线性传播,N次线性传播后就形成了传播网。其二,碎片化的信息更容易直接明了地表达发布者的意思,世界上第一个微博网站Twitter的汉语意思是“小鸟叽叽喳喳的声音”,含义就是发布个人即时信息,内容碎片化、真实、直接。其三,微博中传播者的身份发生了变化。微博充分体现了Web2.0信息聚合与共享的原则,每个用户既是传播的主体、受众,也是传播的媒介,信息传播不再是专业媒体机构的特权。

3. 传播效果的舆论波效应

舆论波是指具体事件引起的民心波动,由舆论中心以扇面形状向四方滚动,并在较短的时间内形成大面的舆论环境。《2012年中国互联网舆情分析报告》显示,截至2012年6月底,我国网民数量达到5.38亿,手机网民规模达到3.88亿,手机微博用户也达到1.7亿人。我们已经正式进入移动互联时代,微博也成了舆情发生的主要媒介。随着微博影响力的扩大,越来越多的政府机关、专家学者、社会名人和利益当事人等开始使用微博,微博话题也从日常琐事转向社会事件和对政府的批评,改变了传统网络舆论格局。这种现象的存在使得微博法治舆情的引导工作显得尤为重要。

(三)微博法宣工作的发展与挑战

1. 全国政法类微博的发展情况

《2012年新浪政法微博发展报告》数据显示,截至2012年10

月 31 日，新浪微博平台认证的政法系统微博数达到 17 550 个，较上年度增加近 8 000 个。其中政法机构官方微博 11 450 个，公职人员微博 6 100 个。目前，司法行政机构以普法宣传教育为主的“微博普法模式”，经过新浪认证的司法行政机关微博有 700 余个，如浙江省司法厅的官方微博@浙江普法以发布法制新闻、身边法律、法治动态、法治点评等为主。此外，@北京司法、@和谐肇庆还经常通过普法漫画、以案说法等形式进行微博普法。同类微博@绵阳司法，充分利用政务微博的“微”字，开展“微普法”、“微案例”、“微调解”、“微宣传”四微活动，取得了良好效果。

2. 基层法宣微博面临的机遇与挑战

一是来自树立核心价值的机遇与挑战。官方微博的影响力源自内容的信息量、权威性和吸引力，区县司法局官博的信息量和权威性存在一定的局限性。二是来自全国各地司法行政官博的压力。2013 年是司法行政微博井喷之年，对上海基层法宣微博的发展带来挑战和压力，微博法治生态的基础也已逐步出现，为上海基层法宣微博扩大传播效果奠定了基础。三是来自微博运作的挑战。随着影响力的提高，网友的期待标准不断提高，现阶段微博运作机制已经不能满足法宣微博的需要，量产化的高质量微博创作和运作机制亟待建立，上海基层法宣微博联盟的长效健康发展有重大意义。

二、静安法宣微博的个案研究

(一) 静安法宣微博运作模式及内容结构

2014 年，面对新形势，静安区司法局试水微博领域，在新浪微博平台创建@静安法宣空间官方微博账号，至今已形成了固定的运作模式。

1. @静安法宣空间的运作

@静安法宣空间由静安区司法局、静安区法宣办主办，是静安区司法局法宣品牌“绎法空间”的子项目。在定位方面：主要是宣传法律法规，解读热点法治事件，传递法治理念，培育法治思维；在责任落实方面：微博管理工作由法制宣传科工作人员主要负责，承担微博栏目、推广活动策划等工作；在运作方面：基本上保证每周有原创微博发布，发布内容包括最新社会热点事件解读、专题法律宣传、微博活动动态、互动微博热点转发等，有一定的系统性和规律性，形成了较固定的发布模式。

2. @静安法宣空间的发布内容

@静安法宣空间栏目尚处于不断发展、更新阶段，微博创建至今有一些较为固定的栏目，如法律小贴士，主要结合重要宣传节点普及专题法律；在线法律咨询，旨在通过网络平台为粉丝提供免费的法律咨询；网络知识竞赛，通过有奖竞赛的形式鼓励网友学习、应用法律知识；法治观影，旨在通过艺术作品引发受众对法治的思考，每月定期为热心粉丝免费放映法制类影片，并征集优秀影评予以鼓励；此外，还有不定期的社会热点事件讨论、重大普法活动转发等。微博内容体系已初步形成，内容的可读性和专业件也在逐步增强。

（二）静安法宣微博存在的问题

1. 从主体上看，品牌知晓率还不高

静安区运用微博开展法宣工作的实践还是刚刚起步。由于微博还没有扎根各辖区，缺乏调动辖区内官博和私博互动发展的能力和号召力，部分发布内容也缺乏规律性和吸引力。在互动的个人微博中，意见领袖型微博比较少，体制内个人微博联系并不紧密，个人微博活跃度不高，参与法治话题的引导和传递的程度也比较低。

2. 从内容上看，微博的吸引力还不够

@静安法宣空间作为静安区司法局、区法宣办官方微博，鉴于工作职能,其本身难以发布原创性、权威性的信息,也缺乏具有趣味性和高质量的法宣微博创作团队,导致法宣微博质量参差不齐。微博中对热点法治话题的宣传和诠释趣味性也不够强,内涵性较弱。

3. 从传播上看,辐射效果较局限

由于创建时间不长,其中的内循环还比较明显,法宣微博服务的属地化程度不高,究其原因:一是微博知晓率还不高;二是相关私博个体缺乏微博影响力,没有有效吸引二次转发的手段和措施。通过委托第三方专业机构进行运营,这一情况得到了明显改善。

三、法宣运用新兴媒体的思考与对策建议

(一) 关于法宣力量特殊性价值与功能的认识思考

1. 法宣力量的构成和特征

"法宣"力量,包括从事法制宣传教育的工作者;从事司法工作的法官、检察官、公安干警以及广大的公务员;从事涉法或相关工作的如律师、人大代表、人民调解员、法学教科研人员等;此外,还可以包括高校涉法专业的大学生、研究生。法宣力量是富有理性的正能量,在互联网上的活动较为冷静、客观、尊重事实、遵守规则,不易偏激,主持公义多,速传"最美"多;法宣力量具有社会成长的自强性。社会建设需要公民的自觉和自为,新兴空间为自我参与、自主表达、自行沟通及社会的自组织创造了极好的条件;同时,"法宣"人基于"法"的共识,极易产生强大的认同和放大的组织效应。

2. 法宣力量功能与价值

法宣力量能发挥有益于社会的秩序建设效力,制定互动规则(如真实发博、转博,真诚评论、私信)和及时沟通、凝聚共识等守则。线上线下配合,通过明确问题需求分类,对接相关部门,转达

诉求步骤等，形成工作服务的机制和程序。虚拟社会又与现实社会难以分割，虚拟空间秩序的建立，不仅对网上及网友有重要意义，而且对网下及公众也有重大的意义。各类法宣微博通过关注舆论、生活及法治难点倾听民意，从而在有形和无形间实现了对舆情的理性引导。

（二）关于今后新媒体法宣发展的若干建议

1. 在内容中寻求突破，打造法制宣传自媒体

一是进一步明确宣传内容定位。作为法宣微博，定位就是传播法治理念，凝聚法治共识，坚守这条主线有助于提高微博的防风险能力，并且容易得到认可。二是进一步注重内容开发趣味性和内涵性。注重开放博文的趣味性和内涵性，要善用广告创意、文化段子、深度案例等形式，挖掘与老百姓生活息息相关的东西，用直观生动的内容来培育法治思维。三是进一步加强互动推广与营销。微博每一次转发中的高质量评论其实是一次再宣传的开始，私博力量应当针对官博发布的内容在提高互动度上下功夫，提高评论质量，通过互动扩大影响力。

2. 革新技术创新手法，形成高效传播模式

第一，提高制作与传播技术。一个有质量的官方微博群应当有一支较专业的微博创作队伍，探索志愿者化与社会化运作相结合的创编机制。同时要在传播技巧与技术上下功夫。比如私信的群发、关键字检索等。第二，创新与完善运作机制。在现有的评价考核体系中明确法宣微博的位置和分量，明确法宣微博在网络的职责和服务范围，落实微博发布规范，探索建立社会人士为主的法宣微博志愿者队伍，并进一步完善以项目化标准的法宣微博经费保障制度。

3. 探索微博领域，提升法宣微博作用

首先，在互动反馈中寻求转机，要最大限度地发挥微博在法制

宣传、倾听民意、展示司法行政工作良好形象方面的积极作用。其次，在新媒体引领全媒体开展法宣工作中寻求突破，新媒体不是单一存在的，从网络法宣实践看，新媒体与传统媒体相结合，产生全媒体同步宣传的效应有助于提升法宣工作的影响力和覆盖面。今后应当进一步活用新媒体方式，在传统法宣工作中巧妙融合，让新媒体成为传统媒体的助力而不是替代。

闸北区社区矫正工作效能之调研

——以工作机制完善为取向

闸北区司法局课题组

一、闸北区社区矫正工作总体情况

（一）基本情况

近几年，闸北社区矫正规模逐步扩大，截至 2014 年 10 月底，已累计接收各类社区服刑人员 2 853 人，累计解除 2 456 人。目前，闸北区在册社区服刑人员 391 人，其中缓刑罪犯 293 人，假释罪犯 39 人，暂予监外执行 27 人，剥夺政治权利 33 人。近 5 年重新违法犯罪率分别为：2014 年为 1.03%，2013 年为 0.26%，2012 年为 0.45%，2011 年为 0.78%，2010 年为 0。

（二）基本做法

（一）初步构建公、检、法、司职责明确、相互配合、协同推进的非监禁刑罚执行机制

闸北区社区矫正工作自试点开始就得到了公、检、法等部门的大力支持与配合。区公安分局通过派民警参加社区矫正宣告、参与重点人员管控以及协助司法行政机关做好刑罚执行等工作，为

开展社区矫正提供了强有力的执法保障。区检察院注重结合本区社区矫正实际,将执法监督与工作促进有机结合,在推动社区矫正工作规范化方面发挥了重要作用。区法院在推进审前调查评估、建立审矫对接机制和社区服刑人员回访制度等方面做了大量工作。

(二) 精心打造一支专职工作队伍

经过多年努力,闸北区建立了一支由各街镇司法所专职干部、矫正社工、社会帮教志愿者组成的社区矫正专职工作队伍。2014 年 4 月,市司法局积极应对废止劳教制度后社区矫正工作发展的新形势,先后选派 218 名戒毒民警到基层专职从事社区矫正执法工作,进一步加强区县基层社区矫正机构的执法力量。目前,包括区社区矫正工作机构在内,闸北区共有矫正专职干部 20 人,矫正社工 31 名。

(三) 努力构建闸北区非监禁刑罚执行平台

2013 年 10 月,闸北区社区矫正中心建成。社区矫正中心作为社区矫正刑罚执行的平台,它强化了区司法行政机关的社区矫正职能,确保了社区矫正工作的严肃性、统一性和规范性,是区司法行政机关开展一系列社区矫正工作的执法场所。

(四) 着力探索闸北特色的矫正工作方法

通过建立"六三"工作法,即"三勤"(勤动笔、勤动嘴、勤跑腿)、"三抓"(抓作风、抓纪律、抓业务)、"三找"(找差距、找隐患、找漏洞)、"三查"(巡查、互查、抽查)、"三率"(接触率、就业率、教育率)、"三重"(重要节点、重点人员、重大事件),有效落实动态管控,努力预防和减少社区服刑人员重新违法犯罪。同时,注重针对每个社区服刑人员的个体差异,采用差别化、个别化的矫正措施,提高了教育矫正质量。

二、进一步完善社区矫正工作的重点难点

（一）社区矫正工作机制方面

司法行政机关与法院的衔接问题。人民法院对符合社区矫正适用条件的被告人、罪犯依法作出判决、裁定或者决定；司法行政机关具体负责社区矫正工作，社区矫正者与负责社区矫正工作者相分离。司法行政机关具有全面掌握被告人及罪犯人身危险性、能否实现有效监管等情况的条件与优势，因此裁决前社会调查制度具有重要价值。但是，调研发现，实际工作中存在审前社会调查得不到法院等有关部门重视和采纳的问题，有部分被访矫正工作人员甚至认为目前的审前社会调查意义不大，这在某种程度上会使社会调查制度流于形式。

另外，调研发现，基层社工的工作受地区政法委、司法局、街道办事处、社工组织等机构的监督管理，不同管理机构往往会从自身角度提出不同工作建议和要求，这种多头管理常常造成基层社工的工作量增加和工作重心偏离。显然，多头管理容易导致社区矫正工作中相互推诿、管理不当、执法效能消解等诸多问题。

（二）社区矫正工作队伍方面

目前，闸北区基层社区矫正工作人员主要由社区矫正专职干部、矫正社工和社会帮教志愿者组成，三者职责分工有所不同。

其一，就社区矫正专职干部而言，目前，全区司法所工作人员编制虽然增加到3—4人，但实际在岗的只有1—2人。然而，司法所要承担人民调解、社区矫正、安置帮教、基层法律服务、法制宣传教育、信访接待等诸多职责，社区矫正专职干部真正用于社区矫正工作的时间与精力都相当有限。

其二,对社工的调查发现,由于收入偏低,闸北区矫正社工队伍呈现出三种类型:一是有阅历、有经验的社会工作者,他们能够长期安心从事社区矫正工作的约占总数的 30%;二是经验和能力存在不足,但又不会离开社区矫正工作的社工约占总数的 30%;三是仅仅将社区矫正工作视为跳板的社工约占总数的 40%。事实上,上述第三类社会工作者往往是大学毕业生,他们具有朝社区矫正工作专业化方向发展的条件与素质;但是,收入偏低、社会地位不高等诸多因素导致社区矫正工作无法吸引和留住这批优秀的专业人才。社工流失严重的问题已经制约了矫正工作专业化的发展。

综上,随着我国非监禁刑的广泛适用,社区矫正人员的数量不断增长将不可避免,目前包括闸北区在内的基层社区矫正工作队伍已无法满足现实的需求,社区矫正工作的专业人员匮乏问题日益凸显。

(三) 社区矫正其他方面

1. 社区服务执行

社区服务被认为是当今世界最为普遍适用的社区矫正形式之一,具有惩罚性、补偿性、改造性等基本功能。社区服务侧重于对社区矫正人员的行为矫正,帮助其树立良好的习惯,以顺利融入社会。我国《社区矫正实施办法》第 16 条规定:有劳动能力的社区矫正人员应当参加社区服务,修复社会关系,培养社会责任感、集体观念和纪律意识。社区矫正人员每月参加社区服务时间不少于 8 小时。但实践中社区服务执行效果并不理想,并困扰着基层社区矫正工作的顺利开展。

2. 就业帮助等帮困扶助

帮助社区矫正人员就业不仅涉及他们的自立问题,更是他们真正融入社会的关键。例如,在闸北区宝山路街道司法所的指导下，社工根据社区矫正人员的年龄、学历、身体状况等信息进行分类，对在册所有社区矫正人员建立“一人一表”，做到“三清”，即人员底数清、就业意愿清、生活背景清。推荐有意愿的社区服刑人员到用人单位面试，促进双方达成用工协议，并协助办理相关手续，以确保社区矫正人员顺利工作。

调研发现，闸北区社工为社区服刑人员的就业倾注了大量精力和时间，但阻碍社区矫正人员顺利就业的因素仍很多，其中最为棘手的是政审制度。实践中，不少用人单位要求应聘人员出具公安机关作出的“无犯罪记录证明”，对此，公安机关往往不会作出此类证明，即便有些变通做法，诸如证明一定时期无犯罪记录，但也会被用人单位察觉，政审制度因而导致很多社区矫正人员无法找到稳定的工作，他们被迫从事一些临时工作。因而，不少社区服刑人员宁可吃低保，也不愿意从事低收入的工作。

三、完善社区矫正工作的建议

党的十八届三中全会提出“健全社区矫正制度”。在这一背景下，基层社区矫正工作有了迅速、全面的发展。我们以为，完善与加强社区矫正工作应当立足于法制化、规范化、制度化的发展方向，作为一项重要的司法制度，社区矫正必须符合依法治国的基本要求。当然，从立法角度上而言，《社区矫正法》的出台则是社区矫正工作法制化的基本要求。

（一）健全社区矫正工作组织管理制度

一方面，加强社区矫正工作的领导机制建设，强化领导保障，这是社区矫正工作组织管理的核心。另一方面，加强专门性的社区矫正工作机构建设，应当进一步完善社区矫正中心建设，建立专门性的矫正办公室等。

（二）规范社区矫正工作衔接机制

基层社区矫正工作衔接机制建设旨在健全司法行政机关与公、检、法、监狱等部门的联系制度，只有各职能部门的“无缝衔接”才能有效避免社区矫正人员漏管、脱管等现象的发生。所以，应当建构各部门共享的信息交换平台，实现司法行政机关与公、检、法、监狱等部门在社区矫正工作中的动态数据共享，从技术上保障各部门的“无缝衔接”。

（三）加强社区矫正工作队伍专业化建设

社区矫正工作中刑罚执行、心理教育等都属于专业性的矫治执行活动，因此，社区矫正工作的专业性要求高。社区矫正工作队伍的专业化建设既是顺利开展社区矫正工作的基本要求，也是社区矫正工作发展的必然趋势。

一是严格社区矫正工作队伍的来源渠道。社区矫正执法工作者作为公务员，是按照公务员招考标准招录的，但如果从事社区矫正工作，还应当在专业、相关实践方面设定必要的门槛，专业方向主要为法律学、心理学、教育学、社会学、管理学等。考虑到社区矫正工作是一项综合性的社会工作，经验与阅历是有效履行该工作的基本前提，因此，可以对从事该工作的社会工作者设定年龄条件，即年满 28 周岁以上。

二是加大对社区矫正工作队伍的培训和监督管理。一方面，培训形式主要包括岗前培训、专业培训、定期培训等，培训内容主要有社区矫正理论与实务培训；另一方面，规范对社区矫正工作人员的监督管理，尤其是完善事中监督管理制度、事后评估制度，不断督促社区矫正工作人员提高工作质量。

三是完善社区矫正工作人员的职业保障，提升社区矫正社会工作者的社会地位。职业保障主要包括：建立富有成效的激励机制，以及比较优厚的待遇。例如，在我国香港地区，从事社会工作往往是非常体面的，也受到人们的尊重，社工专业毕业生的薪水一般要比其他专业毕业生的薪水高出约20%左右，初级社工月薪一般在1.2万—1.8万元港币。因此，提高社区矫正社会工作者的收入势在必行。

四是试点社区矫正执行机构和矫正官制度。即可以考虑在条件允许的区县司法行政机关内设专门的社区矫正执行机构，设置专职从事社区矫正工作的矫正官。

（四）完善审前社会调查制度

审前社会调查涉及被告人、罪犯各个方面的情况，因此，社会调查机构应向社会化、多元化方向发展，即除了司法行政机关可以作出调查评估意见外，也应当允许更多有资质、有能力的社会组织参与社会调查工作。另外，基于维护被告人、罪犯合法权利，辩护律师也可以参与社会调查。

（五）完善就业及社会保障制度

一定程度上，就业帮助是社区矫正人员解教后顺利融入社会的关键。一些法治发达国家都非常重视对社区矫正人员的就业帮助。所以，应当从制度上规范相关社会保障机构以及鼓励相关培训机构为社区服刑人员提供职业技能培训。

（六）加大社区矫正工作的宣传力度

社区矫正制度在我国的探索只有十余年历史，广大民众对该制度认知度不高。因此，我们应当通过传统媒体、现代网络媒介加大对社区矫正工作的正面宣传力度，扩大社区矫正制度在中国的社会影响力。一方面，通过宣传积极肯定社区矫正制度在社区行刑方面的重要价值，社区矫正制度是现代政治文明、法治社会的重要表征，也是社区自治的重要载体，同时鼓励社区居民积极加入社区矫正工作志愿者队伍，对社区服刑人员积极开展教育和帮助；另一方面，通过宣传明确社区矫正制度的刑罚执行本质，避免社区居民对社区矫治制度产生误解和歧义，防止人们产生社区矫正是免除社区服刑人员的刑罚、对受害人不公正对待的错误认识。

浦东新区市场监管体制改革的实践与思考

浦东新区市场监管局课题组

一、改革的实践探索

（一）主要做法

1. 调整机构设置，注重夯实基层

按照精简、高效、统一的原则，统筹局机关内设机构、直属单位、市场监管所和事业单位设置，特别是加强对基层力量的进一步夯实。坚持“做实做强基层”，建立了“36＋X”（36个街镇和国际旅游度假区、临港地区）个基层派出机构，实现了与街镇一一对应，同时也确保了重点区域的监管力量。同时，在人员编制上，也体现了“夯实基层”、“重心下沉”的要求，在保持原三局行政编制和参公事业编制总量不变的情况下，精简局机关综合保障部门人员力量，充实综合执法稽查支队和基层监管所等基层一线。机关内设机构数量也由原来三个局的29个减少至17个，精简了41.4％；机关编制从264名减少至198名，精简了25％。精简后，基层一线监管执法人员占全局总人数的80％以上。

2. 整合业务职能，注重“化学融合”

在初期服装、标识、信息平台、规章制度、财务管理、办公场地“六个统一”的基础上，进一步打破原有部门格局，推进业务职能的深层次融合。例如：将原属三个局的食品生产、流通、餐饮监管职能整合到一个食品监管处，推进食品全过程监管；将原属两个局的产商品质量监管职能统一到一个质量监管处，并建立了《浦东新区重点产品(商品)质量监督目录》，推进生产、流通两个环节的质量监管职能整合；合并了原三个局所有登记、许可的机构和人员，专门设立注册许可分局，推进窗口融合；归并了"12315、12331、12365、12345"四条投诉热线，还自主研究建立了统一的"公众诉求处置平台"，提升消费者诉求处置效率；梳理并简化原三个局的日常检查任务，形成统一的《日常检查任务整合表》，同时在基层大力推进"一次出动、多项检查、全面体检"的综合执法模式。

3. 突出方法创新，注重监管模式转型

针对改革后监管对象更多、覆盖面更广的实际，一是强化"自律自治"，注重发挥行业管理部门和行业协会等中介组织的作用，引导市场主体增强"第一责任人"意识，从体制机制上对市场加强源头管理，如通过区政府实事项目着力推动全区 62 个市场、超市食品自检室建设。二是强化"信息技术支撑"，对内，整合原工商、质监、食药监的监管业务系统，建设统一的综合监管业务平台；对外，研究完善市场主体信用信息共享平台和"移动监管"系统。三是强化"联勤联动"，属地化管理后，更加注重发挥区政府和相关部门，街镇、居村委层面食安委、食安办、食品安全联络员，以及近 1 700个消费维权联络点等基层网络的作用，促进对各类违法行为的及时发现、及时处置，并探索通过购买社会服务等方式，进一步形成"部门协同、行业自律、社会监督、企业自治"的长效化管理格局。

4. 加强法制保障，注重执法统一和标准管理

一是统一执法文书和程序，对原三局 178 种执法文书进行梳理整合，完成合并 150 种，形成新文书 63 种，文书统一率达到 84.3%。二是加强标准化管理，探索将标准化管理的运用领域拓展

到食品安全监管等各项工作中，如编制《基层执法手册》和各业务条线的《日常检查操作规程》，集合日常监管、常用快检、申(投)诉举报等方面50余种监督检查规范化操作规程，既便于基层干部快速掌握，又有利于提升监管的精细化、标准化水平，增强监管整体效能。三是加强干部业务培训，如已经完成了对178名基层干部的特种设备监察员取证培训，为提高干部专业能力、开展全面检查奠定了坚实基础。

(二) 主要成效

1. 加强了重点薄弱环节监管

通过改革，进一步汇聚了基层力量和综合执法优势，每一个街镇都有对应的市场监管所，平均每个所近20人，监管网络辐射全区，对老百姓关心的食品药品安全、产品质量安全、特种设备安全、消费安全等高风险及重难点环节的监管更加有力，处置食品安全突发事件上也更为迅速。

2. 创新了一体化监管机制

破解市场监管领域长期存在的“分段管理”、“九龙治水”弊病，也是这次浦东市场监管体制改革的一个重要目的。通过改革，初步构建起贯穿生产、流通、消费各环节的“一体化、全过程、高效能”监管新机制，进一步弥补了监管空白点、交叉点，促进了行政效能大幅提升。

3. 进一步营造了便利化准入环境

全面推进窗口“一体化”建设，实现了原分属三局的食品生产、流通、餐饮许可的统一受理。积极探索并试点了涉及市场监管局所有证照的“一口办理”，特别是在外资准入环节，在全市率先推出外资企业设立和变更登记“一口受理”，实现外资批准文件、营业执照、组织机构代码证、税务登记证、食品前置许可“五证联办”，全程办理时限由12个工作日缩短至5个工作日。同时继续深化行政审批制度改革，进一步放宽准入条件，上半年浦东新设企业同比增长了123%。

二、改革的主要问题

（一）法律保障问题

目前，浦东的改革尽管在日常监管中初步实现了“三合一”综合执法，相关法律文书也尽可能做到了归并，但在监管执法依据上仍然沿用原部门的法律法规，缺乏统一性、针对性的配套法制保障。例如，不同部门的法律法规设定的执法办案时限、流程各不相同，三部门在立案审批、立案告知、举报人回复、办案期限等外部程序规定上有明显差异，执法人员在第一次现场核查时就面临需要对执法程序作出选择适用的情况，而对于跨条线的违法行为查处，法律适用的选择就更让执法人员困惑，操作中增加了复杂性。

（二）市、区两级管理模式不统一问题

区级层面市场监管体制改革后，虽然转为地方属地管理，但由于长期条线管理模式的传统和惯性，区级市场监管局与市级职能部门业务关联的紧密程度，要更大于本就属于区级层面管理的其他职能部门。但是，目前市场监管体制改革只在浦东及中心城区开展，区层面进行了机构合并，而市级的职能部门仍然各自独立，一个区局需要对应多个市局，工作对接还存在不顺畅、多头反复等问题，增加了工作量。同时，不同市局间监管重点、理念、方法等各不相同，又都对条线工作提出具体要求，且各市级机关都有各自的信息化系统和业务平台，相互间不能关联，这些都与体制改革追求的化学融合、流程再造、一体化监管间存在一定矛盾，影响了监管效能的提升。

(三) 机构合并与职能转变结合问题

政府职能转变是市场监管体制改革的宗旨。浦东在改革过程中致力于探索"宽进严管"、"精简高效",但由于"三局合一"后,市场监管职责繁多、覆盖面广,在总编制人数不变的条件下,监管资源、精力十分有限,这对职能转变提出了更紧迫的要求。改革要进一步厘清工作重点,思考监管职能中哪些要强化、哪些要弱化、哪些要转化,要改变传统的工商、质监、食药监执法监管模式,真正实现职能优化、重点突出、统筹兼顾。

(四) 综合执法与专业监管互补问题

尽管浦东在市场监管体制改革中注重发挥专业化管理和综合化管理的结合优势,但原三个局的大部分职能、事权下放基层所后,要求一名综合监管干部在短期内掌握跨度大、类型多的新业务,还存在知识结构、监管能力、心理承受等不适应的情况。因此,如何做到基层监管综专结合与互补,还需要进一步加强研究和探索。

三、进一步深化改革的思考

市场监管主要是对市场主体的行为进行引导和限制,其目的是对"市场失灵"、"市场失信"状况进行纠正,打造一个法制、公平、有序的市场竞争"软环境"。进一步深化改革要符合国际惯例、国际规则和我国市场监管发展的总体趋势。

(一) 市场监管发展趋势分析

1. 从国外看,实行集中、全程管理是当前市场监管的发展趋势

目前,国际上主要有三种监管模式,即分段监管、分事项监管、

分品种监管；监管部门也存在“单一部门监管”、“多部门共同监管”、“综合监管”等不同类型。尽管世界各国对市场监管的体制、模式选择各不相同，但总体呈现出“集中、全程管理”的发展趋势。各国都对市场行为坚持“放管并重”，“宽进”和“严管”并行不悖；都倾向于诚信制约和市场“自我调节”，呈现“小政府、大市场”格局；都从多部门管理向少部门集中管理转变，向源头控制、全程管理转变，市场监管部门数量普遍不多，分类也不细①。可以说，减少监管部门、综合行使市场监管执法权，是当前国际通行做法和发展趋势。

2. 从国内看，建立集中、统一的市场监管机制是行政体制改革的大势所趋

党的十八届三中全会作出的《中共中央关于全面深化改革若干重大问题的决定》中提出：“深化行政执法体制改革。整合执法主体，相对集中执法权，推进综合执法，着力解决权责交叉、多头执法问题，建立权责统一、权威高效的行政执法体制。”国务院 2014 年 7 月发布的《关于促进市场公平竞争维护市场正常秩序的若干意见》又提出：改革监管执法体制，解决多头执法、消除多层重复执法、规范和完善监管执法协作配合机制、做好市场监管执法与司

① 如欧盟委员会健康与消费者保护总司，负责食品安全、公共卫生、产品质量安全、消费安全等综合监管事务，相当于中国多个部门职能。又如法国竞争、消费者事务与反欺诈总局，负责全方位促进自由竞争、保障产品和服务质量、安全，下设消费者事务、质量和安全司、公平交易和行为指导司，农业和食品处等，综合行使了相当于我国工商、质监、食药监局及部分发改委职能。澳大利亚竞争与消费者委员会，负责竞争、消费者、公用设施和价格行政执法，综合行使相关于我国工商、物价等相关职能。在食品安全监管领域，加拿大、德国等诸多国家越来越倾向于集中管理、全程管理的监管模式。此外，世界各国基本上都没有专门设置产品质量监管部门，大多由公平交易和消费者权益保护部门或者食品安全监管部门兼而行使市场质量安全监管职能。

法的衔接,整合优化执法资源,提高监管效能。可以说,上述决定和意见是我国未来改革市场监管体系的行动指南。而从目前各职能部门情况看,市场综合监管、城管综合执法、商务综合执法[①]已经先行实践,知识产权、文化、金融等多个领域也开始纷纷研究和探索“综合执法”和“统一监管”模式。

综上,建立统一、高效的综合执法体制是市场监管的必然趋势。

(二) 下一步改革建议

浦东下一步继续深化市场监管体制改革将涉及更深层次的利益格局调整,从长远看,还需要做更深入的探索和突破。

1. 进一步加强顶层设计

下一步改革要更加注重“自下而上”和“自上而下”相结合,加强对机构设置、法律保障等顶层设计的考虑。在机构设置上,需要进一步理顺市、区、街镇三级管理机制,注重考虑上下对应、条块结合,避免因一个部门对应多个上级部门产生的监管方法不一、工作量增加等问题;同时,在发挥地方政府的地域化优势的同时,还需要保障业务工作的相对独立性、专业性。在法律保障上,需要对市场监管领域的执法程序、法律适用等做统一的规定,从立法上确保统一执法体系的建立。

2. 进一步转变职能,理顺政府和市场的关系

一是突破原有业务条线分工,充分发挥市场对资源配置的决定性作用,进一步明确职能强化、弱化、转化内容,合理确定市场监管职责重点;二是进一步完善“宽进、严管”的管理格局,对企业能自我管理、社会能自我调节的领域要不管或少管;三是加强社会诚

① 2009 年以来,全国开始商务综合执法试点,对商务流通领域的生猪屠宰、酒类流通、成品油监管、特许经营等监管职能进行整合。

信体系建设，着力通过诚信制约促进市场经营行为源头规范；四是着力发挥社会组织、第三方作用，推动市场自律管理，使政府有限的监管资源集中于高风险、重难点领域；五是不断优化信息、技术手段和检测手段，加强市场风险评估、预警，为统一的综合执法体制提供技术支撑。

3. 进一步探索职能整合、机构精简

在对内继续完善机构设置，调整、合并和重组相关职能的基础上，继续研究拓展改革范畴，充分考虑行业特点、监管特点，综合分析职能的关联性、交叉性、专业性，对相近、关联的职能，可进一步研究予以合并，促进政府机构、职能、人员的不断精简和优化，进一步归并、减少“权利清单”，推动形成“小政府、大监管”格局。当然，改革还需要统筹考虑职能整合的合理边界与部门承受能力，还要加强建立对执法权的监督和制约机制，避免形成新的监管不到位或权力膨胀。同时，要以综专结合为原则，培养提高干部的专业能力和综合素质，为改革顺利推进奠定人力资源基础。

徐汇区夯实治理基础深化居民自治的实践与思考

中共徐汇区委课题组

2014年,市委将"创新社会治理、加强基层建设"定为一号调研课题,其中把居民自治作为加强基层建设的重点内容,在全市进行了深入的调研。本课题的调研旨在落实市委"创新社会治理、加强基层建设"的要求,对近年来徐汇区居民自治工作进行梳理,总结经验和分析困难,并提出下一步的对策建议,推动徐汇区社会治理和社区建设的发展,进一步夯实基层治理基础。

一、徐汇区居民自治的实践和探索

徐汇区作为上海的中心城区,区委、区政府历来高度重视基层居民自治建设,近年来在社区民主自治建设方面开展了大量有益的探索和实践。

徐汇区委、区政府高度重视居委会在当前居民自治中的基础性、决定性作用,制定了《徐汇区关于进一步加强居委会建设的指导意见》,对居委会职责、硬件建设、人员队伍、财力保障等做了进一步明确。切实开展居委减负工作。开展居委会台账清理规范工作,建立了《徐汇区居委会工作台账推荐目录》和《关于建立徐汇区居委会工作台账准入、退出及变更制度的实施意见》等制度。推进居委自治家园建设。目前共有湖南街道武康路居委会、斜土街道江南新村居委会等14个居委会通过验收,成为市级居委会自治家园示范点。加强居委会人才保障。稳步提高居委社工待遇,从2010年起招录4批共102名事业编制和参照事业编制待遇的社区专职党群工作者,为居民自治工作提供高素质人才。

在推动居委减负、增能、强基的基础上,鼓励引导各社区积极创新,结合实际因地制宜地开展各类居民自治活动,形成了百花齐放、各具特色的自治形式。

一是从发动机制上看,按产生自治行为的原因和触发点不同主要分为两类:(1)兴趣引导型。社区中有许多由于居民共同爱好、共同背景而自发成立的群众团体,这些团体在自我运作、凝聚居民的同时,引导居民积极参与社区事务,成为居民自治的有效主体和平台。(2)问题导向型。小区居民为解决小区重点问题和突出矛盾而自发组织起来,推动问题解决,从而实现自我组织、自我管理。例如湖南街道是典型的老弄堂社区,弄堂间物业管理缺失,弄堂居民为解决弄堂管理问题,自发成立"弄管会",并在此基础上成立了"弄管协会",整个社区的弄堂管理面貌有了很大的改观。

二是从运作机制上看,既有对小区公共事务广覆盖的普遍性自治平台,也有聚焦某一难点热点问题的专项平台,同时新媒体技术的发展也为居民自治提供了新的运作方式。(1)综合型自治。在居民区党组织的领导下,成立由居民代表、业委会、物业公司等各方参与的综合性社区自治平台,充分依托小区"听证会、协调会、评议会"制度,对小区的整体事务进行协商处理,形成反映居民需求的议事机制、关乎居民利益的听证机制、强调居民参与的协调机制以及体现民主决策的公开机制。(2)专项型自治。主要针对某个具体的公共事务开展居民自治活动,有专业化需求。例如田林街道通过项目化购买,引入社会组织"和房家园物业指导中心",为小区居民提供物业管理、业委会运作等方面的专业咨询服务,化解减少了大量物业管理问题。(3) 新媒体自治。徐汇区天平街道打造社区自治网络信息平台,要求所有居委活动和工作都要及时上网,对小区论坛里的讨论要及时回应和联系,对于群众关心的问题要开设专门讨论帖或是网络讨论会。通过这样的方式吸引居民关注,让没有时间的居民足不出户也能参与小区自治。

三是从参与机制上看,通过小区骨干领袖和社会组织的中介和引领作用,更好地发动促进群众参与自治,夯实自治工作的基础。(1)依托社区骨干。例如徐家汇街道交大新村居委会"教授智囊团",由小区一批退休的上海交通大学教授成立了"汇贤家园理事会",用群众带动群众、用群众教育群众,有效解决了小区的公共问题。(2) 依托社会组织。例如凌云街道梅陇三村居委的"绿主妇议事会",从部分居民的环保活动开始,逐步扩散到小区的公共事务决策,并注册成立了社会组织"绿主妇"环境保护指导中心,通过"家庭一平米小菜园"、"爱心编结社"等活动,凝聚居民、引导居民,逐步形成了以居委为指导、"绿主妇"为主导、居民广泛参与的自治格局。

二、当前徐汇区居民自治面临的问题

一是居委会行政事务压力沉重。居委工作行政色彩越来越强烈,协助基层政府所做的事务性工作随着政府职能扩充不断增多,工作台账越来越多;从考核机制上来说,主要以考核行政工作完成情况为主,居民自治反而没有成为居委考核的规定内容,使得居委没有发动群众开展自治的意愿和精力。

二是居民参与不够,参与意愿需要加强。居民群众从"单位人"走向"社会人",在脱离纵向行政体系联系的同时,横向的社区联系还没有建立,缺乏对社区共同体的认同,居民参与自治的意愿参差不齐。社区公共事务的处理缺少基于居民实际生活需要和自发意愿的建构方式,发动居民参与仍很困难。

三是缺乏制度保障,自治水平有待提升。目前,徐汇区居民自治总体上还处于"自发"阶段,既有"百花齐放"的特点,也存在因人而异、因人而废的情况,缺乏一套成熟可复制的自治制度来保障居民自治项目的持续性。

三、进一步深化居民自治的对策建议

从行政色彩的居民区管理到发动群众自我管理、自我服务的居民自治,居民自治已经成为创新社会治理的重要内容和发展方向。从近些年的实践发展中可以看到,居民自治的理念正在被越来越多的基层工作人员和居民群众所接受。要加强居民区"第四级网络"建设,提高基层社会治理能力,着重要解决五方面核心问题:

(一)处理好居委会的减负增能强基问题

一是明确居委会的职能定位。要建立一个"大居委"的概念,即居民区党组织、居委会、社工站"三位一体"的工作机构,实现居民区党务工作、居务工作、政务工作的有机整合。

二是做好居委会协助政府工作事项梳理。在做好居委会台账清理规范工作的基础上,建立《徐汇区居委会工作台账推荐目录》和《关于建立徐汇区居委会工作台账准入、退出及变更制度的实施意见》制度,设置政府工作事项准入门槛。

三是加强居委工作信息化建设,结合区城市综合管理服务联动中心建设,推进综合管理居民区工作站建设,整合民政、计生、综治等信息系统,加强居民区基础信息共享。以违章搭建、群租等小区管理顽症为重点,加强居民区管理与城市大联勤工作的衔接,构建纵向到底、横向到边的网格化管理格局。

（二）处理好居民自治能力建设问题

一是制定《徐汇区关于进一步推进居民区自治工作的指导意见》，明确居委会自治的职责、任务、方法等，鼓励各居民区根据实际情况开展居民自治探索。

二是根据居委会组织法的要求，建立健全居委会专业委员会的工作机制，深化居民区“三会制度”，推进居民自治制度化、规范化、程序化（天平街道已在居委会全面建立专业委员会）。

三是建立区级、街道两级政府购买社会工作服务平台，建立三个目录，即《徐汇区政府部门转移职能目录》、《徐汇区政府购买社会工作服务目录》和《徐汇区可承接政府职能社会组织目录》；做到“两个纳入”，即凡是需要购买社会工作服务的部门必须纳入服务平台，凡是购买社会工作服务的项目必须纳入服务平台，实现购买社会工作服务的统一管理、统一评估、统一监督。

四是建立居民自治项目示范点，将通过“十大创新项目”评选活动产生的优秀自治项目列为示范点，加大总结推广力度，用3年时间实现示范项目的可复制可推广（凌云绿主妇、田林和房家园、湖南弄管会已列入推广范围）。

（三）处理好社会参与居民区自治问题

一是建立以居民区党组织为核心的居民区工作联席会议制度，构建“1＋4＋x”工作格局，即居民区党组织＋居委会、业委会、物业、社区民警＋结对共建单位，从制度上明确居民区党组织在居民区工作中的领导核心地位。

二是建立居民区约请和会商机制，结合区网格化四级平台建设，由居民区工作联席会议针对居民区管理难点问题，提出会商议题上报街道党工委，邀请区相关部门参加联席会议，共同化解基层矛盾和问题。对于需要更高层面协调解决的问题纳入区基层会商议题或反映给市相关部门。

三是在全区推广“业委会主任协会”、“物业经理沙龙”等机制，发挥社会组织、行业协会等在物业管理中的作用（目前司法局已在探索推进）。

四是进一步发挥社区民警任居民区党组织副书记或居委会副主任的积极作用；借助“满意在徐汇 服务在基层”行动，由居民区结对法律工作者担任居民区法律顾问，增强居民区依法治理的意识和能力（目前天平街道已有类似做法）。

（四）处理好居委会的经费保障问题

目前 13 个街道镇居委平均经费在 6 万元以上，部分居委已经达到 10 万元，已基本满足基层社区工作需要。下一阶段，一方面要优化居委会工作经费结构。在已有的办公经费、民生服务费用、党员活动经费等基础上，加强项目设计和培育，通过发挥“居民自治公益金”等作用，培育社区治理创新的特色项目，提高居民区工作的水平和能力。另一方面，将财务公开纳入居务公开范围，及时向街道、群众公开居委会经费使用情况，做到用途由居民自主决定、开销由居民参与管理、成效由居民评估分享（目前康健街道已推广）。

（五）处理好居民区工作的考核评价问题

一是建立居民区工作综合评价机制，建立居民区工作评估体系，针对党务、政务、居务工作，坚持自上而下与自下而上相结合的原则，实施多元分类综合评估，全面反映居委会组织开展自治活动的情况和协助政府工作完成的情况（目前凌云街道在试点）。

二是积极引进第三方开展抽样评估，将专家评选、群众评价、社区评议、政府评估有机结合，体现党的领导、政府服务、群众自治等方面的综合考察。

三是建立居委会对政府部门的评价及投诉制度。将居委会对政府相关部门的测评列入部门年底考核,并将政府部门参与居民区会商工作情况作为重要考核依据。

社区治理视域下的软硬法之治

南京东路街道课题组*

一、软硬法之治的界定、功能定位及作用

(一) 功能定位

在社区,硬法主要调整和规范的是治安稳定、计划生育、社区矫正、安置帮教、法律援助、公民法律权利保障等基础性领域,这些事务的实现需要以国家强制力作为保障;而社区软法主要侧重于社区自治领域,即社区"公域",如社区规划、社区服务、社区教育、社区卫生、社区环境等公共事务和服务领域,并不包括社区主体之间的个体性或私人的事务。

(二) 软硬法之治在社区治理创新中的作用

1. 推进社区管理向社区公共治理的转型

传统的硬法约束偏重于社区行政管理和权力运作,而软法治理则强调社区治理多元主体之间的参与和合作。面对社区组织多元化、社区功能多样化、社区事务复杂化等现状,社区管理这种单向度的管理

---

* 课题组成员:余海虹,南京东路街道党工委书记;沈永兵,黄浦区南京东路街道办事处主任。执笔人:殷勇,南京东路街道办事处行政办公室副主任科员。

思想和操作实践已经完全不能适应日益发展的社区建设需要。而软硬法之治,一方面既可以体现基层政府行使行政管理的职责和目的,另一方面又能使其与其他社区主体形成协调发展、良性互动的动态局面,使社区建设朝着多元化、自治化、协商化等治理方向发展。

2. 是有效回应和解决民生期待的重要方法和路径

民生问题是社区各主体最为关心、最为紧要的利益问题,其能否有效解决和供给关系着社区发展的安稳与和谐。硬法约束要求社区管理主体按照法律规定提供民生服务,但易形成效率低下、供给方式单一、责任模糊、资源分配不均等现象,既增加了管理成本,也难以发挥最大的效益。而软法治理有助于打破行政权力垄断社区公共事务的局面,使之由封闭走向开放,通过自觉合作、互利互惠、服务外包等方式,有利于社区多元主体相互之间提供和“定制”个性鲜明、因人而异的社区服务和公共产品,为有效形成自我组织、自我管理、自我服务为主要特征的社区治理格局“添砖加瓦”。

3. 能进一步增进社区民主自治的能力和水平

在硬法约束下,虽然社区主体有参与、监督社区管理等的权限,但往往仅停留在低限度、被动介入的水平,难以从根本上促进和提社区自治能力。但如果引入软法治理,则可以在增进民主自治进程方面具有明显的效果,一些诸如社规民约、业主委员会自治规范、社区物业管理标准等软法的制定、实施过程都能在较大程度上调动起社区各方参与的积极性和热情,满足民众参政议政的需求,同时又积累了基础的民主经验,培育了民众的政治素养和自治能力。

二、制约社区治理中软硬法之治的因素

(一) 理念层面

1. 混淆依法治理与依法管理

我国社区建设和社区治理起步较晚,政府一直在其中起着关键

和主导的作用。可以说,在目前,实施社区硬法和软法仍主要是采用政府主导型模式。该模式虽侧重于管理,但并非以管理替代治理,社区中仍有一部分领域需要社区自主和自治,但社区自治组织,尤其是居委会作为基层政府的“腿”和“准行政组织”的观念始终在社区各主体中普遍存在,并深远地影响着社区自治力量的发展和壮大。

2. 仅注重形式法治,实质法治关注不多

通说认为,法治两大要素是指已成立的法律获得普遍的服从和所服从的法律本身是制定得良好的法律,即形式法治和实质法治,两者不可或缺。随着我国法律体系的基本形成,社区软硬法在形式合法性、普遍适用性、统一性、明确性等方面都有不同程度的提高,并逐渐在社区法律体系中得以体现。而实质法治,作为法治理论的价值深化,更加注重法的公平、正义性、自由等内容,则在社区治理中还没有得到彰显。如在社区软法的形成过程中,社区各方参与主体的意志是否具有代表性和广泛性,利益的表达机制与博弈机制是否公平和公正等这些问题还关注不多。

3. 存在硬法依赖、软法不信任的倾向

社区治理涉及面广、事情杂,需要不同软硬法之间相互支撑,但目前社区治理过于重视硬法建设,忽视软法的培育,多数居民在面对公共事务时,本应通过协商、互动、合作等软法的方式达成目标,但现实却是寄希望于社区硬法和政府的单方管理,依赖硬法调整和规范一切社区事务,不信任和排斥软法的适用。如果社区各主体把自己的行为完全交给法律,人们处理一切事物似乎都离不开法律的话,最终必然导致对人的利益损害,也会使法律自身和社区各主体陷于尴尬的境地。

(二)制度层面

1. 体系结构不健全

从组织构架上来看,《宪法》对基层乡镇、区县、省(直辖市)政府构成和城市居民委员会进行了原则性的规定；1989 年的《居委会组织法》则开启了社区专门立法的局面，并对居委会的性质、地位、功能、职责等进行了初步的规定。但对于城市街道办事处而言，目前在国家层面只有《地方各级人民代表大会和地方各级人民政府组织法》第 68 条的概括性规定，导致了各省市以此为依据制定的地方性法规大相径庭，并在实际的组成和运作等方面呈现出南辕北辙、零散不统一的样态[①]。与相对完整的各级政府、居委会的组织体系相比，街道办事处的组织体系，面临着缺乏作为基石的宪法依据以及作为"基本法"的组织法的双重困境。关于街道办事处的法律地位、设置、职责权限、其与社区主体的关系等问题都需要重新在社区法律体系中得到确定、明晰和规范。

2. 内容陈旧、滞后

对社区自治来说，《居委会组织法》虽然强化了自身自治功能，但仅规定了原则，且没有明确具体的内容和边界，自治地位依然模糊；同时，随着"议行分设"自治模式的推广和社会工作者的广泛介入，在一定程度上，居委会的实务操作已经脱离了《居委会组织法》的规范领域。而关于街道办事处的法律内容，不仅各种法律文件及法律条文的庞杂给人以杂乱无章的感觉，而且多数内容规定原则、宽泛，不具有操作性，对社区硬法的权威性、确定性等造成了极大的损害。法律规定的一些职责如"个人发布广告证明"、"申请经营出租车业务证明"、"申请设置个人业余无线电台基本情况核实"等早已名存实亡。

3. 配套或衔接机制不健全

社区治理是一项复杂的体系工程，仅靠社区硬法或软法还不

① 在 1954 年，国家就制定了《城市街道组织条例》，对街道的性质、地位、职责进行了较为详细的规定，但时过境迁，该法规早已不能适应现实的基本情况，并已于 2009 年被废除，失去了法律效力。应当说，在国家层面上，已不存在对街道进行具体规定的法律法规。

足以实现善治的目标，需要全方面、多层次的制度安排。如在硬法实施过程中，缺少强而有力的社会监管体制，政府监管、自治组织监管、公民监管等多元监管体系的局面尚未形成；而在软法的实施过程中，居民自治意识的低下、自治组织的发育不全、社会工作的非规范化、社区服务体系的不完善等因素又会反作用于软法运行的实际效果。再者，社区硬法与软法在内容吸收、类型归纳、标准判断等方面尚未有深入的研究，社区软、硬法两者实现有效互动和衔接还有很长的路要走。

（三）实践层面

1. 主体权限不清，社区功能行政化色彩过浓

对于基层政府来说，一方面，承担的事务“多而繁重”。除了法定职权外，还要承担着大量由上级交办的事项，如在市容环境管理、环境保护管理、安全生产监管等领域，都存在着以文件或其他形式委托街道承担部分管理事项或执法事项的现象；另一方面，条块职责不清，“越位”、“错位”执法长期存在。行政部门往往直接、简单地将其应承担的工作任务推给社区，使其逐渐成了社区的“分内事”，诸如统计、调查、检查等行政任务往往是通过街道办事处落实到居委会来执行。社区治理主体，尤其是居委会不仅仅成了“协助者”，更成了具体的操办者和执行者。本该由行政部门完成的任务，不仅占用了居委会的工作时间和精力，而且还弱化了社区应有的自治职能，这对社区治理主体组织和开展社区软法的制定、协商、决策、运用等造成了不利的影响。

2. 治理权力滥用，社区自治易被异化

在硬法方面，基层政府可以通过发布各种红头文件、规范性文件等架空和变通现有的社区治理规范体系，并发挥着“准法律”的角色，潜移默化之中改变硬法，甚至在基层出现“以言立法”、“以言废法”的现象。而对于软法，由于其具有较强的弹性和灵活性，本

身就为社区自治权力的滥用预留了空间，再加上软法的规范化建设机制尚不健全，无疑会使得软法的应有功能和积极作用大打折扣，甚至可能会沦为社区党委、政府、街道办事处、居委会、业主委员会、物业公司等主体侵害社区公共利益和个人利益的工具。近年来，基层群众自治组织（如村委会、居委会）通过制定自治章程、村规民约等软法随意损害群众利益和妨碍民主建设的行为屡见报端，就是最好的例证。

3. 工作程序不畅，难以发挥社区治理的长处

社区治理在内部程序和外部程序方面还存在明显的不足之处。首先，在内部工作程序上，社区治理主体与市区政府、其他职能部门、驻街机构的工作程序没有规范化，随意性较大。社区工作往往被形容为“工作就是开会、协调就是吵嘴”，易导致治理工作处于被动地位。其次，在外部程序上，基层政府与居委会、业主委员会、物业公司或其他治理主体之间也缺乏制度性的程序规定，难以形成相互配合、通力协作、互为制约的关系，直接影响了基层民主自治力量的培育与壮大。

三、社区治理中软硬法之治的实现

（一）改革和完善社区硬法体系建设

1. 加大权力梳理力度，解决权力“越位”、“错位”、“缺位”问题

不仅对社区管理机构如基层政府、街道等行政主体应积极开展职权梳理工作，但凡所有涉及社区治理的各主体（居委会、职能部门、驻街机构等）都应对各自的相应职能和工作事项进行条分缕析，形成和推出系统的、完备的社区治理“权力清单”，以此作为社区治理各主体之间的“边界”，避免基层治理权责不清、互相推诿、扯皮的现象发生。

2. 开展法律清理和细化工作，使现行适用的法规尽可能符合社区治理的实际和需求

考虑到清理的工程量，必要时可采用“包裹立法”技术。所谓“包裹立法”，是指为达到一个整体的立法目的，立法机关在一个法律性文件中对散布在多部法律内的有关规定，一次性作出“打包”修改。法案提议机关可以将拟修改的法律，以一揽子打包的方式，在一个议案中提出，最终又以一个“修改决定”的形式出台，避免出现逐一审议、分别表决所带来的成本高、效率低的问题①。其次，要建立常态、长效清理机制，推行立法后评估机制，对其立法质量、实施效果等“回头看”。

3. 进行社区治理工作流程设计

目前，针对上海市社区治理工作流程的缺失问题，解决途径就在于要以社区硬法为支点，不断加强各项社区事务处置工作流程的平台建设。社区治理主体要在对自身的权限进行有效梳理的基础上，针对不同类型的事项进行分析和研判，依法合规地开展各工作流程的设计、优化和整合等措施，从而形成合法、明确、高效、透明的社区治理流程体系，实现社区治理主体之间的职权与流程的无缝对接，使社区治理工作向精细化治理迈出重要的一步。

（二）注重对社区软法的培育

1. 社区软法应遵循法律精神和原则

在社区治理过程中，要最大限度地发挥软法的积极作用，抑制其消极作用与负面效应，软法应遵循基本的法律精神和原则，必须要将公开、公平、公正等任何法治社会所具有的价值观和理念灌输入软法之中，任何脱离法律精神和原则的软法本身就是违法的和不值得信任的。在社区，软法应遵循普遍性、合意性的法律原则，

---

① 阿计：《法律清理之中国问题》，《民主与法制周刊》2012年第32期。

建立开放协商的形成机制，做到社区参与主体的法律地位平等、机会平等，信息与程序公开透明，尊重社会组织和公民社团的自主性。

2. 促成社区软法的规范化

要使社区软法真正做到为大多数社区居民、单位的利益服务，必须严格界定软法生成、实施的主体和权限，明确不同社区软法的规制对象和范围，建立具有沟通、交流互动的民主参与机制与公正透明的制定程序以及有效的软法监督体系。只有这样，才能避免软法成为基层政府、居委会、业委会或物业公司等手中的自利性工具，使之真正成为实现良好的公共服务的有效手段，成为社区治理领域中各主体应共同遵守的行为守则和章程。

3. 形成良好的社区软硬法对接互动机制

软法不能抵触硬法，不能违反硬法。如果允许软法在没有硬法授权的情况下，可以做出与硬法不一致和相冲突的规定，国家整个法律体系就会遭到破坏。对于需要国家强制力后盾保障和干预的社区领域，软法不得加以规定，但对于社区治理中某些带有宣示性和激励性的事项如垃圾分类、小区绿化等可逐步“让权”于软法，可由软法先行进行调整和规范。而社区民主决策、民主管理、民主监督的领域则应主要采用软法的形式进行规范。同时，如果社区硬法的制定程序繁杂，耗费大量人力、物力等成本的话，社区可以先行通过创制软法以解决当前的问题，待取得了良好的效果后，立法者可以经过筛选、吸收与转化等措施，进一步把软法上升为更具普适性和强制性的硬法。

基层法院司法公信力第三方评估的实践探索

——以法院自评估与第三方评估相结合模式为视角

上海市虹口区人民法院课题组*

一、以审判质效评估体系为蓝本构建基层法院司法公信力"自评估"路径

现阶段,上海法院审判质效评估体系是在最高人民法院案件质量评估体系的基础上,立足实际、针对短板所进行的完善和优化,总体上较为全面、科学和合理。基层法院司法公信力"自评估"可以以审判质效评估体系作为蓝本,选取其中最能反映或影响司法公信力状况的指标,分别设置权重并合成综合指数,得出初步自评估报告。

---

* 课题组负责人:张斌,浦东新区人民法院院长(课题申报时任虹口区人民法院院长),三级高级法官。成员:李瑜青,华东理工大学教授、法律社会学研究中心主任、博士生导师;鲍慧民,虹口区人民法院副院长;陈丽,虹口区人民法院研究室主任;邹杰,虹口区人民法院研究室副主任;顾飞,虹口区人民法院书记员;孙正君,虹口区人民法院书记员;张悠,虹口区人民法院书记员。

（一）公正指标选择及其解读

1. 申诉改判发回率

2. 二审改判发回瑕疵率

3. 裁定再审率

（二）效率指标选择及其解读

1. 均衡结案度

2. 审限内结案率

3. 一审重复开庭率

4. 当庭裁判率

（三）效果指标选择及其解读

1. 一审服判息诉率

2. 裁判自动履行率

3. 实际执行率

（四）新增指标选择及其解读

1. 法院工作报告得票率

2. 司法建议采用率

3. 负面舆情发生率

4. 媒体报道倾向度

5. 12368 平台投诉率

上述四类指标权重初步划分如表 1 所示。

表 1　司法公信力自评估指标体系

公正指标 (25%)	效率指标 (25%)	效果指标 (25%)	新增指标 (25%)
申诉改判发回率(40%) 二审改判发回瑕疵率(30%) 裁定再审率(30%)	均衡结案度(30%) 审限内结案率(30%) 一审重复开庭率(20%) 当庭裁判率(20%)	一审服判息诉率(40%) 裁判自动履行率(30%) 实际执行率(30%)	法院工作报告得票率(25%) 司法建议采用率(15%) 负面舆情发生率(20%) 媒体报道倾向度(15%) 12368 平台投诉率(25%)

二、在与政府绩效评估的比较借鉴中形成司法公信力第三方评估要素

当代政府绩效评估所指的是在 20 世纪 70 年代以来西方国家新公共管理运动中产生并发展起来的一项政府改革措施，其可定义为："运用科学的方法、标准和程序，对政府机关的业绩、成就和实际工作作出尽可能准确的评估，在此基础上改善和提高政府绩效。"①经过近半个世纪的发展，政府绩效评估制度已渐趋成熟，初步形成一套具备可操作性的完整体系，在提高政府绩效方面发挥着重要作用，基层法院司法公信力由第三方评估可在突出审判权运行特点的前提下予以参照借鉴。

① 中国行政管理学会联合课题组：《关于政府机关工作效率标准的研究报告》，《中国行政管理》2003 年第 3 期。

（一）第三方机构：首选高校专家评估模式

政府绩效管理中的第三方评估，以“第三方”自身组织成分作为分类依据，其模式划分为四类：一为高校专家评估模式，由高校中的专家学者作为“第三方”接受地方政府委托的评估模式；二为专业公司评估模式，由专业组织如聘请专门的商业公司、中介组织作为“第三方”参与政府绩效评估的模式；三是社会代表评估模式，由各级政府“纠风办”组织的测评团或评议代表作为“第三方”进行评估的模式，这种模式主要是指民主评议政风行风工作中的评估模式；四是民众参与评估模式，即普通民众随机或自由参与评议政府工作的模式，具体参与途径有由调查机构来随机抽访、窗口拦截、网上评议等①。

因第三方评估的全部意义就是来自“第三方”的特殊地位，因此“第三方”的独立性、专业性、权威性就决定了“第三方评估”的成败。从这个角度来看，社会代表评估模式和民众参与评估模式中，“第三方”实际没有能够完全具备应有的特征，或者独立性不足，或者专业性、权威性不够。其次，在这两种模式中，“第三方”仅仅只是参与了“评估”这一个工作环节，其他的制定方案、组织实施、数据处理、结果运用等环节则没有也不能参与，因此部分学者认为这样的评估不能算真正的“第三方”评估。故，司法公信力第三方评估的模式应借鉴高校专家评估模式或专业公司评估模式，但该两种模式中，培育专业公司的社会土壤依然贫瘠，目前来看不仅民间组织中能够作为“第三方”承担对司法公信力评估的专业公司少之又少，而且有社会信誉的更是凤毛麟角。综上所述，高校专家评估模式应是现实条件下最适合司法公信力评估的第三方机构。

① 徐双敏：《政府绩效管理中的“第三方”评估模式》，《重庆行政》2010年8月号。

(二) 评估主体：选定多元化评估主体

任何有效的评估制度都必须要有明确的评估主体。评估主体与被评估者之间存在着内在的联系，即评估主体的需求和期望值是被评估者的行为导向。政府绩效评估中往往运用360度绩效评估方法(又称全景式反馈或者多元评价)选择与确定绩效评估主体，包括国家权力机关评估、行政机关评估、社会公共组织评估、公众评估等。回归到司法公信力的命题上，本课题将司法公信力第三方评估的评估主体确定为诉讼参与人与一般社会公众两大类。

1. 诉讼参与人评估主体构成

一为当事人。当事人是司法活动的直接参与方，其对司法公信力状况有亲身感受，其参与评估使评估结果更具说服力。当然，当事人的个体情况差异等决定了对每个个案的裁判也必然不同，不可否认当事人的评估易受判决结果的影响，可能带有主观情绪色彩，这就需要通过一定的方法降低评估中的主观谬误影响，可采取与一般社会公众组对比的方式适时纠正其中个别的谬误。二为诉讼代理人和律师。诉讼代理人和律师是诉讼活动的直接参与和感受者，律师由于其自身的专业性，可对法院审判过程和判决结果有更深刻的理解和认识，但其毕竟也在一定程度上受到诉讼结果的影响，故其对司法公信力评估也并非完全中立，但可以基本确定的是，职业律师的中立性要强过一般诉讼代理人和当事人，故可提高律师在诉讼参与人评估主体中的所占比例，以提升诉讼参与人评估结果的科学性。

2. 一般社会公众评估主体构成

一是人大代表、政协委员。人民法院作为国家司法机关，其职权活动要受到人大、政协监督，吸纳其作为评估主体一方面是保证评估结果公正性，另一方面也有助于其全面了解和有效监督法院司法活动。二是专家学者，目前社会环境下，社会公众对于律师(区别于诉讼参与人评估主体中的律师)、专家学者等法律职业者均具有较高的信任和尊重。三是一般社会公众。其作为与司法权运行息息相关的间接主体,在现实条件下可通过多种途径接触司法信息、感受司法公信,且司法公信力的高低直接影响其行为导向,故其对司法公信力保留一定的话语权和评价权。

(三)指标设计:“司法公信力感受度”

政府绩效评估指标的构建原则之一,即“硬指标与软指标相结合、定量与定性相结合”,司法公信力与政府绩效均具有多维性的特点,因此司法公信力评估指标的构建也应体现这一原则。司法公信力的自评估指标来源于法院内部审判绩效评估数据,属于可量化的定量指标,即硬指标,司法公信力第三方评估的指标设计上应与法院自评估的指标相区别,注重体现多元化评估主体对司法公信力的主观感受,即“司法公信力感受度”。“司法公信力感受度”因属难以具体量化的软指标,故该指标只能通过量表转换等方式将定性资料数量化以后才能进一步统计分析,现实条件下,问卷调查是较为具备可操作性的方式,其考量要素如下:

1. 基层司法的可接近程度

主要考察指标:(1) 获取司法服务的途径及便利程度;(2) 获取司法信息的渠道及便捷程度;(3) 主要障碍。

2. 对基层司法公正的感知程度(区分诉讼参与人和一般社会公众)

主要考察指标:(1) 亲历案件当事人对于裁判的可接受度以及对于程序正义的感知程度;(2) 法律职业人对于法院保障实体和程序公正的机制做法是否认同;(3) 一般民众对于法院就某些个案的处理是否认同,不认同的原因。

3. 对基层司法效率的感知程度(区分诉讼参与人和一般社会公众)

主要考察指标:(1) 亲历的案件是否在可接受的时间限度内

处理完毕;(2) 对于各类一审案件所期待的处理时限是多长;(3) 在公正与效率之间更加关注哪个方面。

4. 对基层法官工作的认知和满意程度(区分诉讼参与人和一般社会公众)

主要考察指标:(1) 对基层法院"案多人少"是否认同;(2) 对于法官在个案投入精力的减少是否理解;(3) 联系法官是否便捷,与法官交流是否满意。

5. 对通过司法途径解决纠纷的行为取向度

主要考察指标:(1) 有没有通过司法途径(包括诉讼和诉前调解)解决纠纷的经历;(2) 在各种可选的纠纷解决机制中是否倾向于打官司;(3) 不倾向于司法解决的主要障碍是什么。

6. 辅助性要素

考察对于不同公权力机关的态度,如基层政府职能部门、公安机关、检察机关及其他公共服务机构(如公立学校、医院)公信力的总体评价,并与基层司法公信力进行横向对比。

7. 纠偏性要素

为避免因信息不对称引起社会公众评价明显偏颇,在对评估结论进行核定时,要结合法院的审判质效表现,在尊重公众评价意见的基础上进行适度修正,使评估结果更趋向于客观、合理。

三、基层法院司法公信力第三方评估的具体实施及保障措施

(一) 加大司法工作透明度,解决评估主体与被评对象间信息不对称问题

近些年,司法公开工作已经取得明显成效,但由于"知沟"

(Knowledge Gap)①的存在，评估主体与被评对象间信息仍存在不对称的问题，因此须加大司法工作的透明度，司法公开仍有作为的空间。针对诉讼参与人等直接受众的公开方面，法院须完善庭审公开、执行公开、审务公开等工作，针对社会公众等间接受众方面，法院须充分发挥媒体、互联网的作用，进行网络庭审直播，将符合条件的裁判文书上网，同时注重打造“博物致知”的法院官方网站，探索“微言大义”的法院政务微博，借助媒体力量传递正向信息。

（二）加强评估信息收集和处理的能力

司法公信力评估的过程在很大程度上就是一个信息的收集、加工和处理的过程，评估结果的有效性在很大程度上取决于所依据信息资料的质量，评估信息的真实性也是司法公信力评估的生命线。一要建立完善的评估信息系统，充分利用计算机和现代通信技术，且配合司法公信力评估的需要，对已有的业务应用系统进行改进，获取司法公信力评估所需要的数据资料。二是加强对评估信息的甄别和分析。如对于第三方评估阶段中定性的评估信息，在进行分析时应当依据充分肯定、基本肯定、部分肯定和基本否定几个级别进行统计；对于自评估阶段中定量的评估信息，要分解成多个单项指标，并对每一个单项指标在综合指标体系中的权重作出合理界定。三要落实信息质量责任制。第三方评估机构对信息的收集工作势必分散于该机构的个人进行操作，对于汇总的每一个信息和统计数据要明确责任人，坚持谁采集谁签字谁负责的原则，防止随意干预或更改统计数据的填报，保证信息采集的真

① 所谓的“知沟”就是指在一定的社会系统中，由于各种因素的影响，不同的群体或个人之间所形成的知识差距。从更广泛的意义上来说，“知沟”也就是“信息沟”。来自“百度百科”，http://baike.baidu.com/view/368560.htm?fr=aladdin。

实性和可靠性。

(三) 建立第三方评估结果申诉制度

评估申诉是一种解决评估失当问题的特殊监督形式。因司法公信力评估依赖于多元化评估主体的主客观判断，难免在实际评估中对评估制度执行不到位，而且有很多地方又要依据评估主体的经验判断，不可避免地带有评估者的偏见因素。但评估要进行下去，必须授予评估主体一定的权力去完成评估，而且不可能在评估方法和评估工具上防止偏见和不公平，因此须让被评估者对评估不当行为"投诉有门"，维护被评估者的合法权益。评估申诉制度是个纠错工具：一方面，通过评估申诉程序，启动相应的调查评议方法，对评估中的问题进行评价，促进评估双方的良性互动，保障评估的顺利进行；另一方面，评估申诉本身也是对"第三方"机构的一种考核方法，以提高评估机构的责任感，提高其鉴别能力和评估质效。

四、基层法院司法公信力第三方评估结果的生成、公布和运用

对基层法院司法公信力开展评估的目的在于查找影响司法公信力的症结，加速推进司法公信力的提升，使停留在宏观层面的司法公信力研究能够向实践操作层面转化。因此，司法公信力评估结果不是法院业绩排名的数据陪衬，而是具有描述、认知、评价和咨询引导功能的综合性研究报告，从研究报告中不仅能看到法院司法权运行的整体状况，还能清晰掌握评估指标的单项失分情况，为如何修正司法技术提供依据。

(一) 司法公信力第三方评估结果的生成

基层法院形成内部司法公信力评议报告后交由选中的第三方

机构，第三方机构确定评估主体后，通过调查问卷、访谈座谈的方式，对报告中各项分别进行评估，形成司法公信力第三方评估报告。

（二）司法公信力第三方评估结果的公布

司法公信力第三方评估结果的公布就是第三方通过制作评估书或评估报告，客观地再现整个评估过程、评估标准、评估方法与评估结论。公布司法公信力的评估结果也是司法公信力评估与法院系统考核制度的根本区别。评估书或评估报告不仅要对司法公信力的所处位置进行分析和说明，而且还需要对法院在建设司法公信力过程中存在的问题进行说明及其原因分析，并提出改进的意见和建议。司法公信力评估结果的公布应成为法院司法公开的重要内容，司法公信力评估结果应当通过法院网站、电视媒体、新闻报纸等多种渠道发布，接受社会监督和评议。

（三）司法公信力第三方评估结果的运用

1. 通过第三方评估逐步达到法院与社会的信息对称

将社会评价引入法院内部的自我评估报告，可以清晰看出在法院自我评估与社会评估的重合之处和反差之处，对于重合之处即有益经验和做法，应加以归纳和总结，在工作中继续发扬，形成长效的工作机制。对于反差之处应进行分析，加大对评估中暴露出来的问题的整改力度，属于做法不当的应加以改进和完善，若属于信息不畅导致的应加强沟通和反馈。

2. 司法公信力评估结果运用与法院形象提升

第一，增强司法联动的合作性。司法联动的合作起因缘于专业化分工所带来的碎片化，司法联动就是为了互补。司法公信力评估结果中可以显现出联动中出现的薄弱环节，促进各联动单位之间加强协调和配合。第二，提高司法服务的品质。司法公信力评估结果的公布将司法服务提供过程中存在的低质现象直接曝光在公众面前，将极大程度地鞭策被评估法院努力提高司法服务的水平，竭力提高司法服务供给的效率和质量。第三，加强法院公正司法的责任。司法公信力评估的过程无不蕴含公正司法的理念，使司法权的运行接受各方评价、监督和鞭策，更为系统全面地向法院提出“让人民群众在每个司法案件中感受到公平正义”的要求。

3. 司法公信力评估结果运用与人力资源管理

第一，运用司法公信力评估结果对法官进行针对性强且切实有效的培训，不断提高法官专业知识、群众工作能力、工作技能和效率。第二，运用司法公信力评估结果进行人事调整，将人力资源更加充实到一线或窗口部门，或完善案件繁简分流机制，将案件进行类型化分配，充分发挥每一位办案法官的专长，并有效防止“鞭打快牛”现象。

实现城市基层社会治理中的协商民主机制探索

——以古美路街道平阳六村小区综合修缮实事项目为例

闵行区古美路街道办事处课题组

党的十八大首次明确提出了“完善协商民主制度和工作机制，推进协商民主广泛、多层、制度化发展”的要求。而随着社会结构深刻变化，民主参与基层治理的诉求日益增长，更加凸显协商民主的优势和基层实践的重要性。然而，在目前基层社会治理中，由于缺乏科学、合理的操作程序和运行机制，协商民主的治理功能难以充分有效发挥。

在这样的背景下，古美路街道积极开展基层社会治理中的协商民主探索，力图构建一套有效的基层协商民主的方法、程序，从而提升基层社会治理的质量和制度空间。

一、运用协商民主方式征询民意的动因

城市基层社会治理中公众参与面临两方面的重要问题：一是民众参与的动力和素质问题；二是参与的途径和机制问题。这就需要运用一种有效的方法或者机制引导居民有序参与、理性表达、科学协商，进而形成最大化的民意公约数，进入政府决策。协商民主是比较理想的方式。

鉴于此,2014 年年初,古美路街道与复旦大学城市治理比较研究中心、美国斯坦福大学协商民主研究中心联合课题组(以下简称“课题组”)合作,选取“平阳六村小区综合修缮项目”进行协商民主的试点工作。本次小区综合修缮项目工程资金 1 500 万元,其中政府拨款 80%,小区业委会出资 20%。但如何将有限的资金合理地用于小区综合修缮,实现资金使用的最优化,居民各方意见莫衷一是,街道尝试通过基层协商民主建构一条有效的解决路径。

二、开展协商民主的程序选择和实施过程

(一) 程序选择:科学、平等、中立、民主

1. 分层随机抽样

协商代表从平阳六村 18 周岁以上居民群体中按一定比例随机抽样,避免指定代表方式可能导致的决策公正性质疑,体现了协商民主的平等性。

2. 民主恳谈

民主恳谈会分“小组讨论协商”和“大会交流协商”两个环节。小组讨论协商环节,让每一位代表有充分的时间和机会表达自己的意见和观点,不追求共识。大组交流协商环节,各小组将讨论结果与专家组进行交流互动,相互修正各自观点。大小组分开的形式可以了解不同利益诉求,预防出现强势的参与者。

3. 中立的第三方主持人

小组讨论环节的主持人由小学教师组成,并在恳谈会召开前由专家进行培训,确保主持人能有效引导协商,保持公平、公正、中立,不表达自己的观点影响代表,确保民主协商过程中代表意见的充分、真实。

4. 问卷调查

民主协商会前后分别开展两次内容相同的问卷调查。问卷内

容包括各修缮项目的需要程度、对民主协商的认同度、对小区基本情况的了解、进行社区建设的理由等。此次问卷将传统的定性描述转化为直观的数字，为后期的分析提供了量化指标。例如，在综合修缮项目的需要程度的调查中，协商代表根据各个项目的重要程度在0—10分之间进行打分，用数值的方式表达自己的态度。

5. 两次测评

我们将两次问卷数据进行分析和比较，观察协商民主在多大程度上影响了协商代表的意向和态度。第二次的问卷结果是经过协商后的代表意见的表达，可作为公共决策的重要参考性依据。

（二）实施过程：规范、有序、协商、共识

1. 恳谈会召开前，做好代表确定与信息对接

通过人口数据库从小区18周岁以上居民中随机抽取220名居民作为民意代表，并经过电话联系确定参与民主协商会的代表54人。在恳谈之前，在未提供任何信息的情况下，社区志愿者通过上门发放问卷的形式对54位代表进行了第一次问卷调查。同时，在恳谈会召开前三天将小区综合修缮项目材料发放给54位代表，以便其充分了解项目情况，克服代表与决策者之间的信息不对称。

2. 恳谈会召开日，确保充分讨论与民主协商

民主恳谈会召开当天，54位代表被随机分成5个小组，在主持人的组织下开展第一轮小组讨论。在充分讨论和交流基础上，各小组汇总形成1—2个具有代表性的问题和意见提交大组协商环节进行进一步交流。在大组协商中，由街道方代表、项目设计方代表、环境保护专家等组成专家组，对各小组提出的问题和意见进行解答和回应。在第一轮小组协商和大组协商基础上，代表进行第二轮小组讨论，使民意得到充分“酝酿”，并进行第二次问卷调查。

3. 恳谈会召开后，注重协商结果的公开和运用

两次调查问卷由课题组统一回收后进行对比统计分析，形成分析报告，在平阳六村小区进行公示，向参加协商民主恳谈的居民代表进行反馈。通过民主恳谈，居民代表对各修缮项目优先性的认同度更趋于一致。街道依照居民的实际需求指数，按从高到低的顺序确定了修缮项目。

三、基层协商民主实践的功能发挥

本次小区综合修缮项目协商民主的试验是在城市基层治理中按照严格的科学程序和量化统计结果进行的实践操作，对原有的政府决策和公众参与模式进行了改良，在推动基层民主建设方面具有十分重要的意义，实现了“四大改变”，发挥了“四项功能”：

（一）四大改变

1. 代表选择的科学性

相比听证会代表的自愿报名、座谈会参与者的主办方指定等方式，本次民主协商代表系随机抽样产生，克服了自愿报名和指定方式在代表选择和参与上的局限，使代表性和公平性得到更好的保障。

2. 专家作用的中立性

在听证会、座谈会中，专家往往是作为意见的“输出者”对议题提出自己的观点和建议。本次协商民主过程中，无论是对方案的研究安排，还是在协商会上回应代表发言，以及后期分析，专家都是以非利益相关人的身份、中立的立场参加，以其专业的知识和技能发挥作用，让民意在不受外界影响的情况下得到充分真实的表达。

3. 沟通协商的充分性

大组协商和小组协商相结合的方式，让代表充分表达自己的观点，在不同意见碰撞和博弈的过程中，使代表的观点更趋向于理性和统一，发挥协商民主的启发、引导功能，同时解决了传统协商制度中精英或专家主导模式存在的代表民意问题。

4. 结果应用的客观性

听证会、座谈会等传统的民意听取方式，基本是定性的听取代表对某一问题的看法，而没有定量的调查和分析。本次协商民主调查问卷的方式，对协商代表的态度进行数据化的统计和研究，更准确地掌握代表的选择意见，作为决策参考依据。

（二）四项功能

1. 有利于推进和完善基层民主建设

协商民主的实践方式使社区居民能在公开、透明的状态中与街道进行对话、交流，将公众的意见建议融入政府决策，提高了决策的科学性和民主性，也拓宽了公民的公共参与渠道，扩大了基层民主。

2. 体现了公民在行政关系中的主体地位

协商民主机制将民众放在行政决策的主体地位上，真正让公众参与政治社会生活，行使民主权利。同时，程序性、技术性的协商民主实践是提升公民民主意识、民主素养、民主文化的重要环节，又反向强化了公民在公共决策、行政关系中的主体地位。

3. 提高了决策质量和行政效率

社区居民在平等、公平、公开的条件下开展协商、达成共识，使得最终作出的决策有了稳固的民意基础。群众需求与政府决策进行了有效对接，决策的科学性和社会认同度大大增强，进而降低了行政决策的执行阻力，节约了行政成本。

4. 提升了民众对政府的信任度

本次民主协商的两次调查问卷数据对比显示，代表对政府的认同度有了较大提升。协商民主对促进政府与民众的沟通交流、提升民众对政府的信任度和认同度大有裨益。

四、对基层协商民主实践的理性思考

(一)基层协商民主需要党建的嵌入式引领

现代社会治理模式下开展基层协商民主,需要党的基层组织充分发挥引导作用,引导不同的利益主体开展协商对话,并在一定的对话平台上形成共识。以党建的嵌入式建设方式,以党对基层民主的引领力来回应社会民主的发展要求。

(二)基层协商民主载体需要进行整体性建设

协商民主在我国的发展时间较短,协商载体相对匮乏,难以形成组织化、规范化、常态化的协商民主体系,必须加快推进基层协商民主的载体建设。载体建设不一定是重砌炉灶,可以借助已有平台进行资源整合和功能叠加。

近年来,古美正在持续推进社区共治和居民自治,为社区治理提供了一个高效、科学、民主的载体。已经搭建的各类居民自治平台可以为基层协商民主的载体建设提供基础性支持。

一是实体载体。在居民区层面,居委会作为法定的自治组织,可以依托党员群众议事会、居民恳谈会、楼组长会等各类议事平台,运用科学方法开展基层协商民主实践。小区社团组织就其内部公共事务也可以代表恳谈的方式进行民主商议决策。而楼道内部的公共事务,由于其涉及范围小、人员少,可采用全员协商,而非代表协商,协商民主实践的操作性更强,效果更好。在片区层面,街道结合区域化党建,通过片区党务工作站的引领,依托"小杜有约"工作室、"七星俱乐部"等平台,开展片区内公共事务的民主协商,增强片区的社会治理能力。在街道层面,以"五常"凝聚力工程、古美市民公共客厅等为载体，建立健全基层协商民主机制，合理、充分地收集和尊重民意，从而获得科学的决策结果以及社会认同，使社区发展、社会建设和公共服务符合多数人的利益，满足多数人的需求。

二是网络载体。当前，网络已成为现代社会的基本信息沟通载体，网络空间的协商具有生态性、高效性、便捷性、广泛性和超越空间性等优势，有助于加快推进基层协商民主的发展。要积极培育网络社会中的意见领袖，鼓励业主代表和群团骨干等建立 QQ 群、微信群、业主论坛等网上协商平台，让网络空间成为沟通协商、增强认同、增进共识的有效载体。

（三）基层协商民主需要进一步进行制度规范

协商是一个集体的行为过程，需要有明确的协商机制和规则来保证协商的顺利进行。具体来说，基层民主协商机制由协商的发起、运行、保障、评估等众多制度所构成。在协商的发起方面，需要明确发起民主协商的条件和程序。在协商的运行方面，包括议题的确定、代表的选择、协商的形式、结果的应用、专家的作用等。在协商的保障方面，其有效运行有赖于党组织的领导和民众的参与。要通过积极的宣传发动、教育引导，进一步提升居民的民主素养。在协商的评估方面，要在完善评估标准的基础上建立评估体系，一方面可以检验民主协商的成效，另一方面可以促使协商参与者遵守公平、公正、公开的原则，使民主协商落到实处。

论审判权力运行机制改革的路径选择与制度构建

——以审判权依法独立行使与加强对审判活动的管理监督指导为线索

上海市第二中级人民法院课题组*

审判权是我国宪法和法律赋予的，由人民法院专门行使的，以解决法律纠纷、保障合法权益、维护公平正义为核心目的和内容的国家公权力。针对"司法地方化"、"司法行政化"、"司法不严格、不规范、不公正"等问题①，中央提出要"深化司法体制改革，加快建设公正高效权威的社会主义司法制度，维护人民权益，让人民群众在每一个司法案件中都感受到公平正义"；具体提出要"确保依法独立公正行使审判权……""健全司法权力运行机制……加强和规范对司法活动的法律监督和社会监督"等改革举措②。最高法院"四五"改革纲要提出要建设具有中国特色社会主义审判权力运行体系，要"严格遵循司法规律、完善以

* 课题组人员：阮忠良，上海市第二中级人民法院副院长、审委会委员；王坚，上海市第二中级人民法院研究室主任，审判员；玄玉宝，上海市第二中级人民法院研究室副科长，助理审判员(执笔人)。

① 孟建柱：《深化司法体制改革》，《人民日报》2013 年 11 月 26 日。

② 参见《中共中央关于全面深化改革若干重大问题的决定》第九章。

审判权为核心、以审判监督权和审判管理权为保障的审判权力运行机制”,“健全完善权责明晰、权责统一、监督有序、配套齐全的审判权力运行机制”。

“审判权的依法独立行使”与“对审判活动的依法管理监督”是建设具有中国特色社会主义审判权力运行体系之中的一对核心范畴,要进一步推进审判工作科学发展和司法改革深化落实,必须从这对范畴着手和发力。

一、规范分析:审判权力运行机制改革的具体目标

根据上级机关下发的有关改革试点方案,审判权力运行机制改革的核心是落实审判责任制,真正做到“让审理者裁判,由裁判者负责”①。有关方案对合议庭、审委会等机制改革作出了较为具体的规定。这些内容与党的十八届三中全会提出的“健全司法权力运行机制”、“完善办案责任制”等精神完全一致。

根据审判权力运行机制改革试点的目标要求,结合审判工作实际,我们认为,改革试点工作的相关制度设计可以归纳为如下几个方面:完善合议庭运行机制,努力消除案件审判过程中的行政化因素;限缩审判委员会讨论案件的范围,规范审判委员会讨论案件的程序规则;优化符合审判工作规律的审判管理机制,提高审判质量和效率;健全审判权运行的监督制约机制,对权力行使形成科学有效的制约监督等。

① 参见最高人民法院《关于审判权运行机制改革试点方案》、《人民法院第四个五年改革纲要(2014—2018)》、《上海市司法改革试点工作方案》、《上海法院司法改革试点工作实施方案》中有关司法责任制改革、审判权力运行机制改革的内容。

二、理论基础：审判权的基本属性与内在特点

依法独立行使审判权并加强对审判活动的依法有序监督，是立足于对审判权内在属性及其特定运行规律科学认识的基础上的。审判权具有不同其他权力的内在特点和运行规律，这些特点决定了审判权行使的特定规则。

（一）审判权属于国家事权

我国是单一制国家，审判权是国家事权，不是地方事权，“各地法院不是地方法院，而是国家设在地方代表国家行使审判权的法院”①。审判权作为国家事权主要有两方面的表现：一是可以作为裁判依据的规范性法律文件形式，只包括法律、行政法规等在全国范围内施行的规范，地方性法规、地方政府规章等不直接作为裁判依据。二是法院依法作出的生效裁判在全国范围均有法律效力并应执行，而不局限于该法院的地域管辖范围。

（二）审判权以解决纠纷、实现公正为目的

人民法院的主要任务和职能是通过依法处理各类案件纠纷，保护案件当事人的合法权益，维护社会主义法律秩序，实现社会公平正义。该职能决定了审判权的运行具有以下特点：其一，中立性。法院在行使审判权的过程中，不能与纠纷各方存在利害关系，须独立于纠纷当事人及各种外界干扰。其二，被动性。法院奉行“不告不理”原则，只有当案件纠纷以诉讼形式提交至法院审理，审判权才会启动运行。其三，终局性。在现有诸

---

① 贺小荣：《人民法院四五改革纲要的理论基点、逻辑结构和实现路径》，《人民法院报》2014 年 7 月 16 日。

多的纠纷解决方式中,法院审判权的运行及其结论被赋予了法定终局地位。

(三)审判权的行使是一个专业化的分析、判断和裁决过程

以事实认定和法律适用为核心的法律分析技术是审判权运行的专业支撑和职业特色。具体有以下三个方面:一是"司法亲历"。法官对司法个案的处理一般需要亲历其境,按照直接言辞原则的要求审查证据和事实,形成对案件事实的内心确认①。二是"专业判断"。审理案件所运用的法律分析方法是一套包括法条选取、事实认定、法律解释、裁判说理等诸多内容的规范分析科学。三是"法官负责"。强调"让审理者裁判、由裁判者负责",其实质是对于审判权的行使特别是个案的审理要由"法官负责"而非"领导负责"。

三、路径选择:两个坚定不移改革思路的基本内涵

基于对前述改革目标和审判权内在属性的认识,我们认为应坚持"审判权依法独立行使"与"加强对审判活动的管理监督指导"两者并重,坚持"两个坚定不移"的改革思路。

(一)坚定不移地支持和保障审判权依法、独立、公正行使

坚持依法独立公正行使审判权是此次审判权运行机制改革的重要目标之一。审判权内部运行过程中的行政化问题,被认为是制约审判权依法独立行使的重要原因之一。带有行政色彩的审判

---

① 陈光中、龙宗智:《关于深化司法改革若干问题的思考》,《中国法学》2013 年第 4 期。

权运行方式虽然有的具有一定积极意义，比如院、庭领导签发文书可以为案件办理质量把关等。但行政化的审判权运行模式有悖于司法规律，到一定程度之后必然会影响司法的公正、公信和可持续发展。为此，中央提出要通过此次改革消除审判权运行过程中的行政化问题，确保合议庭及其成员依法公正、独立行使审判职权，最大限度地满足人民群众对公平正义的需求。

（二）坚定不移地加强和改进对审判工作的管理、监督、指导

审判权力运行机制改革中的“去行政化”，实质是审判职权在不同审判组织、审判主体之间的重新界定和配置，特别是强化了合议庭及其成员办理案件的职权和责任。在这种情况下，我们认为，审判权的“独立”行使不等于“孤立”行使，“去行政化”不等于“去管理”。在目前的司法环境中，院、庭领导对审判工作的管理、监督、指导不应当放松，反而要加强，以应对审判权独立行使所带来的“孤立处境”和“恣意风险”，当然审判管理监督指导的方式方法必须根据司法规律的要求予以改进。

事实上，审判独立与审判管理是公正审判的一体两面，缺一不可。院庭领导对审判工作的管理、监督、指导可以分为三个层面：对审判工作的宏观管理；对法官作风、纪律的管理监督；对个案审理的监督指导。通过以上三个层次审判管理的综合运用，更好地发挥院庭领导的管理职能，保障审判权依法公正、独立行使。

四、机制构建：审判权力运行机制改革试点的七项重点任务

当前审判权运行过程存在的问题中，既有因权力自身运行不到位，因权力越位、侵蚀导致的，也有因权力之间补位不足导致的。

因此，要区分情况，重点抓好以下七个方面的改革任务。

（一）强化合议庭审判职权，实现从“合而不议”向合议庭成员共同负责下的审判长责任制转变

在合议制的实际运行中，案件审理工作在合议庭成员（包括人民陪审员）之间的分配不平衡。为此，应探索合议庭成员共同负责下的审判长责任制。落实合议庭作为法定审判组织对案件审理共同负责的法律属性，强化合议庭成员在审判长的主持下分工配合，完善合议庭成员在各个环节的共同参与和制约监督机制。同时，在合议庭内部强化审判长的岗位职责和责任意识。

（二）健全法官会议制度，实现从汇报案件向加强专业学术指导转变

大要案的审理始终是法院工作的重要内容，对这块工作的管理方式方法应根据改革的要求进行调整和改进。为此，根据改革要求设置了专业法官会议制度，推进重大案件研讨及审判业务指导的程序化、规范化。改变以往合议庭在审判业务上依赖院庭长把关、向院庭长汇报案件、院庭长不参加合议庭却影响案件处理的行政化模式。

（三）完善审委会运行机制，实现从宽口径上向不断限缩案件讨论范围转变

虽然审委会委员不参与案件审理而决定裁判结果有违案件审理的亲历性原则，但审委会在对重大疑难复杂案件的质量把控等方面的积极作用是客观存在的，而且其存在和运行具有明确的法律依据。为此，应进一步限缩审判委员会讨论案件的范围，除法律规定应提交讨论的案件外，一般仅讨论合议庭对法律适用意见有较大分歧的重大疑难复杂案件。

（四）界定院庭领导审判管理权限，实现从权力界限不尽明确向“权力清单”、“全程留痕”转变

通过借鉴自贸区行政审批制度改革的经验，对院、庭长的审判管理监督职责采取“清单管理”的模式，划清院、庭长进行审判管理的权力界限和行为边界，设置“权力清单”和“负面清单”。院庭领导在专业法官会议会上发表的意见建议记入会议记录并归卷或留存，做到个案监督的“全程留痕”。

（五）优化审判管理方式，实现从外延式、粗放化的管理模式向内涵式、精细化的管理模式转变

审判权运行机制的改革必然要求审判管理模式的改革与优化，需要实现“两个转变”：一是从外延式管理向内涵式管理的转变。从以往对各类数据仅作简单化的表面分析转变为从数据中分析出具有规律性的内容，逐步从“数据指引”过渡到“规律指引”。二是从粗放化管理向精细化管理的转变。增强审判管理的精细化，通过完善制度、规范流程、细分步骤、及时考评等方式，提升管理的制度化与科学化水平。

（六）完善监督制约机制，实现从行政化监督模式向司法责任制模式转变

合议庭依法独立行使审判权的强化，伴随着对合议庭及其成员监督的加强以及相关责任机制的完善。健全案件质量评查机制，着重对被改判、发回重审案件、辖区内有较大影响案件和群众反映强烈的案件等进行评查。健全差错案件与违法审判的责任追究机制，明确法官办案差错责任的认定标准和责任范围。科学界定合议庭成员的责任，既要确保其独立发表意见，也要明确其个人意见、履职行为在案件处理结果中的责任。建立公开、公正的违法审判责任追究程序，对于实施违法违纪行为的审判人员或审判辅助人员,依照相关法律和纪律规定予以处理。

(七)改进法官考评,实现从传统模式向专业化考评模式转变

改进法官考评制度,探索建立符合司法规律的法官业绩评价体系,逐步实现法官评价机制、问责机制、惩戒机制与退出机制的有效衔接。加强对法官履职能力的综合考评,将考评情况及案件差错责任的认定结果纳入业绩档案,与考核、评优和职务任免等相挂钩。加强对合议庭内部运行状况的管理监督,建立针对合议庭的考核机制。建立院外第三方评价机制,对法官的工作作风、职业道德等进行评价,将其作为改进工作的重要参考。

上海市商品住宅小区业主委员会的尴尬处境及突破路径研究

——以对上海市 M 区 G 街道的调研情况为例

闵行区依法治区办课题组*

一、业委会处境尴尬之表象

从 20 世纪 80 年代开始，我国开始探索住房制度改革。1991 年，业主委员会（以下简称业委会）在深圳万科天景花园成立，开启了业主自治与专业服务相结合的物业管理时代。为规范物业管理活动，对业主自治予以引导，1994 年，建设部制定了《城市新建住宅小区管理办法》，2003 年上升为《物业管理条例》。2007 年《物权法》出台，明确了业主与物业管理公司之间的委托合同关系及"服务"关系。

然而，20 余年过去了，业主自治在小区物业管理及社会治理中的预期效果，似乎并没有实现。作为业主自我管理、自我服务的业委会，在维护业主合法权益、监督物业公司管理与服务等方面似

---

* 课题负责人：金海民，闵行区司法局局长。成员：徐豪，闵行区司法局副局长；谢红梅，闵行区司法局法制科科长；张洁，闵行区司法局古美司法所所长。执笔人：王天品，上海市法制研究所研究员。

乎陷入越来越尴尬的境地，亟需突破“瓶颈”，走出困境，以便能够规范有序地成长发育，发挥出应有的作用。

从本课题的调研情况来看，上海市业委会的尴尬处境集中反映在业委会成立后的日常工作运行之中，可以归纳概括为以下三种情况：一是调和业主内部的纠纷与矛盾，时常遭遇不能顺利解决的尴尬；二是平衡业主与物业公司之间的利益博弈，经常被推入两难的境地；三是履行业委会职责，时常遭遇能力与专业性不够的尴尬。

二、业委会处境尴尬之原因分析

从表象来看，业委会在小区物业管理活动中的尴尬处境似乎是业主、业委会成员素质不高以及本身的权威性、专业性不够所致。但是，当这些处境尴尬的表象在绝大多数物业管理区域内广泛存在时，那么这些表象之下就应当有着更为深层次的原因，是这些深层次原因共同综合作用的结果。一是心理认同的自治基础薄弱。目前，城市商品住宅小区业主的构成非常复杂，不同职业、不同单位、不同地区，甚至不同城市。在成为同一小区业主之前，多数业主之间是完全陌生的，因此，缺少对小区内其他业主心理认同的基础。这种心理上不认同外化表现为：对小区事务态度上的冷漠，对业委会倡议号召的不积极响应，以及对其他业主的不友好，甚至防范。二是自治管理的意愿普遍欠缺。课题调查结果显示：72.25％的业主对于已进入私权领域的房屋管理缺乏感性上的认知，依然希望对物业的维修管理能够继续依赖政府，由政府免费提供，从而能够享受到“双重”的利益和保障。这种意识观念转变的滞后性必然表现为对房屋专有权之外的小区物业共用权、成员权进行自治管理的意愿与热情的欠缺。三是对合法权益的理解存在偏差。在小区物业管理活动中，绝大多数业主对个人拥有的私权利的保护意识更多地似乎仅限于对其专有部分权益的保护，而对于《物权法》中有关相邻权、共有权、成员权，以及业主自治法律规范中关于业主公约、小区物业管理规则等规定却知之甚少或全然不知。从整体上讲，85%的业主对合法权益的理解更多的是眼前的、具体的、与其物质利益直接联系的权益。这种对合法权益的片面理解导致接近 35%的业主非常轻易地放弃了物业管理中对其权益维护具有长远影响的重要权利，比如：放弃业委会委员的选举权和被选举权，放弃对小区重大项目的民主协商权、投票权以及参与决策权等。四是泛行政化的广泛影响。业主自治在推开的过程中，秉持的理念始终是先进的——鼓励社会治理的多元化，充分发挥自治组织的作用。但是，落实到具体的实际工作中，基于维稳和我国缺乏自治传统、"一放就乱"等思想的影响，基层政府对业主通过业委会的自我管理、自我服务始终存在顾虑，不敢放手，依然习惯于以行政化的手段与方式管理业委会，将"《上海市住宅物业管理规定》第 21 条规定：业主委员会自选举产生之日起三十日内，向乡、镇人民政府或者街道办事处备案"的"备案"理解为一项行政审批权限①，这极大地影响了业主对小区自治管理的预期。69%的业主认为，小区的事务最终还是要按照基层政府的要求处理解决。这种泛行政化的思维和解决问题的思路极大地削弱了业委会的独立性和自治性，导致业委会的威信度和公信力长期难以建立。

三、业委会处境尴尬之出路对策

改变目前小区业主自治中业委会的尴尬处境，对于推进法治

① 2010 年《上海市住宅物业管理规定》修订的主要参与者明确表示：这里的备案是一项让相关行政管理部门了解和掌握相关信息的规定，绝非行政审批事项。

社会的建设、实现多元化的社会治理模式具有重要意义。课题组认为，改变的路径需要立足于“自治”这一核心，从心理意愿、环境营造、能力培养以及机制与制度保障方面寻找对策与途径。

（一）政府角色定位的调整

1. 从决定者向服务者转变

对于小区物业管理活动中涉及私权利领域的事务，基层政府应当逐步做到有所不为，改变对业主依法维护自身合法权益行为干预过多、代为决定的工作惯性，尊重业主依法行使自身的合法权利，更多地为业主维护自身合法权益提供咨询与服务。

2. 从控制者向指导者转变

对于业委会从筹备成立到日常运作，基层政府的定位不应当是事事参与的戒备、管控状态，而应当是通过经验和办法的分享与提供，专业知识和专业技能的支持与帮助，使原来对业委会微观的指令性管理转换到为业委会提供指导上来。

3. 从执行者向监督者转变

按照《物业管理条例》等相关法律规范的规定，基层政府负有监督业委会的职责，监督业委会按照相关法律规定和业主公约规定管理小区事务。因此，只要业委会的决定与行为不违法不违规，基层政府就不应当干涉。而且监督更不是代为执行，对于业委会一时无法解决的问题，基层政府可以帮助想办法、提建议，帮助业委会提高处理解决矛盾纠纷的能力，以提高和维护业委会的权威性。实现的途径有两种，一是由基层政府引导居委会和业委会两个自治组织各司其职，依法管理好各自领域的事务，即由业委会依照《物业管理条例》等法律规范履行好基于物业管理产生的私权利领域的职责；由居委会依照《宪法》、《城市居民委员会组织法》处理好与本社区成员利益密切相关的非经济的社区公共事务，而不是让一个自治组织管理或代替另一个自治组织。二是由相关部门调整完善评价考核标准，将依法引导基层自治组织开展工作、激发基层自治组织活力、培育业主公共参与意识、推动社会管理主体的多元化格局形成以及政府、社会、公民之间健康有序秩序的建立和完善等指标应当纳入评价考核标准，以调动基层政府的积极性，共同实现社会的善治。

(二) 自治文化的培育营造

1. 加大宣传教育

不但业委会成员要熟悉并了解有关小区物业管理、业主自治的法律规定，广大业主也应当熟悉和了解。同时，要让业主明确知道基于物业而拥有的权利，除专有权外，还要共享所有权与成员权，而成员权的行使对其权益的维护具有更加重要的作用。

2. 培养契约精神与规则意识

大力倡导平等协商、诚实守信的契约精神，在业主、业委会、物业管理公司之间逐步形成一种能够通过协同合作、民主协商解决问题与纠纷的环境氛围，引导业主自觉遵守经业主大会共同制定的小区公约等相关规则，并形成当业主因主动放弃相关参与权、决策权而出现违反相关公约规则时就需要承担不利后果的意识氛围。

3. 加强机制激励与约束

可设立物质奖励机制，即除支付业委会成员必要的酬金与辛苦费外，在业主公约中还应当约定：对于积极参与小区物业管理活动，为小区物业管理创造条件、作出贡献的业主，可以获得一定的物质奖励，从而逐步形成人人尊敬热心公共事务者的良好风气。同时还必须建立相应的自我约束机制，要求业主自觉遵守业主公约和小区行为规范，能够按照矛盾纠纷解决原则、途径与程序处理业主之间的纠纷矛盾等。

(三) 业委会的自我完善

1. 尽快弥补专业知识和技能不足的短板

在业委会成员的构成上,尽可能吸纳具有不同专业知识和技能的人员;同时在业主小组组长的选择上,尽可能推荐配置具有不同专业知识和技术背景的人员担任;另外还可以适当借用"外脑",对于业主普遍关心的业委会成员挪用、滥用维修基金与公共收益资金等问题,可以通过定期聘请专业的审计机构予以监督;除此之外,还可以适当考虑业委会成员与居委会成员、楼组长的交叉任职。

2. 完善业委会内部运作机制

结合目前业委会日常运作中经常出现的问题,进一步完善财务管理制度,尤其是有关财务收支的预决算制度、支出审批制度、档案资料管理制度、印章使用管理制度、小区公共利益协调制度等,就有关小区物业重要管理事项决定、与物业公司签订合同以及小区内发生的典型纠纷矛盾处理情况的档案要重点记载与保存,明确小区业委会印章应当使用和不应当使用的情形,避免业委会成员权力滥用。

3. 健全监督机制

业委会成员有义务向业主介绍业委会运作情况,让业主了解业委会作出各项决定的理由;当超过一定数量的业主对业委会的某项决定提出异议时,业委会主任应当组织召集业委会成员对决定的合法性和合理性进行讨论;除"小区公告栏"等传统形式外,还可以利用微信、微博、网上论坛等拓宽业主咨询、投诉和监督渠道。

4. 建立物质保障支撑

从M区G街道商品住宅小区的实际情况来看,很多商品住宅小区的年公共收益都能够达到上百万元,甚至上亿元。通过业主平等协商并以业主大会形式确定从小区公共收益中提出一定的比例资金,作为业委会工作正常开展的资金支持,包括:(1)业委会成员的劳动报酬。调查显示,约有 67%的业主认为,报酬少或无报酬是影响业主参选业委会积极性的重要原因,认为业委会成员可以获取适当报酬的比例达到 90%以上。(2) 奖励资金。包括对积极参与小区公共事务管理活动、为小区管理活动创造条件,以及作出贡献的业主予以奖励所需要的资金。(3) 活动经费。主要是指以增强业主对小区认同感、归属感为切入点而组织开展的各种文体活动的经费。

总之,商品住宅小区业委会的尴尬处境是多种因素综合作用的结果,突破困境的艰难显而易见。在这一过程中,需要政府及时转变思路,调整角色定位,承受可能出现的“阵痛”,树立有限、责任、法治、服务政府的观念,给业主和业委会应有的自治空间,引导业委会逐步走向成熟,使之成为社会治理中的一支建构性力量,在法治社会的建设中发挥积极作用。

司法保障自贸区建设机制研究

浦东新区人民法院、浦东新区依法治区办联合课题组

中国(上海)自由贸易试验区(以下简称“自贸区”)建设事关全面深化改革开放国家战略能否落地见效,对上海实现创新驱动、转型发展起着至关重要的作用。司法保障作为自贸区建设的重要内容,也关系着这一先试先行实践能否达到预期的效果,上海司法各部门唯有紧跟经济全球化最新动态,紧盯自贸区建设探索,深入开展扎实调研,才能及时、高效地应对自贸区法治实践的迫切需求。

一、现状:司法各部门服务保障自贸区建设的探索与实践

(一) 法院

(1) 建立案件集约审理、专项审判模式。于 2013 年 11 月设立浦东法院自贸区法庭,探索涉自贸区案件集约审理、专项审判模式。

(2) 推进商事纠纷诉调对接机制。将相关调解组织、行业协会、商会等非诉调解机构引入自贸区法庭,开展诉前、庭前、审中委托调解。

(3) 打造双语诉讼服务便利化体系。通过诉讼服务中心窗口、双语诉讼指南手册、双语热线电话、互联网诉讼服务平台四个

载体,满足诉讼便利化的需求。

(4) 创新司法公开新媒体模式。借力互联网等新媒体,发挥司法对自贸区市场主体投资、贸易、金融等行为评价和引导作用。

(5) 探索信息互通交换机制。搭建窗口,以《自贸区法庭专刊》为载体,每月定期梳理和总结自贸区法庭最新讯息;畅通渠道,与区内相关职能部门、行业组织商谈建立自贸区信息互通交换机制。

(二) 检察院

(1) 成立专项机构。2013年11月设立市检察院派驻自贸区检察室。配备具有国际贸易、金融、商贸等专业知识的检察官。

(2) 深入特定领域的犯罪预防。深入开展自贸区职务犯罪预防及金融和航运、商贸等领域刑事犯罪预防工作。

(三) 公安机关

(1) 靠前服务。主动采集企业背景资料信息;积极将企保协会推向工作前台;梳理105项服务项目及行政审批权限以"减政放权"。

(2) 创新机制。形成劳动争议三方调处机制,建立"一园区一方案"防控机制。

(3) 整合队伍。做精专业队伍,成立专门经济案件侦查探组;实行"科所联动"运作模式,将科队警力与派出所警力进行整合。

(四) 司法局

(1) 开展需求调研。建立联席会议和议事机制,开展法治建设和法律服务的需求调研;组织专业律师和专家学者集中审查自贸区推进中的相关文件,就重大问题进行研商,提出法律意见。

(2) 搭建区内法律服务平台。打造公平竞争的市场准入环境，将优秀法律服务资源导入，形成咨询或菜单名册；根据企业需求反馈，建立律师、公证服务站等形式的集约式平台。

二、挑战：自贸区建设对司法保障提出的要求与问题

（一）需求导向带来的高要求

1. 市场主体的需求

这主要包括尊重权利的需求、平等保护的需求、创新鼓励的需求、适法统一的需求、兼容开放的需求、救济保障的需求。

2. 法治环境的要求

一是支持导向要求。发挥好司法裁判对公平竞争市场环境的维护、对改革创新的支持和导向作用。二是规则促进要求。研究好先行先试新领域、新模式、新业态及有关法律法规调整实施带来的新问题。三是职能拓展要求。建立有效的涉自贸区纠纷动向和风险预警机制。四是复制推广要求。以司法改革为契机，提供可复制可推广的试验样本。

（二）先行先试带来的新问题

1. 自贸区的“虹吸效应”将带来纠纷量上升

企业的增多、人口的集聚，这两大因素必然会使纠纷增多，尤其是商贸服务类、金融类、知识产权类、劳动争议类、房屋租赁类纠纷以及治安案件等。

2. 自贸区在“制度破茧”和“国际水准”要求下，“立法真空期”内适用法律的效力具有特殊性

自贸区内的“制度破茧”涉及近百项改革内容创新，司法机关面临着在改革性、政策性文件上升为法律前的法律适用难题，相关创新业务等“国际化”举措也使纠纷处理的“法源”呈现复

杂化。

3. 新型、疑难及自贸区独有纠纷使实施法律与政策的统一面临挑战

商业保理、各类金融衍生品种交易等无名合同将不断出现;部分金融犯罪将在区内失去适用空间,独有的金融刑事案件也将出现;新增许可事项可能导致相关行政争议的产生。

4. 自贸区的“溢出经营”将带来法律文书送达难、执行难,纠纷处理效率面临挑战

企业“区内注册区外经营”或成常态,给案件法律文书送达以及企业财产的查控执行带来较大的困难,对于案件的管辖确定及法律适用统一也带来挑战。

三、不足:现行机制不能满足自贸区建设发展的环节与方面

(一) 政法队伍方面

1. 力量配备

司法各部门人员法律专业出身人员较多,国际化金融、贸易专业领域的复合型人才极少;许多领域的专家、学者没有参与到自贸区法治建设的具体实践中来。

2. 管理模式

人才培养的视野不够,闭门造车,仅关注本部门、本领域;队伍管理的旧有弊端尚未完全去除,司法改革取得实效需要时间与过程。

(二) 专门机构方面

1. 亟待成立新的专门机构

司法行政部门方面,部分司法行政工作如纠纷调解由民警或

周边街镇司法所予以代劳。公安机关方面,亟待整合理顺管理机制。

2. 已有专门机构需要拓展功能范围

就浦东法院自贸区法庭来说,集中审理需要探索继续拓展其管辖受案范围;派出法庭定位与自贸区建设的高起点、高站位尚不匹配。

(三)诚信意识方面

1. 市场主体的规则意识尚不适应蓬勃发展的市场环境

旧有的保税区市场规则下形成了一些不规范的做法,交易环节存在较大漏洞,如出现多起涉嫌利用进口货物进境备案清单漏洞、保税仓库经营不规范等进行的交易欺诈。

2. 市场主体的诚信意识尚不符合法治化营商环境的要求

不恪守合同义务是自贸区贸易领域纠纷的主要诱因,故意延误、拒绝付款、拖欠大额费用选择关闭注销后另起炉灶的方式逃避债务等现象多见。

3. 市场主体的证据意识尚难满足效率至上的交易现状

在各类投资贸易中,市场主体的关注焦点是收益的尽快实现。由于缺乏证据意识,发生纠纷后给审理带来很大困难。

(四)解纷模式方面

1. 商事纠纷主体对委托调解和仲裁接受度不高

在商事纠纷诉调对接机制运行中,仅有不到 1/5 的商事纠纷主体接受了委托调解,极少数主体选择仲裁解决纠纷,接受度有待提高。

2. 行业协会、人民调解组织等缺乏踪影

在纠纷的处理中,行业协会的作用没能有效发挥,行业协会参与调解纠纷的案例较为罕见。

(五) 工作格局方面

1. 重经济发展轻社会治理

自贸区在经济发展领域的改革探索举世瞩目,因此政府部门在经济发展领域的管理较为完备,从自贸区管委会的功能设置即可看出,社会综合治理的职能未被整合进去。

2. "信息孤岛"现象严重

各部门在自身信息系统建设上已经较为完备,但部门间缺乏交流,对于自贸区纠纷趋势的研判、征信系统的建立较为不利。

四、路径:自贸区建设司法保障相关机制的突破与完善

(一) 完善符合自贸区特性的"多元化"纠纷解决机制

1. 建立诉调对接四层网络

整合解纷资源,构筑自贸区及相关街镇诉调对接工作站、浦东法院诉调对接分中心、浦东法院诉调对接中心和自贸区法庭及相关审判庭共同组成的四层解纷网络。

2. 推进商事纠纷专业调解

继续引入专业调解机构、行业协会、商会等进入自贸区诉讼与非诉讼相衔接的纠纷调解机制,探索调解与裁判在程序和人员方面的适度分离。

3. 建立自贸区相关调解组织名册

统一公布调解机构名册、调解员名册、优势调解领域、调解流程、特点及方式等,提升当事人委托调解比例和纠纷解决的有效性。

4. 深化仲裁法律服务

加强与仲裁机构的联络和合作,充分尊重境内外当事人的意思自治,在赋予仲裁机构更多程序管理权和决定权的同时,让当事

人拥有充分的程序选择权和自主权。

5. 加快成立区内人民调解委员会

建立自贸区人民调解委员会，协助司法各部门开展刑事案件和解、治安行政案件及传统民事纠纷的调解工作，加强调解员的综合处置能力，善于发现关系安全稳定的苗头性、倾向性问题。

(二) 完善涉自贸区“专门化”司法执法机制

1. 突破自贸区集约化案件管辖机制

突破现行基层法庭的管辖范围，打造民事、商事、行政、刑事案件“四位一体”立体审判模式，形成自贸区案件集约专项审判、集中专项研究的理想格局。

2. 建设自贸区法治服务保障的综合协调平台

建立自贸区司法所，对内对应地方政府各职能部门，履行法治服务和保障等职能，对外负责实施法律服务的国际间交流。

3. 理顺自贸区公安管理体制和执法管理机制

调整原保税区公安处的辖区范围或成立自贸区公安专门机构，并重新划定其下设派出所的辖区范围及功能设置。

4. 探索域外法查明新机制

建立第三方域外法查明专门机构，改变因事而定、因时而定的点对点传统模式，以搭建平台的方式，为法院、仲裁机构、行政机关、区内企业提供域外法查明服务。

(三) 建立符合自贸区特性的“专业化”人才管理机制

1. 法官、检察官的正规化及职业化建设

建设具有过硬的政治素质、一定的审判经验、较高的法学理论水平和相应的法律专业的法官及检察官队伍。

2. 专家库建设

广纳信息建立专家备用库；突破现有模式一库共享；建立专家

咨询机制。

3. 培育机制建设

加强法官、检察官、警察的多背景培育机制，注重符合自贸区建设的专业思维、专业视角的培养。

（四）打造市场主体“诚信化”意识培育机制

1. 完善企业信息披露和信用约束机制

企业注册登记时备案披露主要营业地、主要办事机构所在地及经营场地等，并对此披露地址承担责任。

2. 强化自贸区司法公开建设

法院以司法公开三大平台建设为契机，进一步加强庭审直播、裁判文书公示、案例发布，及时有效披露企业的涉诉信息、执行信息。

3. 强化涉自贸区法制宣传工作

司法各部门围绕社会关注热点，通过多种途径加强对涉自贸区典型案件、审判理念、工作机制、服务举措的宣传工作。

（五）建立政法联动的“协同化”社会共治机制

1. 多部门联席会议

建立由政法委牵头，司法各部门参加的常态化的综合监管和执法联席会议制度，讨论协调区内综合管理行政执法阶段性工作重点，研究分析区内形势。

2. 各平台共享信息

司法各部门间开通平台访问权限，包括综合监管信息共享平台、企业异常经营名录等信息；将司法信息纳入，及时有效披露企业涉诉、执行信息。

3. 跨领域交流人才

通过挂职锻炼、轮岗等方式，开展司法各部门之间，以及与政府相关部门、企事业单位、行业协会之间的人才交流。

完善上海市道路交通安全地方立法的探究

上海市公安局交通警察总队法制办课题组

一、完善地方立法的必要性

（一）《人民警察法》规定的职责是完善地方立法的根本原因

《人民警察法》赋予了交通警察维护交通安全的职权，是交通警察履职最直接的依据。上海市于 1997 年颁布了交通管理地方性法规《上海市道路交通管理条例》，其制定的法律依据就是《人民警察法》。时至今日，《人民警察法》对交通警察的职责要求仍然是上海市不断完善地方立法的内在动力和根本原因。

（二）公安交通管理部门的执法需求是完善地方立法的直接原因

国家层面的法律法规并不能完全满足上海市公安交通管理部门依法保障地方道路交通安全的法制要求。主要有三方面原因：一是《安全法》虽然进一步规定了公安交通管理部门及其交通警察的职责，但其是在国家层面作的规定，不够具体且欠缺操作性，需通过地方立法加以细化；二是上海作为改革开放的前沿阵地，道路交通管理方面有与国内其他地区不一样的管理状况和需求，需结合地方实际完善地方立法，以适应本地管理形势的需要；三是随着改革开放，市民的法制意识逐渐增强。需要进一步完善地方立法，以适应当前市民维权意识不断提高的社会环境。

（三）现阶段道路交通管理的实际状况是完善地方立法的具体原因

1. 系统交通管理重点问题需要解决完善

道路交通管理是一个系统工程，系统的道路交通安全管理涉及多个管理部门。系统道路交通安全管理的任何一个部分或环节出现问题都将影响整个系统的正常运行，特别是一些重点问题。

例如，关于超标电动自行车管理。在新修订的《上海市非机动车管理办法》出台前，上海市非机动车管理工作存在“生产环节监管不落实，大量超标电动自行车流入市场”、“超标电动自行车检测机构少、费用高，检测困难”、“对商店有证或无证销售超标电动自行车行为未落实查处”等问题，一定程度上造成涉及电动自行车的交通违法和事故不断发生，导致大量的人员伤亡和财产损失。

又如，关于危化品运输安全。危化品运输事故血的教训历历在目，就像《新京报》记者张永生在 2014 年 7 月 19 日沪昆高速公路危化品车辆事故现场采写的《集体纵容，让 43 条生命化为焦炭》一文中所述“危险化学品，从生产、运输到销售，其监管都未到位，违法和违规在事实上又被纵容了”。这也是一个系统道路交通管理中的重点问题。

上述问题的存在严重影响了道路交通的安全。可能全部问题的解决并不完全能够寄托道路交通安全法律法规，更不可能完全通过地方性立法。但完善地方立法一方面有助于系统交通管理中公安交通管理环节或部分的加强，也将从公安的角度推动和加强系统交通管理，另一方面，地方立法的先行先试促进了地方的道路交通管理工作，好的制度和方法也可以在国家层面的法律法规中得到借鉴。

2. 公安交通管理难点问题需要地方立法的完善

《安全法》及其《实施条例》是全国层面、宏观性质的道路交通管理法规，这决定了其不能细致入微地兼顾到各地道路交通管理的实际情况。就上海市公安交通管理而言，确实存在部分难点问题需要加强政策法规制定。

例如，乱停车现象难以有效遏制。又如，在现行法律框架下非机动车违法成本过低。上述问题是上海市公安交警执法中常见的问题，是上海市公安交通管理的重点，也是交通警察严格管理的难点问题和需要法律进一步保障的问题。因此，迫切需要有完善的地方立法予以支撑。

二、完善地方立法需要解决的主要问题

（一）理顺政府部门职责分工

系统的道路交通安全管理涉及多个政府管理部门。法律不可能具体细致地区分政府部门职责，原因如下：一是法律具有概括性。法律可以规定政府部门的管理职责，但其职责描述是笼统的，具有概括性，不可能细化到具体工作。二是法律具有滞后性。对出现的新情况、新问题往往无法作出规定。三是系统的交通管理工作涉及多个政府部门的职责，仅靠一部部门法无法全部涵盖。四是有些问题主要涉及的是政府部门职责切割和衔接，是政策性要求，无法在法律中作出规定。五是相关具体工作需要各部门的协作和配合。这就要求在完善地方立法前先理顺政府部门的职责分工，避免在地方立法和实际操作过程中出现争议。

比如，超标电动自行车管理工作。质监部门涉及生产环节质量监管，电动自行车检测机构资格管理、执行检验情况监督等职责。工商部门涉及销售环节监管。而公安交通管理部门涉及使用环节路面管控。上述各部门的工作职责具有承接关系，非单个政

府部门可以解决涉及超标电动车管理工作的全部问题。

又如,危险化学品运输管理工作。同样涉及运输企业的安全生产主体责任、危险品运输车辆生产企业责任、交通运输管理部门对危险货物道路运输安全监管责任、质监部门和检测机构对危化品运输器具的检验责任、公安交通管理部门道路交通安全监管责任等政府部门职责。涉及的职责部门更多、管理边界更模糊,因此,更加需要理顺职责,避免“集体纵容”。

综合上述情况,笔者认为要理顺职责分工,还需要各级政府积极开展工作。建议:一是在部门设立时即予以明确;二是专项工作可以通过工作分工方案明确部门职责,但工作分工方案应当尽可能具体、明确。

(二)明确公安交通管理要求

对于公安交通管理的重点问题,要求完善地方性立法还必须要明确管理要求,即明确公安交通管理部门行政权力的限度。行政法依法行政的基本原则要求“约束行政只能依赖于国家代议机关立法的他律而不是政府制法的自律”。因此,完善交通管理地方立法,立法机关首先要做好公民权利和行政机关权力的平衡。这一方面涉及公众对立法、执法活动的监督,另一方面也关系到行政执法的合理性。

以具体交通管理工作为例。目前上海市违法停车现象屡禁不止。此种情形,立法机关则应开展调研,做出判断,对可以停车和应当处罚的情形做出区分,并在地方立法中加以完善,以规范行政执法和指引公民行为。行政机关认为目前认定违法停车的条件过于严格,行政相对人却不以为然,此种情形下修订法律,立法机关需要做出决断。

同理,在非机动车违法行为的处罚幅度和强制措施的适用问题上,行政机关认为处罚力度弱,执法效果差,提请立法机关进行法律修订。非机动车罚款幅度是否要提高、是否需要增加可适用强制措施的非机动车违法的种类，立法机关也同样应当贴近一线，收集情况，研究论证。

三、完善地方立法的建议

在完善地方立法的必要性充足和限制地方立法开展的基础性、前提性问题均得以解决的状况下，建议通过研究国家层面法律规定和梳理地方立法权限的方式完善地方立法。

（一）研究现有国家层面法律规定

国家层面现行有效的法律规定对地方公安交通管理立法的完善有较大影响。以下主要分析三大类规定对地方立法的影响：

1. 行政管理基本法律对地方立法的影响

从立法上对行政管理手段加以规范，是依法治国的本质要求。近年来国家先后出台了《行政处罚法》（1996 年）、《行政许可法》（2003 年）、《行政强制法》（2011 年）等行政管理基本法律，对行政处罚、许可、强制的设定及实施等作了规范，这些规定对地方立法设定实施此类行政手段有较大影响。

2. 道路交通安全法律法规对地方立法的影响

我国现行道路交通安全法律法规主要是《道路交通安全法》及其实施条例。其对完善上海市道路交通安全管理地方立法的影响不难理解。无特殊理由，地方立法不能突破、有悖于上位法的规定。因此，完善地方立法还应当关注上位法的修订情况，把握修订地方立法合适的时机。

3. 部门规章对地方立法的影响

当部门规章与地方性法规、地方政府规章相抵触时，需要通过相应的裁决机制解决适用问题。因此，我们认为政府规章不是地方性立法的上位法依据，但这并不意味着地方立法就可以忽视政府规章，作出与之相抵触的规定。上海市人大常委会法律工作委员会有关人员就对此做过明确：如无特殊原因，新制定的地方立法一般不会制定与政府部门规章相抵触的规定。

(二) 梳理地方立法权限

在对上述国家层面法律规定充分研究的基础上，即可通过以下方式分类梳理完善上海市道路交通安全地方立法的权限。

1. 梳理重要行政管理手段地方立法的权限

完善地方立法，设定具体行政管理手段，首先要根据《行政处罚法》、《行政许可法》、《行政强制法》的规定，细化梳理地方性法规和地方政府规章设定行政处罚、行政许可、行政强制的权限。

2. 梳理上位法授权地方立法制定细化规定的立法权限

交通管理法律体系是由具体的法律规则组成。法律规则根据内容确定性程度的不同分为确定性规则、准用性规则和委任性规则，其中：委任性规则的逻辑结构尚不完整，假定条件、行为模式和法律后果等法律规则的要素尚不齐全，需要委托其他机构加以规定。这便是地方立法需要梳理的内容，《安全法》及其《实施条例》未明确、授权地方立法补充的内容，也是地方立法需要完善的地方。

3. 梳理上位法规定不明确的内容，进一步明确含义

《安全法》及其《实施条例》对加强道路交通管理工作具有很好的指导作用，但还是在诸多规定上存在着不够科学合理的缺陷。这些有缺陷的规定，在实施中则存在问题。如《安全法》规定申请机动车登记应当提交机动车所有人身份证明，其《实施条例》进一步规定申请转移登记应当提交当事人的身份证明。此处"机动车所有人"和"当事人"的概念表述均过于模糊。机动车所有权转移涉及转移前后双方当事人，前文的概念应当如何理解存在争议。

而地方立法可以梳理此类存在的问题并予以完善。

4. **梳理上位法缺少的内容，在地方立法中加以完善**

《安全法》及其《实施条例》虽然用大量的条文对道路交通管理的有关行为做了规范，但毕竟不能做到面面俱到，且地方在执行法律过程中也会不断发现其存在的不合理和有漏洞之处。完善地方立法需要对此方面的问题进行梳理。

总的来说，我们认为完善地方立法工作重要，同时开展完善地方立法工作的方式方法更加重要。交通安全与市民大众息息相关，完善上海市道路交通安全地方立法，进一步改善上海市交通安全状况有利于生活在这座城市的每一个人。但完善地方立法工作也需要上海市的法律工作者、交通管理工作人员和广大市民的共同努力。

社区“自组织”在社区治理中的定位及作用

浦东新区周家渡街道办事处课题组

随着我国民主化进程的不断深入,社会组织在协助政府加强社会治理方面发挥着越来越重要的作用,社区“自组织”成为社会治理的一个重要载体。社区“自组织”是在社区内自发成立、自主发展、自行运作,具有一定规模的组织类型,具有自治性、开放性、民间性的特点。建设和培育社区“自组织”,使其成为社区自治的组织载体,能有效推进社区自治建设、降低社区治理成本。周家渡街道充分发挥社区“自组织”的作用,促成社区“自我教育、自我管理、自我服务、自我发展”的公共生活秩序,为构建“健康、宜居、智慧、人文、活力”周家渡提供了强大的基础支撑。

一、周家渡社区“自组织”概况

(一) 社区“自组织”的发展情况

近年来,周家渡街道“自组织”快速发展,2010 年上海世博会期间,街道及时启动了各类志愿服务队的招募、培训工作,城市站点志愿者、文明劝导志愿者、平安志愿者等陆续上岗,进行信息咨询、语言翻译、文明宣传、应急救助、看家护院等志愿服务活动,志愿者精心策划的“世博心手印”、“寄语祖国”、“世博我知道”灯谜等特色活动,吸引了社区居民积极参与。这些志愿服务队成为和谐社区创建中的特色和亮点，得到了社会各界的高度评价。

世博会后，为了进一步弘扬“奉献、友爱、互助、进步”的志愿精神，倡导时代新风，周家渡街道以“服务社区”为定位，依托志愿者，打造了各类文化团队，并提出“每个居民区要建设 10 支以上文化团队，要有 10%的居民参与各类文体活动中去”的工作目标。目前，33 个居民区都达到上述目标，在此基础上，周家渡社区倡导每个居民区要拥有一项特色文化品牌，用丰富多彩的文化活动凝聚人心，促进社区和谐稳定。

(二) 社区“自组织”的分类

目前，周家渡社区“自组织”主要有两类：一类是经过民政部门登记或者备案程序，具有正式法律地位的“自组织”，它们拥有组织章程和组织架构，成员资格的取得也要经过一定的程序，老娘舅调解工作室、心爱志愿服务社、慈爱公益服务社、居民区调委会等共 45 家“自组织”属于此类。2011 年，周家渡街道整合辖区内知名“老娘舅”，成立老娘舅调解工作室，采取政府购买服务的形式，聘用 3 名资深调解员和 2 名法律顾问开展工作，有针对性地调处社区各类矛盾纠纷。此外，上海中致社区服务社、上海中和社区矫正事务所等市及区民办非企业组织也派驻社工组到社区，协助社区做好司法行政业务工作。

另一类是群众因文化知识、兴趣爱好、强身健体等不同需求而自发形成的“自组织”，它们是没有经过民政部门登记，但在街道(社区)有关部门备案的群众性组织。这类组织分布于社区内 32 个居民区和 4 个分中心，共计 403 支团队。周家渡社区文化团队的建设，主要是为满足社区居民精神文化需求，通过开展文娱体育活动，引导群众走出家门，融入社会。据统计(截至 2014 年 6 月)，403 支团队共有队员 13 878 人，共组织开展活动 13 408 次，社区 342 024 人次积极参与。其中，周家渡街道文化中心“开心阿奶”舞蹈队由社区16名中老年队员组成，一身蓝花中式布衫裤，一把葵花扇、一只小板凳，阿奶们唱着年轻人的歌曲，将爵士舞、拉丁舞、街舞、魔术等各种绝活玩得轻松愉快、热情奔放，曾经参加全国、全市比赛，获得多个奖项，成为周家渡的文化品牌。此外，很多志愿服务团队也活跃在社区，为社区居民提供治安巡逻、环境清洁、爱心帮扶等方面的志愿服务。

二、周家渡街道"自组织"在社区治理中的功能定位及作用

（一）"自组织"是政府管理的延伸，具有预警和监督功能

社区"自组织"扎根于民众和社区之中，能够及时了解社区民众的冷暖安危，体察来自社区民众的不满和各种有可能造成社会冲突的行为倾向，把不利于社会稳定与和谐的信息及时反馈出来。例如在亚信峰会期间，周家渡街道充分发挥社区"自组织"的作用，"自组织"成员佩戴好红袖章，穿好黄马甲按时上岗，在小区内及各个公交站点认真开展安全巡逻，发现问题及时向居委会汇报，确保了峰会期间社区的稳定和安全。又如周家渡民族志愿服务队经常上门走访慰问各自结对的困难少数民族群众，一方面为他们提供政策咨询、医疗咨询等志愿服务，协调解决少数民族内部矛盾及开店经营、子女就学等矛盾，另一方面也会及时把少数民族群众的意见、建议反馈上来，切实保障少数民族群众合法权益，有效促进了民族团结。

社区"自组织"通过其特有的活动形式和内容，监督着政府的公共管理和服务，保护公民免受政府公权力的随意侵扰，形成对公权力的"制衡"。例如周家渡街道市民巡访团的5位退休老爷爷和老奶奶，每月都会走访32个居民区，对小区建设中的欠缺和不足等问题及时向街道文明办反馈，不断促进周家渡社区"环境整洁优

美、管理规范有序、治安秩序良好、服务完善便利、风气健康向上”。

（二）“自组织”是居民自治的载体，具有服务和协调功能

社区“自组织”定位于公益性、服务性，在社区拥有很强的影响力和号召力。例如周家渡花样年华旗袍艺术团，共有50多名队员，除参加公演之外，每个工作日上午在浦南医院开展维序、引导、咨询服务，担当为民服务的导医员。还如社区陪聊志愿服务队，成员都是小区内60—70岁左右的“小老人”，结对服务于社区90岁以上的“老老人”（包括独居高龄、独居患病、独居重残、高龄纯老等老人），帮助、协助解决老人急难愁事务；社区轨交志愿服务队有150多人，他们积极倡导文明出行，先下后上，劝导不文明的现象和行为。此外，周家渡社区心爱志愿服务社自成立以来一直义务为社会弱势群体与特殊群体提供免费心理咨询服务，在推动失业青年“走出家庭、走进社区、走上岗位”方面作用明显。

社会“自组织”能够有效化解矛盾，促进社区稳定，创造和谐社区。周家渡辖区33个居民区都设有人民调解委员会，是专门负责调解民间纠纷的群众性自治组织，居民一旦有涉及婚姻、家庭、赡养、抚养、继承、房产等矛盾纠纷时，人民调解组织都会第一时间出面调处，在发现、排摸和化解小区矛盾纠纷的过程中发挥了非常重要的作用。周家渡街道老娘舅调解工作室作为专业性的调解“自组织”，不仅能快速化解家庭矛盾、赡养纠纷、邻里纠纷等小矛盾，而且还能解决大问题，辖区内修建三林体育中心引发居民群体性上访、川新爵仕悦小区金仕堡会所装修引发群体性纠纷、洪山中学门面房回收引发重大群体性纠纷等一一得到平稳化解，为社区和谐稳定筑起了第一道防线。此外，在维护社区稳定方面，周家渡街道的社工组为社戒、社康、矫正、安置帮教对象提供专业化的社会服务，在协助社区做好特殊对象教育管理工作方面发挥了重要作用。

(三)"自组织"是政民沟通的桥梁,具有整合和自治功能

社区"自组织"能够把各个方面的诉求整合到政府公共决策系统中,保证了政府决策的科学性和民主性。例如,各居委的健身队、合唱队等"自组织",通过开展丰富多彩的文化、体育、娱乐活动不仅极大地丰富了社区文化生活,增强了居民的公益意识和对社区的归属感,而且"自组织"成员对于社区公共基础设施建设、文化娱乐设施配套等也会提出意见建议,争取街道支持,确保街道实事项目密切贴近群众生活需求、贴近区域发展实际。

社区"自组织"还有助于扩大社会民主,为公民参与自我管理、自我服务以及社会公共事务管理提供平台、机会或手段,从而提高公民的民主意识和政治参与意识。例如,齐七居民区嘎讪胡俱乐部由30余位老人组成,成立至今已有十几个年头,无论是刮风还是下雨,老人们总会如时赴约,准时来到这个快乐的大家庭一起嘎讪胡,队员们除了畅谈当下时事新闻外,还积极为社区发展建言献策,也会用自己身边发生的事情来向大家传递正能量,让大家不出远门就知晓身边事。

三、促进社区"自组织"健康发展的工作建议

(一)提高认识,正视社区"自组织"的功能与作用

对社区"自组织"的发展,一是要加强领导,统一思想,从战略上高度重视、引导和规范,既要尊重社区"自组织"发展的规律,采用符合"自组织"理念的方式引导其健康发展,又要充分调动社区"自组织"在和谐社区建设和治理中的主动性、积极性和创造性,使其真正成为政府联系居民的桥梁和纽带;二是要加强宣传,不断提升社区"自组织"的社会影响力,要充分利用各种新闻媒体和其他宣传形式,加大对社区"自组织"的宣传力度,尤其是要采取有效形式积极宣传其在社区治理中的成果。

（二）加强引导，鼓励“自组织”积极参与社区治理

政府要结合实际情况培育和发展各类“自组织”，并且加强引导、规范与管理。一是要充分发挥社区“自组织”领导者的作用。一个有人格魅力、个人影响力的领导者能够散发出无限的吸引力，必然也会有很多追随者。对于社区“自组织”规范和引导在一定程度上可以通过“自组织”的领导者得以实现。二是对社区“自组织”要实行分类管理。由于社区“自组织”参与领域广泛，组织类型多样，表现形式不一，所以要根据不同类型社区“自组织”的特点和规律，区别不同情况，实施分类管理。

（三）优化政策，加强对“自组织”的政策扶持力度

完善社区“自组织”经费保障机制，是解决社区“自组织”健康发展的关键性问题，也是适应社区“自组织”发展的客观需要和必然趋势。一是政府应为社区“自组织”的发展提供必要的经费支持。可通过奖励性、委托性、补贴性或购买性的投入方式，为社区“自组织”的发展提供更多的资金支持，并在资金的报批、审核、使用等方面进一步明确和规范。二是要引导社区“自组织”建立多渠道经费筹措机制。鼓励和支持社会力量积极参与社区“自组织”的工作，通过项目化运作等方式，使社区“自组织”发挥自身专长优势，积极争取工作资源，拓展经费来源渠道。

社区治理的目标应当是实现居民自主自治，社区“自组织”正是这样一种低成本而收益大的组织形式，它有助于实现社区自我管理、自我教育、自我服务、自我约束的目的。从一定意义上讲，社区“自组织”程度越高，发育越完善，社区就越接近于自治状态。因此，各级党委和政府应推动社区“自组织”健康发展，使其成为实现社区自治的重要载体，发挥更大的作用。

物权法视野下的征收补偿

——以《国有土地上房屋征收与补偿条例》司法实践为例

杨浦区人民法院　吕长缨　周圣*

一、物权立法指向和征收补偿功能的契合

行政征收,是指当国家基于公益要求,以对公民财产加以特别限制为必要时,就需要对该公民个人的特别牺牲给予补偿的行为。行政补偿,是指国家行政机关及其工作人员在管理国家和社会公共事务的过程中,因合法的行政行为给公民、法人或其他组织的合法权益造成了损失,由国家依法予以补偿的制度。国有土地上房屋征收与补偿,是指政府出于公共利益的需要,依照法律的规定征收国有上地上的房屋后,对被征收人给予公平补偿的行为。

二、征收补偿的实践现状及存在的问题

征收的合法性审视:公共利益界定上的缺陷;征收后补偿范围狭窄,如缺失对土地使用权的补偿规定、缺少对无形利益损失的

---

* 吕长缨:上海市杨浦区人民法院审委会委员、行政庭庭长;周圣:上海市杨浦区人民法院行政庭书记员。

补偿规定、征收程序缺乏被征收人参与、司法救济的不完善。

补偿的合理性探讨：征收补偿标准确定不合理、补偿方式单一。

三、从物权法视野探讨中国征收补偿的进演路径——兼对一些司法操作中的问题作出思考

（一）完善“公共利益”的界定

《国有土地上房屋征收与补偿条例》（以下简称《条例》）规定了六种“公共利益”的情况，并规定了政府作为征收的唯一主体，只有在“公共利益”目的下，才能对房屋进行征收。我国对于“公共利益”的界定可以吸取国外立法的优点，再结合我国具体情况作出规定：概念定义＋列举＋司法界定。首先，对何为“公共利益”在全局的基础上给出一个概念定义，让人先了解“公共利益”是什么意思，有一个总的印象。在对概念进行定义的时候主要需明确这几个方面：一是受益人群的不特定性；二是非营利性；三是征收的合理性与必要性；四是公众直接受益；五是征收目的的不变性。

“公共利益”具有公共特性，所以还应该强调公共的参与性。“公共利益”的界定在立法的时候就应该由立法部门、行政机关、公众和社会团体共同参与，这样就能很好地平衡各方的利益，使征收和谐有序进行。因此，我国可以借鉴台湾地区的立法经验，增设预先通知程序，让政府在进行征收过程中，让公众对征收行为是否符合公共目的享有知情权、监督权、参与权、申诉权，并且对通知程序中的通知主体、通知内容、通知时间、通知方式作出明确的规定，以保证公民权利的顺利实现。

（二）扩大和完善补偿范围

根据相关法律规定及《条例》，我国的城市房屋征收的补偿范

围主要在被征收人的直接损失上，局限于较为狭小的范围内，这是导致房屋征收矛盾的重要原因之一。因此，扩大补偿范围是当务之急。

1. 明确把土地使用权纳入征收与补偿的调整范围

在城镇房屋征收中，被征收人不仅失去房屋所有权，同时也失去了土地使用权。可是根据《条例》的规定，补偿费仅是其中房屋的对价，这就相当于当初花费巨大的土地使用权被悄然地无偿地收回了。在《国有土地上房屋征收评估办法》中，这种补偿模式不仅是不公平的，而且也不符合我国相关法律法规的有关规定，导致下位法与上位法的适用冲突。我们建议，在今后的立法中，应当把土地使用权也纳入补偿范围。

2. 增加可期待性收益补偿

《条例》第 17 条对补偿范围作出明确规定，其中第(三)项为："因征收房屋造成的停产停业损失的补偿。"该条款可以看作是对因征收经营性用房造成停产、停业的，应当给予"适当补偿"。但住宅房屋，也有可能存在可期待性收益的场合，如被征收人的住宅房屋空闲时，可以用于出租使用。而且在我们现实生活中，有些被征收人的职业就是出租房屋，一旦房屋被征收，他们可能就丧失了收入来源，难以生存下去。因此，政府进行城市房屋征收补偿时，还应当将其考虑在补偿范围之内，真正平衡征收人与被征收人之间的利益冲突，构建和谐的征收搬迁关系。

3. 适当追加无形利益补偿

(1) 精神损害补偿。拆迁拆掉的不仅仅是房屋等物质建筑本身，拆掉的还有被拆迁人对于多年居住的房屋的心理上的特殊感情和寄托。因此，对于拆迁行为造成的精神上的创伤应该进行适当补偿。如果国有土地上房屋拆迁确实侵害了被征收人的感情、思维、意识等活动，导致被拆迁人精神上受到创伤，产生悲伤、抑郁、绝望等不良情感，引发精神活动的障碍，造成精神痛苦的，则构成了对被拆迁人的精神损害。(2) 拆迁就业补偿。为了有效维护城市拆迁过程中被拆迁人的工作、就业等利益,在拆迁过程中笔者建议政府可以从如下几个方面采取措施,开展对被拆迁人工作、就业的援助行为:一是创业补贴政策,增加创业补贴或提供创业小额贷款;二是对于一部分受拆迁影响失掉工作的城镇人员,可以纳入政府的就业政策扶持范围;三是劳动和社会保障等部门可以定期定点举办被拆迁失业人员培训班和专场招聘会;四是市政府可以组织相关部门开发一批公益性岗位,专门用于安置因被拆迁失业而且重新就业又困难的人员;五是用政策、税收等措施积极鼓励用人单位吸纳被拆迁失业人员。(3) 被征收人的子女上学、使用基础性城市基础设施等方面的补偿。对于被拆迁户子女就学问题,政府首先应该考虑采取对被拆迁人进行就近安置住房的补偿措施;其次,对于不能安置而搬迁到外地的被征收人的子女,可以凭借被拆迁人员子女原学校开出的转学证明按照就近原则选择所在辖区内任何一所学校就近入学。此外,还可以通过学校设立助学金、减免费用、免费提供教科书等措施向这些困难的被拆迁户伸出援助之手。

(三) 促进公众参与征收补偿程序

在我国,政府作为行政征收的唯一主体,在面对复杂多变的征收工作中,很难协调政府与被征收人之间的利益,这主要是因为公众与政府信息不对称,被征收人不能很好地参与到与自身利益密切相关的决策中去。因此应加强听证制度,让广大群众与政府进行积极正面的沟通,不仅可以使政府听取各方意见,制定出切实可行的政策,又可以使公民参与到拆迁的各个环节,维护自身权利,同时对政府征收工作进行有效监督。(1) 在城市房屋征收工作开始前,政府有关部门应该先通知被征收地的居民和利益相关人,并向社会大众进行公告。在公告期内,如果多数被征收人对征收有异议,政府应该组织听证程序,对征收目的、征收范围、征收时间等进行论证,广泛听取被征收人的意见。经过论证,双方当事人如果没有重大分歧,由政府按规定进行征收;如果双方对征收有重大争议,可交由法院审理判决。(2) 在房屋征收过程中,政府应该让社会大众对征收工作进行监督。(3) 在征收工作结束后,政府应该尽快利用征收土地,如果被征收人发现征收地长时间内没有开发利用或者未按原征收目的使用,原土地所有权人有权要求征收单位按征收目的使用该土地或者按原价回购。

(四) 完善司法救济途径

目前将房屋征收补偿纠纷纳入普通的行政诉讼管辖范畴,碍于行政诉讼受案范围有限、不能适用调解等原因,存在很多弊端,要彻底、妥善解决房屋征收补偿纠纷,可以考虑在评估结果的复核、鉴定和行政诉讼这样的救济手段外,赋予司法机关更宽泛的审查范围和更大的自由裁量权。当征收人与被征收人或者征收人、被征收人与房屋承租人达不成征收补偿安置协议,政府作出补偿决定时,法律救济程序可以借鉴民事诉讼的处理程序。具体可通过扩大法院的审查范围、将调解纳入行政诉讼进行。

(五) 建立公正评估机制,合理估算损失

2011年颁布的《国有土地上房屋征收评估办法》(下简称《评估办法》)对房屋损失的评估做了较详尽的规定,但该《评估办法》仍存在需改进的地方。首先,关于评估机构选择上中立的改进。可将《评估办法》第6条中的委托人改为被征收人,并规定由征收部门组织双方签订合同,防止征收部门借签订合同之机干预评估工作,有效保证评估过程的透明性。其次,评估专家委员会的中立性保障方面。为了保证评估专家委员会独立性和公正性,可在《评

估办法》第23条上增加一款“评估专家委员会成员选任前应当通过政府网站、新闻媒体向社会公示征求意见”。

（六）丰富补偿方式，实现住房有保障

房屋征收对被征收人造成的损失是多样的，房屋征收补偿在我国存在的方式主要有两种，即货币补偿和房屋产权置换，缺乏灵活多样的补偿方式，如实物补偿、就业安置、帮助其开发经营等。(1) 确立货币补偿和产权置换为基本补偿方式，辅之以实物补偿、安排就业、兴建生产、提供生活再建设施、给予生产生活优惠政策等多种方式，使补偿方式多样化。(2) 坚持以创业带动就业的方式，大力支持发展企业事业的开发项目，激发被征收失业人员的创业精神，鼓励大家以入股、集资或者其他的方式参与项目工程的开发建设。政府也要采取优惠的措施，给予适当的必要的补偿，保障被征收失业人员的基本生活权利。(3) 以法律形式赋予被征收人享有更多的自主选择权。在房屋拆迁过程中，为了实现对于弱势群体的特别保护，在房屋拆迁补偿方面，应该赋予他们更多的自主选择权，使他们可以尽可能选择对自己最有利的补偿方式，以便最大限度地满足被拆迁人的利益需求。

四、小结

征收、补偿本质上均为行政机关行使国家权力的行政行为。从物权法视野考察，征收导致被征收人物权的丧失，补偿是征收合法有效的构成要件之一，补偿未完成时，对房屋所有权及相应土地使用权的征收程序就没有完成，物权并未发生变动，征收人并未取得房屋所有权。而因国家征收丧失物权的所有权人及其他物权人，都应该是可得到补偿的主体。合理的城市房屋征收补偿不仅应包括房屋所有权，还应包括土地使用权，应当分别计算房屋所占用的土地使用权的市场价值和房屋的市场价值，并综合确定间接损失和无形损失，以此为基准最终对被征收人应当获得的补偿利益作出确认。

审判权运行机制改革路径研究

——以审判权与审判管理权、审判监督权、行政管理权良性互动为中心

闵行区人民法院课题组*

一、当前法院审判权运行过程中的主要问题

(一)审判权运行的行政化倾向

当前审判权行使的行政化客观存在,并导致"审者不判、判者不审"等弊端,主要表现为:一是上下级法院关系的行政化。部分地区下级法院主动向上级法院请示,上级法院主动要求下级法院向其汇报,违反了审判独立和审级制度,使法定的二审终审制变成了事实上的一审终审。二是审判委员会权力的显性扩张。实践中,不少法院把审判委员会变成了专门研究案件的机构,甚至将一些极其普通的案件提交到审判委员会讨论决定①。由于这种讨论

---

* 课题组负责人:王秋良,上海市高级人民法院副院长。成员:王宇展,闵行区人民法院副院长;张倩,闵行区人民法院研究室主任,刘新慧,闵行区人民法院研究室助理审判员。

① 王林、裘有度:《审判权运行异化及其改革路径》,《宁波广播电视大学学报》2010年第12期。

决定案件的程序不够公开和透明,一定程度上违反了回避制度、法庭质证、直接言词等诉讼原则。三是院、庭长案件审批制。院、庭长在不参与合议庭审理的前提下,对其他法官负责审理的案件裁判结论进行审查批准,或者对其他法官的裁判文书进行审核签发①,违反了权力与责任性一致的基本要求。

(二) 审判管理权的不当扩张

当前审判管理权显现出不当扩张的特征:一是部分法院仍然实行人工分案为主,随机分案为辅,对某些案件的处理直接以行政化的业务指导方式完成;二是审判管理活动的不规范,院、庭长可能以审判管理名义对案件进行实体干预;三是不当的指标考核可能扭曲诉讼行为,出现了为考核而办案,甚至出现人为影响指标乃至弄虚作假的行为②。

(三) 审判事务性管理的服务功能不足

当前,多数法院由立案庭、审判监督庭、研究室、政治部、办公室分散行使审判事务管理职责,分别承担流程管理、案件评查、质效考核、司法统计、人员调配、信息化建设等辅助审判职能。有的法院虽然建立起专门的审判事务管理机构,但实践中经常与其他管理主体产生职责交叉和位置重叠,出现管理脱节或迟延,导致司法资源的制度性消耗,一定程度上阻碍了审判权的高效运转。

---

① 陈瑞华:《司法裁判的行政决策模式》,《吉林大学社会科学学报》2008 年第 4 期。

② 龙宗智:《审判管理: 功效、局限及界限把握》,《法学研究》2011 年第 4 期。

二、审判权与管理权、监督权良性互动应遵循的原则

（一）以审判权为中心原则

司法的职能在于通过法官的审判活动实现裁断曲直、定纷止争、维护法制的社会功能。审判权运行机制改革应当遵循以审判权为中心的原则，整合审判资源，优化管理模式，正确地引导和规范法官和审判组织，进行引导性和监督性的管理，完善激励和约束机制，通过调动法官积极性和主动性的方式进而实现服务保障审判权的目标。

（二）分工协作原则

从组织结构学的角度来看，审判权、审判管理权、审判监督权和行政管理权之间应当遵循各司其职、有序分工、协调配合的原则。具体而言，审判权应注重体现其依法独立公正的价值；行政管理权要体现服务性，服从和服务于审判中心工作；管理权和监督权则既要体现尊重审判权的独立运行，又要平衡好监督与指导的关系，防范权力的滥用。

（三）权力制衡原则

审判权的合理有效运行有赖于审判权本身、审判管理权、审判监督权和行政管理权之间的“作用力与反作用力”。审判活动的每个节点根据所处的阶段和相应审判任务，有不同的权力和职责，不同层次的主体对各节点的实际情况进行监控，如有违反规则的，将得到提醒和监督，由此构建一个对案件流程的立体监控网络，达到监督制约、各负其责的效果。

三、审判权运行机制改革的路径探索

(一)突出依法独立审判,体现"审者裁判、判者负责"

1. 完善独任法官负责制、合议庭负责制

按照简易程序审理的案件应当适用"审理者裁判、裁判者负责"的办案责任制,独任审判员根据事实和法律对案件处理作出独立判断,裁判文书由其独立签发。合议庭审理的普通程序案件适用合议庭成员各司其职、平等参与、共同负责的办案负责制。针对当前部分院、庭长隐退幕后帮助其他法官"把关"的问题,可探索将院、庭长直接编入合议庭并担任审判长,并配备一定数量的法官助理,以直接行权的方式发挥其司法智慧①。

2. 改革裁判文书签发制

审判独立原则要求尽可能地去行政化,让法官独立自主地依据事实和法律行使裁判权,同时在大标的额案件下放基层、新生代年轻法官经验不足、重大疑难复杂案件不断涌现的情况下,仍有必要保留必要的案件质量把关机制。改革后,院长、庭长不得对未参加合议审理的案件的裁判文书进行签发;合议庭评议笔录、裁判文书等由合议庭全体成员签发;对于初任培训期内的法官、新任法官、转岗法官审理的案件,可仍保留由合议庭审判长审核后签发的程序。

3. 建立审判长、专业法官联席会议讨论制度

对疑难复杂案件的审理应当提供集思广益的经验分享和观点论证机制。通过建立"审判长联席会议"、"审判长和专业法官联席会议"等专业性、咨询性的业务庭内设组织,对疑难案件和审判中出现的新情况、新问题提出法律适用意见,讨论结果可作为合议庭

---

① 蒋惠岭:《建立符合司法规律的新型审判权运行机制》,《法制资讯》2014年第4期。

办案的参考意见。

4. 改革审判委员会审理案件的程序

一是要限缩审委会讨论案件的范围。建立“上会过滤机制”，审委会一般仅讨论合议庭对法律适用有较大分歧的重大、疑难、复杂案件；二是推进审委会委员回避告知制度。对提请审委会讨论的案件，应向当事人宣布审委会委员名单，并征询当事人是否申请回避；三是完善审委会议事规则。对于提交讨论的案件，应当随卷提交审理报告，委员可根据需要调阅庭审视频或者查阅案卷。讨论案件时应充分发表意见，由主持人最后发表意见和表决。

（二）保障司法公正，规范审判管理权的行使

1. 设立审判综合管理的专门机构

整合现有审判事务管理资源，集中行使原来分散在各部门的审判事务管理职能，统一协调审判事务管理工作，形成扁平化的管理模式，克服审判事务管理指挥链条过长、协调环节过多、信息传递不畅等问题[①]。专门机构的职责应当包括指挥、协调流程管理、司法行政保障等与审判工作密切相关的事务。

2. 实现院、庭长的管理职权清单化

院长应当负责从宏观上指导全面或专项工作；对全院审判执行质效进行全面监督管理并根据工作态势，采取优化管理的措施；依法对案件进行监督以及对审判执行中的相关程序事项作出审核决定。庭长应负责落实院审判执行工作任务，并对合议庭工作质效进行监督管理；依法对审判过程中的相关程序事项作出审核决定；注重与审判事务管理专门机构的联系协调，取得与自身有关的审判信息，并配合审判事务管理部门督促本部门审判流程制度、质

---

① 孙海龙、高翔：《审判事务管理权的回归》，《人民司法·应用》2010年第9期。

量控制工作的落实。

3. 建立科学合理的法官考评机制

成立法官考评委员会,负责并指导对法官的考核、评议工作。完善业绩档案,对法官在职业道德、司法能力、审判业绩、司法廉洁等方面进行考评。法官业绩考评结果作为确定法官任职、法官等级、考核等级、评先评优、选拔任用、业绩奖励等方面的重要依据。

4. 建立科学的法官责任追究制度

按照权责相统一的原则,建立科学合理的法官责任追究制度:(1) 设立惩戒委员会,吸纳一定数量的检察官、律师、法学专家等外部群体,保证法官追责权力的民主性、专业性和权威性。(2) 司法化的程序构造。初审可交由本院审委会进行,而终局评定应交由惩戒委员会行使,并保障法官陈述申辩权和复议权。(3) 实施"违法审判"追责制,仅对法官在审案过程中的违法和严重不当行为予以惩戒。(4) 科学设定责任形式。厘清个体责任和共同责任,遵循比例原则根据情节的轻重和后果大小来适用不同的措施,体现过罚相当和公正公平。

(三) 提升司法公信,健全审判监督权运行机制

1. 建立重要案件监督机制

对于大标的案件、关联性案件、矛盾易激化案件、外部协调等重要案件应建立程序性监督机制,视情跟踪案件的审理,并进行协调处理,以防范和缓解法官独自审判可能面临的风险。

2. 建立院、庭领导行使管理职责的全程留痕制度

建立院、庭长行使审判管理职责全程留痕制度,确保权力行使具有可监督性、可回顾性[①]。具体而言,"管理留痕"的对象至少应

---

① 胡云腾、范跃如:《审判权与审判管理权运行机制研究》,《人民司法·应用》2011 年第 15 期。

涵盖:(1) 大标的、关联性民商事案件的审核、签发。(2) 独任审判员、合议庭审理的案件因社会矛盾化解、回应舆论关注需要院庭长参与协调处理的。(3) 因各级党委、人大和上级法院转交办件、违法违纪举报等,经院、庭长督办或参与协调处理的。

3. 建立院外第三方评价机制

着力构建科学合理的院外第三方评价机制:(1) 听取律师代表、公众代表对法官在工作作风、职业道德等方面的评价和意见,建立案件廉政回访制度。(2) 探索由人大、政协指定代表及委员组建临时性第三方评价组织,对法官工作进行评价。(3) 推进裁判文书上网、12368 诉讼服务、新闻信息公开等平台建设,提高司法透明度,保障社会各界的知情权、参与权、监督权。

(四) 提高司法效率,优化行政事务管理

1. 合理划分人员序列,实现分类管理

建立人员分类管理制度,实行专业职务序列分类和员额制管理,实现法院队伍的正规化、专业化、职业化发展。按照审判工作规律和岗位职责,将法院工作人员划分为法官、审判辅助人员、司法行政人员三类职务序列,实行员额制管理。

2. 探索审判辅助事务集中管理模式

对于掣肘审判效率的审判辅助性事务管理问题,应着力探索集中统一管理模式,重点解决相关职能协调不够、执行不力的问题,采用辅助性事务社会化引进的审判事务管理模式,减少法院在此类管理中投入的各类成本。辅助性事务社会化推进应当与审判流程公开、裁判文书公开、执行信息公开等司法公开工作相适应,体现减轻法官工作压力与司法便民并举的要求。

3. 健全法官职业保障制度

根据法院人财物省级统一管理的改革方向,逐步将区县法院

纳入市级财政统一管理，办案经费由市级财政统一予以保障。建立符合法官和司法辅助人员职业特点，有别于普通公务员的法官职业保障体系，增强法官的职业荣誉感，调动依法履职的积极性和主动性，为依法公正行使审判权提供必要的职业保障。

劳教制度废止后违法犯罪行为的惩治困境与应对研究

嘉定区人民检察院　阮祝军、王春丽、梁春程*

劳教制度废止前后，国家和地方立法、司法层面密集出台了相关法律和司法解释，例如"两高"关于盗窃、抢夺、敲诈勒索、寻衅滋事等犯罪的司法解释均是在 2013 年初全国政法工作会议首次提出停止适用劳教制度之后出台，无疑与劳动教养制度的废止存在密切的联系。劳教制度正式废止后，公安机关和检察机关案件受理数量大幅上升，尤其是在相关治安犯罪方面，案件数量和涉案人数分别较同期有较大幅度上升，其中犯罪嫌疑人曾受刑事处罚或者被劳动教养的人数占比较大。基于此，笔者首先以上述法律、司法解释和指导意见为视角，就当前司法实践中面临的困境提出建议对策。

---

* 阮祝军，上海市嘉定区人民检察院检察长；王春丽，上海市嘉定区人民检察院研究室副主任，法学博士；梁春程，上海市嘉定区人民检察院研究室助理检察员。

一、劳教制度废止前后的法律政策比较分析

(一) 降低入罪门槛,扩大刑事犯罪圈

1. 降低起刑点

以盗窃罪为例,1998 年最高人民法院对于普通盗窃数额较大的标准定为 500 元—2 000 元以上,当时上海市标准是 2 000 元。2013 年“两高”“盗窃解释”,根据居民人均收入增长情况,将上述盗窃数额标准提高到 1 000 元—3 000 元以上后,上海市经报最高人民法院、最高人民检察院批准同意,将普通盗窃数额较大最低限额即 1 000 元作为起刑标准,实际上将盗窃罪的起刑点大大降低。与此类似,上海市在“两高”司法解释出台之后,对诈骗、敲诈勒索数额较大的标准也大幅降低。

2. 增加行为入刑犯罪

以盗窃罪为例,《刑法》仅规定多次盗窃构成盗窃罪,但《刑法修正案(八)》在此基础上增加了“入户盗窃、携带凶器盗窃、扒窃”三类特殊盗窃行为,规定无需数额标准,只要实施上述四种盗窃行为即构成犯罪。与此类似,《刑法修正案(八)》对敲诈勒索罪也增加了多次敲诈勒索的行为犯罪构成,体现了立法者对惯犯或职业犯严厉打击的目的①。从劳教制度废止的角度看,上述规定也间接起到填补劳教废止后惩治制度空白的作用。

(二) 侧重考量前科劣迹,加大打击力度

1. 定罪构成采用减半原则

以盗窃罪为例,“盗窃解释”规定,在行为人如果“曾因盗窃受过刑事处罚”和“一年内曾因盗窃受过行政处罚”的,对其盗窃数额可按 50%的标准认定“数额较大”。与此类似,在两高关于办理敲

① 黄太云:《〈刑法修正案(八)〉解读(三)》,《人民检察》2011 年第 8 期。

诈勒索、抢夺刑事案件的司法解释中也有类似的规定。

2. 加重构成采用比例原则

以盗窃罪为例,"两高""盗窃解释"第六条规定,盗窃公私财物,具有本解释第二条第2—8项规定情形之一,或者入户盗窃、携带凶器盗窃,数额达到本解释第一条规定的"数额巨大"、"数额特别巨大"50%的,可以分别认定为《刑法》第246条规定的"其他严重情节"或者"其他特别严重情节"。与此类似,在两高关于办理敲诈勒索、抢夺刑事案件的司法解释中也有类似的规定。上述司法解释将同类犯罪的前科劣迹作为定罪和量刑的重要情节,从立法技术上几乎脱胎于劳教制度中的相关规定,侧重考察行为人的社会危险性而不是行为的社会危险性,填补劳教废止后处罚制度空隙的目的十分明显,而在此之前这种将前科劣迹作为定罪情节数额减半类型的规定从未出现过。

(三)关注个体犯罪特殊预防,轻罪程序立法趋势明晰

1. 社区矫正和强制医疗制度入法,体现了对特定人犯罪危险性的重视

《刑法修正案(八)》将刑法原来规定的管制、缓刑、假释的罪犯"由公安机关执行"修改为"依法实行社区矫正",明确了社区矫正作为非监禁刑罚执行方法的法律地位,对目前在全国推开的社区矫正工作以及社区矫正法起草工作,从法律上予以肯定。《刑事诉讼法》第284条确立了对不负刑事责任的精神病人的强制医疗程序,规定实施暴力行为,危害公共安全或者严重危害公民人身安全,经法定程序鉴定依法不负刑事责任的精神病人,有继续危害社会可能的,可以予以强制医疗,首次规定了针对具有危险人格的保安处分措施。

2. 轻罪配套制度完善,体现了轻案快办的立法趋势

《刑事诉讼法》完善了对逮捕条件、增加了羁押必要性审查程序、扩大了简易程序适用范围,有利于规范和减少强制措施的适用,提高办案效率。在此基础上,2013年上海市委政法委制发相

关实施意见，上海市检察机关公诉部门对内也探索建立“八个集中”、“三个简化”的办案机制，积极适应劳动教养制度改革带来的新变化。随着2014年全国人大常委会授权决定“两高”在上海、北京等城市开展为期两年的刑事案件速裁程序试点工作，轻案快办程序的探索“于法有据”，前景明朗。

二、劳动教养废止后检察机关面临的困境

（一）轻罪化模式给刑法理论带来挑战

1. 将行为人危险性作为入罪因素将冲击刑法犯罪构成理论

我国现行的犯罪体系是以行为的社会危害性作为犯罪的根基，同时，我国的犯罪概念包括了定性与定量的双重因素，即认定犯罪不仅要考虑社会危害性的因素，还需要符合犯罪数额、危害程度等量的因素。这使得我国刑法的结构设置无法像国外刑法那样直接将行为人的危险人格作为考量因素，将犯罪区分为重罪、轻罪及违警罪，而只能将行为人具体的作为或负有义务时的不作为，以及由此造成的与刑罚程度相对应的社会危害性作为构成犯罪的前提，根据刑罚的轻重作重罪与轻罪的区分。

2. 轻刑化和高羁押率矛盾造成刑法罪刑结构失去平衡

从刑罚制裁体系看，在劳教制度废止、犯罪门槛降低后，对于“前劳教”案件的刑事处罚存在刑种和刑期的同质化问题，其中又因为我国目前大部分刑事犯罪嫌疑人都会适用逮捕强制措施，最后量刑受制于强制措施，而大量判处短期有期徒刑和拘役刑，较少适用管制刑和缓刑，导致个案之间量刑不均衡，非监禁刑刑罚体系严重架空。

（二）轻罪化模式给检察执法办案带来挑战

1. 人案矛盾突出，小案难办问题进一步凸显

轻罪化应对模式在基层司法实践中最突出的结果就是刑事案

件总量的大幅上升。在司法资源本来不足、人案矛盾明显突出的背景下,司法机关超负荷运作状态进一步加剧,而与之相对的,这类案件往往是案值小、刑期短的"小案",当司法人员花了巨大的人力、物力最终将案件办结时,实际产生的打击、惩罚效果与办案难度、投入精力不成正比。

2. 违法犯罪行为预防和矫正制度亟需完善

在我国,刑事犯罪记录与个人的学习、就业等活动密切相关,轻罪化应对模式必然导致犯罪圈的扩大。一旦行为人被贴上犯罪的标签,无论"轻罪"还是"重罪"都会影响到一个人的命运,对个人和社会产生较大的负面影响。劳动教养废止后,非羁押措施和非监禁刑的适用比例并没有上升,也说明我国当前社区矫正制度和资源尚存在不足,违法犯罪行为预防和矫正制度亟需完善。

三、劳教制度废止后的应对建议

(一)探索建立我国的轻罪制度

目前,立法和司法采取了轻罪化模式以应对劳教制度的废止,但对于轻罪的概念、范围等一系列基础性规定尚付之阙如。为此,笔者提出以下建议:

第一,借鉴世界各国刑法的有益经验,采取形式标准而非实质标准,从罪行角度将法定刑为三年有期徒刑以下刑罚的犯罪认定为轻罪,采用刑法修正案而不是司法解释的方式,对现行刑法进行轻罪化改造。同时,借鉴国外"治安法庭"办案模式[①],在基层统一建立公检法轻罪案件专办部门,专人负责办理轻微治安刑事案件,

① 陈泽宪、刘瑞平:《论刑法与行政法的衔接——以劳动教养制度改革为切入点》,载《当代中国的社会转型与刑法调整》(2013 年全国刑法学术年会论文集),中国人民公安大学出版社 2013 年版,第 355、354 页。

并简化诉讼文书移转、审结报告制作、强制措施变更、公诉庭审等办案环节,以轻罪模式降低司法成本、提高诉讼效率。

第二,针对"犯罪标签"的问题,构建和完善前科消灭制度,通过制度设计来防止许多轻微犯罪的被告人被贴上"罪犯"的标签。如对于一些轻微的犯罪不作犯罪记录;对作犯罪记录的,设立前科消灭制度,即对具有犯罪前科的人,在刑罚执行完毕或者赦免以后,经过一定的期限,若符合法定条件,如没有再犯新罪,则可以注销其犯罪记录,恢复其正常的法律地位①。

(二)探索建立我国保安处分制度

国家对于犯罪行为的反应,除了刑罚之外还可以采取保安处分②。我们以为,刑罚与保安处分双轨并行已成为目前大多数国家的刑法制裁模式,即刑罚主要是依据罪责原则来加以适用,保安处分主要是降低特定行为人的社会危险性来确保社会安全。因此,从刑法的科学性角度看,我们建议今后可以考虑引入保安处分制度,作为一般刑罚的补充,以避免现行轻罪化模式对刑法理论带来的冲击,维持刑罚体系的完整性。这在1997年颁行新刑法时,增加对危害社会的精神病人在必要的时候可以由政府强制医疗的规定,以及修改后刑事诉讼法正式将强制医疗的裁断程序司法化中可见端倪③。

(三)完善轻案快办的办案机制

实体上合理区分轻罪、重罪之后,在程序上也要建立起与之相

---

① 陈泽宪、刘瑞平:《论刑法与行政法的衔接——以劳动教养制度改革为切入点》,载《当代中国的社会转型与刑法调整》(2013年全国刑法学术年会论文集),中国人民公安大学出版社2013年版,第355、354页。

② 林东茂:《刑法综览》,中国人民大学出版社2009年版,第16页。

③ 刘仁文:《保安处分:劳动教养制度的改革方向》,《中国党政干部论坛》2013年第1期。

适应的办案机制。实际上，羁押必要性审查、简易程序、刑事和解、不起诉等法律制度与轻案快办机制关系密切，对轻罪制度构建具有系统性和辅助性功能，对司法机关贯彻宽严相济刑事政策，提高办案质量和效率也具有极大的程序保障作用。而当前轻罪化应对模式偏重打击而忽视处理，尤其是在轻案出罪环节缺乏周密考虑。我们认为，对于劳动教养废止后出现的案件比重大幅上升问题，除了进一步细化案件繁简分流、简案简办的刑事速裁程序，还需要正确把握宽严相济刑事政策和轻案快办程序之间的关系，在依法打击犯罪与审慎适用刑罚中保持平衡，细化罪与非罪的标准，完善轻案捕后羁押必要性审查、简易程序、相对不起诉、刑事和解适用标准等四项法律制度的适用范围和标准，在程序上对轻微刑事案件进行轻刑化改造。

三、论文摘要篇

上海市税务系统税收法治信息化建设的探索与应用

上海市税务局《上海市税务系统税收法治信息化建设的探索与应用》课题组

一、税收法治信息化概述

（一）税收信息化的概念

税收信息化，是指在税收领域充分利用现代计算机网络以及通信技术，实现税收信息的收集、整理、分类、储存、检索、传输、统计分析，以及应用的系统化、网络化。

（二）税收法治与税收信息化的关系

税收法治强调规范税务机关依法履行征税职责，要求将依法行政的理念覆盖税收工作各环节，贯穿税收工作全过程；税收信息化则强调通过利用现代信息技术手段进一步提高税务机关税收管理的效率和水平。两者之间相互影响、相互促进，具有内在统一的联系。

（三）税收法治信息化的概念

税收法治信息化，是指以现代信息技术为手段，以税收权力监控为重点，逐步将税收行政执法各项活动纳入统一的系统平台实行标准化管理和规范化运行，促使税收立法科学合理，税收执法严格规范，税收救济全面保障，内控监督有效落实，从而实现对税务依法行政工作的全面监控，达到规范税务机关行政执法、提高社会税收遵从的税收法治目标。

（四）税收法治信息化的主要内容

推进税收立法和制度建设、规范税收行政行为、依法化解涉税矛盾纠纷、促进税收政策落实。

（五）税收法治信息化建设的现状和存在问题

1. 税收法治信息化建设的现状

税收信息化建设已初见规模，实现了一般性的流程控制，完善了主要涉税事项的办理流程，以票控税、信息管税等管理思路得到实现，强化了税收执法督察的功能和作用。

2. 税收法治信息化建设存在的问题

首先，税收法治信息化缺乏集中统一的组织规划和整体部署。其次，税收法治信息化仍面临大量急需解决的现实问题。

二、税收法治信息化建设的基本思路

一是以建立依法行政监控体系为目标；二是以现代信息技术应用为手段；三是以跨平台的资源整合和综合利用为基础，通过流程再造逐步实现相关的业务融合；四是利用信息化的手段整合各类涉税业务，逐步实现各项涉税业务的标准化、规范化。

三、税收法治信息化项目建设的具体步骤

第一步,构思设想。评估流程再造潜力,制定工作规划。

第二步,项目启动。

第三步,分析诊断。梳理现有业务流程,确定急需改进或应分步改进的流程节点。

第四步,流程设计。设计流程再造后新的业务方案。

第五步,流程重建。修改完善相关征管系统操作模块,实现新旧业务流程的顺利转换。

第六步,运行评估。建立起对新流程的问题反馈和成效评估机制,根据反馈情况和评估结果持续改进业务流程。

四、上海市税务系统税收法治信息化建设的应用与实践

(一)税收规范性文件管理应用系统和法制电子工具书应用系统

1. 税收规范性文件管理应用系统(以下简称"规范性文件系统")

规范性文件系统主要依托办公信息化管理系统,对规范性文件及其所含条款的有效性和清理过程进行系统记载和界面式查询。规范性文件系统的作用:一是为判别规范性文件的有效性及清理情况带来便利;二是有效掌握规范性文件的总体情况;三是全面提高规范性文件清理质量;四是有助于提高税务干部依法行政的水平。

2. 法律电子工具书应用系统(以下简称"工具书系统")

工具书系统整理汇编了以涉税程序性政策法规为主体的政策

法规、法律文书、典型案例和办理流程,统一执法流程、规范政策法规适用,解决执法程序不规范、政策法规适用不科学的问题。

(二)推进税务行政处罚流程升级改造

总结原有税务行政处罚流程在实务操作中的弊端,对税务行政处罚流程进行升级改造,强化对税务行政处罚的流程管理和内部监控。

1. 分析诊断原有流程弊端

原有流程弊端:一是流程环节相互割裂,流转不便;二是流程权限不清,审批层级过多;三是缺乏对裁量权的控制;四是系统设计存在瑕疵。

2. 税务行政处罚的流程设计与流程重建

(1)税务行政处罚的流程设计思路

以《行政处罚法》、《税收征收管理法》为基本流程框架,以征管系统现有流程为基础,结合市局制定的行政处罚裁量基准制度要求。

(2)税务行政处罚的流程重建

启用“流程式”菜单管理;形成数据关联;规范对行政处罚裁量权的行使;完善税务行政处罚程序性操作;规范税务行政处罚的案卷归档管理工作。

(三)以信息化手段推进行政审批和日常涉税事项改革(以下简称“审改”)

一是审改信息化建设的基础工作。确定涉税事项目录、推进标准化建设、制定管理制度。

二是审改信息化建设的规划和设想。突出信息化建设重点、采用“滚动开发”的建设模式。

三是涉税事项管理信息化。将涉税事项管理规定和程序纳入信息系统,严格规范操作流程,防止违规设定涉税事项、擅自改变操作流程现象的出现。

四是构建网上办税服务厅。力争实现三大目标:一是向广大纳税人提供优质、便捷的涉税服务;二是提高内部工作效率,实现涉税事项的"全城通办",降低税收管理成本和税款流失率;三是为开展政府部门横向之间数据交互共享创建条件。

(四) 税收法律救济信息化

1. 开发法制日常管理模块

由基层分局法制人员即时录入行政复议、行政诉讼、处罚听证、司法建议、检察建议等案件办理情况,建立税收法律救济案件备案制度。

2. 税收法律救济信息化的设想

计划参考流程再造理论对案件办理程序进行流程设计,逐步整合融入系统应用平台,开发行政救济案件办理模块。

(五) 促进税收政策落实信息化

1. 促进税收政策落实项目的开发思路

首先,完善现有征管系统;其次,分析风险点;再次,开展统计分析;最后,根据分析判断,查找问题,提出改进措施和建议。

2. 促进税收政策落实项目的开发内容

(1) 形成闭环工作机制。一是决策规划;二是实施执行,具体包括分析评估和分类应对;三是处理反馈,对政策落实过程中确实存在的问题进行及时整改,促进税收政策落到实处。

(2) 完善相关配套措施。一是提高思想认识;二是规范审批流程;三是夯实数据基础;四是选择重点监控;五是部门协作配合。

3. 促进税收政策落实项目的实践运用

截至 2013 年 8 月,共完成 16 个政策项目的数据抽取和分析等工作。一是理清了查找问题的思路;二是找到了分析监控的必要条件;三是摸索了分析研究的几种方法,主要有统计学分析方法、纳税评估指标分析方法;四是加深了对政策项目的理解,了解政策执行是否实现了预期目标,从而为完善政策提供针对性建议。

以“阳光警务”引领公安机关新一轮执法规范化建设

上海市公安局法制办课题组*

一、深化公安机关执法规范化建设存在的主要问题

（一）在执法理念方面，严格规范公正文明的执法习惯还需进一步养成

经过前期推进，各级公安机关在硬件建设和制度建设方面均已初见成效，但部分基层单位及民警在规范使用硬件设施、规范执行各项制度方面还没有形成自觉的习惯，严格、规范、公正、文明的执法要求还没有真正“内化于心、外化于行”。

（二）在组织推进方面，驱动力不足

前阶段执法规范化建设主要采取顶层设计、自上而下、强制入轨的内部驱动方式，并采取抽查及巡查等内部执法监督手段督促、

---

* 课题组负责人：邢培毅，上海市公安局法制办主任。成员：钱海啸，上海市公安局法制办副主任；叶全全，上海市公安局法制办研究科科长；高争志，上海市公安局法制办民警。

整改执法问题，部分基层单位存在一定的懈怠情绪，认为执法规范化建设已经达标，维持原状、保持惯性即可，内部驱动力不足。同时，因没有广泛引入群众参与和群众监督，缺乏强有力的外部驱动力，导致继续深化执法规范化建设的驱动力不足。

（三）在工作成效方面，与人民群众的新期待契合度不高

执法规范化建设的项目设置以公安机关内部需求为导向，主要以内部执法管理提升规范执法的水平，没有从满足人民群众对公平正义的新期待和新要求的角度创新举措、落实措施，相关执法制度、执法流程不够透明，没有让公平正义以群众看得见的方式实现。

二、以“阳光警务”引领新一轮执法规范化建设的路径规划

（一）上海公安机关“阳光警务”建设现状

近年来，上海市公安局大力推进执法规范化建设、政务公开、政府信息公开、执法公开，尤其是根据公安部2012年下发的《公安机关执法公开规定》，着力开展了向社会公开、向特定对象公开、网上办事三个方面工作，为“阳光警务”建设打下了良好的基础：一是通过门户网站、官方微博、窗口公示等渠道，大力推进了执法依据和管理措施的主动公开；二是制定下发了《上海市公安机关向特定对象公开执法信息工作规范》，规范了向案件特定相关当事人公开案件侦办进展情况的流程及内容；三是通过网上公开办事（包括行政许可、非许可审批、备案类事项）服务平台建设，实现了在公安门户网站提供68项网上办事事项的预约服务和网上受理、178项办事事项的表格下载、109项办事事项的状态查询、65项办事事项的结果反馈；四是通过实施“一机双屏”、“短信回访”、“局长信箱”、

"行风政风测评"、"警营开放日"、"公民警校"和聘请特邀监督员、律师执法监督员等具体措施,逐步丰富了社会参与监督的形式和渠道。

(二)深入推进"阳光警务"建设的工作措施

围绕习近平总书记提出的"促进社会公平正义是政法工作的核心价值追求"这一根本目标,2014 年 2 月,上海市副市长,市公安局党委书记、局长白少康同志提出在全局范围内开展"阳光警务"建设的具体要求。市公安局积极谋划、全面实施,坚持"以公开为原则、不公开为例外",涉及执法办案、行政审批、服务群众的事项,涉及公民权益的执法标准,只要不涉密、不涉及公民个人隐私、不影响社会稳定,力争做到"应公开、尽公开",充分保障公众的知情权、监督权、参与权。严格实施"五个一律"的工作要求:凡有行政审批的事项,一律公开;凡是控制社会治安、打击犯罪的执法标准,一律公开;凡是应当让群众知情知晓的窗口受理接待事项,一律公开;凡是能够实现网上办案办事的,一律网上办理;凡是新设公安管理事项措施的,一律向社会征询意见。为此,市公安局专门制定下发了《上海公安机关推进"阳光警务"建设行动方案》,提出了四大方面 21 项建设目标和工作任务,着重开展以下几方面工作:

1. 以"阳光警务"引领执法能力建设

以"阳光警务"倒逼执法习惯的养成,提高执法主体素质,提升执法水平和执法效果。一是结合各警种特点,区分不同执法环境、执法岗位特点,在规范治安、交警、消防、出入境等警种执法执勤、办案办事"规定动作"的同时,进一步加强对民警现场"释法说理"能力的培训;二是引导民警自觉将执法服务工作置于阳光之下,多一句解释、多一句说理,积极争取当事人对公安工作的理解,有效预防和化解执法争议。

2. 以“阳光警务”引领执法制度建设

以“阳光警务”倒逼公安管理的科学决策。一是引入更为广泛的社会参与和监督，让群众换位思考，完成从被管理者的视角到管理者的视角切换，取得其对公安工作的进一步理解支持；二是在执法制度的创设上引入“准立法”程序，针对涉及群众切身利益的重大行政事项，将听取民意、保障公众参与作为重大行政决策和制定重要执法制度的必经程序，充分运用民智解决民生问题；三是对于治安、消防、交通、出入境和户籍管理等与民生密切相关的行政管理领域，在出台管理制度规定前，应当通过专题座谈会、专家论证会、意见征询会、报刊网络公告等形式征集意见，多方听取人大代表、政协委员、从业律师、专家学者、政府部门、基层组织等不同群体和个人的意见和建议，以实现管理制度的民主化和科学化，确保决策的可操作性和执行力。

3. 以“阳光警务”引领执法管理建设

以“阳光警务”倒逼如实立案和执法办案过程工作。执法问题往往发端于执法办案初始阶段，集中体现在受立案环节。长期以来，因为考核导向等因素的影响，部分单位存在该立案未立案、不破不立等问题，受害人或报案人认为公安机关不作为、工作推诿，影响群众的满意度。因此，需要在严格贯彻落实《刑事诉讼法》、《公安机关执法公开规定》和《上海公安机关向特定对象公开执法信息工作规范(试行)》中有关向特定对象提供案件进展情况查询的规定基础上，在互联网公安门户网站建立“案件进展情况查询平台”，逐步实现将公安网内部办案系统记录的案件受理、立案、对犯罪嫌疑人采取强制措施、移送审查起诉、刑事判决等重要环节数据项，通过内、外网数据转换平台处理后，实时导入互联网查询系统，便于与案件相关的特定对象查询获取。从而在保障案件相关人知情权的同时，以公开接受监督的方式倒逼解决“有案不立”、“不破不立”等执法问题。

4. 以"阳光警务"引领执法信息化建设

一是以"阳光警务"倒逼信息化技术的深度应用。执法依据、执法过程和执法结果的全面公开,对当前公安网络系统数据采集、共享、传输的准确度和整合度提出了更高的要求。因此,必须加强对公安信息化技术的深度应用,着力优化完善系统功能,提高信息质量,并进一步强化对信息系统的整合和规范,加强接报警、执法办案、人员监管、监督考评、涉案财物管理等各类信息系统之间的互联互通和数据共享工作。二是以"阳光警务"倒逼信息化服务的改革创新。在公安行政管理领域,传统的服务方式已难以满足群众对服务型政府的新期待,为此,除进一步通过公安门户网站和公安热线服务电话提供政策法规咨询、公安机关办案办事进展情况查询外,必须充分借助互联网、短信、微博、微信、移动终端 APP 等新媒体平台,提高公共管理数字化、网络化、智能化水平,积极推广服务新模式,为群众提供更加方便快捷、优质高效的服务。

推进上海法治实践的路径创新研究

——以黄浦区法治观察员制度为例

黄浦区依法治区办课题组

一、地方法治创新的理论基础

（一）地方法治的概念

“地方法治”在当下学界一直是一个模糊的概念。我们认为，在单一制的中国，应该从国家法治的发展进路角度来理解“地方法治”，它强调在国家法治化进程中，除来自中央对于法治“自上而下”的自觉推动外，地方各种力量（地方国家机构、各种社会组织、公民个人等）在国家法治化进程中具有重要的作用和地位，对国家法治进程也可以施加“自下而上”的积极影响。

（二）地方法治创新的必要性

1. 法治建设的规律性要求

法治作为一种治理逻辑，其建设的主体非常广泛，并非只有政治建构层面的国家才是法治建设的主体，地方可能是更为重要的法治建设主体。实际上，只有同时推动多个层面的法治建设，才可能走向真正的法治国家。

2. 中国地区的差异性要求

我国是一个地域广大、人口众多的社会主义国家，各个地区的经济社会发展水平、历史文化传统、人口素质都有明显差异。这种多样化现象决定了我国的法治建设必须重视各地差异，从多元和多样化的地方实践出发。

二、黄浦区法治建设的创新实践：法治观察员制度

（一）法治观察员制度的出台背景

在推进依法行政、创建全国法治城区的实践中，黄浦区充分认识到，现有的监督机制存在各自为政、自我循环等弊病，难以形成有效合力。要加强对政府依法行政工作的有效监督就必须创新监督的体制机制，努力汇集人大监督、党内监督、行政执法监督、民主监督、法律监督等监督力量于一体，建立依法治区监督工作的快速反应机制，从而在推进法治城区建设工作中能全面而快速地发现问题、快速而有效地解决问题。

（二）法治观察员制度的主要内容

1. 设立法治观察点

全区共设立了 14 个法治观察点，涵盖了行政效能、公正司法、公民权益、社会稳定等法治建设的各个领域。这就形成了一个全方位全视角的观察网，从而能最大限度地发现法治建设中所存在的不同问题，保障对全区法治状况的观察具有全面性、透彻性。

2. 组建法治观察员队伍

黄浦区法治观察员主要由各法治观察点所在单位推荐。每个观察点推荐 1 名分管领导和 1 名联络员共 2 名法治观察员，由区依法治区领导小组办公室聘请任职。法治观察员的职责主要有五

项：一是加强信息沟通，及时上报相关观察信息；二是观察评估《黄浦区法治城区创建评估体系(2012版)》指标体系；三是参加依法治区领导小组办公室组织召开的工作例会；四是分析汇总依法治区工作情况；五是参与年度《黄浦区依法治区观察评估报告》的编写等。

3. 明确法治观察任务

一是及时发现黄浦区依法行政工作中存在的主要问题。围绕"政府重大投资项目"、"重点权力部门"、"执法关键环节"这三个核心内容进行监督观察，及时发现运行中存在的主要问题。二是及时反馈观察发现的主要问题，并监督整改落实情况。以往的监督工作中也可以发现问题，但不足之处就在于对于发现的问题难以及时地反馈给有关部门。

4. 建立法治观察工作机制

一是法治观察员例会制；二是法治观察问题通报制；三是法治观察年度报告制。

(三) 法治观察员制度的主要成效

作为一种重要的监督机制，法治观察员制度有效整合了现有各监督力量，形成了快速反应的监督合力，有力地促进了黄浦区依法行政和法治政府建设工作。近年来，黄浦区相继获得社会管理综合治理的最高荣誉"长安杯"、"全国法治城市、法治县(市、区)创建活动先进单位"、"全国法制宣传教育先进城区"、"全国行政复议工作先进单位"等国家级法治建设荣誉称号。

三、上海地方法治建设的创新路径

(一) 加强地方创新性立法，充分发挥地方立法的引领作用

上海要围绕地方经济社会发展中出现的热点、难点问题和涉

及群众切身利益的重大问题，着力发挥市人大及其常委会和市政府在立法中的主导作用，转变传统的国家立法“宜粗不宜细”的立法理念，大胆创新立法的体制机制，努力提高地方立法的质量，为新时期上海的社会治理提供完备而又可操作的有效法律依据。

（二）不断创新监督机制，强化对政府依法行政的有效监督

上海应该紧紧围绕建设“服务政府、责任政府、法治政府、廉洁政府”的发展目标，在行政决策程序、行政问责机制、行政执法责任、政府信息公开、行政服务效率等方面，从体制机制方面开展积极的探索，完善依法行政监督体系，努力把上海建设成为全国“行政效率最高、行政透明度最高、政府服务最优”的地区。

（三）积极推进司法改革试点，努力促进司法公正

上海要从立案、审案、判决的执行以及上诉、抗诉、申诉等各个司法环节进行积极大胆的试点探索、创新实践，努力实现“让人民群众在每一个司法案件中感受到公平正义”。

（四）努力创新普法形式，培育公民法治信仰

上海要通过不断的创新来寻找适合上海领导干部、社区群众、大中小学生等不同群体特点的丰富有效的法治教育形式，不断提高上海社会公众的法治意识，努力形成人人懂法、人人敬法、人人守法的良好社会法治环境。

纪检联合办案中证据转化若干问题探析

——以新刑事诉讼法的实施为视角

上海市人民检察院第二分院　范松辉

一、关于纪检监察证据收集、移送的主体

依据新刑事诉讼法及新刑诉规则相关规定，可以在刑事诉讼中作为证据使用的须是行政机关在行政执法和查办案件过程中收集的相关证据材料，且应当以该行政机关的名义移送，并经检察机关审查符合法定要求。据此，证据转化宏观上应当把握一个基本原则，即待转化的证据须以监察机关名义收集、移送。

新《人民检察院刑事诉讼规则》(以下简称《刑诉规则》)第64条规定："根据法律、法规赋予的职责查处行政违法及违纪案件的组织属于本条规定的行政机关。"据此，可转化为刑事诉讼证据的纪检监察证据须以监察机关名义依照行政监察相关法律法规所规定的程序和措施收集，并以监察机关名义移送。同时，还需注意一个问题，待转化的证据须是监察机关依据行政监察法、监察法实施条例及其他相关行政法规所规定的权限和措施调取。

二、关于不同类型证据的转化

根据《刑事诉讼法》及《刑诉规则》规定，行政机关在行政执法和查办案件过程中收集的特定类型证据，符合一定条件的，可转化为刑事诉讼证据使用。

（一）物证、书证、视听资料、电子数据的转化

一是证据收集和移送主体应为行政监察机关。二是对于物证、书证，尽量收集、移送原件，对于视听资料和电子数据，尽量收集、移送原载体及原文件；若不能收集、移送原件的，可收集、移送相关复制件等，但应尽量通过书面说明材料注明不能收集、移送原件的原因、原件的存放处及管理人、相关复制件与原件一致，并由相关单位和人员签名盖章。三是收集证据过程中的文书材料等应当与配套的证据材料一并移送。

（二）鉴定意见、勘验、检查笔录的转化

纪检监察机关办案实践中较少用及勘验、检查笔录，此处仅谈对于实施鉴定及移送鉴定意见的一些建议：一是应以监察局名义委托鉴定；二是要有委托鉴定的委托书、鉴定人所在鉴定机构同意接受委托的书面证明，并随鉴定意见一并移送；三是鉴定意见要有鉴定机构、鉴定人签章，且鉴定意见必须附有鉴定机构和鉴定人的资质证明；四是要有告知被调查人若不服可以申请补充鉴定或重新鉴定的告知书或相关书面证明，以及被调查人表示自愿接受鉴定意见不申请补充鉴定或重新鉴定的书面材料。

（三）涉案人员供述或者相关人员的证言、陈述的转化

《刑事诉讼法》对此类证据的转化未作明确规定，《刑诉规则》

对此类证据原则上不予直接转化，而是要求检察机关重新收集。

在目前的实践中，对于纪检监察机关形成的言词证据，检察机关在立案后通常会重新收集，但是也不排除因客观原因不能重新收集的情况。而且实践中还存在一个问题，就是少数犯罪嫌疑人称其在曾被纪检监察机关欺骗、引诱、威胁、恐吓甚至刑讯，在刑事诉讼阶段口供摇摆甚至翻供。鉴于此，提出两点建议：一是在纪委阶段的谈话笔录中尽量明确体现权利告知内容；二是对于被查对象在纪委阶段所作的亲笔陈述，可参照刑诉规则的规定，在首页上注明哪年哪月哪日收到，并由办案人员签字。

上述两点旨在使纪委阶段收集言词证据的程序尽量符合刑事诉讼的标准，防止翻供；此外，若万一发生了刑诉规则所述的“涉案人员或者相关人员因路途遥远、死亡、失踪或者丧失作证能力，无法重新收集”的情况，需要将相关言词证据转化为刑事诉讼证据的，也便于证明这些证据来源的合法性。

三、关于纪检监察机关暂予扣留、封存的涉案财物及“清理”的相关物品能否转化为刑事诉讼证据的问题

这个问题与上文物证、书证等证据的转化中所述内容有部分重合，但因收集措施有一定特殊性，故在此专门阐述。监察机关根据行政监察法及监察法实施条例授权可对相关文件、资料、财务账目等材料以及涉案财物暂予扣留、封存；实践中也通常会对被查对象办公室和住宅进行“清理”。

（一）关于暂予扣留、封存的涉案财物的证据转化问题

笔者认为，对于以监察机关依相关法律、法规暂予扣留或封存的涉案财物，确与案件有关的，可参照物证、书证、视听资料、电子

数据的有关要求进行证据转化，需注意三点：一是应以监察局名义实施暂予扣押、封存，在相关文书、手续上体现；二是向相关证据材料及涉案财物持有人出具《监察通知书》；三是对暂予扣留、封存的证据材料及涉案财物开列清单，由各方当事人签字。上述三项所涉书面材料随被暂予扣留、封存的证据材料及涉案财物一并移送检察机关。

（二）关于通过“清理”收集的有关物品的证据转化问题

实践中，纪检监察机关有时会依据党内有关文件、条例的规定，帮助被查对象清理（或整理）办公室及住宅中的文件和物品。因为“清理”措施非法律、法规明确规定，因此以此方式收集的文件、物品等不能直接转化为刑事诉讼证据。但可考虑以监察机关名义，依法要求被查对象提供有关文件、物品，再以物证、书证等方式进行证据转化。

非法吸收公众存款罪实践问题研究

上海市人民检察院第二分院　许靖　魏华

目前,非法集资犯罪活动猖獗,所涉地域广、行业多、参与人数众多,严重影响了社会的稳定和国家金融管理秩序。根据公安部提供的立案数据,2008—2013 年间,非法集资类案件超过 1 万起,涉案金额超过 1 000 亿元,且案件数量以每年 2 000 多起、集资额 200 多亿元的规模迅速增加。案件几乎覆盖全国所有省、市、自治区、直辖市。行业涉及农业、林业、房地产、采矿、制造、服务、批发零售、建筑、金融、食品加工、旅游、医疗卫生和教育等,一些个案甚至涉及多个行业。据统计,上海市人民检察院第二分院在 2011—2013 年间办理的非法吸收公众存款案件数量为 9 件,涉案人员为 18 人,较往年均有所增加。

一、非法吸收公众存款罪的立法目的及其特征

随着经济的发展,社会各方面对资金的需求不断扩大,产生了建设规模扩大与资金供应不足的矛盾。一些单位或者个人为了筹集资金,违反国家规定,采用发行内部股票、集资入股或者擅自提高利率等手段,集中了大量社会闲散资金。但缺乏相应的监管机制,行为人的风险承担能力亦缺乏保障,无法确保投资者的资金安全,易给公民、法人以及其他组织造成巨额财产损

失,由此引发的群体性事件屡有发生,严重影响社会稳定。然而,此类案件及风险在接下来一段时期内仍将维持高位运行,并可能在一些地区、行业和时间点集中爆发。其往往以涉及人数较多、犯罪金额巨大的特征,给国家、社会和公民个人的财产权益造成重大的损失。由于涉及面广,牵扯的人数多,很容易引起一系列社会矛盾,尤其是群体性上访、闹事,严重影响社会稳定和人民生活的安定。因此,从法律上严格规制非法吸收公众存款行为,以维护正常的金融秩序及社会稳定便成了国家在法制层面的应有之意。

二、非法吸收公众存款罪与民间借贷的关系辨析

民法通则、合同法等法律法规构筑了民间借贷合法存在与发展的法律基础和制度环境。在遵守相关法律法规前提下,自然人、法人及其他组织之间有自由借贷的权利。只要不违反法律的强制性规定,民间借贷关系都受法律保护。但民间借贷也会伴生一些违法犯罪行为,其与非法吸收公众存款罪的界分问题,学界一般着眼于"公众"一词,认为向特定人群借款的,属于民间借贷,向不特定人群借款的,就构成吸收公众存款①。单单从字面上的特定与不特定是无法真正区分公众的,进而亦不可能厘清本罪与民间借贷之间的关系。真正区分两者应从"公众存款"入手。即凡是非法吸收了具有社会性(或特定的对象但具有随时向社会性发展的可能性)的多数人的具有活期存款性质的资金的,应当认定为非法吸收公众存款罪;只要不构成此要件,则为民间借贷。

---

① 赵秉志、万云峰:《非法吸收公众存款罪探讨》,《人民司法》2004年第2期。

三、非法吸收公众存款罪与其他罪名的关系辨析

目前,与非法集资犯罪活动相关的刑事犯罪间的关系是在涉及非法集资案件时主要面对的问题。刑法理论与司法实践往往希冀在此罪与彼罪之间找出所谓的关键区别或区分标志;而"此罪与彼罪的界限"亦成为当前文章中不可或缺的内容,也是司法实践经常讨论的话题。犯罪之间具有排他关系时,才存在明确的界限;刑法理论为区分此罪与彼罪的界限所提出的观点往往缺乏法律根据,曲解构成要件,没有现实意义,不仅没有使犯罪之间的界限更加明确,反而增加认定难度;妥当的做法应是,不必讨论犯罪之间的界限,正确解释各种犯罪的构成要件,对案件事实由重罪到轻罪作出判断①。

(一)本罪与欺诈发行股票、债券罪

当行为人既制作了虚假招股说明书、认股书、公司、企业债券募集办法,且已发行了股票和公司、企业债券的才可能构成欺诈发行股票、债权罪。若其发行对象满足非法吸收公众存款罪的吸存对象或者行为人以欺诈发行股票、债券的变相方式吸收公众存款,由于其与非法吸收公众存款罪的法益不同,则应以想象竞合从一重认定为非法吸收公众存款罪。

(二)本罪与擅自发行股票、公司、企业债券罪

擅自发行股票、公司、企业债券罪的法定刑为"五年以下有期徒刑",根据法条竞合,同时为了体现罪刑相适应原则,应以重法优于轻法,认定为非法吸收公众存款罪。而在对象不特定情形下超

① 张明楷:《犯罪之间的界限与竞合》,《中国法学》2008年第4期。

30 人购买了股票或者公司、企业债券的，根据上述解释与规定，同时符合非法吸收公众存款罪和擅自发行股票、公司、企业债券罪，而前罪的第一档法定刑为“三年以下有期徒刑或拘役”，后罪的法定刑为“五年以下有期徒刑”，根据法条竞合，同时为了体现罪刑相适应原则，应以重法优于轻法，认定为擅自发行股票、公司、企业债券罪。

（三）本罪与擅自设立金融机构罪

若行为人擅自设立金融机构以后，又进行非法吸收公众存款的行为的，由于两者的法定刑相同，可能导致行为人既擅自设立金融机构又非法吸收公众存款的所受的处罚与仅仅擅自设立金融机构或非法吸收公众存款所受的处罚一样。擅自设立金融机构罪的成立不以开展相应的金融业务为前提，也就是说，只要擅自设立了金融机构即构成既遂。因此，为了处罚的公平，若行为人擅自设立金融机构以后又进行非法吸收公众存款行为的，笔者认为宜数罪并罚。

涉法涉诉信访矛盾法治化路径研究

——以黄浦法院为考察对象

中共黄浦区委政法委课题组

一、涉法涉诉信访的现状

（一）涉法涉诉信访总量居高不下

近年来，涉法涉诉信访总量一直居高不下，某法院 2012 年共受理群众直接来信来访 7 290 件次，其中：来信 2 927 件次，来访4 363人次。2013 年共受理来信来访 6 337 件次，其中：来信 2 750 件次，来访 3 333 人次，来电访 204 件次，网上信访 50 件次。

（二）涉法涉诉信访交办任务逐年上升

近年来，上级各个机关交办任务不断攀升，某法院 2010 年各类交办件共 36 件，2012 年攀升到 177 件。177 件交办件中，中政委交办件 79 件次，区信访办下发涉诉进京访重点对象 47 人次，最高院与全国人大信访局联合下发督办件 10 件次，市人大交办重复访清理案件 5 件次，市高院下发 2012 年上半年进京上访 10 次以上案件 5 件次，市信访办下发“十八大”期间涉诉重点对象 31 人次。各机关交办案件数量逐年上升。

(三) 涉法涉诉信访人呈职业化趋势

2013 年,某法院共受理来信来访 6 337 件次,其中:初信仅 281 人次,初访仅 167 人次,重信 2 469 人次,重访 3 166 人次。重信重访共计达 5 635 人次,占全部信访量的 92%。

(四) 涉法涉诉信访矛盾化解手段穷尽化

目前,基层为应对涉诉信访矛盾,除采用化解、稳控、约谈、甄别、终结等常规工作方法外,还陆续探索了一系列新举措,比如通过协调相关部门对当事人家庭困难给予救助、办理低保、补缴养老金等实行"人性化"关心、关爱,但涉诉信访问题并未因此而得到根本改善,因为绝大多数涉诉信访人信访的最终目的是经济利益。

(五) 涉法涉诉信访矛盾化解效果无常化

我们对某法院历年来收到的各类交办案件进行研究,共涉及 145 名涉诉信访人。在相关部门配合支持下,黄浦法院虽然做了大量的化解工作,但最终达成化解协议的只有 17 人,仅占 11.7%,其中 9 人化解后反悔,即帮其解决实际问题后,不遵守化解承诺又重新踏上信访之路,这使得涉诉信访工作走进了化解效果无常化的怪圈。

二、涉法涉诉信访矛盾处理不畅的原因分析

(一) 价值取向的背离

如果涉诉信访不能克服为了掩盖小问题而牺牲大原则的怪圈,就会形成涉诉信访问题的恶性循环,其结果必将是事与愿违,越来越背离其最初的功能设定。

(二) 程序标准的缺失

程序标准的缺失给涉诉信访工作带来了诸多问题,使得部分

信访人误认为涉诉信访是可以与法院讨价还价，可以不按程序标准，不按事实依据，不惜采用越级访、进京访、非访、人身攻击、虚假爆料等极端方式来制造事端，引起各方关注，甚至通过政治化、组织化、涉外化的方式，以此增加自己与法院“讨价还价”的筹码，争取利益最大化。

（三）经济利益的驱动

现实生活中，信访已成一些人心目中性价比最高的“维权”方式。随着近年来各级机关对化解要求的不断提高，信访人提出的化解标的也逐年攀升。在这种高性价比的驱动下，无怪乎一些访民将信访当成职业，并且在满足其化解要求，帮其解决实际困难，承诺息诉罢访后，还要继续信访，成为上访职业。

（四）纠错机制不健全

在现有涉诉信访案件中，确也存在执法错误或瑕疵，由于没有得到及时纠错，导致当事人走上信访之路。纠错机制不健全，有的涉诉信访越拖越久，导致矛盾化解难度越来越大。

三、涉法涉诉信访制度改革的探索

（一）树立与维护司法权威

依法治国是我们的治国方针。依法治国的基本要求是必须在全社会范围内树立司法权威。要树立法院司法权威首先就要求树立对生效裁判既判力的尊重。根据既判力理论，法院对案件作出终局裁判后，当事人之间的权利义务关系已经确定，当事人不得就该裁判内容再行争执，法院也不得作出与该裁判内容相异的裁判，进而维护裁判的稳定性和司法的权威性。如果这一理念不树立，那么人民群众就可能到司法之外去寻找权威。

(二) 将涉诉信访纳入法制轨道

一是要确立“程序至上”的理念,明确涉诉信访的法定程序。目前,涉诉信访却没有一个法定程序可循。因此,立法机关有必要确立一套明确的涉诉信访法定程序。二是要破解涉诉信访导入难、纠错难、终结难问题。首先是要让涉法信访事项得到依法及时受理;其次,凡是存在执法错误的案件都要依法按程序予以纠正;再次,对法律问题解决到位、执法责任追究到位、解释疏导教育到位、司法救助到位的应依法终结,让这部分涉诉信访推出法律处理程序。三是要取消涉诉信访考核机制。信访考评机制虽然对责任单位具有一定的督促作用,但弊大于利,有必要全面取消各部门、各级别的涉诉信访考核。

(三) 争取案件化解的外部支持

一是要强调司法独立,减少行政干涉。一些信访人不断上访的主要原因是在这个群体中确实有少部分人通过上访引起了高级政府部门的重视,并通过行政干涉的办法获得了问题的解决。二是要加强帮困救助,进行人文关怀。信访矛盾总体来说还是人民内部矛盾,在努力化解矛盾的同时,我们在与信访人接触时要让他们体会到党和政府的人文关怀。三是要争取地方党委支持,落实属地职能。人民法院必须依靠党政支持,尤其是政法委的支持,促使信访问题得到最终解决。四是要严厉打击缠访、闹访、非访行为。和谐社会本质上是法治社会,建设法治社会就不能任由非正常上访问题滋生蔓延。五是要加强法治宣传,营造良好的法治环境。司法机关在平时要加强对人民群众的法治宣传工作,在广大群众心中树立遵守法律、尊重法律的意识。

关于推进全口径预决算审查监督相关问题的研究

闵行区人大常委会研究室课题组*

近年来,党的十八大、十八届三中全会、新修改的《中华人民共和国预算法》、《国务院关于深化预算管理制度改革的决定》先后对全口径预算管理和监督提出了新的要求。如何深刻认识新形势下加强全口径预决算审查监督的重要意义,并探索稳步推进全口径预决算审查监督的方法和途径,是基层人大和政府亟需深入研究和探讨的一个现实问题。

一、推进全口径预决算审查监督的价值和目标

(一)深刻认识新形势下的全口径预决算审查监督

1. 推进全口径预决算审查监督的理论价值

预算作为贴着价格标签的政府工作计划,是人大监督政府的重要抓手,也是人大为公众看好"钱袋子",对人民群众负责的重要

---

* 课题组负责人:吴慧芳,闵行区人大常委会研究室主任。成员:周君咪,闵行区人大常委会办公室副主任兼研究室副主任。执笔人:周行君,闵行区人大常委会研究室副主任兼闵行区人大工作研究会副秘书长。

实现形式。在整个预算监督治理体系中，人大处于核心地位。人大可以把对预决算的审查权、监督权和批准权结合起来，体现监督的权威性；可以把审计监督、公众监督、媒体监督的力量整合起来，发挥对预决算协同治理的整体功效。

2. 推进全口径预决算审查监督的实践价值

从整体上看，我国尚未形成一个将政府预算收支有效控制起来的责任体制，强化地方人大对政府全口径预决算的审查监督，并着重对其实现机制进行研究，不仅可以推进政府预算管理的科学化和精细化，而且为控制腐败、推动地方政府的职能转变提供一条新的思路。

(二) 全口径预决算审查监督的内涵和外延

从形式上看，全口径预算管理体系主要包括四本账，即政府公共预算、政府性基金预算、国有资本经营预算、社会保障基金预算。从内容上看，政府的全部收支要不折不扣地接受人大的审查监督。其中，政府的全部收支应细化界定为各级政府及其机关、事业单位、经营性机构的所有收入、支出、资产和负债。

二、当前实践：闵行区人大推进全口径预决算审查监督的样本分析

2007年开始，闵行区人大在闵行区委的支持和区政府的积极配合下，探索和创新开展预决算审查监督的方式方法，取得了一些初步成效，为推进全口径预决算审查监督积累了有益的实践经验。

(一) 主要做法

一是提前介入预算编制。二是开展对部门预算的初审。三是举行预算项目初审听证会。四是改进预算报表编制模式。五是建

立预算修正案制度。六是开展预算专场询问。七是参与预算绩效评价。八是建立预算监督专家咨询组和预算监督小组。

(二) 特点与成效评价

闵行区人大的这些改革举措,是在法律的框架下,对人大开展预决算审查监督在内容上的拓展和方式方法上的一些探索和创新。一是注重各方的合力和良性互动。闵行区的预算监督改革是理论与实践互动,以及党委、人大、政府合力推进的结果。二是目标定位明确。改革之初,就提出了实现科学财政、民主财政、法治财政、阳光财政的主要目标。三是注重分层次有序推进。一些举措在探索初期先向主任会议汇报,相对成熟后则提交人大常委会会议审议,人民代表大会会议则着重对政府的公共预算资金进行审查。四是形成了一个较好的框架和模式。经过几年的探索实践,闵行初步形成了全方位全过程的监督框架和模式。

三、关于稳步推进全口径预决算审查监督的思考与建议

(一) 把握新预算法对全口径预决算审查监督的要求

新预算法为加强人大审查监督提供了有利条件,如提供了更多、更透明的信息。另一方面,对人大预决算审查监督提出了更高的要求。

(二) 提升人大的审查监督能力

1. 强化审查监督的专门力量

预算管理将越来越专门化,技术性会加强。因此,人大应当着力提升自身的审查监督能力。

2. 加强人大自身的内部整合

在人大内部，应形成整体合力。人大的各个工作机构应当根据各自的分工，加强内部统筹协调，把“议事”和“议财”结合起来，共同做好预算审查监督工作。

3. 善于借用外部力量

一是要借用审计部门的力量；二是要建立和完善预算监督专家咨询制度，借用专家的力量来提高审查监督能力；三是要扩大预算审查监督过程中的民主参与，善于借用社会公众的力量来提升预决算审查监督能力。

(三) 稳步推进全口径预决算审查监督的具体建议

1. 推动政府改进预算编制

要推动政府加快建立基本支出、项目支出定额标准；制定机关运行经费实物定额和服务标准；加强人员编制管理和资产管理，完善人员编制、资产管理与预算管理相结合的机制；要合理细化部门预算报表，对专项支出、支出标准等说明要明确标准、更加细化，以便人大代表更加容易理解预算信息，从而增强审查监督的效果。

2. 提高预算公开透明度

要积极推进财政政策的公开；细化部门预决算公开内容；按经济分类公开政府预决算和部门预决算。

3. 把握审查监督的节奏

人大全口径预决算的审查监督需要根据预算改革的进程、人大自身的能力稳步有序推进。

4. 突出审查监督重点

一要注重对重大项目支出的审查监督；二要关注政府性基金预算和债务；三要加强对国有资本经营性预算的监督；四要对预算支出绩效进行监督；五是对人大对预算的审查要从审查具体金额

向审查支出政策、支出标准延伸,实现从“治标”向“治本”的转变。

5. 做实预算初审

对预决算的审查监督,重点应放在人民代表大会会议召开之前的初审阶段,由人大常委会主导。

多元化社区治理格局探索与实践

——以宝山区为例

宝山区民政局　胡道沐　复旦大学　张伊娜、陈岩燕

同济大学　孙明

党的十八届三中全会明确提出,要推进社会领域制度创新,加快形成科学有效的社会治理体制。宝山区是典型的从城市中心向郊区过渡的区域,基层社区治理遇到了一系列结构性问题。本研究将从街镇、居委两个层面分析宝山区近年来实施社区共治与自治的实践过程及经验的考察。

一、宝山区街镇层面自治组织架构的创新

宝山街镇层面自治组织架构的创新主要着眼于如何引导和强化居民区自治管理、弱化政府行政管理。

(一) 顾村镇馨佳园“镇—居民区联合服务中心—居委会”模式

顾村镇大居馨佳园社区组建了“镇—居民区联合服务中心—居委会”三级社区管理组织架构,形成了由馨佳园居民区联合服务中心全面推进“镇管大型社区”工作的管理模式。

（二）杨行镇“居民自治指导中心”模式

杨行镇在镇层面成立“居民自治指导中心”，使政府职能后移，引导居民自我管理。“居民自治指导中心”下设自治指导委员会，由镇域内相关职能部门组成，下设专家指导组、孵化培育室和综合协调办，提供全方位专业服务。

二、宝山不同特征社区的治理模式

（一）动迁安置社区的治理模式

1．动迁安置社区的特征及治理难题

该类社区外来务工人员或流动人口比例很高，并集聚了不少贫困人口、疾病和残疾人员，存在流动人口管理与社区治安、中心城区拆迁安置户的心态失衡等方面的治理难题。

2．动拆迁安置社区自治共治的有效方式

（1）人口信息采集与把脉社区问题

宝山区的一些社区有三种有效的工作方式：建立人口信息采集网络；民情走访与“十色分类”[①]；出租房评估与分色管理[②]。

（2）特殊人群为突破与特色活动为抓手

第一，以特殊人群为突破。例如杨行镇友谊家园以“外来媳妇”为服务对象成立“温馨港湾”，通过外来媳妇来联络一个家庭，培育起居委会和外来居民之间的交往和感情。第二，以特色活动为抓手。通过社区活动培育社区居民间的社会网络，将越来越多

---

① 庙行镇共康雅苑二居委深入进行民情走访，筛选重点群体，并在电脑系统中将居民进行“十色分类”，以不同的颜色标明社区中的党员、老年人口、“低保”家庭、残疾居民、刑满释放人员，等。

② 庙行镇宝宸共和家园每月对出租房屋进行检查、评估、打分，分成“绿色星级户、蓝色放心户、黄色关注户和红色重点户”四种类型，对确定为红色重点户的出租房屋，坚决予以治理。

的居民吸纳到社区活动和社区治理中来。

(3) 内部资源挖掘与外部合作共建

宝山区许多居委会在充分挖掘内部资源“存量”,鼓励邻里互助的同时,在与社区外单位的共建方面也做足文章,积极寻求社区资源的“增量”,充分激发社区的潜能与活力。

(二) 商品房社区的治理模式

1. 商品房社区的特征及治理难题

该类型社区居民以年轻人、白领、新上海人居多,文化素质、维权意识、法律意识、民主意识相对较高,但在参与社区活动、社区治理等方面热情不高。

2. 商品房社区自治共治的有效方式

一是以点带面,培育社区网络。宝山区一些居委会善于利用家庭关系,从孩子和老年人入手,通过举办特色活动,吸引家庭年轻成员共同参与。

二是大力发展社区民主。通过培育社区自治组织,不断完善社区内部的民主机制等方式,激发社区年轻成员的积极性。

(三) 保障房为主的大型居住区的治理模式

1. 大型居住区的特征及治理难题

大型居住区是以经济适用房、保障房、动拆迁房为主的社区,存在困难群体集中、社区发展各阶段工作难点各异等难题。

2. 大型居住区自治共治的有效方式

一是着力满足特殊群体的需要。顾村馨佳园通过开展文体活动和志愿者活动,凝聚一般人群。通过日常管理和服务、广泛利用社区内外资源、促进社区治理的双向沟通,全方位回应“特殊人群”①的

① “特殊人群”指老年人、重大病患者、经济特困人员、“有情绪”的居民等。

诉求。

二是社区发展的前期着重落实配套设施,后期着重提供社会服务。馨佳园社区在第一时间完善社区配套设施后,立即成立社区联合服务中心,聘请专业化的社会组织提供各类社会服务。

三是选对人用对人,加强领导班子的能力建设。馨佳园的社区联合服务中心坚持每月一次自我培训,提升工作能力。

(四)老公房社区的治理模式

1. 老公房社区的特征及治理难题

老公房社区属于老旧小区,由于年代较久,治理的难点主要集中在:老龄化程度高;社区设施陈旧;物业费低且上缴率低;社区环境问题突出。

2. 老公房社区自治共治的有效方式

一是排摸困难老人情况,推动社区互助;二是发动居民广泛参与社区环境建设。

3. 宝山社区自治共治管理的未来拓展方向

(一)加强党组织在社区治理创新中的领导地位

当前社区分化明显、治理主体多元,必须建立起社区多元组织间的协调机制。卓有成效的社区治理离不开党组织的枢纽作用和党员的先锋模范作用,利用好党的组织网络和组织资源,同时将社区不同价值观念统合到为居民服务的宗旨中,以弘扬社区正气。

(二)形成多元治理主体的协调机制

社区是由多元主体构成,不同主体的互动与碰撞令社区治理错综复杂。社区自治和共治需要完善的协调机制,保证社区治理高效有序。宝山区许多基层社区都建立了有效的民主协商机制和平台,如居民联系会议制度等,共同处理社区公共事务,满足居民的生活需求。

(三) 建立内外结合的资源整合机制

社区治理最重要的力量是社区的居民,善于挖掘和动员社区内能人,往往令社区自治事半功倍。既要充分调动社区内部资源,服务居民、发展社区,要也为这些能人提供展示才华的舞台。此外,共建能够有效吸纳社区外部资源,来推动社区的可持续发展。

(四) 确立职能清晰的社区组织分工机制

正确处理好街道与居委会之间的关系,努力将过多的行政事务从居委会剥离出去,还原其服务社区、服务居民的主要职能。也可以将具体的便民服务逐渐转移给社区服务中心以及社区的志愿性组织,充分发挥物业公司、业主委员会的职责,使社区内组织职能更加清晰,协商共治更有效率。

(五) 探索社区公益性组织的培育机制

社会需求的多样化和利益的多元化,使公益性的社区组织成为社区共治的一个重要主体。社会组织的发育可以很好地分担政府的一些行政管理职能,弥补提供公共服务的不足,从而大大减轻政府负担,使其更加高效,最终促进城市社区协同治理格局的形成。

基层检察机关对捕后羁押必要性审查的理解与适用

——以上海市某区检察院不同部门开展羁押必要性审查的一年实践为例

松江区人民检察院　赵晓凌　贺英*

一、上海某区检察院开展羁押必要性审查基本情况及存在问题

(一) 开展羁押必要性审查的基本情况

1. 开展羁押必要性审查的人数数量情况

2013年1月1日—12月31日，该院共开展羁押必要性审查71人，其中，公诉科启动羁押必要性审查49人次，占该院羁押必要性审查人数的比重为69%；侦监科启动羁押必要性审查6人次，占比为8.5%；监所科启动羁押必要性审查12人次，占比为16.9%；未检科启动羁押必要性审查4人次，占比为5.6%。

2. 开展羁押必要性审查的启动方式情况

开展羁押必要性审查工作的启动方式主要有两种，分别是依

---

* 赵晓凌，上海市松江区人民检察院党组成员，副检察长；贺英，上海市松江区人民检察院研究室副主任，检察员。

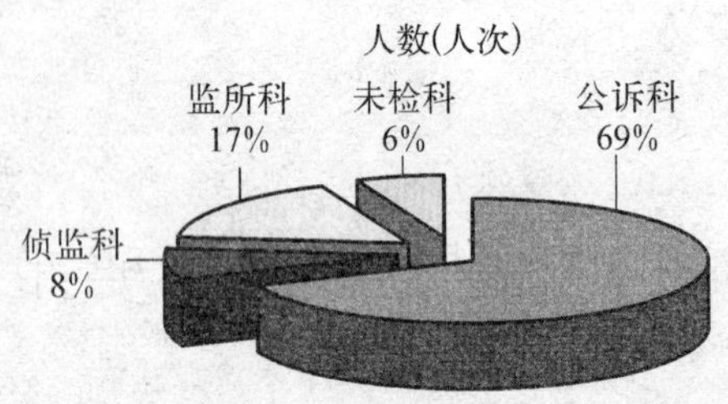

图 1　开展羁押必要性审查的科室分布情况

职权和依申请。其中,依据职权开展的羁押必要性审查有 13 人次,依申请开展的羁押必要性审查有 58 人次。

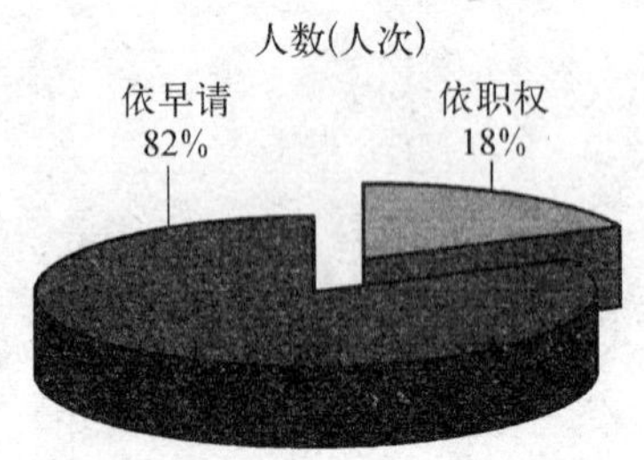

图 2　开展羁押必要性审查的启动方式分布情况

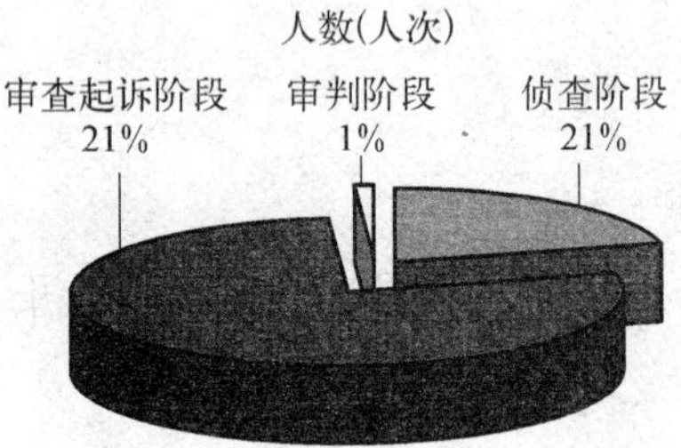

图 3　在不同诉讼阶段开展羁押必要性审查的分布情况

3. 开展羁押必要性审查的诉讼阶段分布情况

在侦查阶段开展羁押必要性审查的有 15 人次,在审查起诉阶段开展必要性审查的有 55 人次,在审判阶段开展必要性审查的有 1 人次。

4. 开展羁押必要性审查的犯罪嫌疑人(被告)户籍情况

在开展羁押必要性审查的 71 人次当中,属于上海本地户籍的有 11 人次,属于外省市户籍的有 60 人次。

5. 开展羁押必要性审查的审查结果情况

羁押必要性审查结果主要有三种情况:一是变更强制措施(全部采取取保候审);二是继续羁押;三是直接释放。其中,采取取保候审的有 18 人,继续羁押的有 51 人,直接释放的有 2 人。

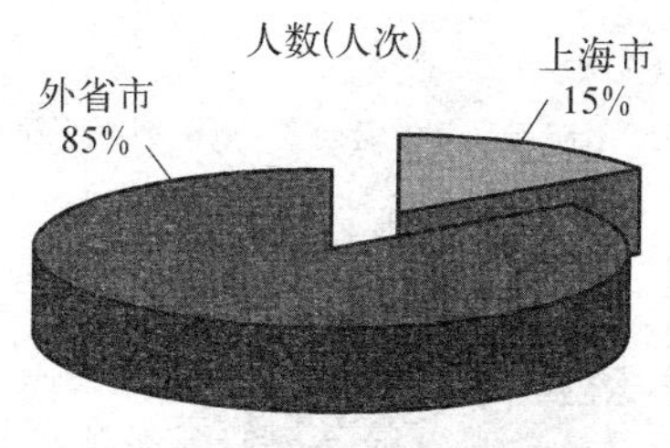

图 4　开展羁押必要性审查的犯罪嫌疑人或被告的户籍情况

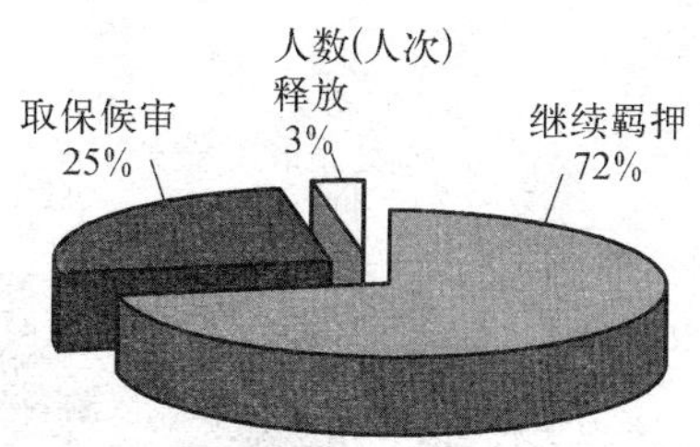

图 5　开展羁押必要性审查的审查结果情况

6. 开展羁押必要性审查以后案件的最终处理情况

开展羁押必要性审查以后,案件处理结果呈现多样化特征,各种特征及所占比重分别如表 1 和图 6 所示:

表 1　案件处理不同结果

处理结果	人数(人次)
不起诉	7
公安撤回	2
免于刑事处罚	1
暂予监外执行	1
缓刑	17
拘役	19
1 年以下	10
1 年以上 3 年以下	3
3 年以上 5 年以下	1
5 年以上 10 年以下	1
10 年以上	1
尚处于审查起诉阶段	3
尚处于审判阶段	5

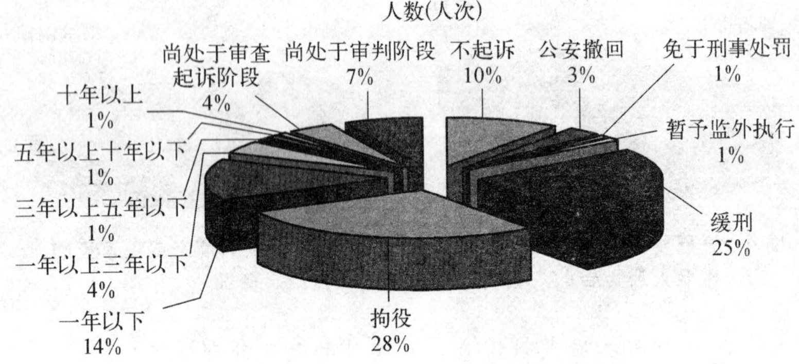

图 6　案件处理不同结果的分布比例

(二) 反映出的问题

一方面,从以上开展羁押必要性审查的实际情况来看,有的部门实践操作中的羁押必要性审查与统计上的羁押必要性审查不一致,即在实践中,该部门并不是按照《中华人民共和国刑事诉讼法》第 93 条的有关规定变更强制措施的,但是在按照上级要求统计数据时,又将该部分数据统计到了按照 93 条要求开展的羁押必要性审查当中,造成羁押必要性审查工作开展状况与数据统计不一致的情况出现。另一方面,特别是从法院最终的判决结果来看,许多可以变更强制措施的犯罪嫌疑人或被告人没有被变更强制措施,各部门开展羁押必要性审查的实践不够理想,说明司法资源还未被有效利用,羁押的负面效应依旧没有缓解,这与羁押必要性审查制度的设立初衷不相符合。

三、完善羁押必要性审查工作的若干建议

(一) 完善刑事诉讼法关于羁押必要性审查的规定

明确羁押必要性由监所检察部门审查,侦监和公诉等部门配

合，如监所检察部门的检察人员需要查看案件卷宗的时候，侦监部门和公诉部门应该积极配合。另外，如果监所部门和侦监部门或公诉部门的最终处理意见不一致，则由检察长或检委会决定。

（二）明确羁押必要性审查的时间

捕后羁押必要性审查的时间采取定期审查和不定期审查相结合的方式进行。在审查的频次和间隔期限上，坚持每月月底开展一次定期审查，也可以根据需要不定期开展羁押必要性审查。而且一旦启动羁押必要性审查程序，除重大、疑难、复杂案件根据情况需要延期之外，应该在一定期限内审查完毕并作出规定，结合关于审查时间的有关要求，应该以10日为妥，同时，根据羁押必要性审查程序启动方式的不同，将审查结果通知相关人员，并将相关材料归档。

（三）明确羁押必要性审查与相关制度的衔接问题

根据目前羁押必要性审查的实践来看，羁押必要性审查主要是由检察官办理，科长把关，分管检察长审核的方式进行。如果将来主任检察官制度实行，是否由主任检察官代替科长职责还需要明确。对于轻微刑事案件快速办理机制来说，轻微刑事案件快速办理，弥补劳动教养制度改革后传统刑事诉讼方式在处理轻微犯罪方面的不足，加强对轻微犯罪行为的教育矫治，优化司法资源配置，提高执法效率和水平，实现司法公平正义、维护社会和谐稳定具有重要意义，即轻微刑事案件快速办理与羁押必要性审查在优化司法资源配置等方面目的一致，因此，需要快速办理的轻微刑事案件一般没有必要进行羁押必要性审查。

绩效规则与犯罪边界的互动关系研究

——基于考核制度与司法行为为互动视角

奉贤区人民检察院　樊华中[*]　西南政法大学　李涛

一、当前刑事司法运行整体状况——以S市F区为例

(一) 公安是刑事司法案件的"发动机",使案件量GDP式地增长

之所以出现这一现象,与公安机关的刑事司法观有莫大关系。由于公安属于地方政府的下属部门,在办案过程中会出现与政府部门追求经济GDP一样的GDP办案思维。比如新一任公安领导上台后,一般会争取自己的"政绩",要保证刑事案件数量不能比前一任少;今年的案件数量不能比去年的案件数量少;今年批捕的案件不能比去年批捕的人少,等等。地方的经济发展了,服务大局、保护经济发展必然不能缺少办案数量的发展。笔者对S市F区近些年刑事立案人数作统计,也恰恰印证了此点。

---

[*] 樊华中,(1984—),西南政法大学刑法专业博士研究生,上海市奉贤区人民检察院研究室副主任。

(二)检察院、法院、公安配合多于制约和监督

《刑事诉讼法》规定,法院、检察院和公安在刑事诉讼中系分工负责、互相配合、互相制约。不过实践表现上配合要多于监督。

第一,检察院的法律监督权有时力不从心。一些时候,检察院所起作用主要是修补公安机关的刑事案件瑕疵,尽量促成公安侦办案件能够达到起诉案件。

第二,法院审判的独立性力不从心。一些体制原因,检、法对于一些事实不清、证据不足、不能认定被告人有罪或没有达到排除合理怀疑的案件,因顾及协调利益或害怕给地方"兄弟部门"惹麻烦丢面子,或担心引起国家赔偿责任,而只能想办法折中降格处理作出不起诉或已关押多久判多久。比起罪刑法定所要求的疑罪从无精神,在相互配合的思维下,疑罪从轻更有市场。

二、尚不合理、尚不科学的绩效规则使司法观异化

(一)与绩效规则结合的权力可能导致权力懒散与权力滥用两种风险

现代管理学认为,在任何行业绩效考核均是根无形的"指挥棒",其既有推动完成工作任务的积极作用面,也有其执行人员在完成工作中急功近利而使得工作异化的消极作用面。主要表现为两点:一是权力与绩效结合将可能导致权力的选择性懒散。为绩效而工作,绩效得分高的工作多做,得分低的工作不做,绩效考核中没有规定便放弃履行职责。二是权力与绩效结合将可能导致权力的选择性滥用,为了绩效而突破法律底线。如公安追求 GDP 式增长的刑事案件量,使刑事司法超负荷运作,给检察院法院的工作造成很大压力,公、检、法三机关不得不相互"借期限";公安追求实现较高的批捕率经常会向检察院做工作;检察院为追求诉判一致、

抗诉案件成功会经常向法院做工作，法院为追求当事人认罪会经常做双方当事人的工作。

（二）正在反思与纠集的绩效规则导向

最近，我国有些地方已经认识到考核制度对刑事基层司法部门执法观念的异化及带来的其他后果。如河南省警方提出，“将建立起科学的绩效考评体系，严禁下达‘刑事拘留数’‘发案数’‘破案率’‘退查率’等不科学、不合理考评指标，不得以破案率、批捕数、起诉数、退查率等指标搞排名通报，”“不再搞各种破案排名和奖惩机制”①。相比于公安机关在考核评比下对于司法观念的异化，检察院、法院显得稍微好些。如果说基层公安是在追求破案率、批捕数、起诉数、退查率等目标而异化了自身司法观的话，那么检察院、法院会因另外的考核指标而异化自身的司法观，比如追捕率、追诉率、诉判一致、无罪率、上访率等。

三、依绩效制度引导执法司法人员树立正确的刑事司法观

在绩效已经成为各行各业管理方式大势所趋之时，若要废除绩效制度也不现实。如何制定或完善绩效导向，限于能力，笔者尚不能进行细枝末节的规划，但可以从大的方向上给实务部门如何完善规则预测一个方向。

（一）绩效规则应以实体与程序相衡平，更重程序为导向

正确的绩效导向应当是既重实体又重程序，实体与程序相衡

---

① 王浩成：《专家称破案率考核已落后　全国取消仅时间问题》，《中国新闻周刊》2013 年 11 月 28 日。

平，更重程序。因为除了案发当事人之外，其他人对实体是看不见的，相反对程序看得最为清楚，最能从程序上挑出办案公正不公正。

（二）绩效规则应以形式合理与实质合理相衡平，更重出罪为导向

正确的绩效导向则在形式合理性与实质合理性之间找到平衡，该入罪的入罪，该出罪的坚决出罪。目前，刑事司法工作中所欠缺的主要是出罪功能，执法人员更应思考与关注：如何善用刑法第 13 条但书和第 37 条酌定不处罚来出罪，将大部分的轻微刑事案件划在刑事案件之外，尽量不作犯罪处理。这也是宽严相济刑事政策中非犯罪化、非刑罚化、非监禁化的要求①。

（三）绩效规则应以实现“以侦查为中心”向“以审判为中心”转变为导向

目前刑事司法中，检公关系、检法关系上，刑事司法活动凸显了“侦查为中心”的特征，导致的现象就是公安一旦抓住嫌疑人并取得供述后，就会宣称案件告破。但事后决定起诉、审判时会发现取证工作中存在着失误，检察院、法院也不会轻易地做不起诉决定或无罪判决，只能帮助公安对案件修修补补。

正确的绩效导向应当“以审判为中心”，一切以法院能否查清事实、适用法律为标准。只有以证据为衡量事实的标准，才能真正贯彻无罪推定、疑罪从无的原则，也才能倒逼侦查人员提高职业素养，注重职业能力。

---

① 杜雪晶：《轻罪刑事政策的中国图景》，中国法制出版社 2013 年版，第 110—130 页。

(四) 绩效规则应校正制约、配合关系,更加注重制约为导向

近年来,出现了过于强调配合、忽视制约而酿成冤错案件,比如湖北佘祥林杀妻案、赵作海故意杀人案、浙江叔侄强奸案等。过分地强调协调配合而忽视监督制约是这些冤错案发生的一个重要原因,其中逼供、诱供等取得的证据检、法两家都没有排除。正确的绩效导向应当摒弃只讲配合不讲制约,同时也要注意避免把制约绝对化,忽视协调与配合,以防止推诿扯皮,降低刑事司法效率。检、法、公相互之间不敢提出过硬的纠正违法通知、执法监督活动,究其原因还是检察院、法院、公安执法人员有利益牵扯及互惠等思想在作祟。而这些利益牵扯很多是不合理的考核制度在起着导向作用。

深化发展以“法治”为导向、“权利”为核心、“平等”为基础的我国公民利益诉求新体系

青浦区依法治区办课题组

新时期、新形势下，我国经济社会发展带来了公民利益诉求呈现纷繁复杂多变的情况，亟需通过建立健全公民利益诉求机制的新体系，畅通公民利益表达渠道，弘扬法治精神、尊重民生权益，使得多元化的社会利益格局在法治环境中得到更为公平合理的配置。

一、对我国现有的各项公民利益诉求机制的深刻研判

我国现有的公民利益诉求机制可以划分为宏观制度资源和微观组织机制，是我国反映公民利益诉求的有效途径，发挥着党和政府密切联系人民群众、联系社会的纽带和桥梁作用。随着社会经济政治生活的不断深化发展，从实际运行效果中反观，两者并没有完全充分地发挥出制度设计之初的预想作用。其中比较突出的问题是，社会不同阶层在适用我国现有的公民利益诉求制度资源的过程中显现出主体表达能力的不平衡性、诉求表达渠道的不畅通、表达客体受理申诉不力等情况。

究其缘由，一是利益诉求主体不成熟；二是利益表达机会不

均衡;三是利益表达途径不完善。就我国现阶段的社会发展情况而言,一方面,现有利益代表组织还不能充分发映出日益复杂细化的不同利益诉求;另一方面,相关的体制和文化还没有对日益增加的利益群体作好制度准备,已有的渠道亦不畅或缺乏有效性,公众利益诉求的方式在合法性、公开性和透明性上还明显不足。没有建立健全有效的公民利益表达回应反馈机制以及对侵犯包括表达自由在内权利的行为和规范性文件的违法审查机制。

二、我国公民利益诉求机制发展的新愿景

努力构建系统化、多元化、均衡化的公民利益诉求科学体系。一是要以“法治”为导向,培育法治精神,引导公民诉求系统化。按照十八届四中全会的精神和要求,在法治的背景下完善我国公民的利益表达体系各项机制内容,明确设置利益表达主体及客体的权利义务、利益表达的合理途径。积极发挥各级政府的指导机制建设,深入推进依法行政;加紧培育我国公民的法治意识和法治精神,让利益表达始终依法进行;不断依法完善各项利益表达机制的内容,做好制度与配套机制的细化衔接和配合。二是要以“权利”为核心,尊重公民诉求,实现表达渠道多元化。随着我国多元化利益格局的形成促进了社会不同利益群体的形成,实现好、保障好、维护好不同利益群体的切身利益,就要调整失衡的利益结构,协调失序的利益关系,疏通受阻的利益表达渠道,重建缺失的利益救济机制,在不损害社会效率的前提下保障社会的公平公正。三是要以“平等”为基础,倡导公民参与,保障表达机会均衡化。为了使政府政策过程真正实现多元利益的均衡协调,最重要的是要建构完善的利益表达机制,使各种利益诉求都能够上升到利益协商和对话的平台。

三、进一步健全完善现有利益诉求体系的新思路

（一）夯实基础、努力提升现有利益诉求表达机制功能

根据我国政治、经济、文化和社会发展具体情况，采取循序渐进方式逐步赋予人民创制权、复决权、请求权，人民对重大问题直接投票和其他民主形式，扩大人民直接参政议政的民主权利，完善基层民主管理制度，逐步实现直接民主，以适应群众较强的政治参与和决策参与需求。

（二）吸收借鉴、创新发展公民利益表达机制新体系

面对我国法治国家建设的不断推进，我国原有的利益诉求表达机制显得不适应依法治国进程的步伐。建立多层次、多元化利益表达机制，搭建新的诉求表达平台是适应形势发展的需要。

1. 加强利益表达的基础性工作，建立利益表达引导机制

政府部门作为主导我国利益表达机制建设的主要力量应积极引导利益表达主体加强法制意识和法治精神的培养，敦促利益表达主体在法律框架内进行合理诉求。我国目前已经完善了信访相关规定，深入开展了涉法涉诉信访改革，把涉法涉诉信访案件纳入法治轨道处埋，结束诉访不分、用行政手段解决司法问题的历史，这是我国法治建设进程中的一个标志性事件，具有极大的现实意义。

2. 大力加强利益表达的渠道建设，建立利益表达保障机制

加强公民利益表达渠道的拓展工作，为不同社会阶层、不同社会利益群体、不同社会成员提供全方位的利益诉求表达的制度性平台，完善原有利益诉求表达机制，让不同利益群体平等享有制度资源，使其诉求通过正当的、规范的渠道得到有效反映。

3. 认真推进利益表达衍伸工作，建立利益诉求回应机制

对于通过制度平台传达出来的利益诉求，必须在规定的范围

内通过合适的方式进行积极的回应。我们不能将回应机制简单地等同于回复机制,回应机制必须向利益表达主体明确回应结果的理由,并给予进一步指引其解决诉求的途径和方法,以及对于该反馈后的情况处理更深入、更全面的掌握,真正做到切实提供有效回应。

综上所述,建立多角度、宽口径、多层次、多元化的群众利益诉求表达机制,是顺应时代发展和社会治理各项工作的重要举措。在党的十八届四中全会胜利召开所确定的方针政策指引下,各级党委和政府务必加强我国公民利益诉求的体系化建设,为社会各阶层提供更科学、更坚实的利益诉求制度性平台,使多元化社会利益群体始终在法治框架内平等享有利益表达的权利。

检察机关在行政执法与刑事司法衔接中的功能与定位

华东政法大学　练育强*　嘉定区人民检察院　王春丽

一、两法衔接中检察机关职能范围的规范分析

人民检察院在“两法”(行政执法与刑事司法)衔接中的职责主要包括：一是针对公安机关的立案监督。二是针对行政执法机关的移送监督。根据相关规定，人民检察院移送监督的启动主要来自控告、举报以及人民检察院的自行发现，任何单位和个人都可以成为移送监督的启动主体。三是接受行政执法机关移送的涉嫌犯罪的案件。一旦行政执法机关在执法工作中发现涉嫌职务犯罪的行为，应向人民检察院及时移送相关案件，人民检察院应当认真审查，认为符合立案条件的，应当及时作出立案决定，并通知移送的行政执法机关。四是提供咨询建议。人民检察院对于行政执法机关和公安机关提出的就案件认定方面的咨询请求，可以提出相关建议。

---

* 练育强：华东政法大学副教授；王春丽，上海市嘉定区人民检察院研究室副主任，法学博士。

二、两法衔接实践中检察职能发挥的困境分析

（一）检察监督主体地位缺乏合法性依据

由于人民检察院产生、组织和职权属于司法制度的范畴，对于人民检察院职权的规定只能由法律予以规制。目前，规范“两法”衔接的行政法规和规范性文件对人民检察院职能规定都有违《立法法》规定。从历史角度看，人民检察院也没有针对行政机关的一般法律监督权，人民检察院监督行政执法缺乏《宪法》和《人民检察院组织法》的依据。

（二）信息共享平台的作用难以有效发挥

一方面，信息共享平台输入不规范、不及时。由于信息录入缺乏刚性标准，即使建立了信息共享平台的地区，输入不规范、不及时的现象也较为常见。另一方面，信息共享平台的运用尚不充分。在同一地区，有些行政执法机关未能参与到两法衔接工作之中，使得信息共享平台对同一地区的行政机关难以具有普遍适用性；还有一些行政机关虽然加入了两法衔接工作，但对信息共享平台重视程度不够，往往忽视网上流转，致使信息共享平台形同虚设。

（三）参与“两法”衔接的行政执法机关两极分化较为严重

在联合发文的模式中，各地区参与发文的行政执法部门各不相同。例如，北京是由包括市政府法制办公室、市检察院、市公安局、市监察局等20个部门会签两法衔接问题文件；上海则是由14个部门会签。可见，在会签文件模式下，参与“两法”衔接的行政执法机关数量有限，不少行政执法机关未能参与到“两法”衔接工作中，“两法”衔接机制往往只是在几家成熟的行政单位之间运转，不

少行政执法机关对参与和推动“两法”衔接工作依然缺乏积极性。

三、检察监督职能立法调整的必要性与可行性

（一）检察监督职能立法调整的实践需求

“两法”衔接的行政法规及相关规定赋予检察机关监督行政执法的主体地位，但由于这些规定层级不高，权威性不够，使得检察机关难以有效监督行政机关的执法活动，深入贯彻落实检察监督阻力仍然很大，亟需构建良好的外部监督机制。从权力运行机制层面出发，将行政机关的行政执法行为引入外部检察监督，以达到制约行政执法权滥用，规范行政执法权运作，有利于解决行政执法权和刑事司法权在执法领域的竞合和过渡等问题。

（二）构建以检察监督为主的外部监督机制的可行性论证

首先，检察机关在“两法”衔接中积累了丰富的经验。各地检察机关在开展专项监督活动中，与有关部门一道探索建立了联席会议、案件协商、信息通报与共享等工作机制，在实践层面为进一步推动两法衔接工作积累了经验①。其次，检察机关监督行政机关具有天然的优势。检察机关作为宪法明文规定的国家法律监督机关，决定了检察机关应当拥有监督行政机关的法定职权，检察人员专业的监督能力决定了检察机关监督行政机关的现实可能性。再次，信息共享平台为检察监督提供了条件。依托网上信息共享平台来完善案件移送机制，对涉嫌犯罪案件实行网上移送，要求行政处罚决定网上备案，有利于对案件流程加强跟踪与监控，促进执法动态的公开交流等。

① 刘福谦：《行政执法与刑事司法衔接工作的几个问题》，《国家检察官学院学报》2012 年第 1 期。

四、"两法"衔接视角下检察职能调整的立法建议

(一) 修改《人民检察院组织法》第5条

首先,为明确检察机关对行政执法的监督职能,消除认识上的分歧,有必要修改和完善《人民检察院组织法》,在该法第5条中明确规定检察机关有权监督行政执法行为,从而在组织法上来保障检察机关在"两法"衔接中的监督主体地位。其次,由于我国行政执法机关数目庞大,行政执法数量众多,考虑到检察机关人力、物力等现实状况,对检察机关监督行政执法的范围可进行一定限定,例如对重大行政违法案件实施监督等。

(二) 相应配套立法的完善

为保障两法衔接工作在实践中统一、有序、高效运转,在组织法明确检察机关在两法衔接中的监督主体地位后,建议进一步完善"两法"衔接的配套立法,由全国人大常委会以决议或单行法律的形式予以立法,明确检察机关监督行政执法的对象、客体、程序及方法等。

(三) 徇私舞弊不移交刑事案件罪的立法完善

徇私舞弊不移交刑事案件罪的有效适用,对于防止执法实践中以罚代刑、有案不移的现象,保障两法衔接工作的顺利开展具有重要意义。人民检察院在监督行政执法机关移送涉嫌犯罪案件时,还应充分考虑刑罚的手段,加大对不移交刑事案件行政执法人员进行刑事处罚的力度。

上海自贸区证券场外市场的法治创新与制度完善

上海证券交易所　刘沛佩

中国(上海)自由贸易试验区(以下简称自贸区)建设是我国在新形势下推进改革开放、转变政府职能、促进经济转型升级的重大举措。从定性上看,自贸区是一个面向全球的离岸市场,区内本外币流通、兑换更为自由。随着入驻上海自贸区企业的增多以及政策支持力度的加大,区内企业和投资者都将产生投融资需求。从股份流通的现状来看,首先缺乏的就是体系化的股份转让市场架构。在自贸区内搭建符合实体经济需要的证券场外交易市场(以下简称场外市场)符合我国发展多层次资本市场的要求,也与自贸区金融市场的基本架构相吻合。

一、借证券法修改契机推行发行注册制试点

从股票发行制度上说,基于我国资本市场发展刚起步,大多数投资者尚不具备良好的投资经验和风险承受能力的实际,对股票发行应采取准入限制较为严格的核准制。但是,核准制在以效率为上的经济法领域不应当成为亘古不变的法则。在证券市场逐渐成熟后,国家应逐步放宽上市准入标准,根据实际情况尽可能增强市场的灵活性,按行业、产业分步由核准制向注册制转变。对于自

贸区场外市场而言，借着证监会推进注册制的有利契机，在自贸区金融创新“先行先试”理念的指导下，将其作为我国场内市场注册制推行的试验田正逢其时。除了在区内证券市场实现核准制向注册制的转变外，还应有条件地实行豁免注册制。

二、建立区内证券场外市场集中统一托管登记制度

我国目前证券场外市场以地方股权交易中心、产权交易中心为代表，在托管登记上贯彻的是属地管理原则，相关事宜由本地的股权托管机构负责。就对各地股权托管机构的管理来看，存在着差异和混乱的状态。各机构之间信息互通渠道的缺乏给了多头监管和重复托管以及“一股二卖”以可乘之机。笔者认为，自贸区证券场外市场的托管制度应当纳入形式分散与实质统一的集中托管登记模式中。虽然自贸区证券场外市场基于其特殊性，在托管登记规则上可能和已有的证券场外市场存在差异，但不可否认的是，在统一的登记系统，统一的信息查询和互通机制下，由一方主体主导并由分散在各地的托管机构进行形式上分散的托管登记的做法可以在不改变现有框架下实现托管登记的集中统一。

三、法律移植过程中混合交易制度的推进

作为资本市场“正金字塔”底端的场外交易市场，是给证券的流通提供兜底便利的大市场，对这一市场来说，保持一定的开放性是十分必要的。综观我国实际，在以拍卖、招投标、协议转让等为主的交易制度下，市场不提供即时性服务，投资者进行交易的时间受到限制，商品的价值与市场供求关系不能得到有效反映。而由券商担任证券交易一方当事人的做市商交易制度的引入，恰恰能以较低成本活跃交易，并在合理定价机制的基础上实现资源的有

效配置。但每种交易制度都有其存在的合理性及劣势性，为了克服上述缺陷，应当结合不同市场及其挂牌企业的内在特征和差异，在一定范围和程度上有针对性地推行做市商交易制度。基于做市商交易制度与竞价和协议交易制度各具特点、各存优劣的现状，尝试采用多种交易机制相结合的混合交易制度来适应不同时期、不同市场和产品交易的需求。

四、以合格投资者为核心的投资者保护法律制度的构建

场外市场对于挂牌公司在公司治理、股份发行和披露义务上相对宽松，故其内生风险相对较高。基于保护投资者利益和维护市场稳定的考虑，需要对投资者的入场资格进行限制，尽量排除经验上有欠缺的散户投资者参与市场。但自贸区证券场外市场是一个主要面向区内和国际投资者的市场，区内投资主体的开放性使得必将有一大批在投资经验、风险承受能力上强于国内场外市场投资者的境外投资者参与进来。在这些投资者中，首先应当对机构投资者和非机构投资者有所区分。可将机构投资者限于证券、基金、保险公司、QFII 等；对于非机构投资者，可以将满足进场条件的非机构合格投资者分为境外投资者和境内投资者两类。境外投资者的风险承受能力和投资经验等合格投资者资格交由其本国法律判断，境内投资者的资格则受到区内市场具体投资者资格的限制。当市场交易逐渐繁荣，公众性增强后，对境内自然人投资者在准入和日常交易中的限制也应逐步取消。

五、建立适合场外市场特点的信息披露法律制度

与交易所市场相比，场外市场信息披露的成本非常低，但却能

发挥信号显示功能。但在场外市场挂牌的公司在公司规模、运营风险、风险承担能力等方面相比于上市公司存在劣势，它们对信息披露的成本更加敏感。所以在以信息披露为主要内容的场外市场监管中，必然要做出与上市公司相区分的制度设计。针对我国证券场外市场实际，不妨由法律规定一个最低层次的披露标准，挂牌公司在满足法定的信息披露标准之余，充分衡量披露成本，尔后做出各自有别的信息披露安排。对于充分披露信息的公司，应给予更高的市场声誉。与此同时，将风险警示公告和券商利益与信息披露结合，并充分发挥以券商为代表的市场中介对发行人信息披露的督促作用。在具体披露要求上，以投资者成熟度和风险抵御能力来对披露义务人进行要求是一个值得提倡的做法。

检察权依法独立行使研究

——基于对主任检察官制度试点实践

浦东新区人民检察院　陈宝富　陈鹤*

我国《宪法》规定了检察权应该依法独立公正行使，但是在我国目前的体制下，检察机关内部的办案方式采用的是“检察长—科/处长—承办人”三级审批方式。这种方式违背了司法案件应该亲历亲为的基本要求。通过探索主任检察官制度，避免行政领导对检察官的干预，通过主任检察官办案组织深化主任检察官及其组内检察官对案件的决定权，坚持检察行政事务和检察业务相分离的原则，并赋予检察官相应的履职保障和身份保障来实现检察权的依法独立行使。具体而言，主任检察官制度包含以下几个方面的内容：

一、主任检察官办案组的组织形式

主任检察官办案组，是在检察长和检委会的领导下，在主任检察官的主持、指导和管理下，检察官对案件行使决定权并承担责任的制度。在这项制度中，检察官是执法办案的主体，依法独立行使

* 陈宝富：上海市浦东新区人民检察院检察长；陈鹤：上海市浦东新区人民检察院研究室干警。

检察权,主任检察官则不仅要亲自办案,还承担对办案组的检察管理职责。参照法院系统的审判长制度,可以根据案件类型不同,将主任检察官办案组的组织形式分为合议制和独任制两种。合议制办案组由一名主任检察官和若干名检察员(或助理检察员)、书记员及辅助文员组成,主要承担疑难案件和有重大影响的案件以及3年以上简易程序的案件,除了法律规定必须由检察长或检委会决定的案件外,其他案件均在主任检察官办案组内决定。独任制办案组则由一名主任检察官和一名书记员(或辅助文员)组成,主要承担3年以下简易程序的案件,除特殊情形外,由主任检察官独任办理案件和决断检察事务。

二、主任检察官办案组的权责定位

合理划分主任检察官与检察长、业务部门负责人、组内其他检察官的权责,这是主任检察官制度的核心。

(1) 主任检察官与检察长的关系。主任检察官是主任检察官制度的主体,依法独立行使检察办案职权,但须接受检察长的领导,授权范围由检察长决定,服从检察长的指挥、决定和命令。

(2) 主任检察官与部门负责人的关系。主任检察官制度的初衷就在于降低执法办案的行政性而提升其司法性,因此业务部门负责人仅负责本部门案件分配、督促办案进程、组织联席会议以及对外的沟通联络等工作,而对于主任检察官办理的案件则不再享有审批权和决定权。如果部门负责人认为主任检察官作出的决定不当,可以提出本人的倾向性意见,但该建议仅供主任检察官参考,不能直接否定或责令主任检察官更改。而部门负责人本人办理案件或担任办案组的主任检察官时,当然享有主任检察官对案件的全部权力,并承担相应的责任。

(3) 主任检察官与组内其他检察官的关系是指导与被指导的

关系，具体有三：一是指导办案。如指导检察官进行刑事侦查、证据调查、审查起诉、诉讼监督、文书拟写等。二是组织案件讨论。对承办的案件，主任检察官可以召集组内的其他检察官进行讨论、研究与合议。三是审核案件。目前试点单位有审核制和审批制两种形式，从主任检察官制度的发展方向来看，应逐步以审核制取代审批制，即承办检察官应对自己的案件具有决定权，但在处理前应报主任检察官审核，主任检察官有不同意见且承办检察官不接受的，主任检察官可提请检察长或检委会决定。这样不仅能确保检察官有责有权，又能发挥主任检察官的指导作用。

当然，检察权不是一项单独的权力，而是由诸多权力组成的权力束，不同的权力与业务在司法性的强弱上亦有差异，因此，在定位主任检察官的权责时，要充分考虑不同检察办案工作的特点和属性。如侦查工作，它是一种需要严密组织、充分协同配合，具有典型的纵向管理关系的行政性行为，因此侦查组织是一种行政化的组织，往往需要团队集体作战，并且个人的决定可能极大地影响甚至改变办案最终认定的案件事实。因此，一方面要合理设定侦查部门主任检察官的权限，防止权力的不当行使。原则上，凡是重大的实体事项和可能对实体处理产生重大影响的程序性事项，都应当按规定报批；另一方面在查办工作中，突破案件时可集团体之力，审查案件可由主任检察官负责把关。这样才能体现主任检察官制度在侦查工作中的特性。

三、主任检察官制度的发展前景：最大化地实现检察官办案独立性和检察机关执法办案的司法化

主任检察官制度以实现检察办案扁平化管理为目标，使决策权最大化延伸至办案一线，最大化地实现检察官办案的独立性，因此从长远来看，这一制度必定推动检察机关的机构改革。在我国

台湾地区，即实行“检察官—主任检察官—检察长”的结构模式[①]。这一模式有利于最大限度发挥检察官和主任检察官的职能，值得我们借鉴。但任何改革都必须尊重现状，因此我国检察机关的机构改革应逐步推进，从弱化办案部门负责人的业务审批决定权开始，到逐渐取消部门设置，而以办案为中心，在检察长的领导下，设立若干个主任检察官办案组，并进行一定的专业化分工，直接从事执法办案方式。

① 郭菲力：《台湾地区检察制度简介》，《上海检察调研》2013 年第8 期。

自贸试验区投融资领域的制度变革与司法应对

浦东新区人民法院课题组

一、自贸区投融资领域的创新路线图检视

上海自贸区成立后，其在投融资领域的制度变革呈现“顶层整体规划—细化措施落地—实践积极跟进”的逐层、有序推进状态，具有如下特点：一是先行先试，实现投融资便利化、自由化是目标方向；二是宽进严管，营造投融资优良营商环境是重点环节；三是国际水准，实现投融资领域与国际接轨是基本要求；四是规则架构，探索投融资领域的法治化框架是根本保障；五是稳步推进，保持投融资开放的有序可控是基本方法。

二、涉自贸区投融资领域案件的基本情况

2013 年 10 月—2014 年 7 月，浦东新区法院受理的涉自贸区的民商事案件共计 658 件，其中投资贸易类商事案件 315 件、融资类商事纠纷 34 件、保险类商事纠纷 19 件、知识产权纠纷 23 件、涉区内企业的劳动争议纠纷 136 件、房地产纠纷 53 件。其中，与自贸区投资融资领域相关的纠纷 240 件。其基本特点如下：

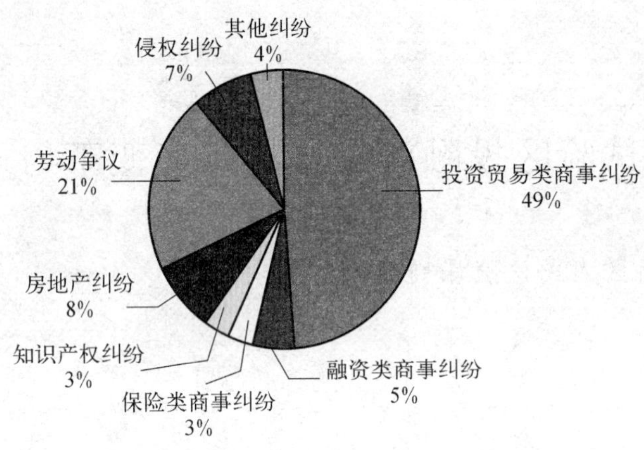

图 1　2013 年 10 月—2014 年 7 月浦东新区法院受理的涉自贸区的各类案件

(一) 涉外因素明显

涉案主体多为境外企业在区内投资设立的子公司,公司运营的实际控制方在境外,外商投资与贸易紧密相连;超过七成的案件中,各类市场主体在交易过程中签署的文件、材料或系境外形成,或以外文形式呈现,给证据收集和事实查明带来困难。

(二) 涉"新"纠纷增加

一是新设企业涉诉增加。2014 年 6 月前仅受理 1 件,6 月起数量持续增长。新设企业作为被告涉诉的比例远高于原告;港澳台及内资新设企业涉诉比例高于外资;对新设企业的送达和保全成功率均较低。二是"新政"纠纷首次出现。依照自贸区新政,股权转让只需备案无需审批就已生效,由此引发了股东知情权纠纷中原告是否具有被告公司的股东身份、是否可以行使股东知情权,以及外商投资企业股权转让备案性质、备案制度溯及力等法律问题。

(三)案件类型体现自贸区建设初期特点

一是服务合同纠纷比重由自贸区成立前的 29.1%上升至39.6%;二是与破产清算有关的纠纷比重由 7.6%下降至0.4%,符合自贸区投资进驻初期的特点;三是金融借款类纠纷比重由13.9%上升至 14.7%,比例增幅不大,但绝对量增长了54.5%。

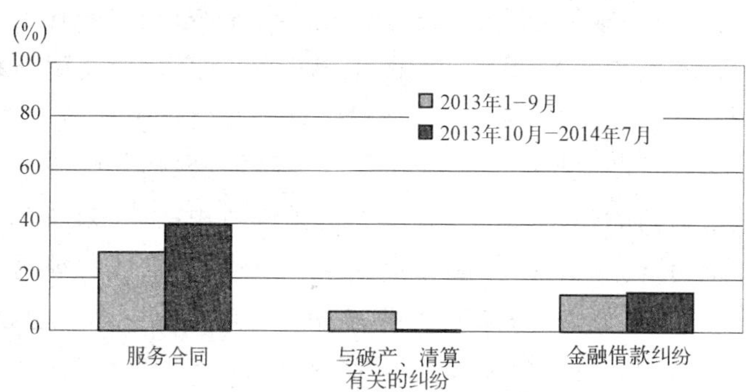

图 2　上海自贸区建设初期涉案类型

(四)判决调解多撤诉少

已审结的 147 件投融资纠纷案件中判决 78 件、调解 34 件、撤诉 32 件,与浦东法院同期民商事案件的判决、调解、撤诉率相比,呈现判决、调解多,撤诉少的特点。

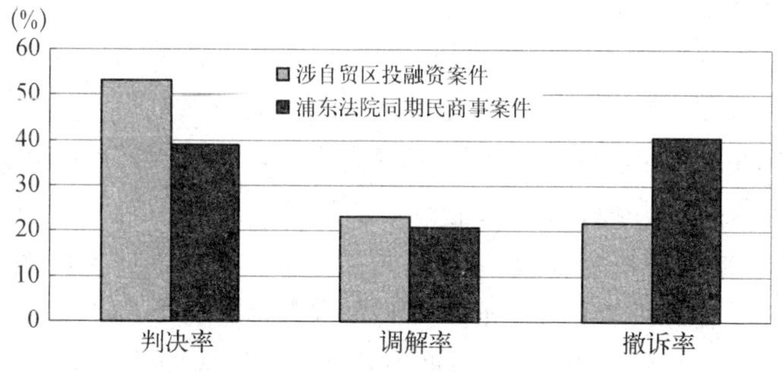

图 3　涉上海自贸区投融资案件与浦东新区法院同期民商事案件比较

二、上海自贸区投融资领域变革对司法的挑战

预判自贸区投融资领域的案件情况，司法面临的挑战主要体现在五个方面：一是“虹吸效应”引发投融资纠纷数量上升和类型多元，各种新型服务类纠纷，公司股东出资、股权转让、公司清算类纠纷，金融借款、融资租赁、金融信息服务、资产管理类纠纷将增多；二是“先行先试”带来投融资新型、疑难及自贸区独有案件；三是“制度破茧”凸显投融资领域法制的特殊性，面临着政策性文件上升为法律前的“立法真空期”内如何正确适用法律、依法合理解决纠纷的特殊问题；四是“国际水准”增加投融资领域法律适用的复杂化，不同层面的“法源”应如何适用是对司法能力的大考验；五是“溢出经营”导致法律文书送达难、执行难。

三、公正高效化解涉自贸区投融资纠纷的理念思路

一是在价值导向上，稳定与开放兼顾。一方面要“持稳”，即遵循法的稳定性，特别是遵循现有法精神、法原则的稳定性；遵循制度创新推进步骤的稳定性，避免以平面化思维简单处理个案，影响自贸区的风险可控和分步推进。另一方面要“开放”，向实践性自治规则开放，尊重和保护各投融资主体在交易中进行合理的自治规则探索；向国际性规则开放，吸纳国际通行投融资规则和惯例；向政策性规则开放，对尚未上升为法规则的政策性规则予以充分考量；向学理性规则开放，重视汲取投融资理论中的应然性规则。

二是在思维导向上，强化商法思维和商事裁判理念。尊重意思自治与公权适当介入；尊重商事营利性和商人职业特点；尊重商事交易规则和惯例；促进交易效益与保障交易安全等。

三是在需求导向上，回应投融资领域主体的司法需求。包括权益保障需求、平等保护需求、适法统一需求、规则开放需求、司法透明需求、司法终局性需求等。

四、上海自贸区投融资领域纠纷的审理机制探索

（一）对涉自贸区投融资纠纷实行集中管辖

涉自贸试验区案件管辖的分散化，使纠纷的公正高效化解、法律适用统一等面临严峻挑战，因此，建议对涉自贸区投融资纠纷实行集中管辖，这样既有利于案件裁判的精品化和法律适用统一化，又有利于新型案件的研究以及风险的发现与预警，从而为自贸区新规的复制推广提供司法支持和成案指引。

（二）创新纠纷处理模式形成共治格局

一是培育纠纷解决资源整合机制。根据纠纷的内容、类型特点，及时分享相关信息，加强涉自贸区纠纷化解的联动机制建设，实现行政调处机构、仲裁机构、专业调解机构、行业自治组织在投融资领域纠纷化解上与司法资源的有效整合与共治互补。二是培育新型商事调解组织。不断引入新的专业调解机构，探索和培育行业自治组织、商会参与的调解方式，优化和规范调解规则，实现调解组织及解纷机制的多元、灵活、规范。

（三）推进投融资领域案件的类型化分流

一是建立案件类型化分流的综合评判标准。二是创新案件的类型化分类处理机制，对简单、多发案件注重提高诉讼效率，快审速裁，逐步探索规范化、格式化的简单案件裁判文书制作形式；对新型、疑难案件，精心、审慎审理，注重裁判规则的提炼和归纳。三是完善审判经验的类型化总结积累机制。审理经验成熟一条、总

结一条，力争在简单案件中积累模式化、流程化的审理和裁判模式，在新型案件中积累提示性的审理要点和裁判思路，在疑难案件中积累理念化的审理原则和利益衡量方法。

（四）提升投融资领域案件的专业化审判能力

一是培养专家型法官。加强自贸试验区法官的多背景培训机制，拓展多元化的培养途径，通过各种方式优化培养效果。二是完善专家陪审机制。建立专家陪审资源库，聘请专家陪审员对专业性、政策性强的自贸试验区案件参与审理；完善专家陪审模式。

（五）规范和引导投融资领域市场诚信体系建立

一是完善涉自贸区案件司法公开机制。以司法公开三大平台建设为契机，对自贸区司法公开的范围、程度等充分调研，促进自贸区司法公开机制的规范化运行，为投融资领域制度创新创造全面、透明的信息环境。二是推进自贸区市场主体信用促进机制。与相关监管部门协作，提高自贸区企业披露主要办事机构所在地等信息的主动性、准确性。对信息披露不准确造成文书送达困难，或企业申报公示信息与审判执行中发现的真实情况不符的，及时通报，并建议将其纳入企业异常经营名录，向社会公示。

上海自贸区专门法院体制建设问题研究

华东政法大学　许凯[*]

中国(上海)自由贸易试验区(简称上海自贸区)作为新时期制度创新的起点,如何在区域内进行司法改革与保障是一个全新的议题。上海自贸区法庭的设立具有极强的必要性与可行性,但其作为一个过渡性的产物,未来是否会向专门法院的方向发展尚有待实践检验与制度论证。

一、上海自贸区法庭应维持现状

2013 年 11 月 5 日,上海市浦东新区人民法院自由贸易区法庭正式成立,但专门法庭的设立究竟是自贸区司法改革的起点还是终点?专门法院与专门法庭虽然只有一字之差,但其在管辖层级以及独立性等方面却大相径庭。就现有情况而言,专门法院这种改革方案在短时间内并不具有实施的可能性。一方面,专门法院的设立一般均涉及某些专门领域案件的考量,比如军事法院、海事法院,这些法院的设立不仅考虑到案件审理的专业化特性,而且在受案数量上也要达到相当的量级。而就现行上海自贸区内的案

---

* 许凯,中国政法大学博士后研究人员,华东政法大学科学研究院助理研究员,中国自由贸易区法律研究院研究员,法学博士。

件受理情况而言，所谓涉自贸区案件并不进行专业化的划分，而是以地域划分为主，而且现行的案件数量也相当有限，因此在专门法院设立的必要性上有待观察。另一方面，设立自贸区专门法院既要考虑国家整体的战略目标，也要充分注意到在地方一级进行司法权力集中的难度①。现阶段上海自贸区仍处于"先行先试"的初创期，各种政策与立法也面临着国际国内舆论的压力测试，而司法所具有的天然滞后性必然要求在这一不稳定的期限内只能消极应对，故大刀阔斧地进行审判机构改革与上海自贸区的阶段性特质并不吻合。

二、自贸区案件管辖制度的对策建议

维持上海自贸区法庭的状态不意味着不发展现有的诉讼体制，其中管辖问题是首当其冲的。

（一）案件管辖

案件管辖也称对事管辖，即未来上海自贸区专门法院对何种类型的纠纷进行管辖。这里应首先形成一种分割意识，即自贸区法院管辖的事项应当限于自贸区内存在法制创新或与之相关而产生的纠纷，比如与自贸区有关的金融、航运、商事、贸易、投资、知识产权、电子商务以及其他开放服务领域的商事纠纷案件。其他一般性的民事案件，比如传统的婚姻、继承、交通事故等，即便发生在自贸区内或其法律关系与自贸区相关，也不应由自贸区法院管辖。

---

① 比如设立知识产权专门法院问题已经提出多年，其基础性条件也已经论证充分，但鉴于地方权力重新划分等利益分配难题，在司法改革进程中迟迟无法得到实现。参见邰中林：《境外知识产权专门法院制度对我国的启示与借鉴》，《法律适用》2010 年第 11 期。

在明确这一前提下,也必须注意到这一边界并非是固化而不变的。未来必须因时、因地扩大管辖的案件范围,比如与自贸区相关的涉外商事、金融、知识产权、房地产、行政诉讼等案件就应由自贸区法院受理。

(二)地域管辖

任何一项法律或制度均有其适用范围,故在确立上海自贸区法院管辖时还必须回答哪些案件属于“涉自贸区案件”的问题。在这一问题上可以将涉自贸区案件一分为二,对于商事、金融及知识产权纠纷,由于直接关系自贸试验区投资、贸易规则体系的形成和营商环境的培育,宜采用宽泛的“法律关系要素标准”,即“法律关系构成要素涉自贸试验区”来判断。而对于民事纠纷,则宜采用“法律关系要素+领域标准”,即“法律关系构成要件涉自贸试验区”和“法律事实发生领域或环节涉自贸试验区扩大开放、创新措施及试验任务”相结合来判断,依此属于“涉自贸试验区民事纠纷”,具体包括:(1)不动产位于自贸试验区内的房地产纠纷;(2)产生、变更或消灭民事权利义务的法律事实发生在自贸试验区保税交易及服务平台(如“跨境通”电子商务平台、外高桥国际酒类展示交易中心、进口手表交易中心等)的民事纠纷;(3)涉及《中国(上海)自由试验区总体方案》(以下简称《总体方案》)确定扩大开放的金融服务、航运服务、商贸服务、专业服务、文化服务和社会服务六大领域18个行业23项开放措施的民事纠纷;(4)涉注册地或实际经营地在自贸试验区的企业或机关事业单位的劳动争议、人事争议;(5)发生在自贸试验区内的环境污染纠纷①。

---

① 包蕾:《涉自贸试验区民商事纠纷趋势预判及应对思考》,《法律适用》2014年第5期。

（三）集中管辖

所谓涉自贸区的案件是否必须由自贸区法院来管辖？从理论上讲，不仅仅是中国任何一个法院，而且世界各国的法院均存在受理涉及上海自贸区案件的可能性。但在这样一种任意管辖的逻辑起点下就会衍生很多问题，因此集中自贸区案件的管辖应成为未来的出路。解决这一问题较为实际的方案是采用“集中管辖”制度。虽然集中管辖并不能达到专属管辖所具有的绝对排他性功能，但却可以达到“对内提高审级、对外平行管辖”的效果。通过提高国内法院的级别管辖可以大幅度地提升审判质量，而在国际诉讼中又不会牵扯到属地主义的困境，可以在一定程度上化解专属管辖过于刚性的属性。

上海国资委国企分类化改革背景下公共企业反垄断规制研究

华东政法大学　翟巍

依据中共十八届三中全会通过的《中共中央关于全面深化改革若干重大问题的决定》与“上海国资国企改革 20 条”要求，上海市政府既应进一步破除基本公共服务领域各种形式的行政垄断，又应通过各种扶持措施保障基本公共服务有效供给。基于此，如何在上海国资委国企分类化改革背景下区别规制“具有因果关系的公共企业垄断与行政垄断”，并进而在行政管理行为框架下区别规制公共企业领域“具有形式相似性的行政垄断与行政扶持”，成为上海反垄断法学界现实要务。

一、构建上海市公共企业领域反垄断规制体系的意义

基于我国国情，为社会公众提供公共产品与服务是上海市政府主要职能，而国有公共企业职能本质上是政府职能的拓展与延伸。通过公共企业领域反垄断规制体系建构，既可避免行政垄断支持下的国有公共企业垄断行为的滋生，又可依法豁免以履行公共职能为目标的政府对于基本公共服务领域的资金投入、行政干预与财政补助行为，体现市政府作为社会公共产品保障者的基本

要求。

二、公共企业领域反垄断规制亟待解决的问题

(一) 混合所有制公共企业内在目标冲突导致管控行为定性混乱

在混合所有制公共企业中,国家投资主体主要追求社会公益目标的实现,盈利最大化目标则居于次要地位,而该类公共企业中民间与外国投资主体追求达致的是企业盈利的最大化。这种目标冲突可能导致公共企业领域行政垄断规制陷入两难境地。一方面,基于国家投资主体视角,上海市政府对于公共企业产品与服务的价格管控是为实现社会公益而采取的合法经济管理行为;另一方面,基于民间与外国投资主体视角,这种管控行为阻碍了企业实现盈利最大化目标,具有典型的行政垄断性质。

(二) 缺乏明晰的公共企业垄断与行政垄断区分标准

在上海市公共企业领域,行政垄断行为与公共企业实施的企业垄断行为常常交织重叠,两者具有因果层递关系。但反垄断法执法机构在行政执法实践中常常将公共企业垄断行为与作为诱因的行政垄断行为不加区分,一律依照企业垄断的情形进行规制。

(三) 缺乏公共企业领域行政垄断与行政扶持行为区分标准

上海市属公共企业为了社会公益目标的实现,克服基本公共服务具有的非竞争性与非排他性,必须提供可能带来企业亏损但社会发展又必不可少的公共产品或服务。为了保障公共企业在提供此类服务过程中能够得以存续发展,作为社会管理者的上海市政府应给这些企业提供强有力的外部行政扶持措施,这些措施包括授予特许经营权、税收优惠与财政补贴等。但是在基本公共服

务领域，行政垄断与行政扶持措施具有很大程度的形式相似性，由此引出一个反垄断法基本问题，即如何厘清上海市公共企业领域行政垄断与行政扶持措施的界限？

三、关于完善上海市公共企业领域反垄断规制体系的建议

（一）构建混合所有制公共企业内在目标冲突的解决机制

为防止混合所有制公共企业内在目标冲突导致管控行为定性混乱情形发生，应在公共企业领域深入发展混合所有制经济，构建国有资本、集体资本、民营资本、外国资本相互交叉持股的全方位与多层次的产权主体格局，并构建多层级目标价值位阶，将国有资本追求的社会公益目标明确归入最高目标价值序列。

（二）明晰公共企业领域行政垄断与企业垄断行为区分标准

上海市反垄断法执法机关与司法机关应借鉴欧盟模式，明晰导致国有公共企业垄断的行政垄断行为、反垄断规制的技术可行性与现实必要性。为了贯彻执行《中共中央关于全面深化改革若干重大问题的决定》关于破除行政垄断的目标，可以借鉴欧盟附属埋论法律实践经验，在现行《反垄断法》第五章禁止行政垄断制度框架内，通过制定地方法律法规的方式将“促成或加强公共企业实施垄断行为的附属性行政垄断行为”明确界定为违反反垄断法的行政垄断行为。

（三）制定公共企业领域行政垄断类型清单

上海市人大或政府可以借鉴欧盟模式，制定详细明晰的公共企业领域行政垄断类型清单，并逐步在法律实践中明确基本公共服务领域导致公共企业垄断的行政垄断的具体类型（如行政指令、

行政补贴、行政特许等),并细化每个具体类型的构成要件与相互间区分标准。

(四) 确立公共企业领域行政垄断与行政扶持行为区分标准

在公共企业领域,形式相似的行政垄断与行政扶持行为的区分标准体系应包括互相关联与互为补充的三项基本标准:社会公益标准、竞争政策与产业政策标准、政府公共职能标准。

综上所述,加快实施上海市国资委主导的新一轮国企改革,构建与完善相配套的公共企业反垄断规制体系,既是破除公共企业领域既有行政垄断痼疾的重要举措,又是实现上海市公共服务供给社会化与市场化的内在需要。

第三部分　第十三届(2014年)上海市民主法治建设研究课题结项表

表1　重点课题

编　号	课题名称	单　位	联系人
ZD201401	上海质监部门行政“权力清单”制度研究	市质监局法规处	俞斌
ZD201402	上海市税务系统税收法治信息化建设的探索与应用	市国家税务局、地方税务局	任捷
ZD201403	关于全面推进本市食品安全追溯体系制度建设的研究	市食品药品监督管理局	史岚
ZD201405	以“阳光警务”引领公安机关新一轮执法规范化建设研究	市公安局法制办	高争志
ZD201406	住宅小区内公建配套设施登记行政案件审理难点的理论和实践分析——以依法维权、构建和谐小区环境为视角	市一中院审监庭	任静远
ZD201407	审判权与审判监督管理权的辩证关系研究	市二中院研究室	玄玉宝
ZD201408	推进上海法治实践的途径创新研究——以黄浦区法治观察员制度为例	黄浦区依法治区办	吴晓赟
ZD201409	创新社会治理，推进依法治区工作的思考和建议	长宁区依法治区办	赵明霞
ZD201410	运用微博新兴媒体开展法制宣传教育的背景、实践与思考	静安区司法局	陈鑫伟

续 表

编 号	课题名称	单 位	联系人
ZD201411	闸北区社区矫正工作效能之调研——以工作机制完善为取向	闸北区司法局	钱勇
ZD201412	居民小区业主委员会法律问题研究及对策建议——以闵行区为例	闵行区依法治区办	谢红梅
ZD201413	外来人口犯罪实证调查及预防对策研究	松江区依法治区办、松江区人民检察院	陈龙鑫
ZD201414	关于崇明地区留守未成年人的调研报告——以犯罪预防为视角	崇明县依法治县办、崇明县人民检察院	陆海燕
ZD201415	新时期预防、化解社会矛盾考量下的多元化利益诉求机制探析	青浦区依法治区办	吴婷
ZD201417	司法保障自贸区建设机制研究	浦东新区人民法院、浦东新区依法治区办	吴琦

表2 一般课题

编 号	课题名称	单 位	联系人
2014001	创新监管破解住宅电梯安全隐患整改难题	长宁区质量技术监督局	王玮娟
2014002	奉贤区基层质监执法队伍建设研究	奉贤区质量技术监督局	蔡灿
2014003	关于质量技术监督行政处罚自由裁量基准的研究	静安区质监局	胡琼敏

续 表

编 号	课题名称	单 位	联系人
2014004	探索实践高能耗落后设备淘汰机制 统筹协调特种设备安全与节能——《特种设备安全法》实施问题研究	崇明县质量技术监督局	杨初钊
2014005	行政裁量基准制度的模式探索和实践反思	长宁区质量技术监督局	王玮娟
2014006	特种设备行政执法适用法律问题的正确处理	金山区质量技术监督局	殷洪伟
2014007	创新社会治理体制,实现治理能力现代化研究	市社会工作党委	王茵
2014008	探索建立社会组织登记放开后的综合监管体制、机制研究	市社会工作党委	王茵
2014009	互联网医药健康产品交易监管现状及监管对策	市食品药品监督管理局	杨丽娜
2014010	全球化形势下的中国战略机遇期的"法治公安"建设	市公安局监所管理总队	杨奕
2014011	关于对肇事肇祸精神病人异地严重暴力犯罪后续处理情况及相关法律救助制度现状的思考	刑侦总队一支队政委	黄海
2014012	本市公安交通管理若干难点问题研究	市公安局交通警察总队法制办	袁航
2014013	本市内河水域公安管理工作调研	水上公安局课题组	周婷
2014014	在经侦案件办理中引入当事人刑事和解的可行性研究	经侦总队法制科	张宁
2014015	外国人签证代办服务的可行性研究	市公安局出入境管理局	许文涛

续　表

编　号	课题名称	单　位	联系人
2014016	上海市非机动车管理办法的实施问题研究	崇明县公安局课题组	吴诚
2014017	浅析如何改进公安工作实现执法公平公正	市公安局收容教育所	郑芳
2014018	新刑事诉讼法视角下未成年人前科消灭制度研究	松江公安分局	刘扬
2014019	公安侦审体制研究	市公安局浦东分局	刘裕丰
2014020	对充分发挥预审法定功能的调研报告	市公安局杨浦分局	陈建中
2014021	从一起案件谈抵押权人占有抵押物行为的定性——兼议刑法与民法的对话	市公安局徐汇分局	王娟
2014022	农村征地动迁引发的利益诉求型群体性事件研究	市公安局闵行分局	包亦明
2014023	探索行政复议合理性审查机制创新之路	市公安局宝山分局	华茂良
2014024	《消费者权益保护法》下网上网下一体维权的瓶颈探析	市公安局奉贤分局	李鹏
2014025	自贸区检察监督的重点、难点与对策	市检察院法律政策研究室	杨军伟
2014026	实时定位监控在社区矫正中的适用研究	市检察院社区检察指导处	张曦
2014027	检察机关公开审查制度的功能定位、实践探索与完善路径	静安区人民检察院	顾文
2014028	金融创新与金融犯罪圈的边界划分	静安区人民检察院	林清红

续　表

编　号	课 题 名 称	单　　位	联系人
2014029	性侵害刑事案件中的受害未成年人社会救助制度研究	静安区人民检察院	郑翼
2014030	完善和创新本市工程建设领域监理制度的对策和建议	黄浦区人民检察院预防科	孙斐
2014031	平安建设视角下的来沪务工青少年集体宿舍管理之探索	黄浦区检察院未检科	谷莺
2014032	检察环节保障律师依法执业研究——以检务公开为切入点	徐汇区人民检察院	陆静
2014033	检察官办案责任制改革的完善研究	闵行区人民检察院	高飞
2014034	羁押必要性审查的实证研究	闸北区人民检察院	李鹏
2014035	社会治理视域下刑事禁止性措施的适用问题研究	普陀区人民检察院	张雅芳
2014036	司法改革背景下检察机关职务犯罪侦防一体化机制建设路径与选择	青浦区人民检察院	吴述传
2014037	资本市场监管领域跨部门综合执法体制完善的探索研究	松江区人民检察院	杨玉俊
2014038	检察人员分类管理制度改革实践与完善	松江区人民检察院	苏正洪
2014039	检察机关在行政执法与刑事司法衔接中的功能与定位	嘉定区人民检察院	王春丽
2014040	审查逮捕听审机制	市检一分院	张宏图
2014041	近三年醉驾类危险驾驶上诉案件量刑情况分析	市检一分院二审处	曹坚

续 表

编 号	课题名称	单 位	联系人
2014042	论办案组织审理权与裁决权的统一和分离	市检一分院	姜伟
2014043	诉讼代理人阅卷许可制度的规范与保障	市检一分院研究室	项谷
2014044	加强检察建议在社会管理创新中的作用	市检一分院研究室	樊彦敏
2014045	检察机关实施修订后“两法”中的实践问题与对策	市检一分院研究室	张菁
2014046	检察委员会制度的完善路径研究	市检一分院	鞠曦明
2014047	人民监督员员的深化与发展	市检一分院	曹建伟
2014048	纪检联合办案中证据转化若干问题探析	市检二分院	范松辉
2014049	新媒体环境下商业秘密刑法保护之完善	市检二分院	戴子平
2014050	新民诉法对检察机关行使民事调查核实权的影响及应对措施	市检二分院	谢婉婷
2014051	非法吸收公众存款罪司法适用若干问题	市检二分院	许靖
2014052	论醉酒驾驶不应一律定罪	市检二分院	薛飞
2014053	对审判人员违法行为监督问题初探	市检二分院	朱璠
2014054	非法行医案件刑事惩治的实证考察	市检二分院	张智
2014055	法官与律师的关系研究	市一中院研究室	凌捷

续　表

编　号	课题名称	单　位	联系人
2014056	符合国际规则的政府信息公开机制的建立——以行政审判为视角	市一中院行政庭	刘智敏
2014057	检察建议回应机制的构建与完善	市一中院审判监督庭、申诉审查庭	郁甲利
2014058	探析审执分离模式下的“审执联动”——以财产刑执行权配置及程序性规范构建为视角	市二中院副院长	周芝国
2014059	抵押预告登记制度之法律透视与风险应对——以预购商品房抵押贷款中的金融风险为视角	市二中院	王益平
2014060	重大敏感案件和突发事件的司法应对处置研究——以法院工作为视角	市二中院立案庭	杨晖
2014061	大数据时代个人数据隐私权的民法保护和司法应对	市二中院	杨洁
2014062	人与物的离合——拆除违法建筑疑难问题研究	市二中院行政庭	张晓帆
2014063	公司资本制度改革下的股东出资义务与责任	市二中院民四庭	何伟
2014064	既判力理论视野下民事判决理由的公开	市二中院	沙兆华
2014065	民事检察监督制度完善的若干问题思考	市二中院	沙兆华
2014066	互联网金融相关民事纠纷的类型化研究	市二中院民六庭	朱颖琦

续 表

编 号	课题名称	单 位	联系人
2014067	刑事司法中排除合理怀疑制度的实践与完善	市二中院研究室	荣学磊
2014068	法官职业保障制度比较研究	市二中院执行局	武博
2014069	贿赂中介定性的相关问题研究	市二中院刑二庭	何斌
2014070	人民陪审制度的实践困境与完善路径	市二中院研究室	周嫣
2014071	合议庭运行中的主要问题及对策建议	市二中院	黄文旭
2014072	强制医疗制度研究	司法部司法鉴定科学技术研究所	朱晋峰
2014073	专家辅助人制度研究——以两大新诉讼法为视角	司法部司法鉴定科学技术研究所	朱晋峰
2014075	上海自由贸易试验区证券场外市场制度建设研究	上海证券交易所	刘沛佩
2014076	社区“自组织”在社区平安建设中的定位及作用	周家渡司法所	王海燕
2014077	关于审计整改与问责研究	浦东新区审计局	刘群英
2014078	强化住宅物业管理和业委会制度完善路径建议	浦兴路司法所	李文婷
2014079	推动浦东新区文化市场行业自治建设的探索	浦东新区文化市场管理所	康蕾
2014080	浦东市场监管体制改革实践分析	浦东新区市场监督管理局	沈越
2014081	发挥检察职能服务保障自贸区建设的实践与思考	浦东新区人民检察院	吴加明

续　表

编　号	课题名称	单　位	联系人
2014082	检察机关独立行使检察权和检察官办案独立性研究	浦东新区人民检察院	陈鹤
2014083	“大数据”分析技术在法院管理中的应用	浦东新区人民法院	王保林
2014084	互联网金融相关法律问题及审判实践研究	浦东新区人民法院	黄鑫
2014085	深化司法公开路径研究	浦东新区人民法院	陈长福
2014086	自贸试验区投融资领域的制度变革与司法应对	浦东新区人民法院	徐劲草
2014087	法官职业尊荣感塑造与保障机制研究——以内滋激励机制的精神生成为根本向度	浦东新区人民法院	陈仁淋
2014088	法院重大敏感案件和突发事件的应对处置研究	浦东新区人民法院	顾天翔
2014285	上海自由贸易试验区建设中的知识产权保护问题研究	浦东新区人民法院	肖琼
2014089	关于创新社会治理加强基层建设的调研	徐汇区委办	唐振国
2014090	上海经济安全的法治保障	中共徐汇区委党校	宋澜
2014091	特大城市严格控制人口规模的法治路径研究	中共徐汇区委党校	王晓芸
2014092	政务新媒体参与社会治理的规范有效性研究——以上海市徐汇区为例	中共徐汇区委党校	张旭东
2014093	基层法院审判权运行机制改革路径研究	徐汇区人民法院	张克伟

续 表

编 号	课题名称	单 位	联系人
2014094	创新监管模式,从事前准入向事中、事后管理转变	工商徐汇分局	蔡姗姗
2014095	徐汇区利用新兴网络媒体开展法制宣传工作的实践与思考	徐汇区司法局	黄嘉铭
2014096	关于信访工作法治化的研究	天平街道信访办	唐军
2014097	我区政协推进协商民主发展的实践与思考	徐汇区政协	金兰
2014098	强化住宅物业管理和业委会制度完善路径建议	华泾司法所	杨兰
2014099	公共卫生服务体系中公民健康权的法律保障研究	徐汇区卫生局卫生监督所	崔茜
2014100	涉法涉诉信访解决方式法治化路径研究	黄浦区委政法委	陆启晗
2014101	法治视野下的城市基层社区社会治理模式探析	南京东路街道	殷勇
2014102	社区软法治理的机制研究——以黄浦区XX社区为例	中共黄浦区委党校	张玉瑜
2014103	行政领导出庭应诉制度运行中的问题与对策	黄浦区人民法院	王连国
2014104	基层党组织在社区自治中的作用——五里桥紫荆居民区自治实践调查	黄浦区五里桥街道办事处	包丹青
2014105	突发药品安全事件应急处置标准化研究初探	黄浦区食药监分局	孙倩
2014106	论对互联网金融创新的刑法规制	黄浦区人民法院	王连国

续　表

编　号	课 题 名 称	单　　位	联系人
2014107	法律实施目标下公民规则意识培养的有效途径——以电视媒体调解为例	中共黄浦区委党校	杨萍
2014108	完善和创新本市工程建设领域监理制度的对策和建议	黄浦区人民检察院	孙斐
2014109	平安建设视角下的来沪务工青少年集体宿舍管理之探索	黄浦区人民检察院	谷莺
2014110	创新社会治理,加强基层基础建设	长宁区区委办	尹健
2014111	新刑诉法实施对当前刑事诉讼模式的影响研究	长宁区检察院	赵宁
2014112	新刑诉法视野下加强社会力量参与未检案件办理的若干思考	长宁区检察院	尤丽娜
2014113	区域青少年法制宣传教育的行动研究	长宁区教育局	沈林林
2014114	创新社区治理,夯实基层基础	长宁区北新泾街道	范朱凤
2014115	从对抗性的“死磕”走向协同性的“共建”——法律职业共同体视角下的司法公正及其实现路径	长宁区法院	孙海峰
2014116	错案标准和责任追究一司法法权力运行机制改革中的权责统一问题探讨	长宁区法院	孙海峰
2014117	基层法院新形势下司法公开面临的问题及对策研究	长宁区法院	李艳旻

续 表

编 号	课 题 名 称	单 位	联系人
2014118	自居 自管 业主如何持“家”有方——上海市住宅小区业主自主管理物业法律问题研究	长宁区法院	刘彬华
2014119	“老娘舅们”巧搭桥，医患双方利益保——长宁区医调委与新医责险联动服务一周年运行情况调研	长宁区卫计委	雍刚
2014120	静安区政府购买公共服务项目未来发展方向和趋势研究	静安区社建办	马林
2014121	发挥审计监督作用 及时跟进政府举措	静安区审计局	廖早
2014122	创新社会建设 实现“质监服务进社区”常态化管理	静安区质监局	曹悦
2014123	检察机关公开审查制度的功能定位、实践探索与完善路径	静安区人民检察院	顾文
2014124	轻微刑事案件快速办理机制研究	静安区人民检察院	顾文
2014125	性侵害刑事案件中的受害未成年人社会救助制度研究	静安区人民检察院	郑翼
2014126	关于创新社会治理体制的研究	静安寺街道	沈宇
2014127	创新矛盾纠纷源头化解——警民联调机制新实践	江宁路司法所	王永迪
2014128	社区矫正社会调查评估制度研究	石门二路街道	邱侃尔
2014129	城市社区自治法律制度研究	南京西路街道	王昌恩

续　表

编　号	课 题 名 称	单　　位	联系人
2014130	行政审批标准化建设与依法行政	虹口区监察局	杨雯
2014131	基层法院司法公信力第三方评估的实践探索	虹口区法院	顾飞
2014132	法律共同体视阈下法官与律师良性关系构建的策略转变——以专业性信息构通为进路	虹口区法院	宋爱琴
2014133	醉酒驾驶过失危险犯研究	虹口区公安分局	徐捷
2014134	城市建设施工矛盾化解机制创新	虹口区建交委	胡国新
2014135	虹口区环境执法现状及对策研究	虹口区环保局	宋琳玲
2014136	推行行政处罚裁量基准制度的探索分析	虹口区质监局	曹奕
2014137	旧改基地上的行政复议与司法救助	虹口区司法局	陈培贤
2014138	社区共治与居民自治的难点分析及对策研究	四川北路街道	李宸嵩
2014139	社区矫正制度问题研究	嘉兴路街道	张佳悦
2014140	积极创新社会治理方式努力拓展网格服务功能	临汾路街道	马红专
2014141	轻微刑事案件快速审理机制的构建与完善	闸北区人民法院	龚雯
2014142	测谎技术在民事案件审理中的应用与规范——以上海市三级法院为样本的探察	闸北区人民法院	黄青松

续 表

编　号	课题名称	单　　位	联系人
2014143	司法建议公开的实践述评、价值解析及制度建构	闸北区人民法院	沈烨
2014144	“一元公司”及其股东若干商事行为的现实影响与司法应对——以保护公司债权人为中心	闸北区人民法院	童磊
2014145	羁押必要性审查的实证研究	闸北区人民检察院	李鹏
2014146	涉案未达刑事责任年龄未成年人违法行为预防与矫治问题研究	闸北区人民检察院	黄亚烨
2014147	食品药品安全行政监管执法与刑事司法保护衔接机制研究	闸北区人民检察院	赵晓平
2014148	闸北区 2005－2012 年行贿犯罪情况分析报告	闸北区人民检察院	梁峰
2014149	商务楼宇企业监管对策与思考一以普陀区商务楼宇为例	工商普陀分局	朱珺婷
2014150	标准化菜市场规范化建设和管理能级提升	普陀区商务委员会	张晓素
2014151	加强诚信体系建设,共建和谐市场环境	普陀区质量技术监督局	朱迪扉
2014152	社区戒毒与康复工作研究	长征镇司法所	厉瑞炉
2014153	社会治理视域下刑事禁止性措施的适用问题研究	普陀区人民检察院	张雅芳
2014154	论小额诉讼的局限与完善——以民事诉权保护为视角	普陀区人民法院	朱俊

续 表

编　号	课题名称	单　位	联系人
2014155	轻微刑事案件快速审理机制的构建	普陀区人民法院	谭佳怡
2014156	网络著作权刑事保护问题研究——以网络服务提供行为涉侵犯著作权罪为视角	普陀区人民法院	范丹杰
2014157	未成年人社会调查制度的实践思考	普陀区人民法院	施赟
2014158	执行分配方案异议之诉研究——以审判实践为视角	普陀区人民法院	张庆
2014159	特大型城市社区治理体制创新的几点思考	中共杨浦区委党校	李潇
2014160	户籍制度改革中流入地政府激励问题探析	中共杨浦区委党校	周煜
2014161	执行审查权的运行模式研究——以执行权的有效监督和合理配置为视角	杨浦区人民法院	张建民
2014162	现代物业管理模式的法律思考——大唐盛世花园新老物业交接引发"血案"的背后	杨浦区人民法院	曹渊冰
2014163	轻微刑事案件快速审理机制实务研究——以公正与效率的平衡为视角	杨浦区人民法院	李敏
2014164	物权法视野下的征收补偿——以《国有土地上房屋征收与补偿条例》司法实践为例	杨浦区人民法院	吕长缨
2014165	诉访分离制度下基层法院信访工作展望	杨浦区人民法院	黄真伟

续　表

编　号	课 题 名 称	单　　位	联系人
2014166	构建和谐劳动关系协调机制研究	中共杨浦区委党校	杜涛
2014167	业主自管物业在用电梯管理难点及对策研究	杨浦区质量技术监督局	王勤
2014168	农民工劳动争议案件法律援助成本分析	杨浦区法律援助中心	赵继承
2014169	关于加强全口径预算监督相关问题的研究	闵行区人大常委会研究室	周行君
2014170	行政执法协调机制研究	闵行区人民法院、闵行区人民政府法制办	张青
2014171	关于劳动人事仲裁机构效能建设机制创新的探索	闵行区劳动人事争议仲裁院	曹民生
2014172	推进社会组织依法自治,鼓励社会力量参与矛盾纠纷预防和化解	闵行区司法局	金海民
2014173	探索交通联勤执法新模式,提升执法队伍综合素质	闵行区建交委交通执法大队	王建明
2014174	检察机关刑事被害人救助制度的审视与完善——以上海市闵行区检察院 2013 年刑事被害人救助工作为例	闵行区人民检察院	孔庆丹
2014175	基层法院审判权运行机制改革的路径研究	闵行区人民法院研究室	刘新慧
2014176	协商民主在基层社会的实现路径探索——以古美路街道平阳六村小区综合改造实事项目为例	闵行区古美路街道办事处	蔡琳

续　表

编　号	课 题 名 称	单　位	联系人
2014177	完善上海集体劳动争议调处制度研究	闵行区委党校	章惠琴
2014178	完善宝山区劳动人事争议预防处置体系、机制研究	宝山区人保局	徐亮
2014179	新时期劳动争议预防工作探索研究	宝山区劳动人事争议仲裁院	吴婷
2014180	基层法院审判资源管理现状分析及优化路径探索	宝山区人民法院	王国侠
2014181	多元化社区治理格局探索与实践——以宝山区为例	宝山区民政局	胡道沭
2014182	浅析刑事执法办案过程中独自抚养未成年人子女的嫌疑人关放两难困局	宝山公安分局	姚文超
2014183	探索行政复议合理性审查机制创新之路	宝山公安分局	华茂良
2014184	社会治理方式的智能化探索——智联城管理模式的发展与突破	顾村镇人民政府	孔德晶
2014185	劳动教养废止后违法犯罪行为的惩治困境与立法重购	嘉定区人民检察院	王春丽
2014186	“村官”职务犯罪实证调查与对策思考	嘉定区人民检察院	金晓东
2014187	关于嘉定区农村集体经济组织产权制度改革的建议对策	工商嘉定分局	汤卫民
2014188	户籍制度改革与特大城市的人口发展问题—以上海及嘉定新城为视角	嘉定区委党校	梅红英

续 表

编 号	课题名称	单 位	联系人
2014189	上海郊区村域治理实证研究—以嘉定区太平村等为例	嘉定区委党校	周全绍
2014190	徘徊于市场与法律之间的中介规制——对嘉定法院2009年以来房屋中介纠纷的实证分析	嘉定区人民法院	杨鹰飞
2014191	建立健全社会信用体系问题研究——涉诉社会信用体系建构为视角	嘉定区人民法院	邵文龙
2014192	缓刑适用的困境与出路——以缓刑与社区矫正的衔接为视角	嘉定区人民法院	叶莎
2014193	新《民事诉讼法》实施背景下职业公民代理制度之规制	嘉定区人民法院	李静
2014194	网络交易纠纷解决机制的路径探索——从网络交易平台自治与政府规制相结合的角度出发	嘉定区人民法院	张晓莉
2014195	基层检察机关开展羁押必要性审查实证研究	松江区人民检察院	赵晓凌
2014196	上海自由贸易实验区建设的检务保障研究	松江区人民检察院	徐建
2014197	新形势下社区矫正法律监督机制的完善	松江区人民检察院	郁卫平
2014198	耕地信托流转的法律制度研究	松江区人民法院	陈旭
2014199	新媒体时代舆情趋势与法院应对措施研究	松江区人民法院	吕荣珍

续　表

编　号	课题名称	单　位	联系人
2014200	破茧"耦合效应"：民事法庭规则的实践审视、价值整合及构建思考——以某基层人民陪审员"三问"为切入点	松江区人民法院	梅仲敏
2014201	共治与自治互动：社区与居村自治难点及突出问题研究	中共松江区委党校	李鸿渊
2014202	加强房屋诚信体系建设规范物业使用行为	松江区住房保障局	史以贤
2014203	药品监管中行政执法与刑事司法衔接联动机制探讨	松江区食药监局	高建平
2014204	基层民政执法规范化建设工作分析思考	松江区民政局	周姝娜
2014205	被告人品格证据的实践审视与规则构建——以146份刑事判决书为切入点	崇明县人民法院	黄菲菲
2014206	高楼背后的警钟——建设工程公司破产清算案件中农民工群体利益平衡研究	崇明县人民法院	李洋
2014207	检察法律文书审查工作机制研究	崇明县人民检察院	倪峰
2014208	交通违章记分制度的缺陷及重构建议	崇明县公安局	吴诚
2014209	浅析基层社区矫正工作所面临的问题及对策——以崇明县港西镇社区矫正的情况为视角	港西镇司法所	朱新星
2014210	乡镇信访纠纷化解的困境及其法治化解决路径研究——以崇明县东平镇三大信访积案为研究对象	东平镇司法所	章美媛

续 表

编 号	课 题 名 称	单 位	联系人
2014211	乡镇政府行政执法的现状、问题与对策研究——基于C县乡镇政府行政执法情况的考察	崇明县司法局	王晓菲
2014212	刑事被害人司法救助金的追偿机制研究	崇明县人民检察院	聂怀广
2014213	政务微博制度化管理初探	中共崇明县委党校	顾娟
2014214	职能调整后的工商监管重心与监管模式研究	工商崇明分局	姚启辉
2014215	新形势下街镇综合执法体制改革的研究与探索——以上海市郊区城镇基层综合执法体制改革为视角	金山区人民政府法制办	陈祥华
2014216	上海食品安全多元治理模式创新研究	金山区委党校	张锋
2014217	上海市(乡)镇人大工作的实践探索与法律建议	金山区委党校	刘娥苹
2014218	法官分类与职权分配——从助理审判员的“审判权”说开去	金山区人民法院	王庆廷
2014219	小额诉讼再审程序之探究	金山区人民法院	丁秀峰
2014220	加强建筑市场行政执法的对策建议	金山区建筑管理署	夏文杰
2014221	建设项目行政审批制度改革有关问题研究	金山区建筑管理署	陈晓远
2014222	中职校法治文化建设的有效途径研究	上海食品科技学校	金四云

续　表

编　号	课 题 名 称	单　　位	联系人
2014223	金山区"防范非法(无证)行医工作室"成效研究	金山区卫生局卫生监督所	刘惠萍
2014224	工商机关对知识产权的保护研究	工商金山分局	刘飞
2014225	探索建立与行政区划适当分离的司法管辖制度	青浦区人民检察院	陈枫
2014226	关于推动经济转型升级、创新社会治理体制的研究——流动人口和特殊人口管理服务等法律制度的完善	青浦区发展和改革委员会	顾文坚
2014227	在行政执法中充分发挥检察职能的路径探析——以"两法平台"的完善为切入点	青浦区人民检察院	高冰
2014228	上海郊县集体土地流转领域犯罪问题防治研究	青浦区人民检察院	陆晖
2014229	劳教制度改革后有关问题及轻微刑事案件快速办理机制研究	青浦区人民检察院	朱文久
2014230	上海基层民间纠纷调解平台建设的质性研究——基于青浦三村调查	中共青浦区委党校	王扬
2014231	社区矫正工作探析	盈浦司法所	韩周超
2014232	现阶段刑事法律援助制度研究	青浦区法律援助中心	朱忭毅
2014233	上海探索完善行政执法与刑事司法衔接机制研究	青浦区人民检察院	魏韧思

续 表

编号	课题名称	单位	联系人
2014234	健全民主议事制度 助推“三项整治”活动——关于民主议事在“三项整治”工作中作用情况的研究报告	赵巷司法所	王兰珍
2014235	奉贤区基层质监执法队伍建设研究	奉贤区质量技术监督局	蔡灿
2014236	绩效考核制度与刑事法边界的互动关系研究——以健全刑事司法权力运行机制为基本立场	奉贤区人民检察院	樊华中
2014237	知识产权保护的立体位阶责任之整合与建议	奉贤区人民检察院	樊华中
2014238	诈骗罪视角下的民用机动车套牌行为研究	奉贤公安分局	郭津
2014239	未达到刑事责任年龄危害社会行为的预防与矫治问题研究	奉贤区人民法院	张静
2014240	加强人民法庭建设相关问题研究	奉贤区人民法院	张静
2014241	法院涉诉信访制度改革若干问题	奉贤区人民法院	张静
2014242	法官良知的养成机制研究	奉贤区人民法院	张静
2014243	整合组织与社会资源 提高社会治理水平——上海郊区城镇发挥基层组织协同作用参与社区维稳工作的探索与思考	中共奉贤区委党校	洪萍

续 表

编 号	课题名称	单 位	联系人
2014244	村民自治困境与基层党组织转型	中共奉贤区委党校	杜学峰
2014245	新《公司法》实施以来的若干问题研究	华东政法大学	管奇刚
2014246	上海自贸区法庭建设：实践、问题与进路	华东政法大学	陈邦达
2014247	以法治思维和法治方式反腐——以政府透明度法律规制为视角	华东政法大学	杨鸿台
2014248	促进政府非税收入规范化的对策建议	华东政法大学	江利红
2014249	上海自由贸易试验区商事组织创新的法治保障研究	华东政法大学	李诗鸿
2014250	上海自由贸易试验区投资管理改革的法制保障研究	华东政法大学	马乐
2014251	我国审判权独立行使的改革路径研究——以俄罗斯司法权运行为考察对象的比较分析	华东政法大学	王海军
2014252	刑事法律援助合同制研究——基于政府购买公共服务的背景	华东政法大学	吴羽
2014253	上海自贸区专门法院体制建设问题研究	华东政法大学	许凯
2014254	人民代表大会新形象塑造策略研究——基于上海地区民众认知的视角	华东政法大学	严行健

续 表

编 号	课题名称	单 位	联系人
2014255	新村民自治模式在未成年犯观护工作中的运用——以太平村未成年人观护基地为研究对象	华东政法大学	叶慧娟
2014256	上海国资委国企分类化改革背景下公共企业反垄断规制研究	华东政法大学	翟巍
2014257	高校权力制约与监督机制问题研究	华东政法大学	张建栋
2014258	上海基层政府社会治理创新中的法治问题	华东政法大学	郑卫东
2014259	青少年校外教育机构立法研究：管理·保障·引导·推动	华东政法大学	邹鹏
2014260	以法制宣传模式创新推进法治文化建设研究	市委党校	陈胜云
2014261	反腐败体制机制创新实证研究	市委党校	阮传胜
2014262	政府非税收入规范化管理的对策建议	市委党校	郭艳
2014263	地方公共决策过程与公众参与平台的嵌入	市委党校	蔡爱平
2014264	新闻发布制度化研究	市委党校	张志海
2014265	以法治思维破解执法“临时工”难题	市委党校	桂林
2014266	选举民主与协商民主的互动——以闵行代表(委员)机制化联系群众为例	市委党校	上官酒瑞

续 表

编号	课题名称	单位	联系人
2014267	就业困难大学生基本状况调查研究	市委党校	申林
2014268	上海青年干部培养选择的问题与对策	市委党校	杨国庆
2014269	危机状态下领导者的决策偏差行为及其防范研究	市委党校	何琪
2014270	基于“好干部标准”的上海市干部考核评价机制完善研究	市委党校	李明
2014271	社区社会组织参与养老服务的机制研究	市委党校	周耀虹
2014272	基于公平、可持续的公共住房保障政策研究	市委党校	刘中起
2014273	上海创新社会治理体制中的社会组织自治困境及对策研究	市委党校	马立
2014274	人民政协参与地方协商治理的机制与路径研究	市委党校	丁长艳
2014275	构建我国统一金融监管信息系统的法制路径——以网络技术的发展及其法律应对为中心	上海社科院法学所	陈历幸
2014276	实现担保物权案件特别程序若干疑难问题的实体法思考——以我国法上的实现担保物权案件申请人范围为中心	上海社科院法学所	陈历幸
2014277	我国知识产权犯罪案件的原因及对策	上海财经大学	麻国安

续 表

编　号	课 题 名 称	单　　位	联系人
2014278	上海市循环经济的法制环境现状及立法的完善	上海师范大学	马晶钰
2014279	案例廉洁教育长效机制构建研究	上海师范大学	李亮
2014280	推进上海协商民主制度化发展的路径研究	上海师范大学	朱新光
2014281	环境犯罪中两法衔接的实施机制研究	上海政法学院	蔡一军
2014282	论检察监督范围的扩展及其边界——以保障房项目检察监督为例	上海政法学院	任学强
2014283	社区矫正检察监督实证调查研究	上海政法学院	王娜
2014284	惩罚性在社区矫正中的核心地位研究——以正确处理惩罚监管、教育、帮扶三任务的关系为视角	上海政法学院	关占花

后　记

《上海依法治市2014——实践探索与理论研讨》编纂之际，恰逢全面贯彻落实党的十八届四中全会决定，深入推进依法治国各项工作积极部署开展，上海依法治市工作面临新的机遇与格局的重要时机。作为“依法治市书系”的第13本，本书既延续了传统，成为总结和展示2014年上海依法治市重点工作、宣扬培育法治理念和法治意识的重要载体，又结合了年度工作特色和重点，在诸多工作领域和层面有所创新。

法治创建、依法治理优秀案例和民主法治建设课题，是上海依法治市三大工作平台。三大平台既联动推进又各有属性，前两者强调实践，后者侧重理论。因此，本书分为“实践探索”和“理论研讨”上下两篇。“实践探索”部分不仅收录了第五届(2013年度)上海依法治理优秀案例征评活动十大获奖案例和20项入围案例，还积极响应市委1号调研课题，增加了10个以“创新社会治理，加强基层建设”为主题的特别推荐案例。“理论研讨”部分，除了第十三届(2014年)上海市民主法治建设课题研究成果集之外，还加入了“年度课题”——《上海依法治市工作实践中的法治建设评估指标体系构建和分析》。此课题是依法治市办以工作实践中的重要问题为导向、应用为目的，自主牵头开展的年度课题调研成果，也是上海市司法局2014年度上报司法部的重点课题。通过本书的编辑出版，我们希望能够较全面地汇总全市各区县、各领域的法治实践，向广大读者全面、直观、生动地展示 2014 年上海法治实践和发展的成果，从而探寻推进上海依法治市工作的突破口，为全面贯彻落实党的十八届四中全会决定、推进法治上海建设提供一定的参考借鉴。

在此，我们要对过去一年来关心支持这项工作的各位领导及参与年度课题工作、上海依法治理优秀案例、民主法治建设课题评审的专家学者表示由衷的感谢。正是他们以辛勤的工作和卓越的智慧保证了这项工作的顺利开展。我们期待在今后的工作中继续得到大家的关注和支持，开展更加紧密有效的合作。

本书由上海市依法治市领导小组办公室金欣鑫、李菀两位同志编辑，金欣鑫同志负责最后统稿。限于编者能力，若有不足之处，敬请读者批评指正。

编　者

2015 年 10 月

图书在版编目(CIP)数据

上海依法治市.2014：实践探索与理论研讨/上海市依法治市领导小组办公室编.—上海：上海社会科学院出版社,2015
ISBN 978-7-5520-1059-6

Ⅰ.①上… Ⅱ.①上… Ⅲ.①社会主义法制—建设—研究—上海市—2014 Ⅳ.①D927.510.4

中国版本图书馆 CIP 数据核字(2015)第 277276 号

上海依法治市 2014
——实践探索与理论研讨

编　　者：上海市依法治市领导小组办公室
责任编辑：董汉玲
封面设计：周清华
出版发行：上海社会科学院出版社
上海淮海中路 622 弄 7 号　电话 63875741　邮编 200020
http://www.sassp.org.cn　E-mail:sassp@sass.org.cn
照　　排：南京展望文化发展有限公司
印　　刷：上海颛辉印刷厂
开　　本：890×1240 毫米　1/32 开
印　　张：16.5
插　　页：2
字　　数：412 千字
版　　次：2015 年 11 月第 1 版　　2015 年 11 月第 1 次印刷

ISBN 978-7-5520-1059-6/D·336　　定价：60.00 元